《当代中国俄语名家学术文库》荣获

第二届中国出版政府奖图书提名奖

第三届中华优秀出版物奖图书提名奖

СЕРИЯ «ИЗБРАННЫЕ ТРУДЫ СОВРЕМЕННЫХ КИТАЙСКИХ РУСИСТОВ»

ЮЙ ЮЕФА

俞约法集

黑龍江大學出版社

图书在版编目（CIP）数据

俞约法集：汉、俄 / 俞约法著 .-- 哈尔滨：黑龙江大学出版社，2007.12（2021.9 重印）
（当代中国俄语名家学术文库 / 王铭玉主编）
ISBN 978-7-81129-012-7

I. 俞… II . 俞… III . 俄语 - 教学研究 - 文集 - 汉、俄 IV . H359-53

中国版本图书馆 CIP 数据核字（2007）第 201774 号

俞约法集
YU YUEFA JI
俞约法　著

责任编辑　赵　颖
出版发行　黑龙江大学出版社
地　　址　哈尔滨市南岗区学府三道街 36 号
印　　刷　三河市春园印刷有限公司
开　　本　720 毫米 ×1000 毫米　1/16
印　　张　25.75
字　　数　410 千
版　　次　2007 年 12 月第 1 版
印　　次　2022 年 1 月第 2 次印刷
书　　号　ISBN 978-7-81129-012-7
定　　价　59.00 元

本书如有印装错误请与本社联系更换。

《当代中国俄语名家学术文库》

编辑委员会

俞约法，男，1931年3月生，浙江台州人，教授。1954年哈尔滨外国语专科学校（黑龙江大学）研究生毕业，留校任教至今。长期从事语言教学理论（外语教学法）、心理语言学和语言国情学等研究。

出版前言

中国的俄语教育从初始迄今，已走过了整整300年的历史。从清朝康熙年间理藩院开设的俄罗斯文馆(1708年)算起，先后经历了京师同文馆(1862年)、京师大学堂(1901年)、译学馆(1903年)等早期俄语教育时期，以及俄语专修科(1921年)、延安大学俄语系(1941年)、中央军委俄文学校(1942年)、延安外国语学院(1944年)、哈尔滨外国语专门学校(1946年)等建国前俄语教育时期。但中国俄语教育有计划、成规模的发展，主要还应归功于中华人民共和国建国后的60年。据不完全统计，到1951年全国共有36所大学设立俄语系科，另有俄语专科学校7所；到了21世纪，全国开设专业俄语的高校就有90余所，开设大学俄语的高校300余所，以北京外国语大学、上海外国语大学、黑龙江大学为中心的中国俄语教育体系正在发挥着越来越重要的作用。在这60年的时间里，中国造就了大批俄语专家学者，他们投身于俄语教学与研究之中，取得了辉煌的成就，可谓名家如云，群星璀璨。他们的名字在中国俄语界个个耳熟能详，有的还享誉中国外语界、语言学界，乃至国外俄语界。其主攻方向和学术成就俄语界同人大都能说出一二，但因种种原因，不少学者的成果或散见各处，或无暇集成。所以，要想系统地推介他们的学术成就，迫切需要搭建一个展台。

2007年8月，黑龙江大学出版社正式成立。成立之初，出版社就高瞻远瞩地担负起了一种历史的重任：梳理成果、审视学群，为一些推动中国俄语教育发展进程的学术名流树碑立传。由出版社总编辑李小娟策划，出版社会同黑龙江大学俄语学院、教育部人文社科重点研究基地——黑龙江大学俄语语言文学研究中心以及中国俄语教学研究会拟共同出版“当代中国俄语名家学术文库”，以填补中国俄语学界的一个空白，弘扬中国俄语学界著名学者的学术成果，力争为全国俄语学术研究尽绵薄之力。

黑龙江大学之所以始终如一厚待俄语教育、全力推动中国俄语事业的发展，正是秉承了始建于1941年的中国人民抗日军政大学第三分校俄文大队“服务国家”的光荣传统。黑龙江大学的俄语教育事业历经了中央军委俄文学校、延安外国语学校、哈尔滨外国语专门学校、哈尔滨外国语专科学校、哈尔滨外国语学院、黑龙江大学等阶段，至今已有66年的历程。目前，黑龙江大学俄语学科已成为中国高校俄语语言文学学科中历史最悠久、积淀最深厚、层次最齐全、队伍最坚实的学科之一，是对当今中俄战略协作伙伴关系和东北亚地区合作发展具有重大推动和建设性作用的学科。同时，俄语学科是黑龙江大学的创校学科，也是学校目前的龙头学科。2007年恰好是黑龙江大学俄语专业创办66周年，恰逢黑龙江大学出版社创立，并且十分明确地认定俄语学科是出版社应瞄准与支持的重点学科，可谓喜上加喜。

作为后学，作为当代学人，光大前辈的学术思想，我们义不容辞，责无旁贷。对其学术思想梳理出版，不仅是当下学术思想传播的需要，也是学术精华传承的需要，从某种意义上说，更是一种抢救人类非物质文化财富的学术义举。为了做好本文库名家的遴选以及丛书的出版工作，我们特邀国内同行专家共同组成文库编委会，根据老一辈学者在全国俄语界的贡献与影响，经全国俄语同行的提名推荐，首批入选了11名专家。他们均是新中国培养出来的俄语名家，数十年献身于中国俄语教学与科学研究，见证了俄语学科的兴衰更替。他们中间有为中国俄语事业作出重要贡献的学者型领导王福祥（北京外国语大学前校长）、赵云中（华东师范大学前副校长），有成果丰硕的语言学家华劭（黑龙江大学）、信德麟（北京外国语大学）、吴贻翼（北京大学）、倪波（上海外国语大学），有令人敬佩的中国资深翻译家李锡胤（黑龙江大学）、张会森（黑龙江大学）、俞约法（黑龙江大学），有奋斗在国防教育战线上的俄语专家丁昕（解放军外国语学院）、徐翁宇（解放军国际关系学院）。他们融入了历史，也创造了灿烂的俄语人生。

该文库由黑龙江大学王铭玉教授担任主编，由黑龙江大学俄语学院孙淑芳教授、黑龙江大学俄语语言文学研究中心黄忠廉教授、黑龙江大学《外语学刊》李洪儒编审等担任副主编，黑龙江大学黄忠廉教授、靳铭吉副研究员、李洪儒编审同黑龙江大学出版社编辑惠秀梅、赵颖一并担任文库责任编辑，吴丽坤、黄东晶、杨志欣、彭玉海、张春新、刘锟、李芳、张志军、张金忠等博士参与了校对工作。他们共同托出俄语界同人期待已久的11份精神大餐，使学术经典锦上添花。

在文库的出版过程中，得到了黑龙江大学国家级教学名师张家骅教授和邓军教授、俄罗斯专家И. Б. 沙图诺夫斯基以及黑龙江大学俄语学院И. А. 科切尔金娜、Т. А. 谢瓦斯季亚诺娃等外籍教师的悉心指导，使文库内容更加精当、准确，形式更加完美、统一。

我们相信，集名家一生学术财富的文库定能穿越时空，留芳后人。

王铭玉

2007年12月

目　录

上　编　外语教学法流派及语言学流派研究

下　编　外语教学论研究

Содержание

Часть Ⅰ Основные направления в современной лингвистике и лингводидактике

Часть Ⅱ Лингводидактика

上　编

外语教学法流派及
语言学流派研究

国外外语教学法主要流派评述

1 引论

外语教学法是一门科学，是一门交叉性、边缘性极强的科学。它是在语言科学和教育科学交叉点上成长起来的科学，既可算做语言学，因为它处于语言学的边缘，这个边缘紧紧地邻接教育学的教学论和教育心理学、学习心理学，在这种情况下，管它叫"应用语言学"，当今狭义的应用语言学指的就是语言教学理论①；也可算做教育学，因为它处于教育学中的教学论、教育心理学、学习心理学同语言学的交叉处，在这种情况下，传统的学科分类把它归为教育学，当今我国把它称为一种"学科教学论"，如语言教学论、外语教学法②。但不论其归属于哪一个大学科，它作为一门科学是为世人所公认的。它既然是边缘交叉科学，就必然又是一门所交叉科学（语言学、教育学、心理学）的综合科学。在外语教学法史上，任何一个教学法新思想、新流派的产生，都有其语言学、教育学、心理学的根据，是当时流行的语言学、教育学、心理学新学说的自觉的综合应用。

外语教学法也像语言学、教育学、心理学一样，虽然作为一门科学，但至今未有一个为所有人所公认的统一的理论模式，而是以一定的流派的形式存在的。一部外语教学法的历史，在某种意义上可说是一部外语教学法流派的竞争史。时至今日，外语教学法流派大大小小数以百计，但如果把大同小异的诸支派都包括在相应的大派之中的话，曾发挥过和一直发挥着世界性影响的大流派却只有屈指可数的十几个。这里，我们从中选出了八个作一简要的评介。这八个主要流派如果按其产生的时间为

---

① 参见《中国大百科全书·语言文字卷》吕叔湘先生"序"和相关词条，以及国家学位委员会制定的学科分类及其说明。

② 参见《中国大百科全书·教育卷》有关词条，以及国家学位委员会制定的学科分类及其说明。

序，应是：语法翻译法、直接法、自觉对比法、听说法、视听法、自觉实践法、认知法、功能法。在这八个主要流派中，本文将就对我国教学界影响最大的三大流派——语法翻译法、自觉对比法和自觉实践法作重点介绍。

外语教学法科学的发展同技术科学的情况不同。技术科学中的技术更新，同时伴随着换代，新一代彻底取代旧一代，后者被彻底淘汰，进入历史博物馆。在外语教学法领域里，任何一个新流派的产生，甚至发挥世界性的影响，都不意味着原有流派的彻底消亡，各主要流派处在长期并存和互补的关系之中。每一新流派的产生，一般都是针对原有流派（或诸流派）的这方面或那方面的不足而提出的，在矫枉的同时，不免有过正之处，因此虽然在一定程度上解决了原先流派未能解决的问题，在某个方面收到了较原先为佳的效果，前进了一步，但往往会产生原有流派所没有的新问题，在其他方面反而后退了，还不如原先的教学法，甚至在总体教学质量上也未必能超过原有的主要流派。

任何一个流派都不是"万能"的。一方面，它既有其"强项"，适用于一定条件，在一定的条件下能充分发挥自己的优势，较好地完成自己所胜任的任务，在某个方面达到了别的流派达不到的效果；但在另一方面，它又有自己的"短腿"，而这又恰恰是原有流派的"强项"。所以说，各主要流派都有自己的"用武之地"，而同时又都有自己的弱点，任何一派都不能最终取代别的主要流派。总之，诸主要流派"各有千秋"，这便是它们能长期存在的根据。

外语教学法虽然流派繁多，但如果按对待母语与外语、理论与实践、语言与言语、自觉与直觉、理解与模仿、分析与综合、演绎与归纳、听说读写之间关系处理的不同，实际上可以归结为两大派：传统派与改革派。这里"传统"与"改革"二词无任何褒贬的色彩。前者的鼻祖是（古典）语法翻译法，以后形形色色的翻译法、比较法都是在这个基础上发展起来的，而集其大成者则是自觉对比法，即现代语法翻译法。改革派实际上是对传统的比较法的彻底改革，因此在处理外语教学中前述几组重大关系时，提出了几乎同传统"针锋相对"的教学法方略。直接法是改革派的开路先锋和奠基宗师，以后的听说法、视听法都是改革派的进一步发展。而功能法则是更急进的改革派，它不但继续改革传统法，而且在继承它以前改革派诸教学法改革成果的同时，对其前的诸改革派也作了重大的改革。外语教学法作为一门独立的科学是从直接法开始的，因此对直接法本文也将重点介绍。

在外语教学法发展的历史进程中，在两大派以及各支派的剧烈竞争中，不断出现折中化、综合化的趋向。这表现在两个方面：(1) 在一开始竞争时，传统派与改革派各执一端，似呈水火不相容之势，以示彻底决裂，但到了后来，各自在实践中发现对方也确有某些合理内核可资借鉴，因此都在坚持自身基本信条和特色的基础上，心照不宣地从对方吸取了一些合理的做法，对自己的某些极端做法作了一些技术性的调整，使其更为灵活、便于应用，这从后期的直接法某些支派对“翻译”手段的有条件采用(而不是绝对排斥)中表现得最为明显；(2) 在传统与改革两大派竞争中产生了第三派，即折中综合派，这一派没有更多自己独有的教学法主张，它只是力图调和两派各执一端的绝对化倾向，力图取两派之所长而避其之短。

当今的综合派很多，特别是在教学实践中许多有阅历的教师在自己的工作中所采用的都是经过自己折中综合的方法，并在一定的范围内代代相传。在具有一定科学理论纲领的折中综合法中，当今最有代表性的有两家：苏俄的自觉实践法和美国的认知法。前者以改革派的教学法主张为主体，在这个基础上吸取了传统法的合理内核，把两者整合，自成体系；后者则以传统派的教学法理论为主体，在这个基础上吸取了改革派的许多有用的做法。

由此可见，外语教学法主要流派的发展线索应如下图所示：

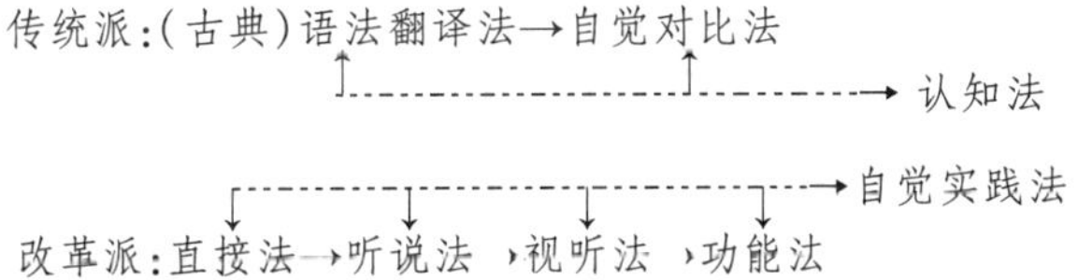

现将八个主要外语教学法流派有详有简地分别介绍于后。

在介绍具体流派之前，尚需对流派名称中的“法”字作点说明。“法”是“教学法”或“教学方法”的简称，这是国际外语教学法科学约定俗成的术语，相应的俄/英文为 метод/method 或 подход / approach。它同时包含两层意思：(1) 指某一种教学法流派的理论体系，即它的外语教学基本方略，在这个意义上，“法”因“派”而异；(2) 指具体的技术性、操作性的教学方法、方式、手段等，在这里“法”无“派”之分，同一技术性、操作性方法、方式、手段，任何一派都可使用。本文在介绍主要流派教学法时，限于前述第一个意义。

2 语法翻译法

语法翻译法是外语教学法中最古老而又最有生命力的一派,它也是各种翻译法的鼻祖。由于其适应性广,简单而便于使用,至今仍被许多教学单位和外语教师个人在实际工作中采用,尽管不断有人指责它有这种或那种弊端,但仍动摇不了它存在之根本。

如果把外语教学法发展史分为前科学时期和科学时期的话,那么语法翻译法便是前科学时期的产物,而不是语言学、教育学、心理学诸学科的自觉综合应用。这同先有了能保证农民收获的世代相传的耕作术,然后才有农业科学的道理一样。现今在实际的农业生产活动中,既有许多人采用现代化的洋法科学种田,也仍有不少人沿用"古已有之"的传统土法来打粮食。如果真正得法,后者也能获得丰收。

之所以说语法翻译法"最古老",这是因为它是欧洲古人教授古典语言(古拉丁文、古希腊文)的传统老法,产生于中世纪。在欧洲各国民族标准语(有文字的、规范的、全民通用的语言)产生以前,古拉丁文、古希腊文是"约定俗成"的人为的"国际语",是各国共同的文化载体,是各国受过教育的人(特别是有学识之士)、大小官员、僧侣都必修的课程。只有大家都共懂一种古典语言(文字),各国之间,以及一国之内各民族之间和同一语言的各方言区之间的交往和文化交流才成为可能。对于各国和各民族的人来说,古典语言(文字)是第二语言,学习它是在学生已经掌握母语的条件下进行的。还需指出的是,古拉丁文、古希腊文即使在当时的欧洲也都是已经"死亡"了的古代语言,在各国老百姓的现实日常生活中谁也不用它们来作为口头交际的工具。学习这种"死语言"(古文)的主要目的,在当时是为了读懂用这种文字写成的各种典籍、经文、学术著作、官方公文、告示等,更高的要求是用这种古文来写作,从书信、公文到著书立说。口头掌握这种"死语言"并在一定的听众范围内演说、辩论、讲学、布道,只是少数人的事,而且在现实生活中早就不复存在这种"已死"的语言,所以在语音上没有严格的规范可循,只能大体上"约定俗成"。语法翻译法便是在这样的条件下产生的,它以古文为学习对象,以阅读为主要教学目标和手段。在长期的教学实践中,语法翻译法证明自己胜任这一任务,因此一直被当年的语文教育界所广泛采用,而且代代相传。以后,随着各国的民族标准语的形成,它们逐渐代替了古典语言(古拉丁文、古希腊文)的地位,成为本国本民族的文化载体,古典语言的作用也相应下降,最后各国自己的民族标准语终于上升到了举足轻重的地位。这时由于国际交往和文化交流的日趋频繁,学习一种别国的现代民族标准语,特别是通用语种,对欧洲来说首先是法语、英语、德语、西班牙语等,这样的语言教育,即外语教育,取代了统一的古典语言教育。与被称为“死语言”的古典语言(古文)相比较,现代民族标准语可说是“活语言”。由于“死语言”和“活语言”都是第二语言,教授与学习它们就具有很多共性。在没有找到和创造出更为有效的教学法之前,人们便沿用了语法翻译法。因此,语法翻译法又称“古典法”、“传统法”等。

用语法翻译法来教授现代“活语言”,经实践的不断检验,证明它也能基本胜任自己的任务。因此,在直接法产生以前,语法翻译法在外语教育领域内仍得以“管领风骚数百载”。以后,在语法翻译法的基础上,又陆续产生了形形色色的大同小异的翻译法各小支派,而语法翻译法自身在其发展过程中也有某些调整和改进,在翻译法诸支派中一直处于主流派的地位。不妨说,在直接法产生以前,外语教育界在教学法上是翻译法的“一统天下”,其中执牛耳者一直是语法翻译法。即使它的对立面——直接法的产生对它有过猛烈的冲击,以后各种各样流派的产生也总是伴随着对语法翻译法激进的批判,使它失去了昔日的相当大的地盘,但并未能而且始终未能从根本上把它赶出外语教学的舞台。它一直保持着强大的影响和势力,特别是在中学外语和大学公共课外语教学中,情况更是如此。

语法翻译法和以后别的翻译法一样,它最简单的定义是:用母语来教授外语的一种方法。而且顾名思义,在教学中以翻译为基本手段,以学习语法为入门途径。

下面我们进一步阐述语法翻译法的基本主张和教学方略,这也是语法翻译法区别于以后诸主要流派的根本特点。这些主张和方略的形成和提出,是同产生它的那个时代人们对语言的认识、语文教育的目的等因素分不开的,并受其决定,受到语言科学发展水平的限制,当时的语言学尚处于前科学时期。

2.1 当时人们普遍认为,语言就是词汇加语法,因此学习一种第二语言,就是学习它特有的词汇和语法,掌握了全部语法规则和一定数量的词汇,也就掌握了该种语言。因此在回答“教什么”这个外语教学法科学的两大基本问题之一时,语法翻译法的答案是:词汇和语法。于是它把死记硬背大量单词和语法规则(还有语法定义、例句等)作为教学的主要内容,把掌握它们作为教学的主要目的。早期语法翻译法教授外语生词和语法往往是分头地孤立地进行,都要求学生死记硬背,语法往往有单独的课本,按其自身的体系来讲授。这样的情况,持续了很长时间,以后为了便于理解和更好记忆,还加了一些实例,这是一个进步。连贯课文的学习较晚才开始,教课文在很大程度上也是为更好地掌握单词和语法规则服务。课文既可能是意义连贯的,表达某一相对完整意思的小文,也可能由意义上没有什么联系的单句拼凑组合。随着学生语法规则和单词掌握的数量的增加,课文的长度、难度、内容的连贯和丰富程度也相应地增长,逐步过渡到阅读古典原著。学习语法规则和生词同阅读课文互为目的和手段,学习课文是为了更好地学习和复习语法规则和单词,而掌握了语法规则和单词后又可阅读更难的课文。中期的语法翻译法已开始注意克服语法教学和生词教学严重脱离的弊端,尽可能而且尽早地把二者结合起来,有计划地统筹安排,遵循循序渐进、由易到难、由简到繁等一般教学论原则,通过有意义的课文来实施。在每课书中,按照学生的承受能力,教师教授学生一定数量的生词和新语法规则,通过有意义的课文自然地复习了所学的单词和语法。此时,在入门阶段已不再强调按语法课本的系统和顺序来教语法。但等到学生学会常用的主要语法规则后,语法仍单独系统讲授。语法规则、定义,一直要求学生死记硬背。语法翻译法十分重视死记硬背,要求学生在这方面下工夫。这同西欧古代占统治地位的教育学思潮——注入式教学法有关,该法的特点之一便是提倡死记硬背。

2.2 在处理语法与词汇的关系上,语法翻译法把语法置于首位。这基于两点朴素认识:(1)掌握一种语言文字,实际上就是掌握用这种语言理解和表达的能力。在这两方面,同词汇相比较,语法是关键,因为只有经过语法分析,外语句子和课文才能被正确理解,也只有合乎语法规则的句子和由这样句子组成的文字材料(text)才是正确的、会被操目的语人士正确理解的句子和“文本”。(2)古典教育体系中十分重视形式逻辑的教育和逻辑能力的培养,除专门开设课程来系统讲授和训练外,还通过其他各门课程来“渗透”。语法翻译法产生的年代,人们还未能把语言的语法同思维的逻辑严格区分开来,二者往往被混为一谈。古人认为,语法在很大程度上也就是逻辑，因此学习语法也就是学习逻辑。语法学习和语法分析被认为是“磨炼智力的体操”，学习语法的同时，也在训练演绎推理的能力、分析的能力等，因此对语法教学倍加推崇。

语法翻译法的语法教学一般采取演绎的途径，即先教抽象的定义、规则，辅以实际的例词、例句帮助学习理解，要求学生强记住所学规则，用它们作为指导，来分析以后学习中所碰到的语言现象，以求正确理解并造出合乎语法的句子，从而达到表达的目的。在语言教学中语法规则实际上是语言理论，而且是主要的理论。语法翻译法主张在教学中“理论先行”，以后学生学习语言就在语法规则指导下进行。语法翻译法在语法教学问题上受到古代崇尚理性的理性论哲学思想的影响。

2.3 学生是在已经掌握了母语的条件下学习第二语言的。第二语言，无论是古典语言，还是现代外语，在语法和词汇上都不同于母语。如何使学生理解，特别是在入门阶段，语法翻译法采取了简单而又易行的对策：第一，讲授过程全部用母语进行，用母语，而不是所教的第二语言，作为讲解的工具，即用“工作语言”来教第二语言，教师人人都能做到，学生也都能听懂；第二，翻译是生词授义和课文讲解的基本手段，只有经过翻译，把生词逐一翻译成母语中相应的词，学生才能正确理解，课文中的句子也只有逐个翻译成母语（这里还加上语法分析），学生才能正确理解。

翻译是语法翻译法讲授生词和新课文的基本手段。通过翻译，学生“从不知到知”。翻译的目的在于理解，那么怎样才能判断学生是否已经理解，也只有通过翻译，才能检查出来，因此翻译又是检测的基本手段。教了生词、新语法规则和课文，除了背、记外还有什么样的更有效的练习可以帮助学生掌握所学的生词和课文，包括语法规则的实际运用，并进而训练用外语理解和表达的能力呢？语法翻译法的回答仍然是翻译，翻译练习最为方便和可靠。因此词句和课文由外语译成母语，再由母语译成外语便成为课堂练习和课下作业的最基本、最常用的形式。总之，对于语法翻译法来说，翻译是讲解、练习和检测的基本手段。

语法翻译法之所以如此推崇翻译，主要是逐词翻译，还基于当时的近乎原始的语言学认识：不同语言的词所不同的只是“音”和“形”（书面文字），而“义”则相同。

2.4 教授“死语言”，即教古文（古拉丁文、古希腊文），主要目的是为了阅读用古文写的典籍。因此学习第二语言也必须从文字入手，从识字

(母)认词形始,以文字为依托,以文字为中心来学习。语法翻译法的这一语言教学观还有其认识论根源:由于古代还没有把语言同文字、音位和字母严格区分开来,常把二者混为一谈,以为后者就是前者,或者是前者的高级形式,学习语言也就应当是学习文字,也只有文字(书面言语)才有学习的价值,口语并无学习价值。语言的基本单位是词,用文字符号表示的词由字母组成,因此学习外语也应从字母和拼读法开始。掌握了数十个字母和全部拼读规则,也就奠定了进一步学习的基础。由书面文字符号转写的词包括"形"(书面文字形象)、"音"、"义"三个方面。通过书面文字的学习,既可学到词的"形",而且还可学到词的"音"和"义",进而不但可以培养读和听的能力,而且还可以同时培养书写和抄写的能力,用所学语言材料进行口头回答的能力。于是语法翻译法便提出了另一条教学法方略:以书面文字为依托,读、听、写、说齐头并进,而其中"读"(开始时是出声的朗读)处于优先和主导的地位,读既是教学的主要目的,又是教学的重要手段;至于听、说、写,根据不同的情况,可能是也可能不是教学目的,但却都是教学手段。总之,读、听、说、写是相互促进的教学手段,须齐头并进才能收到更佳的效果。"学习外语五到"(心到、眼到、耳到、口到、手到)的要诀,最早就是由语法翻译法提出的。

2.5 既然学习古典语言(古文)的主要目的是阅读用这种文字写成的典籍,那么学习所用的教材就应当是古文经典名作、古典作品名篇。在教学入门阶段虽不可能做到这一点,但要创造条件及早过渡。这种语言实际上是远离当代生活的古代书面语。而后来语法翻译法被沿用来教授现代外语时,也一脉相承地以相应语言的文学特别是古典文学名篇或选段为基本教材。

综上所述,语法翻译法的教学法指导思想可以简要表述为以下几条原则:

(1) 学习外语就是学习它的语法和词汇;

(2) 学习外语,语法既是最终的学习目的,同时又是重要的学习手段;

(3) 教学用母语进行,翻译是讲解、练习和检查的基本手段;

(4) 以词为单位进行教学;

(5) 以文字为依托,教学伊始就读、听、写、说齐头并进;

(6) 以文学作品名篇及其语言为基本教材。

语法、翻译和文字是语法翻译法的三条支柱。

最后,引用我国外语界老前辈陈原先生在半个世纪以前对语法翻译法的一段描写,它可以帮助读者更直接形象地了解这个教学法的精神实质。

> 文法教授法也就是翻译教授法,是最老的一套,也即是我们今日所见的一般采用的一套。教者选定了一本课本,照样读,照样用国语解出来,然后读生词(或先读生词),照例有些问答(或简直不做);然后讲文法(和课本不相涉的文法),文法也是旧的一套,例如讲名词,照例先来一条定义:“A noun is a word which denotes the name of a person, a place or a thing.”(名词就是指人、地、物名称的单词。)接着呢,就分起类来,比如抽象名词、普通名词、专有名词、集体名词,如此如彼,一大堆;初学的人就莫名其妙。但名词的“所有格”、“数的变化”却花最少的时间来说明。这种老方法,教者假如有经验,说话动听,他的语文程度又颇高,能在必要的地方讲扼要的话,那倒还不错,还可叫学生认真去学习。但不幸具备这样的条件的教者,可真不多哩。要是教得不好,课文不合程度,打瞌睡是免不了的。①

语法翻译法确是一种古老的甚至是原始的教学法,但它在教学中却仍能取得一定的成效。在直接法产生以前,许多现代外国语文和古典语文掌握得相当好的人士,其语言文字能力都是用这种方法培养出来的。这说明这种方法在一定程度上符合已掌握母语的人再学习第二种语言文字的学语规律。由于其简单和便于使用,各种不同程度外语水平的教师都能掌握,所以一直得到广泛的使用。其长处是培养阅读能力和翻译能力,主要是从外语译成母语的能力,用这种方法培养的学生,一般语法基本功较好,独立工作能力较强。其缺点是不重视口语,更缺乏一套有效的培养口语能力的办法,因此用此法培养的学生,一般无口头交际能力或这方面的能力甚差。

---

① 陈原:《外国语文学习指南》,上海,1946。本文引用的是1948年哈尔滨的翻印版,光华书店,第20-23页。

3 直接法

3.1 直接法产生的背景和一般情况

直接法又叫“改革法”。顾名思义，它是对教“死语言”的语法翻译法的一种根本性的改革。改革法是各支派的总称，如贝力子法、古安法、菲埃托法、帕默法、韦斯特法、循序直接法等。

19 世纪中叶，由于资本主义在西欧的进一步发展，欧美各国之间、宗主国和殖民地之间、不同国家民族的人与人之间在各方面的交往都日趋频繁，尤其是通商贸易，而语言不通已日益成为这种发展的严重障碍。此时，语言交际，首先是口头交际，需要大量实际掌握外语的人才，而语法翻译法满足不了这一新的社会需要。为此，必须制定出一套新的外语教学法理论，以期更有效地保证人们掌握用外语口头交际的能力。直接法便是在这种社会需要的背景下产生的。

同时，语言学、心理学和教育学也都为这种新的外语教学法的产生提供了理论基础。例如，语音学对欧洲几种主要语言的语音体系已作出了全面科学的描述，提出了音和字母对应关系的理论；语法学对这些语言的语法结构已作了全面的描写和初步的对比；词汇学则提出了语义随语境变化、词有意味差别等理论；成语学初步建立。语言学的研究成果证明，在不同语言的结构和词汇中不存在完全的对等关系。这从根本上动摇了以逐词翻译为基本手段的语法翻译法的理论。心理学和教育学此时也都在研究学生的年龄特征、记忆能力、刺激和兴趣在学习中的重要性等问题。

直接法的产生，标志外语教学法从前科学时期进入科学时期。

直接法最早用于纯实用目的的外语训练班和外语学校，以后逐步为许多国家的部分中小学所采用。俄国和旧中国教育部曾对此法大加提倡，有的发达资本主义国家直至近年仍把其作为中学外语教学的法定教学法。

3.2 直接法的基本特征

什么是直接法，《韦氏国际大辞典》下了一个定义：“直接法是教授外语，首先是现代外语的一种方法，它通过用外语本身来进行的会话、交谈和阅读来教外语，而不用（学生的）本族语，不用翻译，也不用形式语法。（第一批词是通过指示实物、图画或演示动作等办法来讲授。）”括号内的话，在1950年后的版本中被删去。在直接法产生之前，外语教学法还只有语法翻译法一家，因此在考察直接法的基本特征时，只能以语法翻译法为唯一比较对象。

语言有形式和意义两方面。语法翻译法通过翻译和本族语讲解使学生理解外语的意义方面，通过形式语法(即传统语法)规则的事先灌输或注入以及对所学语言材料进行语法分析，来使学生理解外语的形式方面；翻译和语法练习是语法翻译法“练”的主要形式和基本内容。直接法则从讲到练都反其道而行之。从第一节课开始便用外语本身来讲练外语，使学生通过外语来学外语的意义和形式两个方面；通过用外语进行的听说读写四种言语活动的实际训练，来培养学生实际运用外语进行听说读写的言语能力。直接法家提出了“Learn to speak by speaking”，“Learn to read by reading”这类有名的口号。

在整个教学过程中，直接法的用外语讲练外语的主张还受到反映教学普遍规律的教学论一般原则的严格制约。例如，可接受性原则、循序渐进原则、系统性原则、巩固性原则等。至于直观性原则和积极性原则，直接法比起语法翻译来要重视得多。此外，直接法还特别注意遵循“由已知到未知、由易到难、由浅入深、由简及繁、由近及远、由具体到抽象”等原则。

因此，直接法用外语讲练外语实际上是用学生已知的外语语言材料来讲授未知的语言材料。在学生已知的外语语言材料还不足以讲明新的外语材料时，直接法还借助实物、图画、动作、表情、上下文、语境等辅助手段来教，而力求避免使用母语。宁可绕弯子让学生去“琢磨”，也不肯用母语“一语道破”。

此外，在处理讲和练的关系上，直接法一直把重点放在“练”上，在双边活动中，一直让学生尽可能多地活动。

3.3 直接法的基本原理和主要教学原则

直接法的基本原理是“幼儿学语”论，也就是说，仿照幼儿学习母语的自然的基本过程，来设计外语教学过程。因此，直接法早期也叫自然法。

直接法家观察到，现实生活中幼儿学母语从两岁到五岁，用三年左右的时间，很快就学会语言，能初步满足口头交际的需要，发音纯正，学起来轻松愉快，所以决定采用幼儿学母语的那一套办法来教外语，使外语教学

“顺乎人类学语的自然规律”。由此便派生出直接法的一系列主要教学原则来。

3.3.1 直接联系原则　幼儿学语，每学习一个新词语的同时，也学到了这个词语所代表的事物或意义。教外语应使每一个外语词语同它所代表的事物或意义直接联系，而不要经母语翻译。有了翻译这个中介，习语便成了“间接”行为，“间接法”是语法翻译法的一大特点，时间增加一倍，还会养成依赖翻译的不良习惯，说话永远赶不上口头交际速度的要求。贯彻“直接联系原则”，则可使学生早日丢掉“心译”这条拐棍。再说，当时语言学的成果业已证明，各种语言均有自己的民族特点，在表达方式上各具一套约定俗成的“成语性”，不同语言的词与词在意义上和搭配上都不存在“一对一”的对等关系，逐词翻译的办法不能保证学生学到地道的外语，相反，倒会使学生造出许多本族语式的句子。按照直接联系原则，可直接学到地道的外语，有效地培养学生用外语思维和直接、不通过心译而进行口头交际的能力。

直接法认为，在以下四种情况下可以有控制地使用母语：(1)讲解用外语和其他直观手段实在讲不明白的新词语；(2)讲解发音部位和方法；(3)讲解某些语法规则；(4)检查学生是否理解及理解的程度。尽管如此，直接法家仍坚持在能用外语教得通的地方，尽量用外语。有条件地使用母语只是在没有办法时“不得已而用之”的权宜措施。

3.3.2 句本位原则　幼儿学语是整句整句学的。教外语也应以句子为单位，即整句进与整句出。这样，学生既学到了句子，又学到了单词及其在句中的活用法，同时也学到了自然、纯正的语音、语调。语言的“成语性”和表达法上的民族特点，首先体现在整个句子里，句本位原则可保证所学外语的地道性。句子也是口头交际的基本单位，如果多学习几个现成的句子，交际起来可脱口而出，赶得上交际速度；同时，不用那种先经过心译，再到记忆的单词库中去挑选出所需的单词，使之对号入座，然后再按已知的语法规则拼凑成句子。后一种做法，永远也赶不上口头交际的速度。句本位原则，好比现代建筑工程中的预制件，拿出来的都是一件件现成的大件，而无须一砖一瓦地临时拼凑。学生学了一定数量的现成句子后，自然会在脑子里进行类推、替换，创造出许许多多没有学过的新句子来。

这里要说明的是，直接法提倡句本位原则，并不意味着可以不教单词和语音。相反,该派始终都十分重视词和语音方面的工作,只是主张不要孤立地教单词和语音规则,词和音都应放在句子里来教。

3.3.3 模仿原则　幼儿学语,不是先学习语法规则,而是先模仿周围人的说话;多模仿着说,也就会说了。因此,外语教学也应以模仿、多练为主。直接法认为语言是一种习惯,习惯的养成在于多模仿、反复练,而不大相信语言理论的作用。

3.3.4 用归纳的方法教授语法规则原则　幼儿学语同时学会了母语的语法结构。学习书本语法的主要目的之一是使他今后说话写作时,文句更正确通顺,至少能判断出句子是否正确。学习外语也要让学生先实际掌握语言材料,然后再从他所积累的感性语言材料中概括或总结出语法规则,用以指导以后的学习;一般不应在学生尚未接触到任何感性语言材料之前便向其灌注抽象的语法规则,令其背诵语法定义。至于过多久才作归纳,那是安排上的技术问题。

学习外语,就要把相当大的力气用在外语语法结构的实际掌握上。只要翻开任何一本编得好的直接法课本,就不难发现,编者对语法结构的各个项目都作了精心的安排。有许多入门课本,每课书都有一两个要求实际掌握的语法重点。一些人说直接法不教语法,这是一种误解。

3.3.5 以口语为基础原则　幼儿学语,都是从学说话开始。外语教学也就从说话,而不是从文字入手。至于听说阶段究竟有多长,则须视具体条件而定。有些直接法家虽然也主张可以“四会”齐头并进,但入门阶段的工作重点仍放在口语上。

3.3.6 以当代通用语言为基本教材原则　幼儿学语,学的都是当代社会的通用语言,学了即能用之于日常交际。当然,直接法也并不排除在提高阶段学点古典文学著作。

3.3.7 精选语言材料原则　幼儿学语,用十分有限的语言就能交际。例如,有限的音素和语调,常用的单词、成语和语法结构。外语教学中也应筛选出最常用和最管用的单词和语法结构,主要是常用句式。在这方面,帕默、韦斯特做了大量卓有成效的工作。后期直接法的一个支派——循序直接法或基本英语派的代表人物理查兹(A. Richards)就曾经筛选出850个基本词汇。直接法家都主张让学生把力量放在掌握这些少而精的真正管用的语言材料上,而暂且把多而杂的不怎么常用和不怎么管用的单词以及烦琐的语法规则放在一边。

直接法的各项教学原则是互相制约的，并同其基本原理构成了一个比较完整的理论体系。因此，我们不能只抽出其中某一个原则，把它说成是直接法的全部特点或基本主张。

直接法诸教学原则集中表现在外语教学的入门阶段和打基础阶段，至于提高阶段，则不像前两个阶段那么典型。

直接法家还创造出多种行之有效的讲和练的方式。如果我们从历史来源上加以考察，现今外语教学法教科书所介绍的种种讲练方式，除翻译和语法分析以外，绝大部分都是直接法家的创造，特别是在口语训练方面，直接法家的贡献尤大，这不能不说是直接教学法的历史功绩。

3.4 直接法的优缺点和采用条件

它的优点主要在于：(1)使用种种直观手段，一开始就让学生动口说外语，学了就能用，引起学生学外语的兴趣，有利于调动学生学习的积极性；(2)有利于学生外语思维和言语能力特别是口语能力的培养。

直接法的局限性主要在于，由于它突出强调了外语教学的实用目的，而不大注意教育、教养目的，所以用此法培养的学生，就其多数而言，在独立工作能力和语文学修养上，特别是在阅读高深文献的能力上，仍赶不上用语法翻译法培养出来的合格学生。因此在历次论战中，都遭到反对派的非议。

采用直接法，一般以为要具备一定的条件才能发挥其优越性。这至少需要三个条件：(1)教师在一定程度上实际掌握外语，并领会直接法的精神实质；(2) 每个班级人数不能太多；(3) 课时要充足，最好天天都有外语课。如果条件不具备而采用直接法，有时反而会导致教学质量的下降。这是因为使用直接法是一种教学艺术，同时要使学生有大量的反反复复的练习机会，才能养成外语语言习惯，特别是在课外缺乏或没有外语环境的学校，上述条件更显得重要。因此，选用直接法为基本教学法，要根据条件谨慎从事。但这并不妨碍我们从直接法中吸取个别积极因素来改进我们的教学。

4 自觉对比法

4.1 自觉对比法的一般情况

自觉对比法也叫比较教学法、翻译比较法等。它的故乡是苏联，苏联在 20 世纪 30 至 40 年代初期采用此法。自觉对比法经教育当局的提倡，行政命令的推广，在很长一段时期内，成为苏联唯一的正统教学法，东欧、蒙古等国外语教学长期以来也用此法。50 年代后期至 60 年代初期，苏联外语教学界就此法得失进行过两次大讨论。此后，中间经过“新直接法”阶段，最后自觉对比法的地位为“自觉实践法”所代替，但在苏联外语教学界仍保持其潜在的强大影响。

20 世纪 50 年代后期，自觉对比法已形成了一套完整的教学法理论体系。其理论是建立在语言学、心理学、教育学的科学基础之上，具有苏联以及十月革命前俄罗斯学派语言学、心理学、教育学的特色。例如，在语言学理论方面，它继承了俄国语言学中布斯拉耶夫（Ф. И. Буслаев）等人有关外语教学以及某些普通语言学观点。苏联著名语言学家谢尔巴（Л. В. Щерба）院士的《中学外语教学》一书，被推崇为该派理论的奠基之作。1950 年《马克思主义和语言学问题》一书出版后，该派又力图用斯大林的语言哲学来论证其教学理论的正确性。在心理学和教育学方面，该派充分利用了苏联心理学和教育学的有关理论，特别是巴甫洛夫学说。他们还特别重视对帝俄进步教育家乌申斯基（К. Д. Ушинский）的有关外语教育的思想遗产的继承。

自觉对比法派的理论权威当推拉赫曼诺夫（И. В. Рахманов）。他是谢尔巴的门生，精通德语，有教学法著作多种，其中《外语（新西欧语）教学法史纲》①一书影响尤大。该派早期代表人物有雷特（Е. М. Рыт）、甘申娜（К. А. Ганшина）等；后期的有阿拉金（В. Д. Аладин）、茨维特科娃（З. М. Цветкова）、采特琳（В. С. Цетлин）、萨利斯特拉（И. Д. Салистра）、米罗柳博夫（А. А. Миролюбов）等。60 年代以后，随着自觉对比法在苏联外语教学界地位的变化，上述代表人物中，他们的教学法思想也有各种不同程度的改变。

自觉对比法是在一种特殊的、错综复杂的社会和历史条件下产生的外语教学法流派，其背景为：

（1）政治方面。十月革命后，苏联文化教育战线一方面提出了批判资产阶级学术思想和同资产阶级意识形态彻底决裂的任务，一方面又力图创新。当时许多人认定直接法是资产阶级学术思想在外语教学法领域

---

① И. В. Раманов, Очерк по истории методики преподавания новых западноевропейских иностранных языков. М., 1947.

的代表，因此集中火力对它进行批判，同时试图建立自己的教学法理论。

(2)教学法方面。苏联教育界一贯重视中小学每门学科的普通教育、教养作用。直接法难以完成普通教育、教养任务，古典语法翻译法弊端也颇多，但它比直接法重视普通教育、教养任务，因此它就很自然地成为新教学法批判地继承的主要对象。

自觉对比法的成长以直接法为对立面，它的发展史是一部对直接法的批判史。该派第一部系统理论著作——雷特的《外语教学法原理》[①]在阐述外语教学法诸基本理论问题时，对直接法进行了全面的批判，还带有政治和意识形态的色彩。

4.2 自觉对比法的教学法思想要点

自觉对比法的主要教学法理论，教育学、语言学、心理学论据，可以综述如下。

4.2.1 外语教学要有实用意义和普通教育、教养意义。“实用”一词，指的是实际掌握外语，口头及书面的，把外语当做一种交际工具来使用。“普通教育、教养”则指发展智力，培养认识、识别、分析、综合、抽象、归纳等能力，训练逻辑思维，扩大语言学方面的知识等。这个术语还包括政治思想、道德品质教育和形成学生的科学世界观等。

外语的普通教育、教养价值主要在于，学生通过两种语言的对比能够明确认识自己的思维，并且加强母语课所学的知识，这是其他任何一门学科无法取代的。

谢尔巴最早提出这一论点，“母语课之所以具有巨大的教育教养意义，是因为学生在课上能理解或至少应该理解用他们自己的语言工具——词和语法形式所表达概念的内涵和外延。简言之，是这门课迫使学生理解母语的词和语法形式的意义”，并“使得他们去从事认识自己思维的工作”，但如果学生没有学过任何一种第二语言，那么他们对母语的前述理解便会有很大的局限，因为“没有比较的材料，就很难领会母语的词和范畴的意义”[②]。

自觉对比法还认为，“外语课要授予学生马克思主义语言学的基本

---

① Е. М. Рыт, Основы методики преподавания иностранных языков в свете науки о языке. М., 1930.

② Л. В. Щерба, Преподавание иностранных языков в средней школе. Общие вопросы методики. М., 1947.

常识,而这又有助于学生辩证唯物主义世界观的形成”。

4.2.2 苏联教学论(20 世纪 30 至 50 年代)一直提倡知识→技能→熟巧三段说和“自觉学习”论,并认为这是区别苏维埃教学论和西方资产阶级教学论的分水岭。它可以用之于外语教学法,因为:(1)外语课不仅是纯工具课,同时也是知识课;(2)知识主要指语法、语音、词汇和外语同母语对比的知识;(3)外语技能的获得,是建立在掌握外语知识的基础之上,而外语熟巧又是在学生掌握外语知识并初步学会应用这些知识的技能的基础上,经过大量的反复练习才能达到;(4)从外语知识培养外语熟巧,是自觉地学习,否则便是“机械地”、“直觉地”学习。

4.2.3 掌握外语有自觉和不自觉(直觉)之分。自觉掌握,指学生把注意力集中于语言形式本身,而不是这些形式所表达的思想内容。直觉掌握则要求把注意力放在语言交际的思想内容上,对语言形式方面,可以不怎么考虑。交际,特别是口头交际,要求学生直觉掌握外语,如果学生的注意力主要集中在语言形式上,那么就永远赶不上外语交际的速度和需要。

只有在自觉掌握的条件下,外语课才能获得普通教育、教养价值,纯直觉掌握根本体现不出这种价值。然而外语课的实用目的又要求学生实际掌握外语达到不自觉的程度,即直觉掌握。

解决这个矛盾的唯一合理的办法便是,从自觉到不自觉(直觉),这样既可完成普通教育、教养任务,也能兼顾实用任务。所以“自觉→直觉”比起“直觉→直觉”来,效果要好得多。

4.2.4 语言是一种由语音、词汇、语法三要素构成的体系,其中语音是语言的物质外壳,词汇是语言的建筑材料,语法是语言的结构框架。掌握了这三要素,也就掌握了语言,其中语法学习尤为重要。这三要素既有联系,又有区别,每一要素都须经过专门的教和学方能掌握,它们还是听、说、读、写言语能力的教学基础。因此,外语教学的程序应当是:语言→言语→语言。

4.2.5 在学习外语过程中,母语有很大的作用:(1)对母语和外语中相同的部分,可以直接借用,它对学习有着促进作用;(2)对貌似差异部分可以与母语中相应的现象加以对比,以克服母语的干扰作用。这从巴甫洛夫学说中也可得到说明。学习外语,是建立一套新的第二信号系统,它是在母语,即原有第二信号系统业已牢固形成的条件下进行的,母语能起正反两方面的作用。母语习惯是一种动力定型（динамический стереотип），动力定型一旦形成，便有强大的保守性。如果任这种原有的第二信号系统或旧有动力定型自发起作用，则对新第二信号系统的建立弊多利少；如果能事先自觉采取措施，充分利用其正迁移作用，预防其干扰作用，就能控制其不利的作用。这种预防措施，便是两种语言的对比和大量的练习。

4.2.6 语言是思维的物质外壳，是思想的直接现实。学生未学习外语以前和才开始学习外语之时，他的思维的物质外壳都是母语。因此，教学不用母语，企图使外语与事物（或意义）建立直接联系的做法，等于是承认可以有"赤裸裸的思维"的存在，等于承认思维同语言可以相互脱离，这是唯心主义的，所以教学必须通过翻译和对比。翻译和对比不仅是讲解生词的基本授义手段，而且是全面准确测定学生掌握外语的天平。

4.3 自觉对比法的主要教学原则和常用教学手段

自觉对比法除了严格遵循苏维埃教学论的一般教学原则——思想性、积极性、自觉性、系统性、循序渐进性、可接受性、量力性等以外，还具有一些只为外语教学所独有的特殊原则。

4.3.1 依靠母语原则　这是自觉对比教学法体系中最重要的，甚至是唯一的特殊教学原则。翻译和对比有助于学生更深刻地领会母语和认识自己的思维，有效地防止母语的干扰作用。这条原则还有一个重要内容，教学全过程都要用母语来讲解外语，特别是用母语来解释语音、语法和其他材料。

依靠母语原则的实质在于，应尽可能使学生在已有母语知识和技能的基础上去获取外语知识和技能，同时教学过程应设计得能使两种知识和技能互相促进。

4.3.2. 在理论指导下实践原则　这里所说的"理论"指外语以及外语同母语对比的语言理论知识，包括语音、语法、词汇、修辞等方面的知识或规则，主要指语法。

这一原则的基本思想是要求教学中理论先行，一切实践都必须有理论指导，才是自觉的实践，否则便是盲目的实践。自觉对比法的入门课本中，教语音前，每个音都有发音部位图，并附有用母语所作的文字描述；以后教读音规则，也都有此类文字说明；在每教授一个重点语法现象之前，都先用母语讲解规则；有些教材每课之后还附有用母语所作的词汇注释。

自觉对比法还要求在理解的基础上进行模仿，只有理解了的东西，才能记忆得牢靠。

4.3.3 在分析基础上综合原则　自觉对比派主张在学习句子之前，要先分别学习构成句子的要素：语音、语调、单词和语法规则。这样才能真正理解这个句子，也只有在理解的基础上学习句子，才是自觉的学习。

4.3.4 以文字材料为基础原则　自觉对比派主张教学一开始，便以文字符号为基础，要求眼到、口到、耳到、手到四到并举，反对听说领先。该派重文字符号、书面材料，这与他们重视外语课的普通教育、教养意义直接有关。此外，其根据还有：(1)口语的线条性(линейность)强，出口即逝，无法固定，而文字符号和书面材料是固定的，可以慢慢分析，不受时间的限制，而分析活动又是自觉学习的一个重要特点，同时，有了固定的样本，复习也有了依据；(2)心理学有一条规律：参加记忆的感觉器官种类越多，感觉与思维协同配合得越好，记忆就越是牢固扎实。

4.3.5 以文学语言为基本教材的原则　自觉对比派从外语课的普通教育、教养任务出发，认为学习外语，主要是学习文学语言，课文应尽量用所学外语国家的名著，原文或经过改写的片断。文学作品的语言是经过作家加工的具有提高性质的语言，而名作家又是使用语言的大师，其作品的语言最为典范。

为了贯彻这些思想和原则，自觉对比派采用以下几种基本教学手段：(1)两种语言的对比；(2)翻译；(3)用母语进行语言理论和知识讲解；(4)语法分析；(5)分析性阅读。这些教学手段在全部教学过程中都是贯彻始终的，其中翻译、语法、分析性阅读三个方面的教学方法是该法自认为研究得最全面、最透彻的得意之作。

4.4 对自觉对比法的评价

实践是检验真理的标准。下面我们先看看教学的效果如何，然后再从理论上简要地分析其原因。

苏联外语教学界在总结历史经验教训时，对盛行过三十多年的自觉对比法的教学效果作了较为客观、全面的评价：(1)把普通教育、教养意义提到了应有的高度，使学生的语文学素养保持在较高的水准上；(2)不能保证学生的语言交际能力达到应该达到的水平。究其根本原因，是自觉对比派把普通教育、教养意义强调得过了头，夸大了外语课对形成学生辩证唯物主义世界观的作用。因此，外语课实际上就成为母语课的一种补充和附属，变成了首先是知识课，而不是工具课，学生获得的主要能力是一种消极掌握方面的能力，即不大理想的阅读能力。最后的结果，学生消极掌握的知识，即领会式掌握占85%，而积极知识，复用式掌握则只占15%。这是因为在实际教学措施上过分强调了对比、双语练习（翻译）和分析性、识别性练习。在我们看来，外语课的主要任务既然是实际掌握外语，那么所谓的普通教育、教养任务也应“寓于”实用任务之中，而不宜单独另搞一套。

首先，自觉对比法与古典语法翻译法，有许多地方一脉相承。例如特别强调普通教育、教养任务的重要性；提出“依靠母语”的口号，重视翻译的作用；强调理论对实践的指导作用，提倡在分析的基础上模仿等。因此，更准确地说，应把其称为经过改进的或现代形式的语法翻译法，或简称现代语法翻译法，以区别于古典语法翻译法。自觉对比法把对比这一重要概念引入外语教学法，并且把其放到理论体系的中心部位，从而把语法翻译法推进到一个新阶段。对比是区别古典语法翻译法、直觉翻译法和自觉对比法的主要标志。此外，该派提出的学习外语应从自觉到不自觉的理论是对外语教学法科学的重大贡献。

其次，该派对外语教学法的各个重大理论问题以及许多具体教学法问题都进行了大量的、比较深入的系统研究，从而把外语教学法的科学性提到了新的高度。这些都可说是该派的功绩。

自觉对比派在对待直接法问题的处理上有值得我们引以为戒的地方。首先，他们长期混淆了政治问题、意识形态问题和外语教学法科学问题之间的界限；其次，即使在学术问题上，它也把自己放在同直接法对立的地位上。在几乎是所有重大理论问题上，凡是直接法提倡的他们都反对，越来越绝对化。直接法，特别是早期直接法的某些主张本来就有一定的片面性和局限性。自觉对比派矫枉过正，在无休止地反对这些片面性的同时，又不自觉地陷入另一种片面性。这也是该派在方法论和认识论上产生问题的根源之一。

自觉对比法当然有其合理内核，例如，它提出对比是预防母语干扰的有效措施，掌握外语应从自觉到不自觉等主张，这些对成人学习外语，大学公共外语和中小学外语教学都有一定参考价值。如果把这些思想同精讲多练、少而精、交际性、实践性等原则结合起来，会收到一定的成效。

5 听说法和视听法

5.1 听说法

听说法和视听法都是20世纪中叶产生的新改革法派教学法。听说法最早产生于40年代中期的美国,以后一度风靡全球。我国英语界即受过其影响,60年代前期曾引进高校作为试点的“听说领先法”就是此法的一个别名,70年代高校英语专业的入门课本也是根据这一教学法思路编写的。而视听法则兴起于50年代前期的法国,是法国对外法语教学的新教学法,后来也曾一度为世界许多国家不同程度地采用。这两个流派同直接法之间,以及视听法同听说法之间在处理母语与外语、理论与实践、语言与言语等外语教学的重大关系上一脉相承。有关共同的特点(尽管它们在继承的同时把前人抨击得体无完肤),这里不多赘述,下面侧重介绍其不同于前人的新颖之处。

听说法教学方略的提出,实际上是美国当时语言学和心理学新理论的综合应用。当时美国语言学的主流派是结构主义(描写语言学),而心理学领域的主流派则是行为主义。结构主义认为语言是一套结构,而许多语言的结构是通过各种句型来得到体现的,因此要掌握一种语言,首先要掌握该语言的各种句型,特别是常用句型。当然,学习语言也必须掌握一定数量的词汇,要学会正确的发音和语调,但这些也是通过句子才得以体现的,即通过句型才能有效学到手。行为主义则认为语言是一套习惯,而习惯又是经过大量反复的“刺激→反应(S→R)”才能形成,乃至牢固形成,保持终生。从以上的语言学和心理学的基本原理出发,外语教学便被归结为“句型操作”,因此听说法就其最本质的特点而言,可说是“句型操练法”。“句型操练”这四个字代表听说法简洁而准确地回答了外语教学法的两大基本问题:“学什么”——句型,与“怎样学”——操练。

听说法的指导思想可以用以下七个教学法原则来概括。

5.1.1 句型操练原则　这实际上是直接法的“句本位原则”的发展,所不同的是直接法产生时,限于当年语言学水平,未能得出“句型”的理论,更无具体的句型研究成果可作为依据,它主要凭经验来确定学习哪些句子和句式。到了听说法时期,美国结构主义语言学对一些语言的句型做了实际的调查研究工作,有了这些成果,听说法的句型教学便有了科学的基础。句型还涉及语调,这个时期的语音学对各种通用语言的语音、语调都已经有了详细准确的描写,因此为句型操练提供了更为充实的科学依据。

5.1.2 口语领先原则　这同直接法的“以口语为基础原则”一脉相承,而且听说法特别强调“领先”二字。新句型一般先口头操练到一定熟练程度才转入书面文字,即先听说,后读写,听说是重点和基础。“听说法”即因此而命名。此法 60 年代传入中国时,国人把它更名为“听说领先法”,就是这个道理。

5.1.3 反复实践形成习惯原则　这条原则是根据行为主义心理学“刺激→反应”形成习惯之说而来,实际上也是同直接法的“以模仿为主原则”一脉相承,只不过是提出问题的角度不同,而解决对策则几乎没有两样。在这里,听说法根本不提语法条条本本的作用,它认为这些死规则无助于形成新语言习惯。语言习惯的形成主要靠反反复复的练习(S→R),母语习惯的形成既然如此,外语习惯的形成也不例外。书本上的语法条条不必学,也无须在事先学,事后也不一定学,因为学习语言就是学习它的结构,而结构的全部内容都“尽在句型之中”,掌握了全部句型也就掌握了语言的结构,也就掌握了语言。另外,美国结构主义语言学反对传统语法,根本不承认有什么“语法规则”(传统语法所总结和描写的“语法条文规则”),听说法派的哲学指导思想是经验论,他们只相信来自实践的经验,十分轻视理性(这里指语法规则)。

5.1.4 有错必纠及时纠错原则　根据行为主义心理学理论,习惯一旦形成,便难以更改。语言既然是一种习惯,那么语言错误如果听任不纠必形成有害的习惯,到了那时就难以纠正,因此当错误还没有形成习惯之前,教师一经发现,必须立即纠正。

5.1.5 限制使用母语原则　这也是直接法“排除母语原则”的延伸。听说法派认为,既然外语是一套习惯,那么只有通过外语本身的大量句型操练才能有效形成。课堂上使用母语和翻译手段都只能占用本应用于外语句型操练的时间从而延缓外语习惯形成的过程,因此应尽量或少用母语和翻译,在句型操练的环节全部采用单语练习,即外语练习,而不用翻译练习。

5.1.6 对比两种语言结构以确定教学难点和重点原则　听说法派认为母语和外语两种语言结构,包括结构的不同层次中不同的或貌似实异的部分往往构成学习的难点,也是培养新的语言习惯须加强“操练”的工作重点，这样使操练更有针对性。因此，必须充分利用对比语言学的研究成果，在编写教材和备课时都做到心中有数，紧紧把握住难点和重点，精讲多练，进行有针对性的训练。但在课堂上教师不宜从理论上向学生多讲对比语言学。

5.1.7 充分利用现代化电声技术手段原则　外语教学法到了听说法时期，录音机在美国已日趋普及，程序教学和教学机器也正在兴起。这些技术手段都为学习外语者提供多听、反复听、多练、反复练的无限机会，弥补了以往课堂教学的不足，为"句型操练"、"口语领先"、"反复实践形成习惯"、"有错必纠及时纠错"诸原则的贯彻，提供了更为广阔的"用武之地"，从而有助于教学质量的提高。

听说法的长处主要是能在较短的时间内培养学生初级的外语口语能力和快速反应能力，实际掌握一种新语言的基础，它能"立竿见影"，比较适合外语短训班之用。其缺点是，只重训练，只重语言的形式方面，而忽视智力训练，忽视语言的内容-意义方面。由于没有语法分析的能力，所以在碰到结构复杂的语句时，学生往往凭猜想行事而时有不正确的理解，他们虽能"对答如流"，却缺乏连贯而准确表达自己思想的能力。由于课文和练习都是为"句型操练"而设计，所以在不同程度上脱离真正的交际实际，脱离话语的语境，而且各句之间往往没有内在联系，学生学习起来枯燥乏味，到真正的交际场合往往不能立即把所学到的语言得体地用上。

5.2 视听法

视听法实际上是直接法和听说法的继承和新发展，它同时又在一定程度上和某些方面克服了前人的不足。视听法的正式全称是"视听整体-结构法"。全称传达了这一教学法的新特征：第一，这是一种外语教学同现代电声光技术手段相结合的教学法；第二，这是一种用声音和图像相结合的办法来进行语言教学的方法；第三，它是一种听觉、视觉和思维活动相结合的教学法；第四，它是从"整体上感知所学话语"的教学法。

视听法派认为：语言不只是一种由语音、词汇、语法组成的抽象系统，它具体存在于交际之中，存在于交际时所使用的语句之中。学习语言也就应当从应用于交际中的话语或句子入手，话语一般都是成段的整体，它由句子组成，句子又由词组成，词由音位组成。音既存在于词，更存在于句子和话语的整体之中。现实生活中没有孤立的音、词，只有用之于句子乃至话语整体的音、词，特别是在话语中表现得最为充分。个体存在于整体之中，结构要素存在于结构之中，离开后者，前者毫无意义。因此学习语言的顺序应当是“话语→句子→词→音位”，这实际上是反以往传统派诸教学法之道而行之，以往通行的顺序是：音位（或字母）→词→句子→课文（或篇章）。同时，这也把从直接法到听说法的句本位、句型操练的教学法主张向前推进了一步，由句子发展到话语。而在现实生活中由交际引发的话语或语句又往往是同一定的情境相联系的，同情景联系在一起的语句构成更完整的高一级“整体”，因此学习语句的最好办法是紧密联系产生该语句的情境。这时，现代电声光技术手段已经为实现这一结合创造了良好的物质条件。另外，视听法派也遵循行为主义学习心理学“S→R”理论，认为对于学习语言来说，声音加图像的“整体性刺激”比起单纯的声音刺激会收到更佳的学习效果，用代表情境的画面同与此紧密相连的有声话语为手段，更便于讲清课文，更便于组织灵活多样的练习。综上所述，视听法派所说的“整体”，指的是包括从语句到情境的声音和图像相结合的整体，句型即存在其中。句型操练也应当是在整体结构的话语中，在同情境的联系中，在声音和图像的结合中所进行的有意义的操练。

视听法的“整体观”从心理学理论根源上来看，基于以下原理：在交际过程中，大脑在接受信息时左右半球有所分工——左半球接受语言和逻辑信号，右半球接受非语言的形象信号。左右两半球同时协同工作时，信息接受效果处于最佳状态，同时语言交际的学习也处于最佳状态。只让人听声音而不给看与声音有关的形象，等于只让这个人的大脑左半球在工作，右半球处于“失业”状态，这样的信号接受，效果起码打了对折，这样的语言学习，效果当然也不会理想。心理学研究业已证明，人脑通过眼睛接受画面和图像所传递的信息，比起通过耳朵接受声音所传递的信息来，速度要快得多。因此，必须调动前者的作用，为更有效地取得信息服务。此原理也可移用于语言学习，这便是声音与图像相结合的“整体”练习。

视听法还有其他主要教学法原则：听说领先、反复实践以形成习惯、限制使用母语与翻译、对比母外两种语言以确定难点和重点等，都同听说法相同，此处不再复述。

视听法的优缺点以及适用条件，也与听说法基本相同，只是它在一定程度上，而不是从根本上，克服了听说法的机械训练和缺乏意义训练的弊端。

6 功能法

6.1 功能法的一般情况和背景

功能法是20世纪70年代初期产生于欧洲共同体的最新的，也是最彻底的改革派教学法的总称。它包括号称“功能-意念法”、“意念法”、“语义-意念法”、“交际法”（也有译为“交流法”）等大同小异的支派。

自西欧共同体成立以来，共同体各国之间的直接人际交往更趋频繁，语言隔阂构成了直接交往的重大障碍。以往的各种外语教学法虽然教会学生一定的言语技能，却没有教给学生用这种语言来交际的本领，往往是在外语课堂上能读会说，但一旦同使用这种语言的人真正面对面打起交道来，却又会出种种交际性的差错；虽然说出来的话在语言上是正确的，也就是说，学了外语，但真正交际起来却不能立即进入角色。这就不能充分满足日益增长的国际和族际真正的日常交际和业务交往的需要，必须对原有的种种教学法作进一步的改革，以适应新的社会需要。此外，许多国家还面临大量外国移民入境后长期居留的新问题，这些人必须尽快学会所在国的语言，以便有效地用当地的语言同当地人打交道。在此以前尚没有一种为“在所学语言国家学习该种语言来进行真正交际”而设计的教学法，现在是到了这种新方法出台的时候了，功能法便是在这种背景下产生的。设计这样一种新的第二语言教学方案是在官方的主持下有组织、有计划地进行的。70年代初欧州共同体委员会文化合作委员会组织了一百多位专家，历时四年，制订出第一批功能法的教学方略和大纲，并立即投入试用，初见成效，欧洲几个重要语种的教学《大纲》也先后出台。以后，功能法不断完善，由于其侧重点不同，形成了各有特色的小支派，但其基本主张都是一致的，而且其基本原理也仍然是70年代初期就已确定的那些原理。下面我们简要介绍一下功能法的基本教学法主张。在处理母语与外语、理论与实践、语言与言语等一系列外语教学的重大关系上，功能法同从直接法开始的改革派诸主要改革法流派一脉相承，不再复述，以下只侧重介绍功能法不同于前人的新主张。

功能法产生的故乡及首先推广应用的地区是欧洲共同体各国，其中心在英国。自产生以后，它便具有了世界性影响，但不加任何改造就全部、直接移植和引进者则并不普遍，更多的是吸取其中某些精华，来改善自身。功能法在我国也有影响,有一些高校英语专业曾比较彻底地采用典型的功能法,我国现行的中学英语统编教材也带有明显的功能法色彩。我国俄语界所知的“交际性原则”似乎来自苏俄的自觉实践法,但实则最早倡导于功能法,自觉实践法只是吸收、整合,然后纳入自己的体系,作为自己的一项主导教学法原则提出来而已。

6.2 功能法的基本原理和特点

功能法派认为,人对语言具有两种能力:一是语言能力(language competence),即具有说出语音语调和遣词造句都正确的话语的能力;一是交际能力(communicative competence),即根据交际的目的、语境、身份、对方、内容等说出恰当得体的话语的能力。语言能力不等于交际能力,但却是交际能力的重要组成部分。交际能力在很大程度上是把语言妥善用之于交际的能力,必须通过真实的言语交际实践,不断磨炼才能养成。脱离真实的言语实际的语言教育,充其量只能培养出语言能力,而不能有效地培养交际能力。当今语言教育的目的应当是培养交际能力。以往语言教学法各流派的致命弱点却都在于只培养语言能力,而忽视了交际能力。为此,外语教学的途径,从教学材料的选择、组织和排列到教学方法都须作重大的改革,以适应培养交际能力之需要。

现代语言学把语言分为形式和意义两方面,即结构方面和功能方面。所谓语言功能,也就是语言的社会功能。功能派认为,以往的各派外语教学法都偏重于语言的形式方面,从形式入手,一切为了形式,一切围绕形式,无视功能。这对以培养语言能力为目的的外语教育也许是合适的,但对以培养交际能力为目标的外语教学则就不适用了。而他们自己的新教学法则侧重语言的社会功能方面,认为功能是外语教学的出发点和最终归宿。

语言的社会功能又有若干个方面,其中最为重要的有两个功能:语言的交际(交流)功能和语言的表意功能。这实际上是同一语言社会功能的两个方面:交际(交流)就要表达思想感情,而表达思想感情的目的又是为了交际(交流)。交际(交流)则是语言最根本的功能。

从这一认识出发,功能派提出了“交际性原则”这一有名的新教学法主张,认为作为社会交际工具的语言,只有通过交际活动,才能被人们最有效地掌握。外语教学的过程应尽可能地设计成为人与人之间进行生动活泼、合情合理的交际过程。各种用外语进行的交际活动要尽可能设计得自然,接近于交际的真实和实际。教材编写和课堂教学都要尽量做到“交际化”,尽量做到合乎实际情理。另外,功能派推崇前面已提到过的关于交际能力的理论,该派认为人人都有这种本领,这是一种具有高度创造性的本领。学生在“充分接触”所学外语的过程中,在多听外语、多看外文的同时,要自己动嘴动笔用外语进行交际,这样就会很快地、主动地、创造性地学会外语。交际既是外语教学的主要目的,也是基本手段,同时也是检查教学质量的主要标准。学外语的过程同时又是用外语进行交际的过程,二者是高度统一的,学了就用,所学的就是立即可用的,“学在用中”,学用一致。如与以往的各种教学法比较,就可以看出功能法派的这一新特点来,以往都是不结合或不紧密结合交际,先作形式上的“基本功”训练,最后才用之于交际,功能派反对脱离交际的“为练而练”的做法,主张课本里尽量不编入无交际意义的课文和练习,课堂上也不做无交际性质的活动。

从交际性原则出发,功能法主张供学生学习用的语言材料应是具有一定文化修养的人在日常交际中使用的“有用的”交际语言,特别是口语。语言必须是当代人使用的当代语言,从时间上来看,越近越好,如 70 年代的人主要学 70 年代的语言。这一点同传统教学法以书面语言——主要是文学作品,特别是古典作品的语言为基本教材的主张是迥然不同的。要教给学生地道的外语,而不是仅为教学目的而编写出来的不自然的“课本语句”。

人们用语言进行交际,都须考虑以下两个问题:说什么,怎样说。前者是语言交际的目的和内容,而后者则是交际内容的语言表达形式。用功能派的术语来说,前者叫“意念”(notion),而后者则叫“意念的表达法”。同一意念,往往由于交际双方或数方所处的社会地位、场合、地点、时间、条件、文化程度等不同而有不同的表达法。功能派把人的思维分成为数有限的“意念范畴”,在每一意念范畴之下又细分成为数有限的意念项目,项目下有时再分子目、细目,而这些意念项目、子目和细目又都各有其若干甚至多种表达法。该派认为人用语言进行交际(交流),离不开上述为数有限的意念范畴、项目及其表达法,掌握了这一套意念及其在某个语言中的表达法并能用之于交际(交流),也就是掌握了这种语言(试比较:传统教学法的观点是,掌握语言就是掌握语言的一定的单词、语音、语法规则或句型)。功能派又认为,意念范畴和项目是全人类共同的,而每个具体意念的表达法则因语言而异。常用意念项目及其常用表达法，构成了某种具体语言的"共核"(common core)，而常用意念项目则又是对任何民族的人学任何一种外语，至少是欧洲的各种主要语言的共核。在功能派文献中，"意念项目"往往是"功能项目"的同义词，是互相通用的，但实际上各有侧重。"功能"强调语言在交际中被用来"做什么"，而"意念"强调思维过程中"想什么"，即抽象思想内容。功能派教学法家已经制订了好几套大同小异的"功能意念项目总表"，教学实践已证明，这些总表是有一定科学性的。功能派主张，外语教学就是通过交际活动使学生有计划、有步骤地掌握教学大纲规定的功能意念项目及其常用表达法，并知道在什么场合下选用何种表达法最为适当妥贴，以便在每种交际场合都能用外语进行恰当得体的交际。功能法还主张教学内容应根据教学目的来决定:学生未来的职业需要什么，就教给他什么，即与此有关的功能意念项目及其常用表达法。交际最迫切需要的项目，应尽可能提前让学生来学。对学生听、说、读、写四种语言技能的培养，也是根据学生未来的需要，或全面培养，或只培养其中的一两种。总之，一切由交际需要来决定，灵活多样，"不拘一格"。

怎样才能把这些功能-意念项目及其常用表达法通过交际活动逐一传授给学生？这便需要编写一套精心设计的教材，它要以功能-意念项目为纲，把各种常用的表达法按其自身的难易繁简作由浅入深、循序渐进的安排，从课文到练习，都尽量设计得有"交际性"，或便于教师利用它们在学生中间开展交际(交流)活动。当然，课文和练习还要解决同情境相结合的问题。因此，就教学实施上说，功能法也可以用"以语言功能为纲"来说明其特点，以别于以往的"以语言形式为纲"，如"以语法为纲"、"以句型为纲"等。

综上所述，功能法的基本原理可作以下的简要表达:以培养语言交际能力为教学目的，在教学内容上以交际功能-意念项目为纲，科学地选择和循序渐进地安排语言材料，精心设计一种教程，把语言材料作为交际工具来教，让学生通过精心安排的交际活动来掌握，以"交际"(交流)来组织外语教学全过程。

功能派为贯彻自己的基本原则，采取了许多具体措施，提出许多更具体的办法，限于篇幅，这里不一一赘述。

功能法有一套与听说法针锋相对的纠错理论，该派认为学生学习中出现语言上的差错是不可避免的，也是很自然的事，不必为此担心，只要学生能多听人家正确的说法，他是会自己逐步改过来的，人人都有语言自我改正的能力。教师如果一发现学生有错便立即打断他的说话前去指出或纠正，这样会伤害学生说话的积极性，使他不敢再开口或不再多开口，或只拣有把握的话来说，这样很不利于交际能力的培养。但也并非任何错都不纠，纠错主要纠那些影响交际的差错，对于"无伤交际"的语言错误，教师一般都可暂时不去纠正。同这一观点相联系，功能派在处理言语的流畅性同语言的正确性的关系上，把流畅性放在第一位，认为说话结结巴巴会严重影响交际，而语言上出些差错，在许多情况下倒不会怎样影响交际。听话对方所关心的是你所说的内容，即你要传达给他的信息，只要传达信息畅通达意，语言上有些差错，人家也是无所谓的。

6.3 功能法的长短和适用条件

功能法的长处是，它把交际作为教学的目的和教学的手段高度统一起来，学用结合，学后即可实用，收到"立竿见影"的效果，学生易见到自己的成绩，从而进一步调动学习的积极性。换言之，功能法能使学生在较短的时间内就获得初步的外语交际能力。它的不足之处在于，完全无视语言形式方面的工作，排斥一切"机械操练"，又不教语法规则，学生缺乏语言基本功的训练，因此碰到语言结构复杂的语句往往难以完全准确理解，也不善于准确连贯而基本无语言错误地表达自己的思想。

功能法比较适用于在所学语言国家学习该种语言的初级阶段，那里有充足的真实交际条件和良好的交际环境，学到的东西马上就可以在生活中用上。但如果所学语言的形态变化复杂，则此法的适用程度就会大减，因为对该类语言来说，离开对它的形式方面的掌握，交际简直寸步难行，不先掌握形式，那么教学的"交际化"也难以实现。

7 自觉实践法

7.1 自觉实践法产生的背景

苏联 20 世纪 30 至 50 年代采用的外语教学法是自觉对比法。它本身固有的缺点到了 50 年代已暴露无遗，已不能满足新的社会需要，它的缺点在于过分强调中小学外语课的普通教育、教养任务，而不能保证学生有效地实际掌握外语。自觉对比法的产生和运用是同苏联当时的国际、国内条件相联系的，从十月革命后到 50 年代，苏联一直受到资本主义国家的封锁,人们同外国人直接打交道的必要性和可能性都不具备。但到了50年代,随着苏联同外国的接触和交流日趋频繁,普通人民在不同程度上渴望实际掌握外语,而且这种想法越来越成为一种新的社会需要,于是改革外语教学的呼声日益高涨。苏联外语教学界终于决定放弃自觉对比法而改用自觉实践法,以提高学生实际掌握外语的水平。最早提出自觉实践法并对它作出理论上的系统论证和说明的是苏联外语教学心理学家别利亚耶夫(Б. В. Беляев),他被公认为这一派的创始人。他的专著《外语教学心理学概要》[1]被奉为这一流派的理论奠基之作,之后,苏联心理语言学家列昂季耶夫(А. А. Леонтьев)提出的言语活动论以及心理学家加利佩林(П. Я. Гальперин)的智力行动分阶段形成论,分别对别氏的理论作了修正和发展。

7.2 自觉实践法的教学原理和理论根据

苏联学术界一直把外语教学法当做一门独立的科学。既然是科学,就必须讲究科学性、体系性,一切教学法观点、构想都必须以相邻科学的理论为依据,如教育学、心理学和语言学。在这方面自觉实践法同自觉对比法是一致的,不过前者更重视心理学的根据,尤其重视心理语言学、外语教学心理学、外语学习心理学等。该派创始人认为,正确的外语教学法结论,必须来自对外语学习心理规律的正确认识。自觉实践法的教学原理及其所持的心理学依据可表达如下。

7.2.1 中小学外语教育的目的是实际掌握外语,普通教育、教养任务寓于实用任务之中,而不单独另搞一套。

7.2.2 从心理学的观点来看,实际掌握外语的实质可作两方面的理解:(1)实际掌握外语,就是获取用外语思维的能力,更确切地说,就是使用外语的各种语言手段来进行思维,并达到"自动化"程度的能力。这是别利亚耶夫外语教学心理学的基本观点。(2)实际掌握外语,就是运用外语这一语言手段来进行言语活动(听、说、读、写、表达、理解)的能力。这是列昂季耶夫言语活动论用之于外语教学的基本观点。这两个方面相互联系,相互补充。

7.2.3 外语教学是以外语言语活动为基本内容,以培养学生外语思维能力为主要目标的师生双向活动。学生外语言语活动的数量和质量,

---

① Б. В. Беляев, Очерки по психологии обучения иностраным языкам. М., 1965.

是判断外语教学成败和优劣的关键。

7.2.4 苏联心理学认为，人的一切活动，包括外语教学活动和言语活动，都是有目的、有动机、有意识的活动。活动具有自觉性的特点，正因为如此，以言语活动为基本内容的外语教学活动本身就具有自觉性，而不论所采用的是何种教学法。当然，好的教学法更能发挥学生的自觉性，从而更好地调动他们的主动性、积极性，取得良好的教学效果。外语教学中"自觉"这一概念应作广义的理解，语言理论知识先行，"在理论指导下实践"固然是一种自觉学习，而从感性认识和言语实践开始，先学习具体的言语材料，初知其语义以及在何种场合下可用而不先学语言理论，是另一种形式的自觉学习。

7.2.5. 外语教学由讲和练两部分组成。在苏联教学法文献中，"练"是"实践"的同义词。对于实际掌握外语言语能力来说，具有决定意义的是练，而不是讲，因为语言理论知识的讲解既不能培养出学生用外语语言手段进行思维的能力，也不能使学生获得用外语手段进行言语活动的本领。只有大量的实践，才能培养出这种能力。这是因为无论是外语思维的能力，还是外语言语活动的能力，都是以一系列自动化的熟巧和高级技能构成的。而这些又只有经过反复的练或实践，才能养成。因此，实践性原则是外语教学中的一条根本性原则。为了确保这一原则得以贯彻，在教学中讲和练必须严格按20%：80%的比例分配时间，如能争取做到15%：85%，则最为理想。

7.2.6 语言理论知识的讲解之所以还有必要，是因为外语思维能力和外语言语活动能力虽属以自动化的熟巧为基础的高级技能，而且要靠大量实践来培养它。但心理学规律表明，在培养熟巧时，如果学生能意识并理解到为什么要做这个或那个动作以及怎样去做它们的话，那么熟巧的形成就更快、更容易，而且一旦形成，保留得也更持久。因此，在对学生进行外语言语活动训练时，作些语文知识方面的少而精的讲解，有助于熟巧的更有效的养成，这也是"自觉性"的内容之一。

7.2.7 实践分语言实践和言语实践两大类。语言实践也叫语言练习，其目的是掌握、巩固和进一步理解有关外语语言知识，即语音、词汇、语法，培养使用各项知识的相应技能和熟巧，这种练习往往是单项性的。言语实践又叫言语训练，旨在培养熟练综合运用各项语言知识、技能和熟巧的能力，其形式为听说读写。语言练习和言语训练两者在外语教学中相辅相成，不能相互代替，两者的正确关系应当是后者为主，前者为辅，后者在教学中的时间分配上必须保证绝对优势。因此，自觉实践法所提倡的实践性也就是“实践的言语倾向性”。至于两者的先后顺序的安排则比较灵活，不拘一格。在某种情况下先做语言练习以养成相应的语言技能和熟巧，然后转入言语训练，综合运用，但在许多情况下也可以先整句整句地进行操练，然后再就组成这些句子的各个部分进行专门的练习。

7.2.8 既然用外语听说读写的能力是完全靠通过相应的外语言语活动形式培养出来的，那么练习就该是单语的，即纯外语或非翻译的。双语的或翻译性质的练习只是在学生已实际掌握外语以后才适当进行。

7.2.9 言语活动的目的是为了“解决一定的交际课题”。语言是交际工具，只有通过解决交际课题的实际言语活动，只有通过言语交际，才能最有效地培养起学生实际运用语言的能力或言语交际的能力；只有通过言语交际活动，才能保证学生最有效地实际掌握作为交际工具的语言。为此，70 年代以后，自觉实践法派把外语教学的“言语实践倾向性”作了进一步的发挥，提出了“交际倾向性”的口号和交际性原则，并把后者作为自己教学法体系的头条原则，置于主导地位，统率其他各项教学原则。“把外语当做交际工具来掌握”——不但是外语教学的主要目的，而且应成为重要的教学手段。从语言学习材料的选择和排列直到课堂教学都必须考虑到交际性原则的要求。在学习材料的选择和安排上，力求从实际交际出发，以功能项目作为编制教材纲目的主要依据之一，提出“功能—题材—情境”原则，在课堂教学上力求做到交际化，把各种练习尽量设计得接近真实交际的实际。

7.2.10 言语活动的目的既然是“解决实际交际课题”，那么随着交际课题的进展和课题的改变，言语活动的内容和所采取的语言形式也应不断更新，以解决交际课题中提出的各种新问题。因此，言语活动也是一种不断创新的活动。既然言语活动具有高度的创造性，那么为培养这种具有高度的创造性的言语交际活动能力的言语训练也必须是有创造性的。人们不是用背诵现成句子的办法来解决实际的交际课题的，从这个角度来看，一味地只做那些内容刻板、形式一律的机械的句型操练，是不能培养出学生言语交际的真本领的。当然，这种句型操练在一定的教学阶段适当采用也是必要的和有益的，所要反对的只是“句型万能”论，不要为句型操练而操练。

7.2.11 外语教学的主要目的既然是培养学生用外语语言手段进行思维的能力，而外语思维能力又具有熟巧和技能的性质，所以要想有效地培养这种能力，教师就必须努力创造一切条件，使学生能够经常同外语打交道，尽量摆脱母语的影响。为此，在讲的阶段要控制使用母语，在练的阶段全部采用非翻译性的单语练习，用外语练外语。有鉴于练是关键，为了节省讲的时间以增加练的时间，只要用母语讲解能比外语更加准确而经济的地方，即能“一语道破”时，就可适当用母语讲语言理论规则和用翻译作为生词的授义手段。但由于外语词所表示的概念同相应的母语词所表示的概念在内涵和外延上常常不尽相同，因此翻译不应作为主要的授义手段，在必要时教授生词仍应作少而精的对比讲解。

7.2.12 母语对外语学习有很大影响，这种影响有正反两个方面：(1)两种语言中完全相同的部分可作正迁移，教师应尽量加以利用，但不必讲解；(2)两种语言中相类似但不尽相同的部分是对外语学习起干扰的因素，应通过对比加以克服，但这种对比，主要不在于教师课上的讲解，而应贯彻于实际训练之中，体现在教材编写和课堂练习的有的放矢、重点突出、难点反复训练等方面。

7.3 自觉实践法的教学原则

自觉实践法的一些教学原则是它的教学基本原理的展开和延伸，它们从各个不同角度来补充和说明基本原理。根据苏联几种主要外语，包括对外俄语 РКИ 的教学法教材和大纲，我们将自觉实践法的教学原则归纳为以下十条：(1)交际性原则；(2)自觉性原则；(3)以交际—功能—情境—题材为纲选择和圆周排列学习材料原则；(4)在句子的基础上教授词汇和词形原则；(5)听说领先原则；(6)考虑母语原则；(7)综合教学与分方面教学相结合，以前者为主原则；(8)直观性原则；(9)语体修辞差别原则；(10)教材成龙配套原则。在这十条原则中，(1)是主导原则，(2)是补充原则，其他各条几乎都是从第(1)条中派生出来的，或者是为了更好地贯彻这条原则而拟定的。

如前所述，自觉实践法是一种兼取直接法和语法翻译法两者之长而以前者为主，并吸收现代各流派新成果的综合法，所以它的十条教学原则具有明显的继承性。例如(1)、(3)、(9)取自直接法和功能法，(4)、(5)实际上是直接法句本位原则和以口语为基础原则、听说法的句型操练原则和听说领先原则的另一种表述，(2)取自自觉对比法，(8)、(10)是目前各流派普遍采用的原则，只有(6)、(7)是经过自觉实践法派折中加工而成的。(1)、(2)、(3)、(6)四条原则的基本内容在前一部分已分别论及，(4)、(5)两条内容可见“直接法”部分。这里仅对其他几条教学原则作一简介。

7.3.1 综合教学与分方面教学相结合，以前者为主原则　分方面教学是自觉对比法的特点，即把语言分为语音、语法、词汇三个方面分别讲授；综合言语训练则是直接法的基本特点，以句本位为起点的教学，一开始就是综合的。自觉实践法对这两大派的对立观点作了折中，认为实际运用语言从来都是综合的，言语交际都是综合运用语音、语法、词汇的创造性活动；语言必须综合掌握，才算真正掌握，因此教学应侧重综合运用。当然这并不妨碍在综合运用的同时，在一定的时间，就语言三要素的某一方面侧重加以训练，不宜提倡的只是把三要素完全割裂开来进行单独的、孤立的、无任何交际意义的练习。在划分外语教学诸方面问题上，除自觉实践法“三要素”之外，还增加了两项内容：修辞方面和“语言国情”方面，对于后者需稍加说明。所谓语言国情（лингвострановедение），主要指所学外语国家民族的文化背景、民情、风俗、习惯，其中也包括历史、地理、社会制度、社会生活等方面的内容，而且特别指这些因素在语言中的渗透以及由此而引起的对语言交际的影响。外语教学之所以要加进这一方面的内容，是因为民族语言同民族文化以及操该种语言的人民的历史和社会生活各个方面都有紧密联系，要学会地道的外语并在各种交际场合使用得体，只有语言三要素的知识还是不够的，还必须有所学外语国家国情学和语言国情学方面的知识。

7.3.2 语体差别原则　这是交际性原则在选材上的延伸。人们在实际的言语交际中，都是使用某一具体的语体来进行活动的，例如日常生活口头交际用会话体，撰写科学论文用科技体，报刊社论用政论体，文学作品用文艺体等。语体内部还可细分，如以会话体而论，它又可以分为正式、非正式等语体。过去苏联基础阶段外语教学中所用的言语材料绝大多数是“中性体”，这不切合交际的实际，也不利于培养学生的言语交际的真本领，因此，教学一开始就根据学生未来的需要和教学目的，侧重使他们掌握以后常用的语体。

7.3.3 直观性原则　这本是直接法的一条重要教学原则。自觉实践法除继承其全部内容外，还对它作了新的发挥，即充分利用现代电声光技术设备，如录音磁带、唱片、幻灯、教学电影等。前二者使语言的音和义结合起来，后二者使语言的声音和形象以及使用场合更紧密地结合起来，这两种结合有利于学生更准确地理解所学言语材料的意义和贴切得体的使用方法，从而为大量的交际性言语训练创造有利条件，这个主张实际上是借鉴了听说法和视听法而来。

7.3.4 教材成龙配套原则　教材除主课本外，还应包括以下几种辅助项目：(1)教师手册；(2)主课本全部课文和部分练习的录音磁带；(3)成套挂图；(4)幻灯片或教学电影；(5)语法-词汇手册；(6)发展口、笔语练习汇编；(7)课堂补充阅读材料和课外阅读材料汇编；(8)课外活动材料汇编。

自觉实践法是一种以改革派主张为主体的折中综合派教学法，而且是不断发展、不断从别派教学法中吸取新营养来不断完善自身的一种教学法。它在创建初期以直接法的原理为主要立足点，提出“外语教学的根本任务在于培养外语思维”之说，不久又根据听说法和视听法的基本精神把“言语实践倾向性原则”作为自己的主导原则，到了70年代受到功能法的启迪，又把交际性原则引进自己的体系作为主导原则，于是形成这样一种逻辑：言语实践为主，言语实践的目的是培养外语思维，而培养外语思维的关键又在于交际。这样，自觉实践法把语言的思维工具功能同交际工具功能统一了起来，把外语思维和外语交际既作为教学的基本目的，又作为基本手段，但与此同时，又一直坚持自觉性原则。

7.4 自觉实践法的评价

自觉实践法是苏联外语教学改革的产物，在很大程度上克服了原先的自觉对比法的根本弱点，从而使学生实际掌握外语方面的水平有所提高。由于这一实践效果，再加上这个流派不断注意自身的改进，它在苏联经历了数十年的考验，成为一个有一定国际影响的教学法流派。与自觉对比法比较，这派教学法家注意及时吸收国外外语教学法新流派的新思想和新的研究成果，颇能兼取各家之长，因此，此法较少排他性、保守性和绝对片面性。

自觉实践法是一种兼取各家之长的综合法或折中法，所以它自身在外语教学法理论上并无重大的独创之处，最大的特色是它的综合性和折中性。但必须指出，自觉实践法在兼取各家之长进行“综合”时，对各家并不是等量齐观的，它的基本立足点一直放在从直接法开始的各改革派上，这些流派的特点都是把言语实践放在中心地位。

采用自觉实践法需要有一定的条件：(1)教师有较高的实际掌握外语的水平和一定的语文学理论修养；(2)学校有现代化的声光电设备；(3)小班上课，每班人数最好不超过 30 人。具备这些条件，才能充分发挥自觉实践法的优越性。

“它山之石，可以攻玉”，研究自觉实践法也是研究苏联外语教学改革经验的一个重要方面，它对发展我国外语教学法科学和提高外语教学有一定借鉴作用。

8 认知法

认知法又叫“认知-代码法”。它是 20 世纪 60 年代产生于美国的一种比较完善的折中综合派的教学法。它的主体部分是语法翻译法，但又相当灵活地吸取了听说法和视听法这两个现代改革派的合理内核和具体做法，在很大程度上克服了传统派和改革派在一些主要关系处理上的极端化和绝对化倾向，使二者的长处比较和谐地结合在一起，协同发挥种种优势。

认知法的倡导人卡鲁尔(T. B. Carroll)在该法初创时期甚至公然宣称此法是“语法翻译法的现代形式”，可见它同语法翻译法之间的继承关系。语法翻译法的一些基本特点它都保留，但在做法上有所改良，使之更为合理。例如重视语法的作用、用母语讲课、使用翻译、以文字符号为依托、“四会并举”等。在改良方面，该派把语法从死记教条、定义改造成为实际掌握和使用语言的指南，把语法同语言使用结合起来；精选语法中有助于实际掌握语言的规则教给学生，使其学了就用，废除孤立的死记硬背；在讲课所用语言手段上不只用单一的母语，而是凡可以用外语讲的地方就尽量用外语讲，特别是到了高年级；翻译只是讲解(包括生词授义)、练习、检查诸手段中重要的一种，此外还大量吸收各种非翻译手段，特别是在“练”的环节更重视单语练习的作用，即用外语练外语，而不用翻译；大量引进句型操练的做法；虽以文字符号为依托，“四会”齐头并进，但也相当重视口语工作，这一点也是不同于古典语法翻译法的地方。

认知法在美国是针对听说法的偏颇和不足而提出的。听说法从美国结构主义语言学和行为主义心理学的指导思想出发，把外语教学过程机械化，把语言教学的内容形式化，即只重语言的形式方面，学生成了被动接受“刺激”的消极对象，这里没有智能的培养，忽略了学生的主体性和主动学习能力的培养，再加上不教语法，对语言无理性认识，只是单纯地“反应”，结果阅读能力差，独立工作能力差，连贯言语能力差。改革派教学法在哲学上大多倾向经验论，而忽视理性的作用。认知法派试图把前述偏颇纠正过来，但力图既矫枉而又不过正。

认知法派是站在理性论的立场来做这个矫正工作的。它的一些重大教学法主张是在当时语言学和教育学新思潮的启迪下提出的。例如，它重视语法教学和语法在学习语言中的作用，其语言学根据已不只是古人的那老一套，而是当时在美国语言学界兴起“革命”的乔姆斯基生成语法派的语言哲学：“有限的规则和材料生成无限的句子。”这种观点认为语法可使人“生成出无限的、以前没有听见（或看见）过的、合乎语法的句子”，使人“听（看）懂以前从未听（看）见过的句子，并判断出其语法上是否正确”。因此对掌握语言来说，学习语法规则比起单纯的模仿来更为重要，但认知法派认为在知道规则后，操练也是必不可少的，只知而不练，仍不足以掌握语言。因此它又从听说法那里把模仿、操练这一套方法也吸收过来，纳入自己的体系。在学习心理学的理论根据方面，听说法依据的是行为主义的“刺激→反应（S→R）”论；而认知法则主要是根据反行为主义的认知心理学的“认知观”，这一理论首先把学习过程看成“认知”的过程，而这个认知过程又主要包括以下内容：(1)认知是信息加工的过程；(2)认知是心理上的符号处理过程；(3)认知是相关的一组活动，包括感觉、知觉、记忆、判断、推理、问题的解决、学习、想象、概念的形成，总之，认知主要是思维过程（而不是单纯的习惯）。据此，解决理性认知的语法在学习外语中的地位被提到了新的高度。但认知法是折中综合派，它虽倾向认知心理学并从总体上反对行为主义的机械论极端之说，但却又认为在语言学习范围内“S→R”也还是少不了的；因而在强调语法的重要性的同时，认为仅学习语法规则还不足以解决语言学习的全部问题，还需要“S→R”式的训练来配合。该派实际上是把认知心理学和行为主义心理学对立的观点在外语教学理论中比较巧妙地调和了起来，从而避免了二者的极端。在师生关系方面，认知法派根据美国当时的新教育学思潮——布鲁诺派的“学习中心论”、“以学为主”论，强调调动学生的主体性、主动性和积极性，而反对老语法翻译法的“注入式”和听说法的把学生当做消极受训对象的“S→R”论。

认知法的教学法基本主张可以归结为以下六条相互联系的原则:(1)以学生为中心;(2)在理解语言知识和规则的基础上操练外语,强调有意义的学习和有意义的操练;(3)听说读写齐头并进,全面发展;(4)利用母语,但不滥用;(5)对错误进行分析和疏导;(6)广泛利用直观教具和电化教学手段,使外语教学情景化、交际化。这六条原则,除第(1)条以外,都是分别从别的主要教学法流派借用过来的,并无独创之处,因此这里不再重复说明。

认知法从兴起至今,其影响范围限于美国,我国尚乏人采用。

9 世纪回眸与前瞻

20 世纪是外语教学法领域流派林立,相互竞争的世纪。大大小小的流派超过百种,其中主要者生存下来,而许多小流派则被淘汰,形成各派长期并存的局面。各个流派均有自己的优势,但也各有其不足,诸流派并存实际上起到了互补的作用。

与并存局面相平行的是在每一个时期,都有一个新生的主流流派,一般都"管领风骚数十年",然后这个地位为下一班的主流流派所接替。其次序大体上相同于外语教学法各流派产生的时间先后:语法翻译法→直接法→自觉对比法(以及欧美的各种新翻译对比法、比较法)→听说法、视听法→自觉实践法(以及认知法等)、功能法(交际法)。功能法(交际法)的主流派地位,自其产生之日开始至 20 世纪最后一年,始终未变,而且为世界各地外语教学界越来越多的人越来越普遍地在各个教学领域所采用,可以说已达到了鼎盛时期。这种势头到 21 世纪头五年内,未见衰减。但这种局面究竟能否一直继续下去?功能法的主流流派地位是否会受到挑战?这些问题我们以后将作初步探讨。

以上是我们对 20 世纪外语教学法流派发展和状况的简略回顾。立足在这个基点上,再展望新世纪。

9.1　21 世纪仍将是一个外语教学法主要流派长期并存和竞争的世纪,除了原有的主要流派外,将产生一些新的流派,近 20 年来,似乎还没有产生过有影响的新流派,与同一时期科技领域的更新换代的速度相比较,外语教学法新流派的产生显得缓慢。这表明外语教学法流派日益完善,牢牢地占住自己的阵地,这也说明外语教学法主要流派的稳定性。与 20 世纪同一时期改革派诸小派如雨后春笋的盛况相比较,21 世纪头五年的外语教学法流派园地，却没有什么新流派产生的迹象，但这种局面不可能是永恒的。新的更具优越性的流派迟早会产生，现在只是处于“酝酿”时期。21 世纪将是外语教学法的相邻科学——语言学、心理学、教育学的新思想、新思潮迭起的世纪，这些新思想、新思潮的出现都会给外语教学法新流派的产生提供新的理论根据，为人们探索更有效的外语教学途径提供新思路。外语教学法诸相邻科学的新思想积累和酝酿到一定程度，自会推出教学法新流派来。

9.2 主流流派的更位现象也会迟早发生，也就是说，功能法（交际法）目前的主流流派地位，将来终有一天会被新的更具优越性的流派所取代。这个交替的具体时间，还很难预测，但天下没有永远不变的事物，这是普遍规律，几乎无一例外。外语教学法流派研究者从前两个世纪流派发展的大量事实中发现以下一条规律：流派发展很像时钟的钟摆左右摇摆，从一端摆向另一端，然后趋于折中。这里所说的流派，指的是本章前面所说的三大派：传统派、改革派①、折中派。从传统派摆向改革派，又从改革派摆向传统派，再从传统派摆向改革派，中间出现折中，现在钟摆摆动到的位置是改革派，具体地来说是功能法（交际法）一派。可以说功能法是改革派的集大成者，它是“经验派”至目前为止最杰出的代表，它把经验派的优越性作了最大的发挥，它把作为交际工具的语言让学生通过活的言语交际活动来掌握，学了就能在实际交际中应用，在很大程度上调动了学生学习外语的积极性和主动性，使教学取得了显著成效。学生所掌握的是活的能交际的语言，学生获得的不但是语言能力，而且是交际能力；学生实际掌握语言的能力和水平，比过去有较普遍的提高。这正是功能法一派不胫而走、至今不衰的原因。但功能法也像其先的其他经验派（改革派）一样，具有其局限性与根本性的先天不足，即对“理性”的因素未能充分估计，在教学法设计上未能充分考虑自觉学习“规则”、语言理论的作用，未能足够注意培养学生独立工作能力、开发和训练智能等任务，因此，此法培养的学生仍是一种“经验型”的和纯实用型的外语学习者。这些固有的缺点与局限随着时间的推移会逐渐暴露，是否会引发下一轮“理性派”的新回归，尚难预料。因为 21 世纪毕竟有许多不同于前几世

① 西方有关外语教学法史和流派研究文献中，传统派和改革派一般分别称“理性派”和“经验派”。

纪的特点，以前的规律，今后不一定都完全适用。也有可能，通过改良的途径，修正的而非革命的办法，产生出一种总体上优于功能法的新折中法。

9.3 外语教学论科学研究中心问题仍将是“教什么”和“怎样教”的问题。由于20世纪后期，“以学（习）为本”、“学生中心论”等强调教学中发扬学生主体性、调动学生学习的主动性和积极性的新教育思潮被越来越多的人接受，外语教学科学已开始把学生“怎样学”的问题列入研究的日程上来。新世纪这方面的研究将进一步为外语教育界所重视。确实，“怎样教”在很大程度上同“怎样学”有关，只有充分认识学生学习外语的心理过程和学习对策，才能更好地制定“怎样教”的策略和更好地指导学生怎样学，采用正确的学习策略，纠正不妥的和错误的学习策略，教师和学生、教和学紧密配合，提高教学效果。为此，从心理语言学角度深入研究第一语言习得和第二语言学习的过程的方方面面，将为外语教学法制订实践对策提供科学的根据。为了全面了解学生学习外语的心理过程，除了传统研究的“理智”心理——记忆、思维和想象、知识和技能的掌握等外，还要对在很大程度上影响学习效果的“非理智”心理因素，如需要、动机、兴趣、感情和情绪、意志等，作大力的研究。此外还要深入研究学生学习外语的个别差异的类型，以便因材施教。以上情况，也将程度不同地反映到将产生的新流派的特点里去。

9.4 电子计算机技术的进步，将会对外语教学法新流派的产生起作用。20世纪下半叶电脑在全球各地迅速普及，标志着信息时代的到来，电脑已深入到社会生活的各个方面。电脑技术的进步，对外语教学和教学法产生了积极的正面的影响，出现了计算机辅助语言教学的新现象。这种势头不断向纵深发展，对整个外语教育的进步提供了越来越多的有利条件。到目前为止，电子计算机对外语教学的影响，一直限于“辅助教学”的范围之内，尚未在外语教学法领域产生“革命性”的影响，从而导致一个全新的教学法流派的产生。今后这种“电脑化”的新流派是否会产生，恐怕只是时间的问题，即使一旦产生，也不会全面取代现今的那些“人文化”的各种主要流派。“电脑化”新教学法流派尽管会有一系列新老“人文化”教学法流派所不具备的新优点，从局部来看，会有其新优势，因而会在局部提高教学的效益，但从整体上来看，不管它设计得如何巧妙，总会有其不能突破的局限，也就是它并不具备，也不可能具备许多

"人文化"教学法所具有的另外许多优点,因此从整体来看,它不可能完全取代"人文化"教学法流派,这正像电脑不能代替教师的道理一样。电脑化教学法流派与新老"人文化"教学法流派会起互补作用,这将使外语教学有更大的进步。

苏联语言学概观*

1 术语“苏联语言学”的双重意义

“苏联语言学”(советское языкознание)这个术语主要见诸苏联文献。它有两层意思:(1)苏联的语言学,它的俄文同义语是 языкознание в СССР,这是个政治地理性概念,正如“中国语言学”、“美国语言学”、“日本语言学”等,所指的是一个国家语言学的概貌:历史、现状、方面、成就、对世界的贡献、主要语言学家及其在语言学史上的地位、主要语言研究机构和期刊等;(2)世界语言学诸流派中的苏联派,在这个意义上,有人译为“苏维埃语言学”,这一译名,似乎更少能产生歧义。

苏联语言学文献中不同作者在使用这一术语时,往往赋予不同的意义。即使是同一作者,在不同著作(甚至同一著作)中所指的,时而是第一个意义,时而又是第二个意义。

本文使用这个术语时,主要用于第一个意义,但也兼有第二个意义,因为作为一个从理论体系到具体研究方法完全不同于众的独立学派,苏联语言学还缺乏自己的特征;苏联语言学也不是一个统一的学派,内中既有传统派,也有结构派、生成转换派等,而在研究方法和科学体系上,作为

---

* “苏联语言学”,确切地说,是俄罗斯语言学的特殊历史时期,是从 1917 年十月革命苏维埃政权建立到 1991 年苏联解体 79 年间的俄罗斯语言学。本文完成于 1983 年,因此没有包括苏联语言学最后近十年的盛况。而正是这后十年,苏联语言学进入大发展、大丰收阶段,这十年原有的园地硕果累累,新开拓的园地花果成长迅速。这里主要指采用语义学、语用学的理论来研究俄语,建立苏联型的语义学和语用学,以及俄语口语研究发展导致俄语口语学的建立。也是这后十年,苏联语言学出现了同世界语言学“国际接轨”的趋向,与此前相比较,这十年更具开放性。所有这些盛况和成果,本文都未能反映。这实际上是苏联语言学最精彩的一个乐章。但补写上这一乐章需大量的时间并做大量的调研工作,由于出版在即,这一计划未能完成。下面提供的是 1984 年发表的版本,只是作极个别的文字改动,以存历史的本来面貌(作者当时所掌握的材料和所持的观点)。因本文成稿于 1983 年,苏联并未解体,故文中所称“苏联”的地方,仍照旧。特此声明。

主流派的仍是传统语言学,从这个意义上,而且仅从这个意义上,严格地说,苏联语言学还不算是一个流派。正因为如此,在欧美和日本的语言学文献中,几乎根本没有“苏联语言学”的提法,更少有人承认它是一个独立学派。

尽管如此,苏联语言学毕竟有它的某些特点。如果从哲学基础和方法论基础着眼,这些特点更为明显。正是基于这一点,苏联最权威的《语言学问题》杂志编辑部在一篇历史总结性的重要社论中,郑重其事地正式宣称:“苏维埃语言学的理论基础和方法论基础,使它在世界语言学界形成了特殊学派。”①如果以国家为界来论“派”,则苏联语言学更不失为一派。因此,完全不承认这个派的存在,也有门户偏见之嫌。

本文试图对苏联语言学作一简介。

2 苏联语言学的几个特点

同世界绝大多数国家语言学,特别是欧美和日本语言学相比较,从总体上来看,苏联语言学有以下几个特点。

2.1 在方法论上试图以马克思主义哲学为基础

语言学是以语言为研究对象的科学。它不是哲学,也不是哲学在语言研究中的简单的推导和伸延。但与其他科学相比较,语言学却是同哲学关系最为密切的科学之一。早在语言学的孕育期,即在其发展成为一门独立的科学之前,语言曾是哲学家思考的对象之一,特别是在语言与思维的关系问题上。而当语言学从哲学中分离出来成为独立的科学后,在对语言本质认识问题上仍同哲学分不开,在方法论上更是受这种或那种流派的哲学思想的指导,绝无例外。历史上以至现今世界各国语言学派,绝大多数都公开宣称或实际上是在这种或那种唯心论或形而上学的哲学流派的思想影响下形成,并以此为其方法论基础的。远者且不去说它,近者如美国描写语言学的鼻祖布龙菲尔德自称他的语言学体系是以机械主义和行为主义为指南,而生成语言学的创始人乔姆斯基则宣布他的语言学构想来自笛卡尔的唯理论,如此等等。

苏联语言学则宣布以马克思主义哲学为其方法论基础,这便是唯物论辩证法。与此同时,苏联语言学并对其认为是以各种非马克思主义或

---

① Пути развития советского языкознания(Передовая ВЯ). ВЯ, 1957, №5.

反马克思主义哲学思想为指导的语言学流派的哲学部分持批判态度。这种批判贯穿在苏联语言学的全部历史的始终，有时把它严格限制在语言哲学和方法论的范围之内，有时则扩大化到对被批判流派的整个否定。

苏联语言学家所研究的语种和方面尽管多种多样，所采用的具体的语言学研究方法尽管因人而异，但有一点是共同的，即都宣称以马克思主义哲学为其方法论基础，因此苏联人常常把自己的语言学称为“马克思主义语言学”。

当然，试图或声称以马克思主义哲学为方法论基础的主观愿望或宣言同确已准确、全面掌握马克思主义哲学武器来解决好语言学的具体问题（特别是解决建立一整套真正科学的语言学体系问题）的客观现实之间，虽有联系，但却又不是同一回事。以马克思主义哲学之矢射语言学之的，并不是可以一蹴而就的，这里有一个学习和探索过程。应该说，这个过程还远没有完成。正因为这个原因，所以也难免有差错和幼稚之处。例如苏联早期著名语言学家马尔及其弟子都曾自称为“马克思主义语言学家”，把自己创造的“新学说”封为“马克思主义语言学”，实际上则是庸俗社会学。对此斯大林曾作过科学的评价。尽管在探索的过程中出现过这样或那样的问题，但从总的趋势来看，苏联语言学还是试图沿着马克思主义哲学指引的方向在曲折的道路上前进的。当然，检验苏联语言学理论是否确实符合马克思主义普遍真理和客观语言规律以及在多大程度上符合，唯一的标准是实践，而不是宣言。

2.2 在语言学研究具体方法上多种多样，但以传统语言学为主流派

近二十年来，苏联语言学家对国外各种语言学派除了对其哲学基础持批判态度外，都广泛吸取，大胆采用，对语言学的各个方面、平面、部门都在积极进行研究，但占主导地位的仍一直是传统语言学。只要我们把苏联近三十年出版的语音学系统著作、规范语法和教材、规范词典等与欧美出版的或革命前俄国语言学家编写的同类传统语言学著作加以分析比较，便不难发现在体系上和语言学研究的具体方法上都大同小异，只是较后者更严密和合理罢了。

当然，在 20 世纪 50 年代以前苏联也有过“罢黜百家，独尊马尔”的时期，50 年代前期也曾有过排斥国外一切流派只推崇传统语言学的时候，但这都是历史上的往事，并不能代表苏联语言学的现状。

2.3 在研究的着眼点上侧重语言的社会性，在研究的方向上强调语言学为社会服务

这里有以下几层意思：

首先，苏联语言学家一直把语言作为一种特殊的社会现象看待，把它作为一种人类社会最重要的交际工具来考察，把语言同它的社会职能和功用紧密联系起来，即使是研究语言的心理、生理、物理等方面的苏联语言学家，也绝不离开语言的社会性而作纯心理、纯生理、纯物理的研究。

其次，苏联语言学家研究语言，联系社会生活；研究语言的发展史，也就同时研究社会发展、民族发展对语言的影响。苏联语言学家在考察语言和社会的关系以及后者对前者的影响时，往往都是从这些“大处着眼”的。这同西方许多语言学家（如社会学派）虽也强调从社会学的角度研究语言，但却着眼于小处的情况是大不相同的。这里所说的“小处”，意指限于社会文化、生活、风习等对语言的影响。

最后，语言学和语言研究工作为社会需要服务，例如把整个研究重心放在标准语、语言规范化（包括推广相当于我国普通话的标准语、编纂规范语法和规范词典等）、文字改革和创制、方言、（广义的）应用语言学等方面，而且取得了不少成绩。这同西洋许多语言学家的“为语言而语言”的“纯语言学”，离开社会需要关在“象牙之塔”里作“纯学术研究”是大不一样的。

2.4 在每种具体语言的实际研究工作中，以标准语为主要对象，以名作家作品的语言材料为基本依据

苏联语言学中的 литературный язык 和欧美语言学中的 standard language这两个术语在我国虽然都译为“标准语”，然而在含义上前者要比后者广泛得多。苏联文献中的“标准语”，除了表示某一民族语言的“最有代表性的一种形式”，它具有全民性、典型性、规范性、标准化的特点，与俗语、地区方言土话、职业行话和“社会方言”之类非标准的形式相对立以外，还特指名家作品的语言。这种语言经过作家的加工、锤炼、提高，更有典型性和代表性。因此，我国也有人把它译为“书面文学语言”的。苏联科学院规范语法和规范词典（例如十七卷本《现代标准俄语词典》）的例句，几乎全部都取自名家之作。苏联语言学家在撰写具体语种的语言学专著或论文所用的例证，也几乎全部引用文学作品的语言。这一点同欧美语言学（特别是“现代派”）的做法大不一样。近二十年来苏

联的标准语研究尽管有向口语领域扩展的趋势[1],但直到目前为止,作为主要对象的仍是书面文学作品语言。

2.5 组织工作上全国有统一的研究和出版计划,分工明确,专人负责

一些大型的学术建设工作,都由集体完成,由学有专长的人分工编写,有学术威望的语言学家把关,保证质量,治学态度认真严肃,避免重复劳动。出版语言学专著,也按计划进行,通过计划,把个人专长、自由选题同社会需要有机地结合起来。同西方语言学界在研究工作上无计划、语言学家赶时髦、出版商竞相滥出语言学书籍、造成劳动力大量浪费等现象相比较,苏联语言学有它优越的一面,但与此同时,如果处理不当,也易为学阀制度的产生提供某些条件。

3 苏联语言学是俄国语言学优良传统的继续和发展

苏联语言学的来源有三:(1)自觉地试图采用马克思主义哲学作为语言观和方法论;(2)批判地继承革命前俄国语言学遗产中的精华部分作为主体;(3)批判地吸取国外语言学成果,作为成长壮大的营养。第一部分已如前述,本节着重阐述第二部分。

早期苏联语言学极"左"派某些人一度宣称,苏联语言学是同一切旧传统彻底决裂的最革命的新学说。似乎这个新语言学是从天上掉下来似的。事实上苏联语言学不是凭空产生的,它植根于苏联的土壤,有自己的根源。这老根便是世界语言学中的俄罗斯学派,这一点为以后苏联语言学界所普遍承认。根深才能叶茂。苏联语言学今天的兴旺发达,同它所继承的丰富的语言学遗产是分不开的。

革命前的俄国虽还不是世界语言学的中心,但也算得上语言学比较发达的国家。自罗蒙诺索夫以来,有才华有成就的语言学家人才辈出。远的且不去说它,仅就19世纪而言,最主要的就可举出以下一些:布斯拉耶夫(1818—1897)、波捷勃尼亚(1835—1891)、福尔图纳托夫(1848—1914)、沙赫马托夫(1864—1920)、鲍杜恩·德·库尔德内(1845—1929)等。苏联语言学的前期知名学者谢尔巴、波利凡诺夫、乌沙阔夫、鲍戈罗季茨基、佩什科夫斯基、杜尔诺沃、雅库宾斯基、维诺库尔等人,或者其前一半语言学生涯在旧俄,或者其语言学教育在旧俄完成。甚至连极"左"

---

[1] 例如1980年版的苏联新科学院语法所用例句,其中一小部分就取自口语。20世纪60年代俄语口语学崛起,成为语言研究的一个新领域。

派领袖马尔也属前一种情况。所有这一切，都说明革命前俄国语言学的盛况。

俄国语言学同西欧语言学虽然有某些联系和相互影响之处，但二者却基本上都各自经历着独立发展的道路。苏联语言学界一般都把革命前夕俄国语言学分为两大派：莫斯科学派和喀山学派。在许多苏联语言学文献中，都把这两派同以索绪尔为代表的日内瓦社会语言学派并列，统称为"新语法派"（неограмматизм），甚至还断言，不是索绪尔影响俄国语言学思想，而是喀山学派鼻祖鲍杜恩·德·库尔德内影响索氏普通语言学构想的形成。这种论断甚至写到大学语言学史和普通语言学教材里①。

喀山学派除鼻祖鲍氏外，代表人物还有克鲁舍夫斯基、鲍戈罗季茨基等。20 世纪初叶的俄国和苏联知名语言学家中，有不少是这个学派培养出来的。除前面已提到的谢尔巴、波利凡诺夫、雅库宾斯基等外，属鲍杜恩·德·库尔德内得意门生的，还有拉林、伯恩斯坦、托马舍夫斯基、弗拉季米尔佐夫、巴拉尼科夫等。苏联最有威望的语言学家维诺格拉多夫也曾受业于鲍氏。莫斯科学派的创始人是福尔图纳托夫。他的学生 Е. Ф. 布杰、М. Н. 佩捷尔松、М. М. 波克罗夫斯基、В. К. 波尔热津斯基、А. И. 托姆松、Г. К. 乌利亚诺夫以及前面提到的沙赫马托夫、佩什科夫斯基、乌沙阔夫、杜尔诺沃等，都是这个学派的代表人物。莫派对以后语言学发展影响最大的是语法学说方面。为我国俄语教学界熟识的沙氏《俄语句法》和佩氏的《俄语句法的科学说明》②是莫斯科派的两部扛鼎之作。

俄国语言学家除在普通语言学理论上提出一系列新颖见解外，还在具体研究工作上作出了不小的实际贡献。历史比较语言学和斯拉夫语言学史就是其中的两个重要领域。在这方面，沃斯托科夫、福尔图纳托夫、波捷勃尼亚等的研究成果，驰名于世。其中特别应提出的是福氏的《比较语言学》，这部书不但是莫斯科学派的最有代表性的著作，而且是俄国语言学史上的一部重要文献。苏联语言学界对它有极高的评价。

总之，革命前夕的俄国，已在理论上和人才上为苏联语言学的建立和发展创造了条件。

---

① Н. А. Кондрашов，История лингвистических учений. М.，1979；В. И. Кодухов，Общее языкознание. М.，1974.

② 参见黄树南：《俄语句法学说简史》，《俄语教学与研究论丛》第 2 辑。

4 苏联语言学是在不断吸取国外语言学成果为营养而成长的

苏联语言学界对国外语言学研究成果虽然在不同时期持不同态度，但总的倾向一直还是批判地吸取和借鉴。这种有批判地吸取和借鉴工作即使在语言学受到“左”的思潮严重干扰的年代里，也并没有停止过。对外国的吸取和借鉴，主要表现在三个方面。

4.1 在各个历史时期苏联语言学家的论著中，常直接引用国外语言学家的原话，或用以进一步证明自己观点的正确，或表示部分同意（当然也有表示反对和批驳的）。在许多论著后所附的参考书目中，有相当一部分属国外语言学家的原文著作，力求“外为我用”。

4.2 有选择地翻译出版国外语言学著作中有学术价值或有较大影响的著作，供本国语言学界研究参考。例如，50 年代即出版我国语言学家王力的《汉语语法纲要》俄译本。在具体语言学方面的实例很多，这里不一一枚举。仅以普通语言学著作而论，主要者先后就曾出版过以下俄译本：索绪尔的《普通语言学教程》（Ф. Соссюр：Курс общей лингвистики，М.，1933，1977），旺德里埃斯《语言论》（Ж. Вандриес：Язык. М.，1937），萨丕尔的《语言论》（Э. Серпир：Язык. М.，1934），布龙菲尔德的《语言论》（Л. Блумфилд：Язык. М.，1968），乔姆斯基的《语言和思想》（Н. Хомский：Язык и мышление. М.，1972）和《句法结构》（Синтаксические структуры. М.，1962），邦韦尼斯特的《普通语言学》（Э. Боенвенист：Общая лингвистика. М.，1974），莱昂斯的《理论语言学导论》（Дж. Лайонз：Введение в теоретическую лингвистику. М.，1980），叶姆斯列夫的《语言理论序论》（Л. Ельмслев：Пролегомены к теории языка. М.，1960），特鲁别茨科伊的《音位学原理》（Н. С. Трубецкой：Основы фонологии. М.，1960），格利桑的《描写语言学导论》（Г. Глисон：Введение в дескриптивную лингвистику. М.，1959），叶斯柏森的《语法哲学》（О. Есперсен：Философия грамматики. М.，1958），马丁内的《语音变化的经济原则》（А. Мартине：Принцип экономии в фонетических изменениях. М.，1960），切夫的《语言的意义和结构》（У. Л. Чейф：Значение и структура языка. М.，1975），巴利的《法语修辞学》（Ш. Балли：Французская стилистика. М.，1961），梅耶的《历史语言学中的比较法》（А. Мейе：Сравнительный метод в историческом языкознании. М.,1954),保罗的《语言的历史原则》(Г. Пауль:Принципы истории языка. М.,1962),等等。

在出版国外语言学著作俄译本时,每书之前,都有一篇由苏联语言学家撰写的长篇序言,对该书作出详尽的分析和比较全面的评价。这类序言往往代表当时苏联语言学界相当多数人对该著作和作者的态度。执笔者一般都是有关方面的权威或著名专家,态度是认真严肃的。例如前述王力著作俄译本的长序即由著名汉学家龙果夫撰写。

在介绍国外普通语言学著作工作方面,在苏联语言学家中贡献最大的恐怕要算 В. А. 兹维金采夫了。他在莫斯科大学从事普通语言学教学多年,擅长语言学史,通晓现代语言学流派。早在 50 年代中期,他就编选过《19—20 世纪语言学史(主要论著节选)》(第 1—2 卷,1956,1960),系统介绍了国内外语言学 19 世纪以来各家的代表作。与此同时,他又同其他几位语言学家合作,编选《国外语言学新论著译丛》(Новое в лингвистике,以后在最后一词前加定语:зарубежной)。这套译丛从 1959 年出版第一辑以来,截至 1982 年已经出版十一辑。每辑都以一个或若干个题目为纲,来选择国外有学术价值和有影响的新作,举凡生成转换语言学、类型语言学、人类语言学、社会语言学、语言普见现象研究、风格学、语义学、语言年代学、语符学、共时和历时等现代语言学新部门和新课题,都有代表性论著选入。另外,连几次世界性语言学会议上的报告,也有入选的。在许多专题前,兹氏都作了长篇引论。有时这类引论或长序也由别的语言学家执笔。

苏联是世界上斯拉夫语(尤其是俄语)研究最发达的国家,但对国外这方面的研究成果,也一直借鉴,并有选择地翻译出版。这里限于篇幅,不一一列举,仅通过二例,以说明一般:(1)翻译出版荷兰语言学家范费伊克的《古斯拉夫语史》(Н. Ван-Вейк:История старославянского языка. М.,1957);(2)翻译出版德国语言学家法斯梅尔的《俄语词源词典》(М. Фасмер:Этимологический словарь рус. языка. М., т. 1—4,1964—1973)。

4.3 对国外语言学家新著及时作出评论,也是苏联语言学有批判地吸取和借鉴国外语言学成果的一个明证。苏联主要语言学期刊几乎每期都有这类书评发表。这方面的工作,近二十年来不断加强,立论渐趋公允。

苏联对国外语言学著作的反应（介绍、评论、翻译、出版）比较迅速。即使是在苏联语言学的早期，情况也是这样。最明显的例子是索绪尔《普通语言学教程》俄译本的出版。《教程》初版于1927年问世，而俄译本的出版时间则在1933年，其间相隔仅五年。如果我们把这个时间同西、英、意几种文字译本出版的时间加以比较，便可发现苏联在这方面的速度是相当快的：西班牙文译本1945年版，英译本1959年版，意大利文译本1967年版。至于对东欧国家语言学著作反应之快、介绍之多，更是苏联语言学界所独有的特点。

借鉴为了批判地吸取，这在近二十年的苏联语言学界表现得尤为明显。例如对国外的结构主义语言学（以及作为它的补充和对立面发展起来的生成语言学），经过长期的讨论后，在批判其语言哲学和方法论的基础上，对具体研究方法作了大胆的"为我所用"的探索性的吸取。苏联科学院俄语研究所就有一个研究室专门采用结构法（包括生成转换法）来研究俄语的各种具体问题。这个研究室的科研人员和苏联一些语言学家在这方面不但在实际应用上已出不少成果，而且在理论上对结构语言学本身也有所发展，有关著作发表者已有不少，这里仅选几个实例，以见一斑。属前者的有 C. K. 邵武勉和 П. A. 索鲍列娃的《俄语生成语法基础》（1968）和 И. A. 麦利丘克的《语言模式理论试验，"意思⇌语句"》（1974）。属后者的最突出的有邵武勉的《结构语言学》（1965）。邵氏在此书中提出"二级论"，对欧美结构语言学从理论到方法都作了较大的修正和革新，他批评已有的结构主义各支派的理论都是"静态的"，而他的理论则是"动态的"。

吸取外国语言学为营养以壮大自身，这是苏联语言学的一贯传统，并非只是近二十年的事。即以早期苏联语言学中的"主流派"——马尔派的"新语言学说"而言，据近年苏联语言学史家所作的客观分析和结论来看，也有许多借用国外语言学说或受后者影响的地方。例如，马尔的"语言创造过程统一"论同 A. 特罗姆贝蒂的观点合拍，"语言融合"论同 H. 舒哈尔特的论调一致，他的关于语言底层（субстрат）的作用的论断同职斯科利如出一辙，他对"原始思维"的解释同 L. 列维-布留尔，如此等等①。尽管马尔派一再宣称他们同"古今俄外"的一切语言学"彻底决

① Н. А. Кондрашов, История лингвистических учений. М., 1979, стр. 195.

裂”，事实上并没有，也无法决裂。

综上所述，可见苏联语言学的发展并不像有人所认为的是孤立的、与外界隔绝的，而是在国外语言学的影响下，积极地有批判地吸取后者中有用的养料，经过自己的消化而不断成长壮大的。

5 苏联语言学的三个发展阶段

苏联语言学的发展，可分为三个历史阶段，兹简要分述如下。

5.1 第一阶段（十月革命后至 1949 年）

这是苏联语言学的创建期，很长时间内是两大派和两小派并立的局面。

（1）马尔派　这个时期，这一派的创始人马尔的“新学说”逐步形成。该派以后发展成这一阶段苏联语言学的主流派。出现了一派独霸的局面。此派学术上压制、行政组织上打击别的学派的语言学家，统治苏联语言学界多年，对苏联语言学的发展一度造成消极影响。

（2）传统派　该派由当时苏联语言学界脚踏实地、埋头苦干、有学术成果的一批语言学家组成。其中有名的，除前面已提到的谢尔巴、乌沙阔夫、佩什科夫斯基、波利凡诺夫、维诺库尔、佩捷尔松等人外，还有 C. П. 奥勃诺尔斯基、M. B. 谢尔基耶夫斯基、A. M. 谢利谢夫、Г. A. 伊利英斯基、M. M. 波克罗斯基等，其中以谢尔巴影响最大。此派学者大部分都早在革命前即已在俄国语言学界崭露头角。苏维埃政权建立后，他们拥护革命，接受马克思主义，在语言学具体研究方法上则继承喀山学派和莫斯科学派的传统。维诺格拉多夫和 A. И. 斯米尔尼茨基是该派在这一阶段后半期的突出代表人物。此派因在学术观点上同马尔派有分歧，所以常招来后者的“批判”。

（3）语言战线派（языкофронт）　是一个语言学观点界乎前两大派之间的小派，影响不大。代表人物有 Г. Д. 达尼洛夫、Я. B. 洛亚等。

（4）社会学派　代表人物为 P. O. 绍尔，他们研究的主要题目是“语言和社会”。此派实际上是当代苏联社会语言学的先驱。

这一阶段的苏联语言学完成了研究工作重点的转移，由历时到共时，由历史比较到现状，从古语到现代标准语，但对前者的研究仍给予一定的重视。佩什科夫斯基句法著作的修订本、维诺格拉多夫的几部语法著作、乌沙阔夫的详解俄语词典等都是这个时期的产物。这些著作不仅在苏联,而且在世界俄语语言学史上都占有重要的地位。

这个阶段是苏联语言学的童年时期,免不了带有某些稚气,甚至犯些幼稚病。例如,马尔派试图在马克思主义哲学指导下建立一个科学的语言学体系,但他们把马克思主义简单化和庸俗化了,所得到的只是庸俗社会语言学。要使马克思主义普遍真理同语言学研究实践结合,要用马克思主义的观点和方法来切实解决语言学的许多具体问题,绝不是"一蹴而就"的事,需要一个长期磨炼摸索的过程。成功之前,往往会有挫折乃至失败,但这又为后来者提供教训,使其不再重走这类弯路。从这个意义上来说,第一阶段有它积极的意义。

5.2 第二阶段(50 年代前期和中期)

这一阶段从 1950 年斯大林发表《马克思主义和语言学问题》开始。斯大林的这一著作是语言学的经典文献,是语言学史上的一件大事。他站在马克思主义哲学的高度,对语言学中的一些重大问题作了正面的回答,同时也揭露了马尔"新学说"中非马克思主义的东西和庸俗社会学的实质,严厉批评了语言学界的学阀制度和不民主作风,这样就结束了马尔派一家垄断的局面,为苏联语言学的健康发展开辟了前景。

由于斯大林在著作中强调了语音、语法、词汇三要素的重要性,承认历史比较语言学的一定地位,这个时期苏联语言学家在上述几个方面开展了大量工作,取得了不少成绩。例如苏联科学院俄语规范语法、奥热果夫修订本俄语词典都是这个阶段出版的。著名的十七卷本现代标准俄语大词典和四卷本科学院俄语词典都是这个时期编纂或完成的。

但另一方面,由于苏联当时的社会风气,在抛弃了马尔的旧教条后,语言学界的一些人却又把斯大林的上述著作奉为语言学的顶峰和检验语言学学术是非的唯一标准。这样一种风气,对苏联语言学的发展产生了一定的不良影响。语言学本来就是一门新兴的不成熟的科学,还有不少没有为人们所认识的"必然王国",由于与语言学有关的各门科学的发展水平的限制,使语言学对许多问题的解答带有假设、推论、思辨等性质。只有充分发扬学术民主,鼓励人们从不同角度去探讨,认识才能逐步接近真理。前述社会风气,妨碍这个时期苏联语言学界的这种学术自由讨论。此外,这一阶段还存在对国外语言学家(如索绪尔)评价偏低,对国外语言学流派(如结构语言学)采取几乎全盘否定的态度等问题。

5.3 第三阶段(50年代后期至今[①])

这一阶段的特点是语言学界思想活跃,成果众多。苏联语言学家根据新的科学成果和材料对语言学的一些重大理论问题进行了大胆的探索。在语言与思维的关系上不拘泥于经典式论断而根据科学的新发展提出一些新见解来进行讨论,便是其中一个突出的实例。

这个时期,语言学研究的面也在逐步扩大。苏联自称世界上凡是有人研究过或正在研究的语言学领域或部门,苏联语言学家几乎都有人在研究,而且有的项目还取得了相当的成绩。实际上,苏联近二十年来的确出版了不少语言学著作,品种多样,涉及语言学的各个方面、各个领域,有普及性的,更多提高性的。不少语言学专著具有不同程度的学术价值,有的还达到了相当高的学术水准。

与此同时,对国外语言学流派也采取了灵活的态度,一方面继续批判其语言哲学,另一方面对具体方法则尽量吸收,对外国语言学家的评论也逐渐趋于公允,如对索绪尔的评论即是一个典型。

6 两条战线的斗争

综前所述,可见苏联语言学一贯坚持"以继承和发扬本国优良传统为主,兼取国外语言学各流派之长"的发展道路,并在自己内部同离开这条道路的各种倾向和潮流不断进行"两条战线"的斗争。

6.1 反对否定、轻视传统的斗争

早期苏联语言学的马尔派曾对本国传统持虚无主义态度,宣布"同旧传统彻底决裂",把革命前俄国语言学贬得一无是处,认为都是"资产阶级的"、"种族主义的"、"形式主义的"等等,贴上标签,划入禁区。1950年苏联语言学"大讨论"后,这种有害倾向受到有力地批判和根本地纠正。以后又不断有人企图把国外语言学流派(主要是结构和生成语言学)连同其哲学基础都无批判地移植到苏联,甚至以此来代替传统或凌架于传统之上。也有人把数理语言学的那一套所谓"准确的方法"同传统语言学的所谓"落后的方法"对立起来,企图以前者取代后者。对这些倾向,苏联语言学界不断进行坚决的抵制和斗争。这种斗争至今仍在继续,有时甚至还提到意识形态斗争(指哲学部分)的高度。

---

① 至1980年。

6.2 反对全盘否定国外语言学成果的斗争

苏联语言学界在对待国外语言学流派的态度上,总的来说做到了及时了解和研究,有批判、有分析、有条件地吸取。这是就其发展的主流而言,但并不排除在个别历史时期出现全面否定别国成就的倾向,这主要是受当时苏联国内的社会思潮和政治气候的影响所致。例如,20 世纪 20 至 30 年代在无产阶级文化派和庸俗社会学社会思潮影响下,一度出现对国外语言学持全盘否定的态度。40 年代后期至 50 年代前期在提倡爱国主义反对世界主义的政治背景下,曾宣布过国外语言学各种流派(主要是结构语言学)是资产阶级意识形态,如此等等。这是在政治问题、意识形态问题和学术问题的界限混淆不清的条件下的产物。这种偏向造成苏联语言学界暂时的思想僵化。一旦学术生活转入正常,这种倾向也就得到了克服。

7 苏联语言学主要学科概况

7.1 概观

语言科学内部分为各门学科,每门学科又有支学科,以下又有分学科,分学科下又有若干题目或问题,如此等等。对语言学的各个大小部门和各个专题,苏联语言学家几乎都有人在研究或研究过,并取得了不同程度的成绩,有的甚至在世界上取得了领先的地位,例如俄语语言学。本文限于篇幅,不可能对各个学科和部门情况一一详尽列举,只拟就其中最主要者或最有成效者以及与我国读者关系较密者作点简介。

语言学可根据不同的标准进行不同的分类。本文采用通用的分类法,先把它分为普通语言学和具体语言学两大部类。

普通语言学是语言观和方法论之学,在语言学诸学科中,同哲学关系最为紧密。由于这个原因,苏联的普通语言学也就最具有特色,这便是以马克思主义哲学为语言观和方法论基础。这个特色是在同以非马克思主义哲学为语言观和方法论基础的欧美、日本等的普通语言学相比较而显示出来的。另外,苏联语言学十分重视这门学科的研究,这个部门也出了许多成果。苏联语言学的其他部门取得目前的成绩,同重视普通语言学研究以及研究成果对语言具体研究的指导作用是分不开的。由于普通语言学所研究的是各种具体语言的普遍规律,所以对我国语言学界也有借鉴意义,故有介绍的必要。

与普通语言学相对而言的是具体语言学。苏联语言学家最着重研究的是俄语，其次便是苏联国内的几个主要民族（如乌克兰、白俄罗斯等）语言和其他各少数民族语言。苏联语言学家对世界上的各种主要语言，如汉语、英语、德语、法语、西班牙语等也都有一定研究。至于同苏联在各种关系上比较密切的东欧和其他一些国家的民族语言，更属研究之列。连世界上那些虽然使用人数不多但却是某个国家的官方语言的语种，苏联也都有人研究。近年来研究范围又扩大了。从空间上来看，非洲各种语言、美洲和大洋洲土著语言都成为研究对象，世界各大洲各种语言，在苏联几乎都有专人在研究；从时间上来看，从各种古典"死语言"，如古希腊文、古拉丁文以至玛雅古文译解和考证等"冷门"，也都在研究之中①。本文只选择苏联的俄语学和汉语学作点介绍，而且以前者为主，因为这是苏联语言学中研究得最全面最深入的领域，是历史最悠久、成果最丰硕的部门。苏联是俄语的故乡，俄语又是苏联各民族之间的通用语言，是苏联语言学研究的重点的重点。当今世界各国，研究俄语最有发言权和实际上最见成效的，如果从总体上来考察，当首推苏联语言学界。

普通语言学又叫理论语言学。在这个意义上，和它相对应的还有应用语言学。应用语言学又有狭义和广义两种。狭义应用语言学只指语言（母语和外语）教学，广义应用语言学的范围则比较广泛，举凡文字改革和创建、制定语言规范、辞书编纂、推广普通话、编写规范语法（以上各项，在苏联语言学文献中统称"语文建设"）、修辞语体、翻译理论、言语病理学、心理语言学、生理语言学、神经语言学、数理语言学、计算语言学和机器翻译、语言信息论等，都属应用语言学。苏联近年来在这些领域都有所研究，并出版了一定数量的著作。本文只选狭义应用语言学的外语教学法部分和广义应用语言学的"语文建设"部分略作介绍。其他部门，在本文各个部分也涉及一些。

---

① Ф. П. Филин，Советское языкознание：теория и практика（К 60-летию Октября）. ВЯ，1977，№5，стр. 4.

7.2 普通语言学

普通语言学(以后简称“普语”)是苏联语言学诸学科中的领先学科,有人把它称为整个苏联语言学的灵魂和统帅,这并不过分。

苏联语言学界一贯重视这门学科的建设工作,把它和俄语学都放在优先发展的地位。苏联科学院语言学研究所所属的十大研究室中,第一室便是普语研究室。这是指导全国普通语言学研究的中心,同时又是普语研究工作的“火车头”。它的研究人员为全国普语研究工作者做出榜样和示范。

7.2.1 代表作举隅

近三十年来,苏联科学院和其他单位出版了不少有学术价值的普语专著,涉及这门科学的各个重大问题,因篇幅所限,不能列举,仅择四部著作,略作介绍。

(1)由苏联科学院组织撰写的三卷本系统著作《普通语言学》:第一卷《语言存在的形式、功能和历史》(1970),第二卷《语言的内部结构》(1971),第三卷《语言学研究诸方法》(1973)。此书是集体劳动成果,主编 Б. А. 谢列布连尼科夫。这部著作力图概括苏联语言学家的共同观点,总结苏联理论语言学的研究成果,加以系统化,把它组织成为一个严密的科学体系,同时把它进一步提高,作为苏联语言学家的语言观和方法论,作为语言理论工作的依据和实际研究的指南。这部书集中反映了苏联理论语言学现阶段的发展水平。此书出版已有十年,在这十年内,苏联理论语言学又有新的进展,因此,此书还未能来得及充分反映出苏联理论语言学的最新面貌。但无论如何,它的问世是苏联语言学史上的一件大事。它在苏联理论语言学中的地位,大体上相当于科学院俄语语法和十七卷俄语大辞典在苏联俄语学中的地位。此书还同时译成数种西欧主要语言,在苏联国内出版,向国外发行,争取世界各国语言学家对苏联理论语言学的了解,并扩大它对外的影响,由此可见苏联语言学界对此书的重视了。

(2)《苏联各族人民的语言》(Т. 1—5,1966—1968)。这也是由苏联科学院组织编撰的大型集体著作,主编维诺格拉多夫,全书五卷,基本上按语系、语族、语支对苏联境内 127 种民族语言的现状,从普通语言学的理论高度作了全面、客观、精练的结构特征方面的概括描写,从音位、形态、句法直到词汇都作了共时的体系性考察。每一语种,都由苏联在这方面有研究的专家执笔，按统一规定的体例和项目撰写，力求反映和总结该种语言在苏联当时研究的新近成果和所达到的水平。对每一语种研究的历史和现状，也都有简要的介绍。对每一语系、语族、语支都由有关专家撰写《导论》。例如，第一卷为印欧语系诸语言，《导论》由 В. Н. 托波罗夫执笔，《东斯拉夫语支导论》的作者则为 П. С. 库兹涅佐夫；《俄语》一章由 М. В. 帕诺夫撰写。该书第二卷突厥语族诸语种，第三卷芬兰-乌戈尔语族和撒莫狄语族诸语种，第四卷伊比利亚-高加索诸语种，第五卷蒙古语族、通古斯满州语族以及其他小语种。

这部著作的第二至第五卷，实际上都是苏联语言学家研究境内各少数民族语言的成果的结晶。十月革命后苏联对境内各少数民族的语言开展了比较全面深入的调查研究，成绩可观。这些大量的非印欧语系的各式各样的语种的具体语言事实，扩大和开阔了人们的普通语言学眼界。这也可说是苏联语言学对世界语言学的发展所作出的独特贡献。过去所谓“普通语言学”，主要以印欧语为依据，许多共同规律都是从印欧语的具体现象和材料中概括抽象出来的，因此就具有极大的局限性。有些规律可能只适用于印欧语，而对其他某些语言并不普遍适用，即并不“普通”。主要在印欧语基础上建立起来的普通语言学的许多规律，尚需用大量的非印欧语的语言事实来验证其真理性和“普通性”。苏联境内有一百多种属非印欧语的少数民族和种族的语言，这些语言的具体事实、语言系统、语法结构和词汇体系，它们的历史等，十月革命前或者很少研究过，或者根本没有人研究过，大量的是属后一情况。这些语言结构，分属各种不同类型，五光十色，内容丰富多样。苏维埃政权建立后对它们所做的详细的调查研究工作，为世界普通语言学的发展，提供了大量有意义的生动的实际材料。苏联语言学家并以此打破了长期统治世界普通语言学界的“印欧语中心论”的偏见，这不能不说是苏联语言学的一大功绩。苏联语言学家把亲族语言的历史比较研究的范围从印欧语扩大到非印欧语，并把这种亲族语言的历史比较研究同非亲族语言的类型研究结合起来，从而在研究方法上使一度走入死胡同的，到了“山重水复疑无路”地步的“印欧历史比较语言学”走上宽广的道路，进入“柳暗花明又一村”的境地。

(3)费林主编的《俄语百科全书》(1979)。这部百科虽名为《俄语》，但实际上其意义远远超出俄语学一门学科的范围，很有普通语言学价值。

此书通过对词条的解释,综合、全面、系统地反映了苏联语言学的理论水平(总的普通语言学和对俄语学以下的分门学科的观点和方法论)。有关《百科》的内容、结构、特点和学术价值,已有专文作过介绍和评论①,此处从略。

(4)O. C. 阿赫马诺娃主编的《语言学术语辞典》(1976)。该书收录反映语言学发展新成果的词条七千左右,每一术语都附有相应的英、德、法、西四种文字作为对照,每个条目的解释力求准确、全面、简洁、科学,编纂态度严谨。该书同苏联和欧美同时期或早期的同类辞书②相比较,该书无论在所收词条的数量上、篇幅上,还是对词条的解释上,都有不少超过后者的地方。对这些术语的解释,反映了苏联语言学界的观点。

除了各种普语的专著外,苏联语言学界还重视普语教材的建设,这里包括语言学概论课的教材。普语课教材,近三十年出版的有影响的,先后有以下语言学家编著的几种:B. A. 兹维金采夫(1962)、Ю. C. 斯捷帕诺夫(1965,1975)、B. И. 科杜霍夫(1974)、Ф. M. 别列津和 B. H. 戈洛文(1979)、B. Б. 卡谢维奇(1977)、Э. M. 阿洪齐亚诺夫(1981)等。《概论》反映近年苏联语言学成果的,有 Ю. C. 马斯洛夫(1975)、B. A. 科切尔金娜(1979)和 B. H. 戈洛文(1973)编著的等。

7.2.2 苏联普通语言学理论观点上的特点

所谓"特点"是同欧美、日本等普通语言学相比较而言的,总的来说,便是以马克思主义哲学为语言观和方法论,本节结合苏联普通语言学的实际作进一步说明。这个特点在普语中,主要具体表现为以下各点。

(1)从辩证唯物主义及其认识论的反映论和历史唯物主义的基本原理出发来看语言,语言有以下四个方面的主要功能或用途:① 交际功能(语言作为社会成员间的最主要交际工具);② 思想功能(语言作为思维工具,作为形成、表达、传递思想的工具);③ 指称-认知功能(语言作为概括、反映和巩固人类对客观现实的认识的手段);④ 历史-文化功能(语言作为掌握人类历史经验的手段,作为人类积累的共同精神财富代代相传

---

① 原学会:《〈俄语百科全书〉简介》,《外语教学与研究》1980 年第 4 期。

② 苏联的如 Д. Э. 罗津塔利和 M. A. 捷连科娃:Словарь-справочник лингв. терминов. 1976;P. 格拉比斯:Словарь лингв. терминов. 1963;Л. И. 日尔科夫编:Лингв. словарь. 1946;欧美的如 Mario A Pei, *Dictionary of Linguistics*. 1954;J. Marouaeau, *Lexigue de la Terminologic Linguistique*. 1951;R. R. K. 哈特曼和 F. C. 斯托克:《语言和语言学词典》(中译本,上海,1980,原书出版于 1972 年)等。

的手段)。其中以第一个功能为最重要,这是语言的根本功能。

(2)首先肯定语言的社会性,认为语言和社会关系极其复杂。两者的基本关系是相互依存的关系。语言产生于社会,并受社会的制约,语言对社会的依存性是绝对的,这是一个方面。另一方面,语言一旦从社会中产生,它就具有一定的独立性,有自己的系统和结构,按自己内部的规律发展,但这种独立性是相对的。语言的社会性是语言的本质特征,研究语言必须首先把它放在社会的平面上考察。

(3)认为语言是一种特殊的社会现象,它具有全民性(无阶级性或超阶级性)、民族性、稳定性、保守性、渐变性。

(4)把语言作为人类意识的实际载体来理解,认为语言与思维有着不可分割性和统一性,但同时却又不是同一事物;思维是用语言作为手段所表达出来的"非语言"或"超语言"的内容(внеязыковое содержание),语言同现实之间的联系,通过思维来实现。

(5)语言具有符号性,但它从属于社会性。

(6)历史主义原则和方法,应当贯彻于语言研究的各个方面。

(7)在语言起源问题上,认为劳动和社会实践起决定作用,在语言发展历史和前途问题上,紧密联系民族的形成和发展来考察。

这些特点,即苏联普通语言学的根本观点,都已为我国语言学界所接受。在这些问题上,我国20世纪50年代以来的语言学概论、普通语言学教材或系统专著中所阐述的,基本上也就是苏联普通语言学的那些观点。因此,此处不多赘述。

在"本体论"(即对语言本身的内部组成——语言系统和语言结构、语言的层次和级层、语言的单位等问题的理论)方面①,苏联语言学和外国大多数语言学流派在阐述时,在实际内容上,相同部分是主要的,对此无须重复,这里只介绍不同的,即其独特之点。

(1)首先严格区别"语言系统"和"语言结构"这两个术语之间的差异,并各赋予一定的科学的含义。

(2)在赋予"语言系统"这个术语科学内容时,苏联语言学家借用了数学上的"集合"、"元素"、"子集"等概念。数学上的集合是由元素(эле-

---

① 根据马克思主义世界观和方法论一致的原理,苏联语言学认为:语言学本体论,同时也是语言研究和语言分析的方法。

менты)组成的,所有的元素的总和构成了集合这个整体。与集合这个整体相对而言,每一元素,都是它的一个组成部分。但如果把元素进一步分解为更小的组成部分时,则它与更小的组成部分(元素)相对,又是一个集合,同原先的集合相对而言,它便是子集。“语言系统”这个术语指的就是语言元素的集合或总和。构成语言系统这个集合的基本语言元素,就是我们通常所理解的语音、词汇、形态、句法。这些语言元素,每一种同语言系统相对而言又是语言子系统(подсистема),因为它们都还可作进一步的“元素分解”,分解为更小的元素或语言单位,这样就形成不同的语言级别的等级。“语言系统”这个术语表示作为整体的由不同等级语言元素组成的语言集合。

(3)语言的各个组成部分(元素或子系统)及其总和或集合(语言系统)、各类语言单位,都是一种实体(субстанция),都是声音或声音和意义的统一体,因此它们也都是物质化的。

(4)语言的各组成部分(诸元素)之间、它们同整体(语言系统)之间、不同的级层之间相互制约和影响,“牵一发动全身”,这种相互作用叫做“联系”(связь);同一语言的各组成部分(元素)内部,各种不同语言的各组成部分(元素)之间,都有共同点和差异,这些异同之点叫做“关系”(отношение),规定一种作为统一整体的语言的各种联系和关系的总和叫做“语言结构”。

(5)区分“语言系统”和“语言结构”是为了克服苏联国内外语言学界在使用这两个术语时的混乱现象,同时这样使用术语更能反映事实,更是按事物的本来面目来认识事物。

(6)与结构主义强调语言研究中“关系就是一切,实体是没有的或可有可无的”、“语言学只研究纯关系”之类观点不同,苏联语言学主张实体第一性和关系第二性。

(7)语言就是这样一种具有结构特性和系统特性的“造物”(структурно-системное образование)。语言结构和语言系统是语言这个同一的研究对象的两个互有联系、相互补充的不同方面。

(8)前述的语言的各种子系统(或元素),如果从研究语言的分析程序的角度来考察,也可看做相应的层次(уровень)或级层(ярус):音位层、形态层、句法层、词汇语义层,这些都是语言的基本层次。此外,还有形态-音位层(морфонологический уровень)、构词层、熟语层等层次。

这是苏联现今的通用分法，为大多数语言学家所接受。但有人有时也采用更简便的办法，把语言层次分为两种：从表达平面出发，分出音位层；从内容平面出发，分出语义层。

(9)前述层次都有各自的单位和研究对象（这些单位之间各自有特定的关系）：音位层研究单音和音位、音节及其类型、语调及其类型等；形态层研究形位、词形；句法层研究词组和句子及其类型；词汇-语义层研究词位（лексемы）和词的各种词汇-语义变体；构词层研究词素及其组词规律，如此等等。

(10)以上是从各种语言单位同它们所属的语言层次的关系的角度来考察语言单位。苏联语言学一般还从功能的角度来研究语言单位，并以此为标准而把语言单位划分为三大类：① 指称单位——主要是单词和相当于单词的熟语、术语和复合名称；② 交际单位——句子；③ 构造单位——音位、形位等。

(11)综前所述，可见苏联语言学的层次观和单位观实际上是传统语言学的新发展，后者在实际研究工作中早已采用了这种分析法，只不过没有把它们理论化而已。到结构主义语言学提出“层次”和“单位”的观念后，苏联语言学家也认为这两术语不无可取之处，并随之借用，以此来赋予自己的一套实际做法以现代理论语言学的含义，用新瓶装老酒。

(12)在研究本体论时，不能对语言只作“纯本体”的考察，还要兼顾语言的功能方面，顾及社会对语言的作用：语言各个层次的变化和发展，虽然主要取决于其内部规律，但也间接受到来自社会的影响。

(13)在本体论内部，在进行具体语言研究时，既要注意语言系统和结构（即整体以及组成这个整体的各部分之间，每一部分和整体之间的关系，也就是说要有全局观点），更要注意语言单位以及具体言语现象本身；要既见整个森林，又见每棵树木。结构主义见林不见木，重林轻木，使语言研究沦于抽象。旧传统研究法则是见木不见林或重木轻林，就事论事，也往往得不出全面的认识，局限极大。

最后还应指出的是，苏联语言学家认为“系统”、“结构”都是哲学范畴，应从马克思主义哲学的理论高度来阐明它们在语言学中的正确含义，并正确加以使用，以此来同西方语言学流派在哲学上划清界限。

至于在语言的分类、普通语音学和音位学、普通词汇学和普通语法学等方面，苏联同国外（特别是传统派）大同小异，只是前者总结、概括得更条理化和系统化,更有逻辑性和科学性。也就是说,在考虑整个普通语言学理论体系和框架结构时,苏联语言学家是认真下了一番工夫来做加工和提高工作的。

7.2.3 研究工作的三个重点

既然苏联普通语言学是自称以辩证唯物主义和历史唯物主义为指南的,那么这也就决定了它在一开始便以下面三个问题作为自己研究的重点:(1)语言学与哲学(主要是马克思主义哲学)的关系;(2)语言与社会;(3)语言与意识(包括思维,而且主要指思维)。因此也就有必要举出在这几方面研究工作中有过重大影响的代表人物。

(1)在研究语言学和哲学的关系问题上,早期有 В. Н. 沃洛希诺夫、Р. О. 绍尔、Е. М. 雷特等,(马尔和波利凡诺夫曾专门研究过这个问题);近期主要的有 В. З. 潘菲洛夫的《语言学的哲学问题》(1977)、Р. А. 布达戈夫的《当代语言学思想和流派的斗争》(1978)、Ю. А. 日卢坚科编的论文集《语言和意识形态》(1981)、科兹洛娃的《哲学与语言》(1972)等。70 年代出版的论文集《列宁主义和语言学理论问题》(Ленинизм и теоретические проблемы языкознания. 1970)是一部反映苏联一些理论语言学家有关这方面的近期观点的著作。总之,这一领域的研究,带有意识形态的色彩。

在研究语言学和哲学的关系以及语言学的哲学问题上有成就的语言学家,《大百科》还列举了以下六人:Э. Б. 阿加扬、Г. В. 科尔尚斯基、В. И. 科杜霍夫、С. Д. 卡茨涅利松、Б. А. 谢列勃连尼科夫、В. М. 宋采夫等。

从 1982 年开始,苏联科学院语言学研究所开始出版《马列主义语言学问题》专著丛书,其中大部分都与哲学问题有关。已出的第一部书便是潘菲洛夫的《语言学哲学问题的认识论方面》(1982)。

(2)在研究"语言和社会"问题上,早年有绍尔、波利凡诺夫、雅库宾斯基、日尔蒙斯基、谢利谢夫等。这个问题的研究以后发展成一门独立的学科——苏联社会语言学。本文在以后将专作介绍。

(3)"语言与思维"一直是世界语言学史上的老大难问题,至今未得彻底的科学解决,这除了哲学方面的原因外,更主要的是受到同语言学关系紧密的其他科学发展水平的限制。过去的各种以唯心主义和机械唯物主义为指导思想的语言学流派不能正确解决这个问题是毫不足怪的事。苏联语言学在这个重大理论问题上作了长期探索,试图在马克思主义哲学，特别是列宁的反映论的基础上对这个问题的解决作重大的突破。研究语言与思维的关系可以从各种不同角度出发，选择不同的侧面来突破，例如，哲学认识论、心理学、高级神经生理学（主要是巴甫洛夫学说）、群体发生学、控制论、符号学等。

表面上最有成绩的是选择从认识论方面来做突破口的语言学家。他们在探讨解决这个问题的同时，还研究语言、思维同客观现实的关系，语言、思维同意识的关系等。这方面在抽象思辨上所下的功夫要远比具体材料的收集和分析多得多。他们的成绩与其说是语言学的，倒不如说是哲学的。从认识论角度研究语言与思维问题比较具体的题目是“语言和逻辑的关系”。在这方面，苏联语言学家得出了大体如下的基本解决方案：(1) 在“词和概念的关系”问题上，把词汇意义看做词同一定概念相对应的体系；(2) 在“句子和判断的关系”问题上，使用可由一定的语法手段（语调、重音、语气词等）表达出来的逻辑-语法层次。

从控制论和符号学角度来研究“语言与思维”这个问题，在苏联还是近二十年的事，尚未见有创见的有学术分量的成果问世。

在苏联语言学早期，有人曾一度热衷于这个问题的群体发生学研究，马尔在这方面做了不少工作。马尔派语言学家在提出语言与思维这一组关系的同时，还提出存在和意识这另一组关系，同时还试图探讨这两组之间的关系。“语言与思维发展分阶段”论（“前逻辑阶段”、“原始-形象阶段”、“劳动-巫术阶段”）便是在这个基础上产生的。这种理论有一个致命的弱点：简单化。因此时兴过一阵便被抛弃。

苏联学术界研究“语言与思维”这个问题实际成绩最显著并最具有科学价值的，还应首推生理学家和心理学家。巴甫洛夫对人脑和高级神经系统所作的研究，他的关于两种反射和两种信号系统的学说，都为科学解决“语言与思维的关系”提供了科学基础。巴氏的有关学说是苏联语言学界论述这个问题时必不可少的最权威的论据。心理学家 В. С. 维果茨基则从许多心理实验材料揭示语言和思维关系的规律，他在这方面的代表作《思维与言语》(1934) 是苏联语言学界研究这个问题必读的参考书。此外，心理学家 А. Н. 列昂季耶夫、А. Р. 卢里亚、С. Л. 鲁宾斯坦等关于语言、言语和思维的论著，也为苏联语言学界所推崇。

在“语言与思维”问题上，苏联语言学家中研究成果最有语言学意义而且数量众多的，恐怕应首推 И. И. 麦夏宁诺夫[①]。他在语言类型学研究中从多种语种的大量语言事实中概括出语言普见现象、概念范畴和反映它们的语法范畴。

В. З. 潘菲洛夫的《语言和思维的相互关系》(Взаимоотношение языка и мышления. М.,1971)代表 70 年代前期部分苏联语言学家的观点。

近年来苏联语言学界在语言与思维问题的研究上有些进展，提出一些新的见解。这方面最有代表性的是 Б. А. 谢列勃连尼科夫，他的观点比较集中地反映在《论"语言与思维"问题——兼论思维是否在所有情况下都语言化》(1977)一文中，对此需作些介绍。

苏联语言学在语言与思维问题上 50 年代以来的一贯传统观点是我国语言学界所熟识的，其要点可表述如下：语言是形成、表达和交流思想的手段，它同思维直接联系在一起，语言单位(词、句)是思维形式(概念、判断)的唯一基础，思维只有在语言的基础上才能进行，而不能借助其他任何形式而存在，因为作为人类思维之根本的抽象概念只有通过词才得以存在和表达。苏联语言学家中至今仍有不少人坚持以上观点。

新观点则认为人类思维有各种不同类型，从大处着眼，可分为语言思维和非语言思维(或超语言思维)两大类，前者虽然是主要的和基本的，但却不是唯一的。这就是说在语言之外，也可以有思维的存在，不过这种思维也并非是"赤裸裸"的，它是以非语言的其他物质材料为其实际载体的。换言之，语言只是思维的一种，而不是唯一的物质载体。这一点同传统观点是不一样的，但它也不是马尔学派观点的简单重复。这种新观点是苏联语言学界部分学者在心理学、神经生理学、逻辑学和语言学其他邻近学科的新的研究成果和材料的基础上提出来的。但其真理性究竟有多大，尚需作进一步研究和探讨。

近期西方崛起的认知科学，主要是认知心理学和认知语言学，在苏联语言学界未见有多大反响。我们推测苏联语言学家在消化，预计认知科学的一些基本理论对苏联学界解决"语言与思维"问题会有新启迪。

对"语言与思维"问题有研究的语言学家，据《苏联大百科全书》所列的还有 Э. Б. 阿加扬、Р. А. 布达戈夫、С. Д. 卡茨涅利松、В. И. 科杜霍夫、Г. В. 科尔尚斯基、В. М. 宋采夫等。

---

① 我国曾译为墨山宁诺夫。

在研究"语言学和哲学"、"语言和社会"、"语言和思维"这三大普通语言学问题方面，在苏联语言学史上有一定地位的著作有以下几部：E. Д. 波利凡诺夫的《拥护马克思主义语言学》(1931)、P. O. 绍尔的《语言学和唯物论》(1929—1931)、《在通往马克思主义语言学的道路上》(1931)、《语言和社会》(1926)、《普通语言学》(1929)、B. H. 沃洛希诺夫的《马克思主义和语言哲学》(1929)、B. M. 日尔蒙斯基的《民族语言和社会方言》(1936)、Л. П. 雅库宾斯基和 A. M. 伊凡诺夫的《语言概论》(1932)等。这些著作的某些观点现在看来未免有幼稚乃至错误之处，但在当时，在苏联语言学史上，却有积极的意义。

7.2.4 苏联普通语言学界讨论过的一些理论问题

1950 年以来，苏联几家主要语言学期刊上开展了几次普通语言学专题学术讨论：音位学问题(1952—1953)，文体学(或风格学、修辞学)问题(1955)，语言的共时分析和历时研究之间的关系问题(1960)，结构主义和语言研究的结构方法在苏联语言学中的作用和地位问题(1956—1959)。

除了有组织的上述几次规模较大的专题学术讨论以外，近二十年来苏联学者还讨论了以下一些普通语言学中重大的理论问题：(1)语言与思维(思维是否必须以语言作为外壳，有没有内部语言，形象思维是否要借助语言，语言和思维的发展阶段及其相互关系等问题)；(2)语言与民族(语言特征在民族诸特征中的地位、民族分类及其同语言分类的关系、民族语言政策问题、关于语言的接触和相互影响、语言的未来发展问题等)；(3)语言与社会(社会变化同语言变化的关系、语言与阶级、语言的社会分化问题等)；(4)语言的分类问题(关于欧亚语系假说、语言功能分类等)；(5)语言的起源(语言产生前是否有过手势阶段和直观-动作或直观-形象阶段，思维的起源是否必须与语言的起源同时等)；(6)关于语言学的对象、方法等问题。对这些问题的讨论情况以及讨论中出现的各种观点，我国语言学家已有专文作过综述①，此处从略。这些讨论活跃了苏联语言学界的学术思想，推动了理论研究的深入发展。

在粗线条勾画出苏联普通语言学的概貌(特点、研究和讨论的问题、

---

① 伍铁平：《近十年苏联普通语言学中的若干问题》，《语言学动态》1978 年第 4 期和第 8 期。

重点项目及主要成果等）后，我们将选择普语的几个分支学科——历史比较语言学、类型语言学、社会语言学等，对它们的概况再作点补充介绍。

7.2.5 历史比较语言学

历史比较语言学是普通语言学中历史最悠久的一门古老学科，在革命前的俄国已相当发达。苏维埃政权建立后，语言学的研究重点虽已由历史转向现代，但比较语言学的研究工作一直没有完全中断。在马尔“新学说”统治的年代，这门学科曾暂时受到挫折，被认为是“资产阶级伪科学”，但自1950年斯大林为它恢复名誉后，情况又有了根本好转，因此以后不断有进展。

这门学科比较研究的对象一直是亲族语言，在西欧和俄国主要是印欧语系的语言，因此它又称印欧语历史比较语言学。苏联语言学把研究范围加以扩大，除印欧语系外，还包括境内各少数民族语言的历史比较研究和同一民族语言的各种方言的历史比较研究；在印欧语方面，则把重点放在斯拉夫语族（特别是东斯拉夫语支——俄语、乌克兰语、白俄罗斯语）上，与此同时，仍不放松对原先有基础的日耳曼语族和拉丁（或罗曼）语族的研究。研究对象除了语种的范围扩大外，方面也增加了，除历史比较语法学（包括语音）外，还研究历史比较词汇学、历史比较成语学，以及历史比较风格学（或修辞学）。在历史比较类型学的研究方面，苏联是世界上出成果最早的国家。这门学科的代表人物，当推麦夏宁诺夫院士。

苏联语言学家在前人的基础上把历史比较研究的方法（内部重建的方法）修订得更为严密科学，对早期原始语的分期问题也作了新的探索。在开展历史比较研究的背景上，苏联又出现了地域语言学，并出版各种有学术价值的语言（或方言）分布历史演变地图册（包括现状）。

苏联在罗曼语、日耳曼语研究方面的成绩得到了国际语言学界的承认，有代表性的语言学家，在日耳曼语方面，就有 П. Я. 加利佩林、Б. М. 扎多尔日内、Б. А. 伊利英、Б. А. 伊利伊什、С. Д. 卡茨涅利松、М. И. 斯捷勃林-卡缅斯基、О. И. 莫斯卡利斯卡娅、М. М. 古赫曼、В. М. 日尔蒙斯基、Э. А. 马卡耶地、В. Н. 雅尔采娃等。由后四人合作撰写的苏联科学院多卷本《日耳曼语比较语法》（Т. 1—4，1962—1966）是这方面的代表作。另外还有《日耳曼语历史-类型形态学》（Т. 1—2，1976）也是这方面的大部头系统专著。В. М. 日尔蒙斯基的《日耳曼语历史研究导论》（1964）也是这方面的一部有分量的著作。顺便指出，在苏联日耳曼语界公认最有

造诣的是 А. И. 斯米尔尼茨基，虽然他的主要学术成就并不在历史比较研究方面。斯氏最有贡献的是在研究理论语言学（关于语言的客观性、语言和言语、关于词的理论等）和现代英语学两个领域。

在罗曼语研究上有代表性的语言学家有：Р. А. 布达科夫、М. В. 谢尔基耶夫斯基、Г. В. 斯捷帕诺夫、В. Ф. 希什马廖夫等。这方面最有学术分量的著作当首推《罗曼语比较-对比语法》（1972），布氏的《罗曼语的比较语义研究》（1963）也是一部苏联语言学名著，Т. Б. 阿莉索娃和 Т. А. 列皮娜等的《罗曼语文学导论》（1982）是罗曼语比较语言学方面的一部新著。

至于斯拉夫语族的历史比较研究，苏联更享有国际声誉。这方面的人才很多，据《大百科全书》所列的就有以下一些：在斯拉夫原始语方面有 П. А. 布祖克、П. С. 库兹涅佐夫、В. К. 茹拉弗廖夫、В. В. 马尔蒂诺夫、А. М. 谢利谢夫、В. Н. 托波罗夫等；在波罗的-斯拉夫语相互关系研究方面有 В. В. 伊凡诺夫、В. М. 伊利奇-斯维蒂奇、Б. А. 拉林等；在斯拉夫语重音学方面有 В. А. 迪鲍、Л. А. 布拉霍夫斯基、В. В. 科列索夫等；在斯拉夫语起源学和年代学研究方面，最出名的是 Ф. П. 费林；在斯拉夫语词源学研究方面有 О. Н. 特鲁巴切夫等。С. И. 伯恩斯坦的《斯拉夫语比较语法概要》（Т. 1—2，1961—1974）是得到国际斯拉夫语学界好评的著作。此外，以下两部著作在苏联斯拉夫语学界亦享盛名：Т. П. 洛姆捷夫的《东斯拉夫语比较-历史语法（形态学）》（1961）和 Ф. П. 费林的《东斯拉夫语的形成》（1962）。

7.2.6 语言的对比研究、类型研究和普见现象研究

语言的历史比较研究虽然重要，但毕竟局限性太大，因为研究对象只止于亲族语言。为了揭示各种具体语言的结构特点、彼此间的异同，求得各种语言中共同的东西，就有语言的对比研究（非亲族）、类型研究和普见现象研究等分支学科的产生，作为历史比较研究的补充。苏联语言学家在这三个领域里都进行了大量工作，并且宣称，他们在这三个方面的研究工作的提出和开展要比欧美各国早十年，甚至数十年。

早在 20 世纪 30 年代，波利凡诺夫就提出进行两种语言对比的设想，他认为要在非俄罗斯民族学校教授俄语而取得良好的效果，就必须进行学生母语同俄语的系统的体系性对比和个别语言事实对比，找出两种语言中的共性和差异。这样做既有利于防止母语对学习俄语的干扰，还有巨大的教育教养意义，这个原理也同样适用于苏联的英语、德语、法语等

外语的教学。苏联语言学家在各少数民族语和俄语，英语、德语、法语等与俄语的对比研究方面做了不少实际工作，这方面的著作很多，例如，К. Г. 克鲁舍利尼茨卡娅的《德俄对比语法纲要》(1961)，А. В. 费奥德罗夫等四人的《德语和俄语中的并行语言现象》(1961)等。以后随着对外俄语教学的发展，对比的语种更加扩大了。В. Г. 加克的《俄语同法语的对比》(1975)和他的《法俄对比词汇学》(1977)，А. Д. 赖赫施泰因的《德俄成语对比分析》(1980)是这方面近年来得到好评的著作。而西方国家最早提出语言对比研究为外语教学服务的设想则在40年代中期以后，代表人物是美国结构主义应用语言学家——听说法教学法家弗里斯和拉多。В. Н. 雅尔采娃的《对比语法》(1981)是近年来值得注意的理论著作。

语言的类型研究，在国外一般都限于语言的形态类型分类方面，而以麦夏宁诺夫为代表的苏联语言学家则很早就把研究扩大到句法类型和语义类型领域，他们早在30年代就从大量语言事实中，通过对"主体—客体关系"在各种语言(其中相当一部分是苏联境内各种语言)中的不同表达法的语义类型模式的分析研究，发现了主格结构、被动结构和主动结构。以后苏联语言学家在确定类型学的基本概念及其同语言学其他学科的关系问题上进行了理论上的深入系统研究，从而使类型具体研究的实际工作水平有了提高。在共时类型研究外，还开展了历时类型研究。

苏联的普见语言现象研究在很大程度上是从类型研究的基础上发展起来的。在类型研究和语言普见现象研究方面，苏联《大百科全书》和各种语言学教材举出以下一些有成绩的语言学家：М. М. 古赫曼、В. З. 潘菲洛夫、С. Д. 卡茨涅利松、Б. А. 乌斯宾斯基、Г. А. 克利莫夫、Г. А. 麦诺夫希科夫、П. Я. 斯科里克、О. П. 苏尼克、А. В. 杰斯尼茨卡娅等人。前面提到过的 В. М. 宋采夫和 В. Н. 雅尔采娃也是这些方面出成果的知名人物。

7.2.7 社会语言学和心理语言学

社会语言学作为语言学中一门独立的学科，它的崛起还是近十几年的事，顾名思义，它研究的是语言学中同社会有关的那一部分。这个部分问题很多，有大有小。根据所研究问题的大小以及具体程度的不同，它有宏观和微观之分。宏观社会语言学从大处着眼，研究语言和社会因素的关系、作用和反作用以及研究方法等重大理论问题，所以实际上是普通语言学的分支，而苏联社会语言学主要又是宏观的，为了叙述的方便，就把它列在此处考察。关于苏联语言学的宏观性质，可用苏联人自己所作的权威声明作为佐证。《大百科全书》“社会语言学”条宣布苏联社会语言学的研究对象是:“语言和民族,作为与民族形式相联系的历史范畴的民族语言,语言的全部结构层次上的社会分类,被各种语言和方言之间的社会功能所制约的语言状况的类型,语言在各种条件下互相作用的规律,双语现象和多语现象以及多方言现象,社会环境中的语言以及作为社会自觉影响语言发展的语言政策。”这也是苏联语言学的一大特点。另一个特点是苏联社会语言学往往要在前面加上“马克思主义”这一修饰语,以区别于美国等的非马克思主义社会语言学。后者同时还主要是微观社会语言学,兴趣在于搜集和分析具体语言事实,就事论事,而且由于其指导思想的非马克思主义性质,所以往往得不出正确的结论。

从世界范围来看,近二十年的前十年,研究“语言同社会的关系”题目最多的是美国,最早提出社会语言学应成为一门独立科学的是美国语言学家,因此人们往往把美国当做社会语言学的发源地,一些美国人也以此自居。对此苏联语言学家大不以为然,他们宣称:“奠定现代社会语言学基础的是苏联(而不是美国)语言学家。”[①]前面已经介绍过,把语言的社会性置于首位是苏联语言学的根本特征,“社会与语言”问题几乎一直是苏联普通语言学的重点研究项目。早在20至30年代,苏联语言学家就从“语言与社会”这一大题目出发,研究了当今社会语言学研究的重要问题,例如,语言不同层次的不同社会制约性、社会方言、不同阶级和不同阶层在历史的不同阶段使用语言手段的独特手法、语言在社会中的作用、语言和文化等。对这些问题,В. Ф. 希什马廖夫、Н. М. 卡林斯基、В. М. 日尔蒙斯基、Л. П. 雅库宾斯基、Г. О. 维诺库尔、В. В. 维诺格拉多夫、Л. А. 布拉霍夫斯基、В. А. 拉林、Р. О. 绍尔、Е. Д. 波利凡诺夫、М. В. 谢尔基耶夫斯基等都有专著或专文广泛探讨过,尤怪乎《大百科》把后九人当做苏联社会语言学的先驱和奠基人。50年代,由于斯大林批判了马尔“新学说”的庸俗社会学实质(这是必要的),在当时苏联社会风气的影响下,“语言与社会”问题的研究竟成为无形的禁区,一度衰落,但为时不久,苏联语言学家又奋起直追。这个时期在这方面做出显著成绩的有 И. К. 别洛杰德、Ю. Д. 杰舍里耶夫、Л. Б. 尼科利斯基、А. Д. 什维伊采尔、И. Ф. 普

① Ф. П. Филин, Советское языкознание: теория и практика (К 60-летию Октября). ВЯ, 1977, №5, стр. 7.

罗钦科等。P. A. 布达科夫和 M. M. 古赫曼也是这个时期为苏联社会语言学作出贡献的学者。

苏联人就根据以上事实,证明社会语言学成为一门独立的科学以前,苏联在这方面已有相当根底。他们自夸苏联这门科学基础雄厚、历史悠久,而西方一些国家则底子浅薄、白手起家①,并认为在国际范围内苏联在社会语言学的主要问题的研究上起着领先和主导的作用。几次国际性的社会语言学学术讨论会上,都有苏联代表团参加,他们向会议提出了不少专题报告。

苏联语言学界对本国社会语言学的成就大力宣传,认为这是近年来最有成绩的部门,他们确也出版了不少专著和论文集,兹举近二十年出版的几部知名著作如下:属系统专著的有 B. A. 阿弗罗林的《语言功能方面研究诸问题》(1975)、Л. П. 尼科利斯基的《共时社会语言学》(1976)、A. Д. 什维伊采尔的《现代社会语言学》(1976)、杰舍里耶夫的《社会语言学——一般理论基础》(1977)、A. T. 巴齐耶夫和 M. И. 伊萨耶夫的《语言和民族》(1973)、E. M. 维列夏金和 B. K. 科斯托马罗夫的《语言和文化》(1983 年第 3 版)等;属专题研究的有 A. П. 克雷辛和 Д. H. 什麦廖夫合编的《社会语言学研究》(1976)、И. K. 别洛杰德编的《科技革命和世界语言的功用》(1977)、B. H. 雅尔采娃和 M. M. 古赫曼合编的《标准语的社会差别和功能差别》(1977)、Л. Б. 尼科利斯基的《亚非国家语言政策》(1977);论文集主要的有《语言与社会》(1968)、《社会语言学问题》(1969)、《双语和多语现象》(1972)、《双语现象的研究方法》(1976)、《发展中国家的社会语言学问题》(1975)、《苏联社会语言学家在第八次世界社会学代表会议上的报告汇编》(1974)等。四卷文集《苏维埃时代苏联各民族标准语发展的规律》(1969—1976)是一部从社会语言学角度研究苏联国内语言问题的专书。这方面的大部头文集还有:《俄语和苏联社会》(1—4,1974)。

以上所举都是苏联社会语言学要研究的理论问题和这方面的成果。在实践方面,苏联社会语言学则提出以下任务和要解决的问题:"① 制定和研究语言规范的原则和标准语的原则;② 为无文字的少数民族建立文字体系和规范的标准语;③ 语言文字修养问题;④ 多语现象;⑤ 文学作

---

① Л. Б. Никольский, Введение в социолингвистику. М., 1978, стр. 7, 88.

品言语，等等”[①]。总之，社会语言学的实践是面向社会，为社会服务，主要是规范化、标准语和文字问题。关于这方面的情况将在“语文建设”一节论述。

与苏联社会语言学情况有某些近似的是苏联的心理语言学，这门科学在苏联也叫“言语活动论”，它的兴起同苏联语言学家重视“语言与思维”问题的研究不无紧密关系。如果心理语言学也有宏观和微观之分的话，那么苏联心理语言学基本上属前者，因为它所研究的主要是重大的理论问题。《大百科》列举的苏联心理语言学研究的主攻方向和在这些方面做出成绩的代表人物如下：（1）话语语法生成的模式（A. A. 列昂季耶夫、T. B. 莉亚鲍娃、И. A. 齐姆尼亚娅、E. M. 维列夏金等）；（2）言语语义方面的感知和理解的机制以及人的语言能力中理解语义组织的普遍规律（A. A. 勃鲁特内、A. П. 克利缅科等）；（3）从多义语言信息中确定可能的语义搭配的能力（P. M. 弗卢姆金娜等）[②]。

在苏联心理语言学家中，近年来最活跃、最出成果的，当推 A. A. 列昂季耶夫。他的著作很多，著名的有《语言的产生和初期发展情况》（1963）、《言语活动中的词》（1965）、《心理语言学》（1967）、《语言、言语、言语活动》（1979）、《言语活动理论》（1968）、《言语影响》（1972）等。他主编的一部《言语活动论原理》（1974）是一部在苏联最有分量的心理语言学基本理论方面的系统专著。

苏联心理语言学有自己的传统，在心理学方面是维果茨基学派，在语言学方面则继承谢尔巴的部分观点。另外，前面提到的 П. Я. 加利佩林、A. H. 列昂季耶夫、A. P. 卢里亚、H. И. 任金等心理学家，都是苏联心理语言学的先驱。H. И. 任金的《言语机制》（1964）和《言语是信息的传达物》（1982）是这方面的两部力作。

苏联心理语言学的特点是它的社会性，虽然是以语言的心理方面为研究对象，并从心理的角度来研究语言和言语，但始终把握住一个关键，即言语活动是一种主要的社会交际活动，它具有目的性、有意识性、能动性和创造性，而不是消极的被动的刺激→反应，心理语言学的研究不能离开语言的交际功能，这就是苏联心理语言学区别于美国等以行为主义为

---

① Большая советская энциклопедия. M.,1970—1978. 有关词条。

② Большая советская энциклопедия. M.,1970—1978. 有关词条。

基础的心理语言学的分水岭。

这样一来，又出现了从社会心理学角度研究语言问题的新领域。新近出版的《苏联各族人民言语交际的民族-文化特征》(E. Ф. 塔拉索夫主编，1982)便是这方面有一定代表性的专著。

苏联的心理语言学研究成果已为应用语言学提供了理论基础。言语活动论是近年苏联外语教学法和对外俄语教学法——自觉实践法的心理语言学根据。

7.3 俄语学

俄语学在旧俄就已有悠久历史、优良传统和丰富遗产。列举这方面的语言学家其及代表作非本文任务，这里从略。

十月革命后，俄语学在苏联又有重大发展，俄语学家人才辈出，著作源源不断涌现，无法一一枚举。这里所列的主要是写入《俄语百科全书》"俄语学"条和语言学史教材的部分最有成就的俄语学家及其代表作。

苏联俄语学家对俄语进行了全面深入细致的研究，研究对象既有现状，又有历史；既有共时，又有历时；既有标准语，又有方言；既有书面语，又有口语，不过一直保证前者作为重点。研究的方面很广泛，语法、词汇、语音、修辞等各个领域都有大批研究者在攻关。

7.3.1 俄语语法研究

在俄语语法研究方面，成绩最为可观。这里首先要提出苏联科学院规范语法的撰写和出版。早在30年代，苏联语言学界就提出集体撰写一部科学院规范俄语语法的任务。当时领导这一工作的是奥勃诺尔斯基和谢尔巴，后来主编由维诺格拉多夫接任，编写任务直至50年代初才最后完成。第一部苏联科学院规范俄语语法全书共两卷，第二卷分上下两册，于1952—1954年先后出书。此书对现代标准俄语的语法结构的各个方面每个细节都作了详尽的描写，具体语言材料丰富，例证多取自俄苏名作家作品。该书反映了苏联50年代初期理论语言学和俄语学发展的水平，现代俄语在这个时期的状况。它的出版不但让使用俄语的读者写作、说话以至改正他人语病有规可循，而且更为俄语语法教材建设和参考书编写提供了基本依据，其语言学意义更在于为苏联其他语种的规范语法的撰写树立了榜样，即使对其他国家标准语规范语法的撰写也有借鉴作用。无怪乎为了撰写此书，苏联动员了几乎全部当时国内最优秀的俄语语法学家，其重视程度可想而知。

此书出版迄今已有三十年，在此期间，俄语本身发生了许多变化，苏联普通语言学（主要是语法学）理论也有很大进展，俄语语法研究方面又积累了大批研究成果，这样，老科学院语法就显得落后于语言和语言科学的发展。在这个背景上，便有两卷本新科学院语法（Русская грамматика. 1980）问世。该书是由苏联科学院俄语研究所组织专家班子集体撰写的，主编为 Н. Ю. 什维多娃，各部分执笔人大部分都是近三十年成长的语法家，此书集中反映了苏联理论语言学和俄语语法学的最新水平和成就。

为此书的出版作理论上的准备，苏联科学院在 1970 年先出版了一部一卷本的《现代标准俄语语法》，主编也是什维多娃。该书是介乎理论语法和描写语法之间而以后者为主的集体著作，1980 年科学院语法即以此书体系为基本框架。

苏联俄语学家还在集体撰写多卷本的科学院俄语历史语法。前四卷已写就：由 В. И. 鲍尔科夫斯基主编的二卷本《俄语历史句法》和由 Р. И. 阿瓦涅索夫和 В. В. 伊凡诺夫主编的二卷本《俄语历史词法》。

苏联语言学家对俄语语法除作全面的历史研究外，还作更细致的分期的历史观察。例如由维诺格拉多夫和什维多娃二人主编的五卷本《十九世纪标准俄语历史语法大纲》（1964）便是其中的代表作，其中有《名词和形容词构词和词形变化》、《词组体系的变化》、《主从复合句的变化》等。

由个人撰写的俄语语法著作数量众多，公认为最有学术价值和苏联语法学史上有地位的可举出以下几部：维诺格拉多夫的《俄语——关于词的语法学说》（1947）和《现代俄语》（1938），鲍戈罗季茨基的《俄语语法通论》（1935 年修订第 5 版），布拉霍夫斯基的二卷本《标准俄语教程》（1952 年修订第 5 版），奥勃诺尔斯基的《现代俄语静词变化探源》（1927—1931），佩什科夫斯基的《俄语句法的科学说明》（1956 年修订第 7 版），什维多娃的《现代俄语句法的新进展》（Активные процессы в сов. рус. синтаксисе. М.，1967），А. А. 扎利兹尼亚克的《俄语静词词形变化》（Русское именное словизменение. 1967）；鲍尔科夫斯基的《古俄语公文句法》（《简单句》—1949，《复合句》—1958），库兹涅佐夫的《俄语历史词法概论》（1959），鲍、库二氏合著的《俄语历史语法》（1965 年修订 2 版），Т. П. 洛姆捷夫的《俄语历史句法》（1959）等。

代表部分苏联俄语语法学家新近理论倾向的著作，有 A. B. 邦达尔科的《语法意义和实际意义》(1978)、Г. А. 佐洛托娃的《俄语句法的交际方面》(1983)等。这种新的语法理论倾向，导致俄语功能语法的创建。

苏联俄语语法学理论上的特点主要体现在其句法学说上。40 至 50 年代的句法理论观点，可以维诺格拉多夫编的论文集《现代俄语句法学问题》(1950)和他的著作《苏联科学院俄语语法中的俄语句法的基本原则》(1952)、《词组研究问题》(1954)、《句法的基本问题》(1955)为代表，并请参阅国内俄语学家的述评①。近期的句法理论，则可以参考我国俄语学家编选并翻译的论文集②及其《代序》。

俄语语法学家，据《大百科全书》和《俄语百科全书》所举的，除前面已提到者外，还有词法研究方面：H. H. 杜尔诺沃、H. C. 波斯佩洛夫、A. B. 邦达尔科、H. M. 尚斯基等；构词法研究方面有 Г. О. 维诺库尔、E. A. 泽姆斯卡娅、B. B. 洛帕京、И. С. 乌卢哈诺夫等；句法学方面有 Д. Н. 什麦廖夫等。扎利兹尼亚克、邦达尔科和什麦廖夫三人都被认为是后起之秀，扎氏的著作有着方法论意义，邦氏提出“功能形态学”理论，什氏则发展了佩什科夫斯基所开创的“结构-功能句法”。

7.3.2 俄语词汇研究

俄语词汇学理论研究的成果主要落实在各种类型的俄语语言词典，首先是规范词典的编纂上，这方面的成绩颇为可观。

早在 20 年代，苏联就着手编纂第一部规范俄语词典，这便是由乌沙阔夫主编的四卷本《俄语详解词典》(1935—1940)，该书收集自普希金时代直至 20 世纪 30 年代末标准俄语中的大部分词汇(计八万五千多词)。至 50 年代中期，又出版了由 A. П. 叶芙格尼耶娃主编的四卷本科学院规范俄语词典代替乌氏词典。1949 年初版的由 C. И. 奥热果夫主编的《俄语词典》(1972 年什维多娃参加主编，负责修订)是苏联最通行的中型规范词典，使用至今，几乎每隔一两年再版一次，它在提高苏联全社会的语文修养上起了良好的作用。最大型的规范词典是十七卷本《现代标准俄语词典》(1948—1965)，全书收词十二万多，释义全面详尽，并有大量典型例句，全部取自普希金以来的名家作品。其工程规模之大，可与法国的

---

① 黄树南：《俄语句法学说简史》，《俄语教学与研究论丛》第 2 辑。

② 胡孟浩、王德孝编选：《苏联当代俄语句法论文选》，上海外语教育出版社 1983 年版。

拉卢斯大词典、英国的牛津大词典和美国的韦氏大词典相并列。负责这部词典主要编务的俄语学家费林、奥勃诺尔斯基、伊斯特琳娜、切尔内绍夫、巴尔胡达罗夫、巴布金都因这项工作而获得1970年列宁奖金。

其他类型的现代标准俄语词典,近二十年编纂出版的比较有名的有:《俄语成语词典》(А. И. 莫洛特科夫编,1968)、二卷本科学院《俄语同义词词典》(А. П. 叶芙格尼耶娃主编,1971)、《俄语反义词词典》(Н. П. 科列斯尼科夫编)、《俄语同音异义词词典》(О. С. 阿赫马诺娃主编,1974)、《外来语词典》(Ф. Н. 彼得罗夫主编,1980年第7版)、《俄语正字法词典》(Л. С. 巴尔胡达罗夫等主编,1980年第17版)、《俄语正音词典》(Р. И. 阿瓦涅索夫等主编,1987年修订2版)、《俄语语法词典》(А. А. 扎利兹尼亚克编,1977)、《俄语逆序词典》(М. С. 舍维列娃等编,1974)、《俄语频率词典》(Л. Н. 扎索琳娜主编,1977)、《俄语缩略语词典》(Д. И. 阿列克谢耶夫主编,1977年修订2版)、《俄语常用词搭配教学词典》(П. Н. 杰尼索夫和 В. В. 莫尔科夫斯基合编,1978)等。

除现代标准俄语语言的各种类型的词典外,还有方言词典和历史词典,知名者有:《俄语方言土话词典》(费林主编,第1—14卷,1965—1978)、《11—14世纪古俄语词典》(阿瓦涅索夫主编,在排印中)、《11—17世纪俄语词典》(多卷本,第1—6卷巴尔胡达罗夫主编,从第7卷起改由费林主编,此典1975年开始分册陆续出版)、《18世纪俄语词典》(Ю. С. 索罗金主编,已发排)、《俄语词源词典》(多卷本,由尚斯基主编,1963年开始,分卷陆续出书;另一种为 Г. П. 齐加年科主编,1970)等。

出版作家语言词典大概可算是苏联语言学家的创举。已经出版的有四卷本《普希金语言词典》(1961),维诺格拉多夫、维诺库尔等著名俄语学家都是此典编务的主要负责人。正在编纂和已发排的还有列宁、高尔基、谢德林-萨尔蒂科夫语言词典。

在俄语词汇学、词典学、成语学方面理论上有重大贡献的首推谢尔巴和维诺格拉多夫二位院士以及斯米尔尼茨基、乌沙阔夫和奥热果夫,俄语成语学作为一门独立科学的主张便是维氏最先提出来的。

在俄语词汇学理论上有建树、实践上出成果的知名语言学家,除了前面所提到的几部主要俄语辞书的主编人外,公认的还有拉林、布拉霍夫斯基、什麦廖夫等。

俄语词汇学系统理论著作知名的有谢尔巴的《词典学普遍理论的试

验》(1940)、阿赫马诺娃的《普通词汇学和俄语词汇学纲要》(1957)、什麦廖夫的《俄语词汇学概论》(1964)和《词汇的语义分析问题》(1973)、奥热果夫的《词汇学、词典学、语义修养》(1974)、А. И. 莫洛特科夫的《俄语成语学基础》(1977)、Л. А. 诺维科夫的《俄语语义学》(1982)和《俄语中的反义现象》(1973);费林的《古基辅时代标准俄语词汇》(1949)和他主编的《19—20世纪标准俄语词汇》(1981)、П. Я. 切尔内赫的《俄语历史词汇学概要》(1956)等。

苏联科学院俄语研究所成立了一个专家组,集体编写一部《俄语历史词汇》大型专著。

有些俄语学家还对俄语词汇作了细致深入的历史分期研究,例如,索罗金的《19世纪30—90年代标准俄语词汇的发展》(1965)便是这方面的大部头专著。

7.3.3 俄语语音研究

俄语语音学,以至普通音位学,在理论上苏联有两大派:(1)莫斯科派,其代表人物有 Р. И. 阿瓦涅索夫、П. С. 库兹涅佐夫、А. А. 列福尔马茨基、В. Н. 西多罗夫、А. М. 苏杭京等,其中以阿氏最为权威;(2)列宁格勒学派,奠基人为谢尔巴,代表人物有 Л. Р. 津德尔、М. И. 马图谢维奇、Л. В. 邦达尔科等。这两派理论上的特点已有专文介绍①,无需重复。

苏联的俄语语音学方面的著作,有名的大多带有普通语音学性质,例如马氏的《普通语音学导论》(1959)、津氏的《普通语音学》(1960,1979修订版)、列氏的《俄国音位学史拾零》(1970)等。属纯俄语语音学著作的主要有:鲍戈罗季茨基的《实验语音学教程(标准俄语的发音)》(1919—1921)、阿氏的《俄语标准发音》(1960年第3版)、《现代俄语语音学》(1956)和《标准俄语和方言俄语语音学》(1974)、邦氏的《现代俄语的语音结构》(1977)、М. В. 帕诺夫的《俄语语音》(1967—1979)、Л. В. 兹拉托乌斯特罗娃的《俄语言语的语音单位》(1981)、Ю. Г. 切别杰娃的《单音、重音、语调》(1975)、Н. А. 费莉娅季娜的《现代俄语的重音》(1976)、Е. А. 勃雷兹古诺娃的《俄语言语的单音和语调》(1970)、Н. Д. 斯维托扎罗娃的《俄语语调体系》(1982)、Н. В. 切列米辛娜的《俄语语调:诗歌、散文、口语》(1982)、С. С. 维索茨基等三人编的文集《现代俄语

---

① 虞春蕙:《苏联语言学中的音位理论》,《外语学刊》1983年第3期。

语音的发展》(1980)等。勃氏关于俄语语调调型的理论①,为我国俄语学界所熟识。

对俄语历史语音,苏联语音学界也相当有研究。科学院俄语研究所将出版大型的集体著作《俄语历史语音》。这方面的知名著作还有 В. В. 伊凡诺夫的《俄语历史音位学(10—12 世纪古代俄语音位体系发展史)》(1968)、В. В. 科列索夫的《俄语历史语音》(1980)、В. Н. 西多罗夫的《俄语语音历史拾零》等。需要指出的是,这方面的成果,一般都反映在苏联的俄语历史语法著作之中。

为了推广标准音,使语音规范有所遵循,科学院俄语研究所还出版了一部由阿瓦涅索夫和奥热果夫主编的《俄语标准发音和重音词典-手册》(1959),以后正式修订为《正音词典》。

7.3.4 俄语修辞研究

Стилистика 译成修辞学,是沿用了我国的传统译法,而汉语中"修辞学"这一术语则是从英语 rhetoric 一词译过来,而且长期以来都使用于这个意义。而 стилистика 所包括的内容却远远超过 rhetoric,除传统所理解的 rhetoric 以外,正如它的词根 стиль 所示,它还至少要研究各种语体及作家风格或文风。苏联语言学界根据修辞学研究对象、方面和性质的不同,一般把修辞分为以下几个部门:实用修辞、功能修辞、语言单位修辞、篇章修辞、文艺作品言语修辞等。修辞学也可以对其研究对象作共时的或历时的考察。苏联语言学家在俄语修辞学的上述各个部门和领域内都有人进行专门研究,而且在有些方面对修辞的理论有所发展,具有普遍语言学意义(例如维诺格拉多夫在这方面的创见)。

实用俄语修辞学是苏联最早发展起来的部门,这同十月革命后提高全民语文修养水平的政治任务的提出紧密相关。А. И. 格沃兹杰夫的《俄语修辞学概论》(1952)、Д. Э. 罗津塔利的《俄语实用修辞》(1977)和 А. В. 阿勃拉莫维奇等六人的同名教材(1977)是我国俄语学界熟知的几部系统著作。这方面的著作、参考书和小册子颇多,这里不再列举。我国俄语学界不少同志所理解的"修辞学"主要的大概就是这一类,但如前述,俄语修辞学的内容远不止于此。属功能修辞学一般著作,知名的有 О. А. 克雷洛娃的《俄语功能修辞学基础》(1979),М. Н. 科任娜的《俄语

① 参见李丹:《俄语语调新体系简介》,《外语学刊》1983 年第 1 期和第 2 期。

修辞》(1977)和她的《俄语言语的功能类型》(1981),这都是教材性质的著作。属系统教材性质的一般著作知名者还有 А. И. 叶菲莫夫的《俄语修辞学》(1969)、И. Б. 戈卢勃的《现代俄语修辞(词汇、音律)》(1976)、Ю. А. 别利奇科夫的《词汇修辞》(1977)等,А. К. 潘菲洛夫(1972)、А. Н. 瓦西莉耶娃(1976)、Л. Г. 巴尔拉斯(1976)等也先后有过此类教材、教参问世。

同功能修辞直接有关的,便是对某一种语体(如报章语体、政论语体、文艺语体、科技语体、口头交谈语体等)进行专门研究的著作大量产生。此类著作近年出版的有 Г. Я. 索尔加尼克的《报章词汇(功能方面)》(1981)、В. Н. 瓦库罗夫等的《报章文体修辞》(1978)、А. Н. 瓦西莉耶娃的《报刊政论语体》(1982)和《文艺言语》(1983)、Н. М. 拉里奥希娜的《科技语体名法问题》(1979)、С. В. 斯维塔娜的《电视言语(功能和结构)》(1976)、С. И. 伯恩斯坦的《广播语言》(1977)、Л. С. 什科利尼克和Е. Ф. 塔拉索夫的《街头语言》(1977)、О. Б. 西罗季尼娜的《现代交谈口语及其特点》(1974)等。

值得专门提出的是两部外语修辞学一般性的系统著作,И. Р. 加利佩林的《英语修辞学概要》(1958)和 Ю. С. 斯捷帕诺夫的《法语修辞学》(1972),它们对俄语修辞学教材的建设、理论体系和观点都曾发生过良好的影响。

在俄语修辞学理论上做出成绩的语言学家往往对普通修辞学理论也有所贡献,二者之间很难划出绝对互不侵犯的界限。这方面的知名学者可举出以下诸人:Л. А. 布拉霍夫斯基、Г. О. 维诺库尔、А. И. 叶菲莫夫、В. М. 日尔蒙斯基、В. А. 拉林、Л. В. 谢尔巴、Л. П. 雅库宾斯基、Б. В. 托马舍夫斯基、М. М. 巴赫京、В. И. 贝林斯基、Б. А. 什克洛夫斯基等。公认贡献最大的是维诺格拉多夫。

有影响的专著有维诺格拉多夫的《修辞学、诗语论、诗学》(1963)、《论文艺作品语言》(1971)和《俄语修辞学问题》(1981);维诺库尔的《语文修养》(1929)和《语言单位修辞使用规律》(1980);Р. А. 布达戈夫的《标准语和语体》(1967)、В. К. 科斯托马罗夫的《语文修养和文风》(1960)和《报章俄语》(1971)、А. И. 叶菲莫夫的《论文学作品的语言》(1954)和《文艺作品言语修辞学》(1961)、Е. Н. 普罗科皮耶维奇的《词类修辞》(1969)、В. Н. 戈洛文的《语文修养基础》(1980)、Л. И. 斯克沃尔佐夫的《语文修养的理论基础》(1980)、B. B. 奥金佐夫的《篇章修辞学》(1980)等。理论性的论文数量很多,此处不可能一一列举。

俄语修辞历时研究方面的系统专著中,最出名的要算 B. Д. 杰文的《18 世纪末至 19 世纪初标准俄语修辞概论(词汇)》(1964)。许多研究标准俄语历史的著作实际上都具有历时俄语修辞学的性质,我们将在“标准俄语史研究”一节再作介绍。

在介绍苏联俄语修辞学家和著作简况时,必须专门提出维诺格拉多夫在这方面所作的贡献。他提出了“三种修辞”之说(即语言修辞、言语修辞和文艺作品言语修辞),提出划分修辞学和诗学的界限的主张,提出并解决了文艺作品言语修辞风格的重大理论问题,把“作者形象”(образ автора)学说作为文学作品思想内容和言语结构范畴的中心项目。他在这方面的观点,比较集中地反映在他的《作者考证学问题的风格理论》(1961)一书里。

对修辞(风格、文体)学问题,苏联语言学界早在 50 年代前期就进行过持续数年的广泛讨论,维诺格拉多夫为这次讨论所作的《总结》(《语言学问题》1955 年第 1 期)是苏联此后修辞研究的指导性文件。以后,苏联修辞学理论研究又有新的进展。这方面的概况,我国俄语学家已有专文综述①,此处从略。

7.3.5 俄语方言研究

在重点保证标准规范语言研究的同时,苏联语言学家也不放过对俄语的各种方言土话的现状和流变的考察。在这方面最有影响的人物有阿瓦涅索夫、拉林、费林、伯恩斯坦、托尔斯托伊等。拉、费、托三氏的方言词汇研究方面的著作,很受苏联语言学界推重。此外,老语言学家切尔内绍夫、谢利谢夫、格林科夫、格沃兹杰夫、库兹涅佐大等也曾有过这方面的专著。维索茨基以运用实验方法研究方言著称。

俄语方言学的一般性系统著作,知名者先后有卡尔斯基的《俄语方言学》(1924)、阿瓦涅索夫的《俄语方言学概论》(1949)、阿氏和 B. T. 奥尔洛娃主编的科学院《俄语方言学》(1965)等。专著中比较有名的有谢利谢夫的《西伯利亚方言志》(1921)、切尔内赫的《西伯利亚的俄语》(1936)等。专题论著数量众多。

---

① 张会森:《苏联的修辞学研究》,《国外语言学》1981 年第 4 期。

同方言土语研究有关的是各种方言土话地图册的编绘出版，其中最有名的要算《莫斯科以东各中部省分方言土话地图册》（第1—4卷，1957）。

7.3.6 俄语史和标准俄语史研究

苏联语言学的研究重点一直是各种现代语言及其各个方面，即研究现状，但对语言的历史也从未放松研究，厚今而不薄古，各种语言研究的情况几乎都如此。在研究语言的历史方面，主要是以下两门学科：一是语言史，二是标准语史，在这两门科学中都颇有成绩。

俄语史和标准俄语史是两门既有联系又有区别的学科。在苏联语言学文献里，“俄语史”（история рус. языка）这一术语一般指对俄语的语言系统——语音、语法（特别是词法）、词汇的全部演变过程或者某一特定历史时期的状况作总体的、综合的或分方面的考察和描写。这种历史的研究有时也涉及修辞。此外，研究对象也包括俄语起源、古俄语。所谓古俄语，在苏联语言学文献中一般指14世纪以前的俄语。研究古俄语在很大程度上是研究古文字材料（碑文等），常同语文学（филология）的研究结合在一起。与研究俄语的起源和发展以及它受外部语言因素的影响问题等有关的，是教庭古斯拉夫语（старославянский язык）以及原始斯拉夫语（праславянский язык）的研究，后一种研究同时又具有历史比较语言学的性质。苏联研究俄语史的人员不少，这方面有成就的语言学家，《大百科全书》列举以下17人：С. Ф. 别弗津科、В. И. 鲍尔科夫斯基、П. А. 布祖克、М. Г. 布拉霍夫、Л. А. 布拉霍夫斯基、Н. Н. 杜尔诺沃、В. В. 伊凡诺夫、Е. 卡尔斯基、В. В. 科列索夫、С. И. 科特科夫、П. С. 库兹涅佐夫、Б. А. 利亚普诺夫、С. Ф. 萨莫伊连科、Е. К. 季姆钦科、Ф. П. 费林、П. Я. 切尔内赫。这方面的重要著作，除有关分方面研究的已在前面“语法”、“词汇”、“语音”、“修辞”、“方言”各小节分别提及外，还有以下几部：Н. Н. 杜尔诺沃的《俄语史概要》（1924）、Ф. П. 费林的《东斯拉夫语的形成》（1962）、《俄罗斯语、白俄罗斯语和乌克兰语的起源》（1972）、Г. О. 维诺库尔的《古俄语》（1961）、Н. Д. 鲁西诺夫的《古代俄语》（1977）、С. И. 科特科夫的《俄语历史和语言原始资料学》（1980）等。苏联俄语史的研究成果常常在各个时期的《俄语历史语法》教材和教参中得到系统总结和集中反映。这类著作撰写人有 П. Я. 切尔内赫（1952）、П. С. 库兹涅佐夫（1953）、И. А. 索科洛娃（1962）、В. В. 伊凡诺夫（1964）、Г. А. 哈布尔加耶夫（1980）、В. Н. 丹科夫（1981）、К. В. 戈尔什科娃和 Г. А. 哈布尔加耶夫

（1981）等，А. Н. 斯捷增科的《俄语历史句法》（1977 修订 2 版）也是这类著作。

对古斯拉夫语有研究的学者，列入《大百科全书》者有：语法方面——В. В. 鲍罗季奇、Б. В. 切什科、Н. И. 托尔斯托伊等；词汇方面——А. С. 利沃夫等人。这方面的成果也不少，系统著作大部分是教材教参性质的，有名的有：А. М. 谢利谢夫（1—2，1651）、Н. М. 叶尔金娜（1960）、А. И. 戈尔什科夫（1963）、Г. А. 哈布尔加耶夫（1974）等人的《古斯拉夫语》。Л. В. 马特维耶娃-伊萨耶娃的《古斯拉夫语讲义》一度曾被誉为一部有特色的古斯拉夫语讲稿。

苏联文献中的"标准俄语史"（история рус. литературного языка）这一术语有两层含义：一是"俄语史"同义词，二是指各个时代或某一历史时期作家和文学作品的语言研究，从这些实际材料中考察和描写俄语（特别是书面语）发展的历史流变或某一历史时期的语言面貌。准确地说，标准俄语史是以俄国古典名著的语言为基本材料①建立起来的一门科学。它把语言学同史学、文学共熔于一炉，已不是纯语言学的学科，把它列为语文学学科似更相宜。

第二个意义上的标准俄语史，据苏联语言学界自称这是苏联人的独创。在理论上提出和解决并在具体研究中付诸实现的是维诺格拉多夫，他的《古代标准俄语形成和发展研究的基本问题》（1958）、《17—18 世纪标准俄语史纲要》（1934）便是这方面的代表作，他还有其他许多标准俄语史专著。因此，有人把他称为这门学科的奠基人和创建者。这种标准俄语史的研究，同作家语言研究、风格修辞研究紧密相联。在标准俄语史上有成就的语言学家，除维氏以外，还有 Л. А. 布拉霍夫斯基、Л. П. 雅库宾斯基、А. И. 叶菲莫夫、А. И. 茹拉夫斯基、П. П. 普柳什、М. М. 沙孔等。

标准俄语史（第一、二两种意义）研究方面有影响的系统著作还有：Л. А. 布拉霍夫斯基的《标准俄语历史注释》（1937）和《十九世纪前叶的标准俄语》（1—2，1941—1948）、С. П. 奥勃诺尔斯基的《古代标准俄语史纲要》（1946）、叶菲莫夫的《标准俄语史》（1954，1661，以后数次出版）以及 А. И. 戈尔什科夫（1969—1978）、Б. Г. 科瓦列芙斯卡娅（1978）、Н. А. 麦谢尔斯基（1981）的同名著作。值得提出的还有 М. А. 索科洛娃的《十

---

① 除古典名著外，还有古碑文、公文以及其他种种古代遗留下来的书面材料。

六世纪公文文献语言纲要》(1957)、Ю. А. 别利奇科夫的《十九世纪下半叶标准俄语》(1974)等。Б. А. 拉林的《标准俄语史(10—13 世纪中叶)》(1975)是一部比较权威的著作。

7.3.7 俄语的社会语言学研究

除了对俄语体系本身进行现状的和历史的、总体的和分方面的、标准语和其他变体(如方言)的研究外,近年来苏联语言学家还从社会语言学的角度对它进行考察。这方面的理论性著作越来越多,除前面已提到的四卷本《俄语与苏联社会》外,还有文集和专著《俄语在当今世界》(1674)、《俄语作为苏联各民族间的交际工具》(1977)等。Л. П. 克拉辛主编的《从群众性调查资料研究俄语》(1974)被认为是一部有社会语言学价值的著作。

至于对俄语所做的社会语言学的实用性工作,则早在十月革命后便开始,而且成绩显著(如文字改革——俄文字母体系的简化、俄语规范化、提高语文修养等),关于这方面的情况将在"语文建设"一节再作介绍。

7.4 汉语学和其他语种语言学

以上所述是俄语学的概貌及其主要研究方面和成果。选俄语学为例,除了因为它是苏联语言学的重点研究学科和其成果最多外,还因为它是苏联语言学的榜样。苏联其他所有民族(特别是乌克兰、白俄罗斯等大民族)语言的研究,都是按照俄语研究的路子来进行的。此外,研究外国语言时,情况也基本如此。因此,以俄语学为例,可收到"举一反三"之效,其他语种语言学的介绍也可从略。

在外国语言研究方面,苏联基础最好和最出成果的是西欧几个常用的语种:英、德、法、西等语种。据苏联语言学界宣称:А. И. 斯米尔尼茨基等的英语、Л. В. 谢尔巴的法语、В. Г. 斯捷帕诺夫的西班牙语的造诣和研究成果的学术水平,都是为所研究语言国家同行所称道的,享有国际学术声誉。

汉语研究,苏联在 20 世纪 50 年代以来不断加强。据新近正式报道,仅近十年来,汉语研究方面的各种研究性学术著作就出版了五十多种,学术论文发表了一百四十多篇,学位论文也已有二十多篇①,苏联汉学家还对汉语研究的方法论问题提出一些新见解。

① 1983 年正式统计材料参见 ВЯ, 1983, №2, стр. 155.

苏联的老一辈汉学家和他们的代表作是我国语言学界所熟识的,例如,龙果夫的《汉语语法纲要》、鄂山荫的《华俄大辞典》等。《大百科全书》“汉学”条开列的语言学家有:汉语语言结构的一般问题方面——В. М. 宋采夫、Ю. В. 罗日杰斯特文斯基、С. Е. 雅洪托夫等;语音和语法方面——М. К. 鲁缅采夫、В. И. 戈列洛夫、Н. В. 宋采娃、Т. П. 扎多延科、А. Ф. 科托娃、Н. И. 佳普金娜、Е. И. 舒托娃、С. Б. 扬基维尔等;中古汉语方面——М. В. 索弗隆诺夫、И. Т. 佐格拉夫、И. С. 古列维奇等;古代汉语语法方面——С. Е. 雅洪托夫等;汉语方言方面——Ю. В. 诺夫戈罗茨基、М. В. 索科洛夫等;汉译俄机器翻译方面——А. А. 兹沃诺夫、В. И. 若列宾等。这些语言学家大多都是近三十年成长起来的。

在研究国内各民族语言和世界各国语言方面,学有根底并做出成绩的苏联语言学家为数众多,方面也广,《大百科全书》列出一长串名单。这里举例性质地引用若干,以见一斑,例如在芬兰-乌戈尔语方面,举了Д. В. 谢列布连尼科夫等四人;突厥语方面举了 Е. Д. 波利凡诺夫等十七人;伊朗语方面举了 В. И. 阿巴耶夫等六人,如此等等。

7.5 应用语言学

本节只对狭义应用语言学的某些部门作点简介,这里包括本族语教学(如教俄罗斯族人俄语等)、非俄罗斯学校俄语教学、外语教学、苏联对外俄语教学几个方面。

本族语教学从小学一年级识字教学开始直到大学,教学的内容是本族语的语音、语法、词汇、修辞、历史几个方面,其中语法是重点。本族语(例如俄罗斯族学校的俄语)是一门独立的课程,同“文学”课并列。本族语教学实际上主要是本族语语法的教学,在实际使用语言方面,侧重正字法、正音法、标点符号的实际掌握。苏联的俄语学家有许多同时又是俄语教育家,例如谢尔巴、佩什科夫斯基、乌沙阔夫、巴尔胡达罗夫、А. Б. 沙皮罗、С. И. 阿巴库莫夫等,都曾为中小学编写过俄语教材。苏联各民族中小学所用的本族语教材的语法体系都是学校语法(即“教学语法”)的体系,基本上按照科学院的科学语法体系和理论编写,但对后者作了简化和变通,以切合中小学学生的水平和实际,在这里维诺格拉多夫的语法理论起了决定性影响。本族语教学研究主要是本族语语法的教学法的研究,当然,本族语课也有发展学生口笔语能力和连贯言语能力的任务,这也是教学研究的一项内容。

为了加强本族语教学研究，出版了各种期刊，其中以俄罗斯联邦共和国教育部出版的《中小学俄语教学》双月刊最为有名，在苏联俄语教师中影响很大。教育部所属出版机构历年来出版了多种普及性的系统著作、小册子和教学参考书。

非俄罗斯民族学校的俄语教学，在内容、教材体系和教学方法上和俄罗斯学校基本相同，只是在程度和要求上稍有降低，但也仍保持相当高的水准，因为俄语是人人必须掌握的“民族际的交际工具”，实际上也是平时常用的第二语言和苏联的国语。这方面也进行了大量的研究，谢尔巴、波利凡诺夫、С. И. 伯恩斯坦、Н. Д. 德米特里耶夫等语言学家，都为制定非俄罗斯民族学校俄语教学的科学原则作出贡献，В. М. 奇斯佳科夫还在这个基础上撰写了一部系统教学法著作《民族学校俄语教学法基础》。为了加强非俄罗斯学校俄语教学的研究，还出版了专门刊物《民族学校俄语教学》双月刊。

战后由于世界上学俄语的人越来越多（特别是近二十年），苏联也相应加强了对外俄语教学和研究。由于俄语是作为一种外语来教，教学对象是外国人，所以在教学法上同教本国人学外语有着许多共同点，而同教俄罗斯族人学俄语和教苏联境内各非俄罗斯族人学俄语反而有许多不同之处。这样，对外俄语教学就有单独专门研究的必要，因而出版了各种类型的供外国人学俄语之用的实践课教材，课本中最有名的是对外俄语教学研究中心编的《通用俄语课本》（РЯДВ）和 М. Н. 维亚丘特涅夫编的《交际场合》（Горизонт），对外俄语的各种工具书、教学参考书、教学法指导书也大量问世。为了指导这方面的工作，专门出版了《国外俄语教学》双月刊。在对外俄语教学方面的知名语言学家和俄语教育家，有 В. К. 科斯托马罗夫、Е. М. 维列夏金、П. Н. 杰尼索夫，О. Д. 米特罗法诺娃、Н. Ф. 波塔波娃、А. Ф. 博布科娃等。

在外语教学方面，应用语言学主要是教学法的研究，大纲、计划的设计和教材的编写，语言材料的科学选择和合理安排。在教学法上，苏联 30 至 50 年代采用自觉对比法，50 年代末期进行教改，在方法上改用自觉实践法。现对二法略作介绍。

自觉对比法是一种新语法翻译法。其根本特点是强调外语教学的教育、教养意义和作用以及它的语文学价值，因此十分重视语言理论知识。它的中心思想是把语言教学当做语言体系的教学，即语音、语法、词汇三要素的分方面的教学。先在理性上分别认识这三要素,通过练习把这种语言知识加以实际运用,会运用了,也就掌握了外语。此法强调掌握语言的自觉性,认为只有在理论指导下的学语活动才是自觉的活动;它十分重视母语在外语教学中的作用,提出“依靠母语”的口号,并把它作为外语教学法的头条原则。此法认为外语课之所以在中小学有价值,首先是它为学生提供了一个同母语进行对比的对象;只有通过两种语言的对比,学生才能深刻了解母语的特点以及一般语言的本质。即使为了实际掌握外语,要达到更佳效果,也必须采用对比为主要教学手段,因为对比是防止母语对外语学习的干扰作用的有效办法。由于它重视对比和自觉掌握外语,所以叫“自觉对比法”。使用这种方法的效果:学生语文学水准较高,但实际掌握语言水平(特别是口语)大部分不过关。因此,教学改革后,60 年代初,此法被自觉实践法所取代,不过此法在苏联仍一直保持其潜在的影响。

自觉实践法是以教学法中的各种改革派(开始是直接法和听说法,以后又有视听法和功能法等)的基本原理为其主体,兼取传统派(新老语法翻译法)的合理内核(自觉掌握语言)的一种折中法。其要点是把语言看做交际工具,认为掌握外语便是掌握实际使用外语作为交际工具的能力,这种能力体现为用外语听、说、读、写的言语活动能力。要掌握这种言语活动能力,主要不靠语言理论知识的讲授,而是通过大量言语活动本身,因此它提出“外语教学的实践性”和“实践的言语倾向性”的指导性口号。它又认为,作为交际工具的语言,必须通过言语交际活动才能最有效掌握,因此在对学生进行言语训练时,又突出“交际倾向性”,并认为这是关键。语言理论只是作为有限的辅助手段时,才有实际意义和发挥积极作用。此法用“考虑母语因素”原则代替自觉对比法的“依靠母语”原则。它把外语的教育、教养任务“寓于”实践任务之中。60 年代以后至今,苏联外语教学所采用的就是这种方法。此法自 60 年代中期以后,也逐渐为对外俄语教学所采用,并有发展。

自觉对比法的代表人物是 И. В. 拉赫曼诺夫院士,代表作是《外语(新西欧语)教学法史纲》(1647)。其他代表人物,早期的有 Е. М. 雷特、И. А. 格鲁津斯卡娅、К. А. 加希娜、А. А. 柳芭尔斯卡娅、Г. В. 戈利德什坦、Р. К. 罗津贝格等,后期有 А. А. 米罗柳博夫、З. М. 茨维特科娃、И. В. 卡尔波夫、В. Д. 阿拉金、И. Д. 萨利斯特拉等,外语教学心理学家 В. А. 阿尔乔莫夫也属这一派。

自觉实践法的代表人物有 B. B. 别利亚耶夫、И. E. 阿尼奇科夫、A. П. 斯塔尔科夫、T. E. 维杰利、A. C. 什克莉娅耶娃、E. И. 帕索夫等。前面提到的科斯托马罗夫等人,大部分是对外俄语教学中的自觉实践法派。自觉实践法派常把心理学作为外语教学法的主要理论根据。这方面的代表作早期的有别利亚耶夫的《外语教学心理学概论》(1965 年第 2 版),以后 A. A. 列昂季耶夫的心理语言学说——“言语活动”论对别氏的理论作了修正和发展。这种心理语言学说,也为原先的自觉对比法派中的许多人所接受,他们并以此为理论根据,说明他们以前的许多教学法主张是正确的。

这两派教学法家都把谢尔巴奉为自己学派的理论奠基人。实际上,他们从不同角度对谢氏语言学理论和外语教学法思想的不同侧面作了着重的强调,并把这作为自己教学法体系的语言学理论基础。

广义应用语言学的各个部门,都由于苏联科技和国民经济发展的推动而有不同程度的进展,本文不一一列举。这里首先是数理语言学、语言模式化、机器翻译等“边缘学科”发展得最为迅速。50 年代中期,苏联就出现了语言学同控制论、信息论、数理逻辑等相结合的趋势,以解决语言描写的形式化和模式化问题。这一结合的成果,首先落实在为科技部门制定信息语言(информационные языки),制定信息自动化的加工系统。这方面有名的语言学家,列入《大百科全书》者就有 A. И. 别尔格、A. H. 科尔莫戈罗夫、A. A. 利亚普诺夫、И. И. 列夫津等人。机器翻译在理论和实践上都发展得比较快,西欧几种主要语种译成俄语的方案早就开始研究,而且已有了几分成绩,近年来已着手研究更为复杂的汉译俄机器翻译的问题。

7.6 语文建设

“语文建设”(языковое строительство)是苏联语言学特有的术语,其内容主要包括文字的改革和制定,标准语的制定和进一步规范化,提高全民语文修养,编写各种语文教材。由上所述可见语文建设实际上主要是社会语言学的应用部分,也可说是广义应用语言学的一个组成部分。但既然苏联文献中一般都把它单独列出,为了方便和照顾传统,本文也沿用这种做法。苏联语言学界认为语文建设是他们工作最有成效的部门,并强调这是“语言学走出象牙之塔”,从书斋中解放出来,同社会建设直接结合，为社会服务的产物。现将上述四个方面的内容，分别简介如下。

7.6.1 文字改革和文字创制

这是苏联语文建设中成绩最突出的部门，究其原因，在很大程度上是由于政治力量的推动。十月革命后，联共(布)党提出了文化革命的任务，其主要内容之一便是迅速普及教育，扫除文盲，提高全民文化水平。苏联是多民族国家，共有一百三十余种语言，这些语言当时的文字状况大体上可分为三类：(1)音素文字或拼音文字；(2)非音素文字；(3)无文字。从数量来看，第三类革命前有四十种左右。音素文字中情况也五花八门，有斯拉夫字母体制的，有拉丁字母体制的，也有借用阿拉伯字母体制的，有的少数民族还借用旧蒙古文字体系。

革命后成立各种专门的文字委员会对第一类文字进行了改良，使其更合理、经济(例如苏维埃政权建立不久，就对俄文字母体系作了改良和调整，废除和精简了重复的字母)，使已有拼音文字的民族文字斯拉夫化和俄文化；对第二类文字则进行改革，首先使其拼音化，并朝着斯拉夫拼音字母体系的方向改。

对第三类，即无文字的民族，创建文字体系，主要是斯拉夫字母体系。苏联境内早先无文字的民族，革命后均先后获得自己的文字。

经过这样一番文字改革，苏联的文字更统一化、合理化和更便于学习了。既便于各民族人学习自己的本族语，也有利于非俄罗斯民族人学习作为国语的俄语。

文字制度的统一对推动统一的政令、普及教育、提高全民文化水平都起到积极的促进作用。

文字改革和文字创建的成绩首先表现在扫盲工作上。据统计，沙俄末期即以文化最发达的地区而论，文盲也占四分之三；而到了1939年，情况就发生了根本的变化，全国9—49岁的公民中，识字的就占86%。据50年代的统计数字，全苏文盲只占1.5%。这些成绩的取得，同苏联语言学家的工作是分不开的。

要有效地改革和创建字母体系，就必须对语言的语音结构进行全面细致的研究，这就推动了苏联语音学和音位学的理论研究(参见《俄语语音研究》小节)，其中最有贡献的是谢尔巴和Н. Ф. 雅科夫列夫。

7.6.2 标准语的制定和提高

革命前有五十多个民族和种族没有标准语,语言学家为他们分别制定了各自的民族标准语。对已有标准语的,则编纂各该语种的规范语法、规范词典、正音正字词典,制定正字法、标点符号、术语的统一原则和手册,推广标准音等。

为了更有效地推行标准语和规范化,就必须研究各种民族语言的方言土语,方言学因此而得到发展。

7.6.3 语言词典编纂

苏联各个民族除了各自编纂本民族语言的各种单语语言词典(参见“俄语词汇研究”小节)外,还有双语词典,即“民族语-俄语”和“俄语-民族语”的各种词典(例如俄语-乌克兰语词典和乌克兰语-俄语词典)。

双语词典编纂工作也扩大到“外语-俄语”和“俄语-外语”上(例如英俄词典、俄英词典等),先是主要语种(如汉、英、法、德、西等),以后扩大到世界上大部分国家的国语。在这方面苏联语言学家是下了工夫和做出成绩的。

7.6.4 语文修养

在提高全民语文修养方面,语言学家也做了大量实际工作。1967 年创刊的《俄罗斯语文修养》双月刊,便是这方面的普及性杂志。为了使用语言者不仅合乎标准规范,而且用词得体恰当、准确、有条理和有表现力,苏联语言学家编写了各种不同的实用修辞小册子和手册,其中最有意义的要算“用词难题手册”。这种手册仅俄语的近十年就有以下几种主要的:苏联科学院俄语研究所的《标准俄语用法难题手册》(К. С. 戈尔巴切维奇编,1973)、Д. Э. 罗津塔利等的《俄语析疑词典》(1976)、Л. И. 拉赫曼诺娃编的《俄语析疑手册》(1974)、Ю. С. 别利奇科夫等编的《俄语同根词用法析疑手册》(1969 年修订 2 版)等。

提高语言文字修养逐渐发展成为一门独立的语言科学。近年来,这方面发表了不少论文,从理论上探讨这个学科的各方面问题。最近还有人把历次讨论加以系统概括和总结,写成专著,作为高等学校语文系选修课的教材,如 В. Н. 戈洛文的《语文修养原理》(1980)等。

7.6.5 语文教材编写工作

为各级各类学校、不同教育环节、不同专业、不同程度的学生编写各种不同的语言理论和语言知识教材、语文课本和外语课本,也是语文建设的一个重要内容。这方面的工作都由教育行政领导部门组织高水平的专家来编写,出版前又经专家会审通过,在质量上是得到保证的。六十多年来,出版了不少有相当质量的各类语文教材。语文教材的建设是提高全民语文修养的一个重要措施。

特别应提出的是供高等院校(尤其是各类语文专业)用的各种语言理论教材。这类教材一般都概括每个时期苏联语言学的成果,反映大多数人普遍接受的观点,实际上都是学术价值比较高的一般系统著作。此类著作由于数量太多,此处不可能一一列举。

在语文建设方面作出贡献的语言学家,公认的有谢尔巴、波利凡诺夫、维诺格拉多夫、雅科夫列夫、乌沙阔夫、奥热果夫、拉林、费林、Д. В. 杜勃里赫、В. И. 切尔内绍夫、Н. К. 德米特里耶夫、В. И. 雷特金等。

8 苏联主要语言学家

十月革命以前,从事高校语言教学和研究的人员,为数总共只有几百人,而称得上语言学家者更是屈指可数。语言学家和语言研究机构的布局极不平衡,极不合理,都集中在如彼得堡、莫斯科以及少数几个有大学的城市。

苏维埃政权建立以来,由于"语文建设"的需要,大量培养语言干部成为一项国家任务。多年来苏联通过中央和各加盟共和国科学院语言研究机构、各大学语文系研究生室和教研室造就了一批又一批语言学专门人才,培养出一支庞大的语言教学和研究工作者队伍,又通过考学位、评学衔(技术职称)、精神和物质奖励等一系列措施来调动他们的积极性,各个语种和语言学的各个领域都选拔出一批(有的甚至一大批,如俄语学、普通语言学)语言学家。语言学家在全国各地的分布情况以及语言研究机构的布局都较革命前合理。除俄罗斯联邦共和国外,乌克兰、白俄罗斯、格鲁吉亚、亚美尼亚等加盟共和国都有语言研究中心,不少加盟共和国的科学院都设有语言研究所。苏联语言学界自夸苏联是当今"世界语言学大国",是"世界上语言工作人员数量最多的国家之一"。

称得上"语言学家"的人当今苏联究竟有多少?由于手头缺乏统计资料,本文无法提供准确的数据。仅据苏联《俄语百科全书》立词条作介绍的,就有35人之多,这些都是苏联第一、二两代的老俄语学家。(这里还没有把俄语学界的后起之秀,如什维多娃一辈的少壮语言学家包括在内。)他们中绝大部分都是科学院院士、通讯院士、博士、教授一级的人物,确有大量有学术价值的著作,他们在苏联俄语学历史上的地位已为学术界所公认。以上仅以俄语学界的情况而言,苏联语言学的其他各门学科也都有自己的专家和权威。

苏联语言学家中最有成就、最有影响的代表人物,语言学史教材专列章节介绍的有马尔、麦夏宁诺夫、谢尔巴、佩什科夫斯基、乌沙阔夫、维诺库尔、波利凡诺夫、维诺格拉多夫、斯米尔尼茨基等。这些都是已有"盖棺定论"的历史人物,一般都把他们算做第一代苏联语言学家(除斯氏以外)。属第一代的有影响者还有布拉霍夫斯基、格沃兹杰夫、日尔蒙斯基、绍尔、雅库宾斯基、拉林、Д. В. 布勃里赫、Н. В. 尤什曼诺夫等;第二代的代表人物有斯米尔尼茨基、列福尔马茨基、卡茨涅利松、雅尔采娃、洛姆捷夫、А. П. 鲍罗夫科夫、А. Н. 科农诺夫、А. А. 霍洛多维奇等。在第三代中公认为当今在理论上有建树的语言学家有:潘菲洛夫(语言与思维、语法与逻辑、语法范畴史等);宋采夫(关于"语言是符号系统"的理论);阿赫马诺娃、布达科夫、巴布金、叶芙格尼耶娃、尚斯基、什麦廖夫、О. Н. 特鲁巴切夫(关于词和词汇意义、成语);邦达尔科、什维多娃、В. И. 科杜霍夫、Ю. С. 马斯洛夫(语法范畴)、Н. С. 切莫丹诺夫、Ф. М. 别列津(语言学史)等。

在有影响的语言学家中,最有影响的新版《大百科全书》只提出三人作为重点:麦夏宁诺夫、谢尔巴和维诺格拉多夫。其实,论影响马尔绝不在此三人之下,因此我们选马、麦、谢、维四氏作为代表,略作介绍。

8.1 马尔(1864—1934)及其"新学说"

马尔同时又是考古学家,在格鲁吉亚语、亚美尼亚语、高加索语和闪语方面造诣很深,通晓印欧语和其他许多语种,1912 年被选为俄国科学院院士,十月革命后,拥护苏维埃政权,担任苏联语言学方面的领导工作。当时苏联国内的政治形势是实行民族平等政策,发展民族语言,而在语言学界理论上占优势的却是印欧历史比较语言学。这门科学有较大的局限性,当时在欧美语言学界已走入死胡同,再加上欧美某些语言学家持"欧洲语言优秀"论,把民族不平等和语言不平等的观点强加到历史比较语言学上,形成语言学理论指导思想与苏联当时民族政策之间的尖锐矛盾。为了摆脱这一困境,马尔便试图另外建立一套普通语言学理论体系,作为苏联语言学的指导思想。这便是马尔"新学说"产生的历史背景。另外,当时苏联思想战线上占统治地位的是庸俗社会学和“无产阶级文化派”的理论，再加马尔本人新哲学根底浅，便出现了他在语言学理论上简单化的毛病。

马尔“新语言学说”的要旨似可作如下的表述。“语言是上层建筑”和“语言是社会制度和经济制度的反映”这两个论断是马尔语言观的核心，从这一基本认识出发便派生出以下论点：(1) 语言有阶级性；(2) 语言发展有阶段性，它作为一种特殊的意识形态与人类社会发展的五个阶段（五种社会形态）相对应，这便是“语言创造过程统一”说；(3) 语言的发展和变化是社会发展和变化的反映，后者是第一性的，前者是第二性的，“旧语言学”脱离后者孤立地考察前者，找不出根本的原因，抓不住最本质的东西；(4) 语言的发展变化有时是通过“爆发”的形式，即“飞跃”或突变的形式来完成的，这同社会变革的关系是一致的；由“爆发”而产生的“新”语言，与前一阶段的语言在质上不同；(5) 语言的发展和变化，反映社会的阶级斗争（包括民族斗争）；(6) 世界语言发展的过程不是从统一到多种，而是从多种到统一；印欧历史比较语言学认为“最早有统一的祖语（праязык），以后再分化发展成各种印欧语”的说法纯属杜撰；(7) 有声语言之前存在“手势语言”阶段，有声语言是社会分化为阶级以后才出现的；(8) 语言学中语义研究最为重要，因为它反映社会意识形态及其发展变化；而语言的语音和语法则变化很慢，并不反映社会变化，因此也就不应是语言学注意的中心，重视语音、形态研究的历史比较语言学将本末倒置，犯了形式主义的错误：只重无社会意义的形式（语音、语法），忽视有社会意义的内容（语义）。

马尔认为人类说话最早发音都包括四个“原始要素”，即 сал，бер，ион，рош，这四要素在世界各种现代语言中至今仍都可找到，这便是他著名的“四要素分析法”的理论基础。

马尔发现高加索语（非印欧语）的“基质”（субстрат）对亚美尼亚语（印欧语）发生过很大影响，这使得他把语言的杂交（скрещивание）看得很重要。他把高加索语（特别是格鲁吉亚语）基质称为“雅弗语基质”，以后他便在世界各种语言中去寻找和“发现”所谓的“雅弗成分”，并得出普通语言学结论。据后人揭露，这里有许多牵强附会的地方。由于马尔“新学说”十分重视雅弗成分的考证、分析和论证，所以马尔的语言学说也叫“雅弗理论”。

苏联语言学界后来在总结马尔学说时，曾指出其两条主线："联系物质文化研究语言，用阶级斗争的观点观察语言。"[①]这实际上也是苏联语言学早期的一个特点。

马尔学说曾盛行一时，统治苏联语言学界多年，30至40年代是其黄金时代，直至1950年才开始被清算。苏联语言学界批判"新学说"时，比较公允的意见认为，这种语言理论的错误实质主要在于两个混淆：混淆语言的语义和思想意识，混淆思维与世界观[②]。

"新学说"可能有个别合理内核，但从总体上来看，它是对马克思主义哲学的简单化和庸俗化。这套理论、观点违反语言历史和事实，方法脱离语言研究的实际，因此即使在当年也遭到许多苏联语言学家理所当然的抵制。

近年来，苏联对马尔作了一分为二的比较公允的评价：一方面继续批判"新学说"的错误实质，认为它对苏联前期语言学的发展起了阻碍作用；另一方面，也肯定了马尔的历史功绩和学术贡献。马尔作为苏联语言学前期的领导人和组织者，对苏联语言学的创建起了重大作用。他培养了数代苏联语言学家，提出了把语言学的研究重点放在"语言与社会"、"语言与思维"等重大理论问题上的创议，得到以后苏联语言学家的响应和实行。他是苏联最早提出语言类型研究设想并且在实践上做出一定成绩的学者。在为无文字的少数民族创建文字体系方面，他也有功劳。

马尔曾留下论著百余种，均收入《全集》，有许多是具体语文学著作，其中有相当一部分有语言学价值。他的语言阶段类型研究便是寻找出语言的语义、词源方面的普见现象的尝试。他曾获得列宁奖金。

8.2 麦夏宁诺夫(1883—1967)及其类型学研究

麦夏宁诺夫，苏联科学院院士(1932)，马尔门生，是苏联30至40年代语言学界主要领导人，1935—1950年任苏联科学院语言与思维研究所所长，几乎同一时期还兼任科学院文学与语言学学部学术秘书长(院士、秘书)。麦氏以研究高加索各种已断种的古语和苏联北方各种无文字的少数民族语言著称；在普通语言学领域里，研究语言发展的各个阶段问题、创建概念范畴的理论和句法类型学理论，制定句法理论。他在培养语

---

① Пути развития советского языкознания(Передовая ВЯ). ВЯ, 1957, №5.

② Пути развития советского языкознания(Передовая ВЯ). ВЯ, 1957, №5.

言学人才方面颇多贡献,曾获得两枚列宁勋章、劳动红旗勋章以及社会主义劳动英雄称号。

在普通语言学理论上,麦氏在30至40年代曾接受并宣传过马尔的“新学说”和“雅弗理论”,但在具体的研究工作中,他发现老师倡导的那套理论和方法不切实际,无法照办。在实践中碰壁后,麦氏在实际上暗中放弃了马尔的许多原理原则,把研究的方向和重点转移到语言的类型方面去。他尊重事实,不拘泥于马尔的教条,用比较类型研究法代替“四要素分析法”对各种语言事实进行历史的和现状的类型对比,对语法体系作出描写,并在多种语言语法范畴的起源和发展上提出新的看法(如词类,静词变格,动词时、体和态等),因而在这方面做出了显著成绩,为苏联语言学界后来者所称道。

在比较类型研究的基础上,麦氏提出“人类思维统一”论来取代马尔的“语言创造过程统一”论(或“统一语言起源过程”论)。

麦氏是苏联最早提出“概念范畴”理论的语言学家。他认为各民族人民所操语言虽然各式各样,但他们的思维规律却是相同的,有共同的概念范畴;而各种语法范畴,则是这些概念范畴在语言上的反映。各种语言的不同语法形式只不过是反映这些共同概念范畴的不同语言手段而已,所不同的只不过是外语语言结构形式,一定的概念范畴(如主体)往往同一定的语法概念(如主语)相对应。在这个基础上,麦氏又提出类似语言普见现象的理论。他从主体-表述关系的共见性和表达这些关系的形态手段的具体性的观点来处理句子的各种不同类型。他在对每种类型句子进行细致的分析后,确定划分出三个阶段(领属阶段、被动格阶段和主动格阶段)及其转化的情况。

麦氏晚年把语言类型的研究从历时转向共时。在逻辑与语法的关系、概念范畴与语法范畴的关系、句子的成分和词类的关系等问题上,他都作过精细的观察。他在苏联类型研究和语法理论上有重要的地位。

如果说马尔的致命弱点是从假设到事实,要语言事实服从他主观杜撰的“理论”,甚至不惜削足适履的话,那么,麦氏则反其道而行之,把研究工作建立在具体材料的基础之上,特别是许多苏联无文字的以前没有人研究过的少数民族语言的语言事实之上。

他的主要著作具有普通语言学意义的有:《雅弗理论导论》(1929)、《论语言和文字的阶段性问题》(1931)、《从新语言学说的角度论语言分类问题》(1934)、《新语言学说,阶段类型学》(1936)、《普通语言学——兼论词和句发展的阶段性问题》(1940)、《句子成分和词类》(1945)、《动词》(1949)、《乌拉尔语语法结构》(1958—1962)、《句子结构》(1963)、《各种类型语言的被动格结构》(1971)、《语言发展问题》(1975)等。

8.3 谢尔巴(1880—1944)

谢尔巴,苏联科学院院士(1943),俄罗斯联邦共和国教育科学院院士(1944),曾受业于博杜恩·德·库尔德内,对其老师的理论观点既有继承又有发展。他的活动和成就是多方面的,主要的有:(1)普通语言学理论;(2)普通语音学、音位学和实验语音学;(3)词汇学和词典学;(4)句法学;(5)正字法和正音法;(6)语文教育和外语教学。其中最有成绩和创见的是音位学、语法学和词典学。所攻语种除现代俄语外,还有斯拉夫语和法语。

谢氏在普通语言学理论上很早就提出区分语言体系、言语活动(说话和理解的过程)和语言材料(所说的和所理解的全部材料),认为语言学的主要任务是"复制"语言体系。

谢氏是世界音位学理论的奠基人之一,是苏联列宁格勒音位学派理论的创建者。早在1912年,当欧美语言学家还没有对音位问题作出多少研究的时候,他就在一篇著名的论文——《论俄语元音的质和量》中对音位理论作了系统阐述,认为音位是一种具有区别词、区别词形功能的音型(звуковой тип),而音品(оттенок фонемы)则是现实发音中发出的声音,它同音位的关系是个别同一般的关系。他以后的《法语语音学》(1937年)是一部对一种现代语言作出全面语音描写的专著,此书建立了完整的语音学体系,为后来的苏联语音学家编写具体语言语音学树立了榜样。这部著作还提出一系列普通语音学和实验语音学的理论问题,两种语言(俄、法)语音对比问题以及解决这些问题的办法,方法论问题,此外还提出教学法的一些重要原则。谢尔巴同时还是国际音标制定的参加者和设计人之一。

在语法学方面,他提出区分消极句法(研究词序、词的搭配组合、句重音和句语调等)和积极语法(研究思想表达法)的设想,并同丹麦著名语言学家O.叶斯柏森在《语法哲学》中提出的"从外到内"和"从内到外"两种语法的主张不谋而合。后一种语法——谢氏的所谓积极语法,实为后来的交际语法或"功能语法"之先声。此外,谢氏还把语段(синтагма)作为句法研究的一个重要对象。

在词典学方面,谢氏试图提出一套系统的普遍原理,建立一门独立的学科。他在理论上提出了一整套编纂双语词典的原则,并在实践上运用这套原则编出一部《俄法词典》(1936)。这部词典有许多独创之处,以后苏联双语词典的编纂都以此为楷模。

在正字法和正音法方面,谢氏也悉心研究。他主持过并积极参与中学俄语教学大纲、计划的制订和教科书的编写,40 至 50 年代初苏联中学高年级长期使用的《俄语》便出于谢氏之笔。此外,他还为非俄罗斯民族学校的俄语教学和一般语文教学提供过许多建设性和指导性意见。在外语教学方面,苏联历年来都把谢氏的一些论著作为语言学理论根据,无论是原先的自觉对比法派还是后来的自觉实践法派。他的《中学外语教学——教学法的一般问题》(1947)是研究苏联外语教学法必读的著作。

谢氏的主要著作除本节已提到过的外,还有《俄语论文选集》(1957)、《语言学和语音学论文选辑》(1958)、《语言系统和言语活动》(1974)等。

8.4 维诺格拉多夫(1894—1969)

维诺格拉多夫是在苏联国内威望最高、在国外俄语学界最享盛名的语言学家。他早年曾受业于沙赫马托夫和谢尔巴,毕业后先后在列宁格勒大学和莫斯科大学任教,先晋升为教授,1946 年被选为苏联科学院院士,1950 年以后担任苏联语言学界主要领导职务:科学院语言学研究所(1950—1954)和俄语研究所(1958—1968)所长、科学院文学和语言学学部学术秘书长(院士、秘书,1950—1963)、《语言学问题》双月刊主编(1952—1969)等职。罗马尼亚、塞尔维亚、保加利亚、波兰、民主德国、法国、丹麦等国家科学院都选维氏为外国院士,布拉格大学和布达佩斯大学则授予他荣誉博士称号。

维氏的学术活动和成就是多方面的,著作数量多,质量高。他最精通的是俄语,同时语文学造诣深湛,语言学研究和语文学研究的紧密结合几乎成了他许多著作的特色。他最擅长的,也是对语言学贡献最突出的,是俄语语法学、标准语史、修辞(风格)学和诗学。他对俄语词汇学(特别是其中的成语学)也有很深的研究。

在现代俄语研究方面,他的几部主要著作都为我国俄语学界所熟识,《现代俄语》(1938,第 1—2 卷)、《俄语(词的语法学说)》(1947,此书曾获斯大林奖金）和《句子句法基本问题》（Основные вопросы синтаксиса предложения，1955）三书构成了一套体系严密完整的现代俄语教程，是攻读俄语专业的必读书。他主编的苏联科学院规范语法（第1—2卷，1952—1954）本文前面已作过介绍（参见“俄语语法研究”小节）；他主编的莫斯科大学出版的《现代俄语（词法）》（1952）是一部高水平的高校俄语专业的现代俄语教材；他主审的由A. M. 泽姆斯基等三人合编的中等师范教材《俄语》，50年代初出版以来，在苏联使用多年。

维氏把语法分成四个组成部分：（1）词法学（构词法和构形法）；（2）词组学；（3）句法学；（4）复杂的句法整体学说。他指出构词法在语言学中的特殊地位以及它同语法学和词汇学的双边联系，在句法研究中强调词组的作用，指出词组属称谓或指称平面上的语言单位，而句子则是交际平面上的语言单位。他对句子提出的特征是：语调、述事性（或情态性）。维氏语法学主要理论著作均收入他的《选集》“俄语语法学”部分（1975）。关于他的句法学说思想，读者可参见有关专文①。

维氏是俄语成语学奠基人之一。他把成语单位分为三种不同类型：融合性成语，组合性成语，接合性成语。

在修辞（风格）学方面，他写了《修辞学、诗语论、诗学》等著作。在理论上他划分了一般文艺作品的一般修辞同具体作家具有个性特点的风格之间的界限，他研究的主攻方向在后者，这方面的著作颇多，例如《普希金语言》（1935）、《果戈理语言》（1938）、《普希金风格》（1941）、《莱蒙托夫散文的风格》）（1941）、《论文艺作品的语言》（1959）。与此有关的是标准俄语史的研究。对于维氏来说，“标准俄语”中的“标准”（литературный）一词更有“文学”的意义，即经过作家加工提高了的规范语言。因此他的标准语研究的著作也都以作家语言为研究对象，如本段前述各书即属此类专著。这方面的大部头系统专著，当首推他的《17—19世纪标准俄语史纲要》（1934）。实际上，标准（文学）俄语史是他的最突出的专长，苏联语言学界公认他是这门学科的创建者。

维氏在苏联俄语词典建设工作中也起了重大作用，曾担任几部大型俄语规范词典（如乌沙阔夫详解词典、十七卷本科学院大词典等）的重要编纂工作，主编《普希金语言词典》。他有关词典学和词汇学方面的理论

---

① 黄树南：《俄语句法学说简史》，《俄语教学与研究论丛》第2辑。

著作,重要者收入《维氏词汇学和词典学论著选集》(1977)。

维诺格拉多夫虽然没有系统的普通语言学专著,但他的许多具体研究工作体现了他的理论语言学观点,具有普遍的方法论意义。

9 苏联主要语言研究机构

苏联研究语言的机构很多,有中央的和地方的(包括各加盟共和国的),专业的和非专业的。

中央一级的专业研究机构主要有苏联科学院语言学研究所和俄语研究所、普希金俄语研究所,在全国起着领先和骨干作用,其他如斯拉夫学和巴尔干学研究所、东方学研究所等也都设有语言研究室。

地方一级的主要是各加盟共和国科学院所属语言研究所或研究中心,其体制大体上仿照中央一级,不过所研究的语种侧重于各该共和国的民族语言。

各大学语文系和专业下属各语言理论教研室、博士和副博士研究生室都是非专职的语言研究单位。这类单位数量很多,虽非专业化研究单位,但也常产生高质量的研究成果。至于数量之众多,当不待言。这里需特别提出的是莫斯科大学和列宁格勒大学,其他如喀山大学、基辅大学、白俄罗斯大学、第比利斯大学、哈尔科夫大学、利沃夫大学、沃罗涅日大学、莫斯科第一外语师范学院等学校的各语言理论教研室,也都是常出成果的非专业科研机构。

现将苏联《大百科全书》和《俄语百科全书》等正式文献所提供的有关正式材料加以整理综合,对苏联的三所中央语言研究机构作一简介。

9.1 苏联科学院语言学研究所

这是苏联重点语言研究机构中的重点,下辖十大研究室和三个研究组。这些研究室分别研究:普通语言学,社会语言学,应用语言学,伊朗语,日耳曼语,罗曼语,突厥语和蒙古语,芬兰-乌戈尔语,高加索语,非洲语。三个研究组的任务分别为:语言学的哲学问题,心理语言学和交际通讯(коммуникация)理论,专有名词调查研究。

研究所总部设在莫斯科,列宁格勒有分所,下辖四大研究室,分别攻研语法理论和类型学,印欧历史比较语言学和语言分布学,阿尔泰语,古亚细亚语和萨莫迪语。

研究所还设立一个庞大的研究生室,培养语言科学各门学科的研究生。

苏联语言学界学术水平最高的期刊《语言学问题》就是语言学研究所的机关刊物。

9.2 苏联科学院俄语研究所

总所设在莫斯科,主要研究任务有下列几项:(1)撰写科学院现代标准俄语规范语法;(2)撰写各种科学院俄语历史语法;(3)编纂各种俄语语言词典,特别是标准语规范词典,其他如成语词典、同义词词典、拼写法词典、正音词典、方言词典、历史词典、作家语言词典等等;(4)提高俄语语文修养的各种问题;(5)标准语和方言的历史和现状;(6)用结构主义的语言学方法研究俄语;(7)校订、考证古俄语书面文献和版本;(8)俄语在苏联国内和世界上的地位和作用。

研究所还辖语音实验室和研究生室,在列宁格勒设有分所(俄语辞书研究室)。

由俄语研究所主办的期刊有《俄罗斯语文修养》。

9.3 普希金俄语教学研究所①

这是苏联对外俄语教学的研究中心,设在莫斯科,其前身是莫斯科大学附属对外俄语教学研究中心,1973 年正式建所。其主要任务是:(1)编写各种供外国人学习俄语之用的实践课教科书,各种教学参考书和工具书,各种俄语教学词典;(2)研究对外俄语教学法;(3)组织国外俄语学家的进修提高。研究所分三个部:俄语教学理论和实践研究部,对外俄语教学方法和教学手段研究部,教务部。

对外俄语教学理论和实践研究部下辖五个研究室,分别研究以下几种不同对象和任务的俄语教学的形式和内容:普通学校(中小学),高等学校非语文专业共同课,高校俄语专业,短训班,预科。

对外俄语教学方法和手段研究部下辖四个研究室:教学方法和教科书理论,国情学,教学词典的理论和实践,电化教学。

教学部下辖三个系:对外俄语教学教师(苏联人和外国人)进修提高

---

① Институт русского языка имени Пушкина 我国俄语学界已"约定俗成"地译为"普希金俄语学院",虽有点根据,但并不完全准确。因为 Институт 可以根据其意义的不同,分别译为"研究所"(如果表示科研机构或以研究工作为主,教学工作为辅的单位)或"学院"(如果表示高等学校等级的单科教学单位或以教学为主研究为辅的单位)。本文不随大流,而"据实相译"为"研究所"。

系，外国留学生（俄语专业）实习系，函授广播教学系。

这个研究所还有自己的出版社（《俄语》出版社）和机关刊物（《国外俄语教学》）。

10 苏联语言学主要期刊

10.1《语言学问题》（ВЯ）

苏联科学院语言学研究所机关刊物，双月刊。它实际上是苏联语言学界的最高级学术刊物，在一定意义上是代表苏联对外进行学术交流的一个杂志，1952 年创刊，所载文章有普通语言学、俄语和其他语种研究，语言学史等方面。该刊有《问题讨论》栏，刊登不同学术观点的论文，对语言学的重大问题进行讨论；有《述评》和《书评》栏，对国内外语言学文献进行述评，对语言学新作作出评论；此外，还有国内外语言学动态和大事记。撰稿人除主要者为苏联语言学家外，时常还有外国语言学家。

现任主编为 В. Г. 斯捷帕诺夫。在此以前，维诺格拉多夫（1952—1969）和费林（1970—1982）曾先后任主编。编委都是苏联最有威望的语言学家。

10.2《苏联科学院通报（文学与语言集刊）》（ИАН СССР ОЛЯ）

双月刊，1940 年创刊，反映苏联文艺学界和语言学界（主要是语言学研究所）的主要动向和动态，也刊载理论性很强的专论。现任主编为通讯院士雅尔采娃。

10.3《高教科研论文集刊（语文科学版）》（ФН）

双月刊，1958 年创刊。这是苏联高等和中等专业教育部主办的学术性刊物，反映苏联高校语言和文学、语文学研究成果和动态。现任主编为 П. А. 尼科拉耶夫。

10.4《俄罗斯语文修养》（РР）

双月刊，1967 年创刊，苏联科学院俄语研究所主办的以普及为主的杂志，常刊载有关提高口笔语修养、实用修辞、文艺作品的语言漫谈，语文教学等方面文章，此外，还有俄语研究史话、俄语史趣话、方言漫谈等。除语言学家外，撰稿人还有教师、作家等。现任主编为 В. В. 伊万诺夫。

10.5《中小学俄语教学》（РЯВШ）

双月刊，俄罗斯联邦共和国教育部主办，创刊远在 1914 年，当时叫《中小学国语教学》。该刊现常发表普通语言学和俄语语言学方面的文章，对象以中小学俄语教师为主。刊物还设有俄语教学法和教学经验谈两大专栏，杂志办得带有明显的教学研究倾向。现任主编为 M. M. 尚斯基(苏联教育科学院院士)。

10.6 **《民族学校俄语教学》**(РЯВНШ)

双月刊，1957 年创刊，苏联教育科学院主办，对象是非俄罗斯民族中小学俄语教师，内容在很大程度上和前述《中小学俄语教学》相同，所不同的是，它突出各非俄罗斯民族俄语教学的特殊方面。

10.7 **《国外俄语教学》**(РЯЗР)

双月刊，1967 年创刊，苏联普希金俄语教学研究所和国际俄罗斯语言文学教师联合会(МАПРЯЛ)合办，对象是国外俄罗斯语文教师，有《语言学》、《教学法》等专栏，注重俄语同其他语种的对比研究。现任主编为苏联教育科学院通讯院士科斯托马罗夫。

10.8 **《中小学外语教学》**(ИЯВШ)

双月刊，1934 年创刊，俄罗斯联邦共和国教育部主办，对象是中小学英、德、法语教师，偶而也刊载有关西班牙语教学方面的文章。这份刊物重视教学法理论问题的研究，还设有(中学和高师)教学经验交流、教师进修提高、电化教学、课外活动等专栏。语言研究方面的文章主要是英、德、法三种语种，有时也登些普通语言学的。外语教学书刊评论和教学动态等栏都办得有一定特色。该刊主要编务长期以来一直由 О. И. 莫斯卡莉斯卡娅主持，直至她去年逝世为止。

10.9 **《苏联斯拉夫学》**(СС)

1965 年创刊。其中常刊登有关斯拉夫语言研究和语文学研究方面的论文、动态和书评。

除上述九个刊物以外，莫斯科大学和列宁格勒大学都有语文学学报，苏联各主要外语学院和外语师范学院也有语言和教学研究方面的学报。

在语言研究情报、文摘方面，苏联的主要期刊有以下几种：(1)《苏联社会科学文摘——语言学集刊》(ОНВСССРСЯ)；(2)《国外社会科学文摘——语言学集刊》(ОНЗРСЯ)，这两份文摘期刊 1973 年创刊，属科研动态情报性杂志，其宗旨是及时报导苏联国内外语言学研究成果，简介重要语言学论著内容、基本论点和主要论据；(3)《外文社会科学新著索引(语言学)》月刊，1953 年创刊。以上三种期刊，都由苏联科学院社会科学情报研究所主办。

关于心理语言学:由来、现状与展望

心理语言学是一门新兴的分支科学,以研究语言与思维的关系以及由此派生出来的一系列理论与实践课题为研究对象。它的正式诞生时间现在比较普遍的认识是 1953 年,其标志是该年在美国印第安纳大学召开的"心理语言学研讨会"以及次年出版的论文集《心理语言学:理论与问题概观》(C. 奥斯古德与 T. 赛比奥克编辑,1954)。这次会议是语言学家同心理学家的协作学术会议。这时人们已经意识到了,要有效解决长期困惑人类的语言与思维的关系问题以及由此派生的一系列问题,像以前那样单靠语言学家或单靠心理学家一家之力,是胜任不了的,必须依靠语言学同心理学(以及认知科学[①])的紧密合作,"综合治理",方能攻克这个老大难的课题。

这次会议正式采用了"心理语言学"这个名称,建立了一个独立的分支学科。会议与奥、赛二氏编辑的论文集实际上是这门分支学科成立的宣言与纲领,提出了研究的方向、对象、范围、方法等根本问题,并在解决和探讨上作出了初步的示范,从此心理语言学成了一门独立的分支学科。尽管在此以前已有不少语言学家和心理学家乃至哲学家对当今心理语言学所研究的问题有所涉及,有人甚至还偶尔使用过"心理语言学"或类似的术语,但那些研究都是个别的、零星的,而且往往是"单学科"的。只有到了心理语言学正式建立以后,才对这些问题作自觉的、系统的、深入的、展开的研究,这种研究又是建立在现代化实验手段的基础上,所以能不断有所发现、有所前进。

正因为心理语言学是一门新兴的交叉科学,其学科归属未确定。语言学历来把它作为自己向心理学延伸而产生的边缘学科,因此它理应成为语言学的分支;而心理学,特别是当代认知科学,则又从自己的立场出

---

① 在今天看来认知科学尤为重要,但当年人们尚未把它包括其内。

发,把它看做本门学科的新分支。这说明这个学科的交叉性极强。

但无论归属哪一门大学科,心理语言学的主要研究对象始终是:(1)言语的生成;(2)言语的理解;(3)语言的习得,总之,研究这三个方面的全部过程,心理语言学要探求和认识的便是这里的全部奥妙和真知。这种理论研究及其对象的确定,都同应用领域的需求有关,不妨说,心理语言学的产生及其理论目标的确定,在很大程度上受到这些重大实践课题的推动制约。这些需求来自人工智能,语言教学,失语症的治疗等,而其中人工智能对心理语言学发展的影响最大,而且近年来随着人工智能科学的进步,这种影响越来越大。据国外心理学界的预测,这将成为今后一段时间内推动心理语言学发展的主导力量。心理语言学的理论研究将在很大程度上为人工智能提供可靠的语言学和心理学依据:只有彻底弄清楚作为自然和社会的人是怎样习得语言,生成自己的言语以及理解他人言语的全部心理过程,才能为电脑设计相应的“编码”、“解码”程序以及一系列具体“软件”。这个问题解决了,应用于语言教学的问题也迎刃而解,机器翻译也可因此受益,那更是不言而喻的事情。总之,欲使电脑能准确模拟人的言语活动,必先准确理解人的言语活动自身的全部心理过程,这也仍是心理语言学今后的主要任务。

心理语言学的以上这三大课题的更高的理论核心是语言与思维的关系。由于实验条件以及各相邻学科综合发展水平的限制,这个语言学中的根本性问题至今没有得到全部彻底的解决。预计随着心理语言学的进步,这个问题也会有新的突破,这无论对语言科学还是思维科学都是十分重要的。

语言与思维的关系问题以及由此派生出来的种种问题长期以来使语言学家、心理学家和哲学家感到困惑已如前述,人们生动地用“黑箱”来比喻。自从心理语言学产生以后,人们对这个“黑箱”的内部的认识(“葫芦里装的是哪些药”)已有了突破性的进展,进展的情况我们也不妨借用“电脑”来打比方(因为许多心理语言学家都是以解决人工智能方面的理论问题为已任的,而且人工智能又集中体现在电脑之中,于是人们便惯于把人脑比电脑,再加上许多心理语言学实验又是用电脑来完成的)。现在心理语言学家已大体上知道了构成这只“黑箱”的一些主要“集成块”,对这些“集成块”的各自的整体功能以及彼此之间在“黑箱”这个大系统中的大致关系和作用,也有总体上的认识,但对每一“集成块”的内部结构以及构成“集成块”的各个组成部分之间的联系则仍缺乏了解，人们尚未能画出各集成块之间的精确无误的总线路。当然，心理语言学家胸中也没有更为细致的各个“集成块”自身的电路图。这主要由于实验手段方面的限制，也由于诸如神经生理-心理学、认知心理学等相邻学科发展水平的限制，是“时代局限”。但这个局限迟早是会打破的，打破的过程可能是逐渐的。因此，完全可以预料：随着每次大大小小局限的被打破，心理语言学必会有所进展。不妨说，心理语言学是电子计算机时代的语言学（或心理学）的一个新分支科学。

心理语言学产生至今，国外先后出现了三大学派：(1)行为主义派；(2)“经典”理性主义派（亦称“生成语法派”）；(3)言语活动论派（苏俄）。这三派长期处于既“共存”又竞争的状态。其中(1)、(2)均各执一端，先后失去了在心理语言学界的主流派地位，出现了综合化的趋势。“经典”理性主义派以后吸取了“经验派”（行为主义派）的某些合理内核，复以当代认知心理学为理论武器，发展成为一个新学派——现代理性主义派，即“认知派”，成为目前西方心理语言学的主流。认知科学则又从自己的立场出发，把这个发展方向的心理语言学看做自己的理论支柱之一，这又反过来促进了心理语言学往这个方向发展，提高了它的科学地位。苏俄学派心理语言学则以本国的心理学传统——“活动论”为自己的理论武器来探求前述三大理论课题以及心理语言学的其他问题的真知，其应用对象以前一直侧重语言教学①与失语症，也兼顾人工智能、言语活动的语言学模式化和数学模式化。从现有的文献资料来看，尚难看出其研究重点有转移的比较明显的发展趋向。

我国心理语言学由于众所周知的原因起步相当晚，是在20世纪70年代后期，但后起直追，正在努力跟上世界心理语言学发展的步伐。我国心理语言学学科建设分为理论建设和实际具体研究两个方面。理论建设在一定程度上又同高校的课程建设相结合，因此这方面的成果既具系统理论著作性质，又具教材作用。这方面值得提出的有桂诗春教授的先后两部著作《心理语言学》（1985，上海外语教育出版社）和《实验心理语言学纲要》（1991，湖南教育出版社）、彭聃龄教授主编的《心理语言学》

① 苏、俄对外俄语教学法理论近三十年来一直把本国心理语言学研究成果作为自己的主要科学根据。

(1991,北京师范大学出版社)、朱曼殊教授主编的《心理语言学》(1990,华东师范大学出版社)和常宝儒教授的《汉语语言心理学》(1990,知识出版社)。这几部著作都概括了世界心理语言学的理论成果,或以中国人学习外语的实验材料,或以汉语语言事实来丰富心理语言学的内容,表现出中国心理语言学家对本门学科诸问题的系统的理论见解。在实际应用和实验等具体研究方面,特别值得提出的是桂诗春教授主持的中国人学习英语的心理语言学研究(《中国学生英语学习心理》,桂诗春主编,国家七五计划哲学社会科学重点研究课题,1992 年,湖南教育出版社)和佟乐泉教授结合汉语语言文字教学所作的心理语言学研究(论文)。

作为有组织有规划的我国科研工作,在心理语言学方面,今后首先应进一步加强基础理论的研究(包括新理论新学说的系统准确引进和消化);在应用方面,应更有意识地面向语言教学,结合汉语语言文字的实际和中国人学习(本国的和外国的)语言文字的实际,更全面深入地认识和揭示语言学习和使用的心理过程的认知基础以及有关规律,同时也加强向人工智能的应用方向进军,并在心理语言学的新实验材料和理论概括的新基础上,更深入地探索语言同思维的关系,对这个语言学中的根本理论问题作出新的更为科学的解释。

言语活动论概观

——苏联学派心理语言学纵横

心理语言学是一门新兴的交叉边缘科学，作为独立的科学，正式形成于20世纪50年代前期。自形成以来，它发展迅速，学派林立，研究成果数量与年俱增，质量不断提高，解决了一些语言学和心理学单门学科以前无法解决的问题，得到越来越多的人的重视。在当今世界上众多的心理语言学诸家中，苏联学派以其特色和成果赢得了国外同行的普遍承认和高度评价。例如，西方著名心理语言学家梅勒(J. Mehler)和诺瓦泽(G. Noizet)在对本门学科进行分派和分期时，把诸家之说分为三大派，并相应地分为三代，苏联学派就是其中的第三派(第三代)心理语言学中最大最有影响的支派[1]，可见它在世界心理语言学界地位之重要。民主德国、罗马尼亚、捷克斯洛伐克等国的心理语言学，从其基本倾向来看，与苏联可算同属一派。

据笔者管见所及，国内所介绍的心理语言学学说、历史、进展等都属西方各家，而对苏联学派则至今尚无系统的述评。本文拟在这方面做点抛砖引玉的工作。

1 苏联心理语言学——言语活动论简史

苏联学派在哲学指导思想、心理语言学方法论和本体论以及术语概念系统上都不同于西方诸家，为了从根本上区别欧美各派的心理语言学，苏联学派把自己的一套理论体系标新立异地命名为“言语活动论”(теория речевой деятельности)。正如这门学科的奠基人 A. A. 列昂季耶夫所说的，“言语活动论就是苏联学派心理语言学的别称或同义词”[2]。

---

① J. Mehler, G. Noizet, *Vers une modele psycholinguistique du locuteur*. Textes pour une psycholinguistique, Paris, 1974.

② A. A. Леонтьев, Теория речевой деятельности на современном этапе и ее значение для обучения иностранцев русскому языку. РЯР, 1977, №3.

言语活动论的第一部著作是 A. A. 列昂季耶夫的《言语活动中的词——言语活动的若干基本理论问题》。该书于 1965 年正式问世，宣告言语活动论作为一门独立学科的诞生，也就标志苏联学派的形成，这较西方心理语言学晚了十多年，在此以前，只是有批判地介绍西方诸家之说（例如，O. C. 阿赫玛诺娃的《心理语言学》便是其中有代表性的著作），而尚未有自己特色的学派。

苏联自己的心理语言学学派的正式形成虽为时稍晚，但其前期的准备工作却是做得相当充分的，这个工作主要包括心理学和语言学两个方面。

（1）心理学方面　苏联心理学的主流派——社会文化历史学派为言语活动论的诞生完成了心理学的全部准备。在该派学术领袖Л. P. 维果茨基的《意识是行为心理学的问题》（1925）、《高级神经机能发展史》（1931）、《思维与语言》（1934）等著作中就已形成日后苏联心理语言学——言语活动论的基本观点的雏形，维氏不幸早逝（1934，终年 48 岁），他的这些心理学思想，后经其同事和门生A. H. 列昂季耶夫院士（A. A. 列昂季耶夫之父）、A. P. 卢里亚院士等人的继承和发展，形成一套完整的理论体系。

列氏长期专攻个体心理过程发生发展问题的研究，旁及心理过程形成的生物进化和社会历史影响等问题。他的《心理发展问题》（1959）、《活动、意识、个性》（1975）都是苏联心理学史中的划时代著作。他在这两部著作以及别的论著中提出了有关“活动”的系统理论，并把“活动”这一概念上升到苏联心理学基本范畴的地位（在某种意义上来说，“活动”在苏联主流派心理学中的地位与“行为”这个基本范畴在行为主义心理学中的地位大体相同），有人甚至把列氏心理学称之为“活动心理学”。与此同时，列氏还提出了“活动与意识统一原则”，以此作为苏联主流派心理学的一项基本原则和研究心理现象的主要方法与入门向导。言语活动论实际上是苏联主流派心理学“活动”这一普遍范畴在言语现象研究中的系统实际应用和进一步向这一领域的深入发展。此外，列氏提出的“主体的物质活动和精神活动在发生和机能上相互联系和相互转化”的观点，“人的外部实践活动和内部精神活动具有共同性”的原则，对言语活动论的建立也很有启示。

卢里亚则是著名的神经心理学家，他多年从事大脑局部损伤后高级神经障碍和恢复问题的研究,以失语症问题的研究著称,对高级神经系统和言语机制有深刻的研究,在神经心理学和神经语言学方面发表过三百余篇论文和三十多部专著,这些论著中相当一部分是言语活动论正式形成以前写的。他为苏联学派的心理语言学的建立从神经心理学和神经语言学的角度提供了充足的科学依据。他有关这些方面的理论,先后概括于以下几部系统专著中:《创伤性失语症》(1947)、《伤后脑机能的恢复》(1948)、《人的高级皮质机能在局部脑损伤下的障碍》(1962)、《人脑和心理过程》(1970)、《神经心理学原理》(1973)、《神经语言学基本问题》(1975)、《语言与意识》(1975)。这些著作都从理论上加强了言语活动的科学基础,推动苏联学派心理语言学的进一步发展。

应指出的是,维、列、卢三氏的心理学研究成果也得到了西方同行的广泛承认①,其主要论著被译成西欧几种主要文字流传各国。这说明苏联主流派心理学具有相当的国际学术地位和影响。

此外,С. Л. 鲁宾斯坦、В. М. 捷普洛夫、А. А. 斯米尔诺夫、П. Я. 加利佩林等心理学家的研究成果对言语活动论的形成和发展也起到了非常积极的作用。至于以下苏联心理学家有关言语心理学(психология речи)方面的丰硕成果,更为言语活动论所直接利用,他们的名字是:Н. И. 任金、В. А. 阿尔乔莫夫、А. Н. 索科洛夫、П. П. 勃龙斯基、Б. Г. 阿纳尼耶夫。

(2)语言学方面　谢尔巴院士的《论语言现象的三个方面和语言学中的实验》(1931)被言语活动论奉为本门学科建设的语言学经典。谢氏提出的关于"区分语言系统、语言材料、言语活动"的观点,特别是他对"言语活动"的论述②,被苏联学派作为建设自己的心理语言学的重要语言学论据。至于谢氏的老师 И. А. 博杜恩·德·库尔德内③在 20 世纪初提出的类似索绪尔的"语言/言语"的二分法,更被言语活动论派认定是其"最早的语言学理论来源"。苏联学派心理语言学奠基人 А. А. 列昂季耶夫的学术活动,就是从研究博氏语言学思想开始的,他的副博士论文题目就是《博杜恩·德·库尔德内的一般语言观》(1963)。

---

① 西方心理学界常以三氏之姓命名苏联心理学主流派,称之为"维-列-卢学派",苏联本国也有类似的提法。

② 散见后人为谢氏编选的文集《语言系统和言语活动》(М.,1974)的一些论著中。

③ 有关博氏生平和学说请参见信德麟教授专论,《外语学刊》1990 年第 1 期首篇。

言语活动论便是继承了苏联的前述心理学和语言学传统,在这样一种先天良好的土壤上生长、开花、结果的[①]。言语活动论的奠基人和该门学科的主要建设者 A. A. 列昂季耶夫本人就是一位心理学和语言学两个方面都准备充足、功底深厚的学者。他是前述老一辈著名心理学家"活动心理学"的创建人 A. H. 列昂季耶夫之子,从小就受到良好的心理科学的教育。

自从前述《言语活动中的词》一书出版后,从 1965 至 1970 年六年期间,列氏(本文以后简称列氏者,均指 A. A. 列昂季耶夫)先后发表了以下几种言语活动论的奠基作(专著和论文):《心理语言学》(1967)、《心理语言学的对象以及它与别的言语活动科学部门的关系》(1968)*[②]、《内部言语和话语的语法生成过程》(1967)*、《转换模式的心理语言学表义性》(1968)*、《语言、言语、言语活动》(1969)、《心理语言学单位与话语生成》(1969)、《作为心理学概念的意思》(1969)*、《符号学中的社会成分和自然成分》(1970)*、《言语的心理生理机制》(1970)*等。至此,言语活动论作为独立的科学已经完全形成。70 年代以后,列氏又发表了大量论著,把言语活动论不断向前推进,其主要者如下:《意义的心理学结构》(1971)*、《言语生成、理解和习得过程中的启迪原则》(1974)*、《作为心理学研究对象的交际》(1976)*、《语言意义的心理语言学方面》(1976)*、《符号》(1976)*、《作为社会现象的语言》(1976)*、《活动、意识、语言》(1977)*、《活动与交际》(1979)*、《意义存在的形式》(1983)*、《论感性认识的一种心理学思想》(1975)*等。这里需特别指出列氏的以下两部在苏联心理语言学学科建设中起过而且一直起着重大影响的著作:《言语活动论原理》(1974)和《交际心理学》(1974)。《言语活动论原理》一书是一部集体著作,由列氏任主编,其中有相当一部分章节均由他亲自执笔撰写,其中最为有名的就是《言语活动》一章。如果说在此以前列氏的系统著作"有破有立",针对西方各家之说一一加以评论,在批判的过程中确立自己的学术观点的话,那么在《言语活动论原理》中则更多从正面提出了言语活动论的全部理论纲领,这是一部名副其实的系统专著,为苏联学派的心理语言学奠定了坚实的基础。《交际

---

① 苏联学派心理语言学的产生除前述心理学根源和语言学根源外,还有 M. K. 阿诺欣学说为代表的生理学根源。这一点列氏在其《心理语言学》(1967,第 84 - 85 页)中有说明。

② 有此符号为论文或系统著作中之专著。

心理学》则是列氏的博士学位论文（从其规模和结构上来看，实际上是一部专著），该书把言语活动同交际活动紧密地联结在一起来考察，把言语活动论推进到了一个新的发展阶段。

一个比较成型的学说或学派由一个人在比较短的时间内创建起来，这种现象在历史上并不多见，列氏创建言语活动论即为其中之一例。他发表论文数以百计，专著数十部，部部有创新，对本门学科在苏联的建设作出了无与伦比的贡献。

其他有不同程度贡献的名在列氏之下的心理语言学家还有 А. Н. 齐姆尼亚娅、Т. В. 莉亚博娃、Е. Ф. 塔拉索夫、И. Н. 戈列洛夫等。齐氏的研究面向外语教学，她的两部著作《教说外国话的心理学》（1978）和《非母语教学心理学》（1989）在苏联外语教学界负有盛名。莉氏则主攻失语症和言语生成方面的研究，她的代表作有《根据失语症材料看言语生成机制》（1967）、《动力性失语症的心理语言学和神经心理学的分析》（1970）、《从失语症病人看语法组构过程的特点》（1968）、《言语行动的阶段结构和言语计划的实质》（与列氏合作，1970）。塔氏长于言语交际和语义问题研究，代表作有《论言语交际论的结构》（1979）、《言语交际的社会语言学问题》（1974）、《"意义"和"意思"二概念试释》（1979）、《心理语言学语义的哲学问题》（1983）等。戈氏著有《根据心理语言学和神经生理学材料讨论深层结构和表层结构》（1977）、《语言因素和非语言因素在交际活动中的相互关系》（1985）等论著，在苏联学界有一定影响。

言语活动论作为一门独立的学科，自产生后，这一派心理语言学家就积极开展研究工作，研究有实验性的，有理论概括性的，也有二者相结合的。主要的研究方向，根据列氏的总结有以下五个方面①：（1）话语语法生成的模式（主要研究者有列氏本人，前述齐、莉二氏，Е. М. 维列夏金等）；（2）言语理解的心理生理机制以及说话能力中语义搭配组合的普遍规律（А. А. 鲁德内伊，А. П. 克利缅科等）；（3）言语理解过程的模糊性问题（Р. М. 弗理姆金娜等）；（4）言语交际心理学诸问题（列氏，戈氏等）；（5）连贯完整的话语的组构规律问题。在这些领域里，苏联心理语言学的确卓有成果，引起国际同行的瞩目。

---

① А. А. Леонтьев, Психолингвистика. // БСЭ. т. 21, 1986, стр. 189.

2 苏联学派的心理语言学观

心理语言学的研究对象是什么？在这个根本问题上苏联学派同西方诸家的观点是一致的，都把以下四个方面作为主要研究对象：(1)言语的生成；(2)言语的理解；(3)语言的习得或言语的掌握；(4)言语交际。其中(1)、(2)两个方面最为根本。列氏在一部规范性极强的工具书里明确地规定"心理语言学(包括苏联学派)是研究话语生成和理解的科学"①，新版《苏联百科词典》(1986)对心理语言学所下的定义也持此说法。苏联普通语言学教科书在论及心理语言学的章节时，也把言语的生成和理解作为其内容，例如 B. Б. 卡谢维奇编著的《普通语言学精义》(1977)即持此种观点。

苏联学派与西方诸家所不同的是哲学指导思想和方法论。前者力图以马克思主义哲学为指导，把言语活动这种现象放在社会—人际关系—交际关系的背景上来考察，把言语活动作为一个分子放在个体活动的系统和社会活动的系统的总体的关系网络中来考察，从"社会和个人相统一"、"社会性和个体性相统一"的观点来看待言语活动，从而找出其内在的规律及其同外部世界的关系；另外，又从言语活动与意识相统一的辩证法出发来解决语言与思维的关系问题以及由此引出的关于智能的规律性问题，进而更有效地揭示人的智能与人工智能的共同点和差异性，有助于人工智能问题研究的深入。言语活动论还公开声称它以苏联心理学的基本研究方法——"活动论"(Деятельностный подход)为自己的基本研究方法，即以苏联心理学的"普通活动理论"为自己的方法论的立足点和出发点，从"活动"这一新角度来审视人的言语现象，把它看做是一种同别的一切活动都一样具有明确目的性、动机性和主观能动性的个体心理活动，同时又从这个角度去剖析言语活动过程的心理动态构成。苏联学派一直认定：心理语言学的研究方向(направление)和取向(ориентация)都应当是心理学的，而不是语言学的。列氏更明确宣布过："言语活动论始终是作为维果茨基学派普通心理学(而不是语言学)的不可分割的一个组成部分而发展的。"不妨说，苏联的所谓心理语言学，实际上和实质上都是言语心理学，更确切地说是言语心理学的新发展和突破。事实上，

---

① А. А. Леонтьев, Психолингвистика. // БСЭ. т. 21, 1986, стр. 189.

言语活动论与苏联普通活动心理学理论之间的相互关系是：前者是后者在言语现象研究中的具体运用、深化和展开，而这又反过来丰富了后者的内容。如果我们把两者的术语概念系统加以比较，就可发现其直接的“血缘关系”。

在心理语言学分析的对象问题上，苏联学派也持有不同于西方学派的主张。后者侧重对已生成的话语（即言语的结果，例如孤立的句子、话语、文本等）的分析，即语言学中所说的“言语作品”的分析（同理，关于话语的理解，也重在分析所理解的言语作品），因此，这种分析又是对话语成品的静态的结构成分的分析（анализ по элементам）。而苏联学派的心理学分析则侧重于对言语生成和理解的过程本身（而不是其结果）的分析，即对语言学中一般所说的“言语活动”进行分析，因此，这种分析是对言语活动的动态的组合单位的分析（анализ по единицам）。苏联心理学认为活动的动态组合单位是动作（действие），而构成动作的动态组合单位又是操作（операция），操作是任何一项活动的“基层单位”。这条普通心理学一般原理用之于心理语言学，用来分析言语活动，也就得出相应的三个层次的动态组合单位：言语活动（第一层次）→言语动作（第二层次）→言语操作（第三层次）。由此观之，言语操作也就是言语活动的最小单位。苏联学派认为：对心理语言学来说，“言语过程由哪些单位组合而成”的问题，比起“言语成品可切分为哪些成分”的问题来，要重要得多[①]。心理语言学应研究的主要就是构成言语生成和言语理解过程的各个层次（即言语活动—言语动作—言语操作）的组合单位之间的结合规律以及这些单位的相互关系的系统。言语活动论者更明确宣称：苏联心理语言学对言语活动诸过程所进行的分析，是从心理学的（而不是语言学的）方面着眼和入手的[②]。

当然，苏联学派也注意到研究“语言学诸单位、诸概念、诸范畴同心理学诸单位、诸概念、诸范畴的这样的或那样的关系”[③]。

在对心理语言学整门学科作理论上的系统概括时，苏联学派提出了

---

① А. А. Леонтьев, Эвристический принцип в восприятии, порождении и усвоении речи. ВП, 1974, №5.

② А. А. Леонтьев, Теория речевой деятельности на современном этапе и ее значение для обучения иностранцев русскому языку. РЯР, 1977, №3.

③ А. А. Леонтьев, Теория речевой деятельности на современном этапе и ее значение для обучения иностранцев русскому языку. РЯР, 1977, №3.

不同于西方的框架。这类框架构思得最为详细严密而有自己特色的，当推前面已提到过的列氏主编的《言语活动论原理》。现将该书目录所列篇章附录如下，以便读者同西方诸家比较。

第一编 从本体论看言语活动（第 1 章："活动"的一般概念；第 2 章：言语活动；第 3 章：影响话语变异的各种因素）；

第二编 方法论和模式化问题（第 4 章：言语活动的语言学模式化；第 5 章：言语活动与言语心理学；第 6 章：言语活动教学模式化问题；第 7 章：心理语言学的符号性问题）；

第三编 心理语言学（第 8 章：心理语言学研究的心理学方法和生理学方法；第 9 章：作为语言学研究方法和心理学研究方法的语言学试验；第 10 章：话语的分析和语言普遍项的心理语言学表义性；第 11 章：语音研究；第 12 章：语法研究；第 13 章：词汇和语义研究；第 14 章：各种心理语言学现象的非语言制约性研究；第 15 章：连贯话语静态结构的心理语言学方面）；

第四编 言语交际论（第 16 章：言语诸功能与形式；第 17 章：言语交际论的社会语言学问题；第 18 章：言语交际论的语体学问题；第 19 章：言语活动论和传播学〈新闻媒介〉研究；第 20 章：言语活动论与语文修养）；

第五编 言语活动论补编（第 21 章：儿童言语研究；第 22 章：言语病理学）；

第六编 结论（第 23 章：言语研究的基本问题和基本方向）。

苏联心理语言学研究的目标有两大方向：

（1）从理论上揭示言语生成和言语理解过程的奥秘，丰富人类对自身的认识；

（2）从实际应用上针对现实生活中提出的重大课题，并为它们的解决服务，这些课题有：① 语言教学（首先而且也是最主要的是外语教学，然后是母语教学，少数民族学校的"族际语言"教学，聋哑人语文教学等）；② 人工智能、信息加工等工程心理学问题；③ 失语症、精神病的诊断和治疗；④ 儿童言语；⑤ 言语的社会影响（如广播术、演讲术等）。

3 苏联学派的心理语言学发展史观和学派观[①]

在这个问题上，苏联学派几乎完全接受了本文开始时就提到的梅、诺二氏的分派和分代的观点，即把世界上的心理语言学分为三大派，并分别按顺序代表三代：（1）奥-西学派（第一代：Ch. Osgood—Th. Sebeok）；（2）乔-米学派（第二代：N. Chomsky — G. Miller）；（3）以言语活动论为代表的各种具有反生成语法倾向和重视话语生成和理解的语义-内容方面的流派（第三代）。梅、诺二氏并认为言语活动论是第三代诸多支派中之最有影响者，苏联学派也以第三代的正宗和领袖自居[②]。

但苏联学派在评价这三大派时，却有自己的不同于西方的观点，下面择要介绍。苏联学派认为第一代的研究方向和取向是心理学的，其指导思想是以斯金纳为代表的新行为主义，其基本观点是把一切言语现象都看做人体对各种言语刺激与非言语刺激所作出的直接的或间接的消极被动的反应系统（这种反应有时也可能在间隔一定时间之后才表现出来），其理论体系的基础是"言语行为诸过程的系统"（而不是语言成分的系统）。因此，不妨说，第一代诸家之说实际上是新行为主义的言语心理学[③]。

而第二代则把立足点由心理学转向语言学，用苏联学派的语言来表述，"其方向和取向是语言学的，而非心理学的，甚至是反心理学的"。这一代着重研究的不是心理过程的系统，而是言语生成/理解过程的规则系统（其次才是语言单位系统），对过程本身反而不感兴趣。第二代心理语言学的理论体系同其语言模式取得一致，并以后者为基础建立起来，其指导思想是乔姆斯基生成语法学说。苏联学派认为生成语法本身就是语言学的，一度曾热心宣传第二代学说的 J. 梅勒也认为"生成语法相对独立于纯心理过程之外"。苏联学派指出，尽管第二代在口头上往往也都承认他们学说对心理学的借重，而不是只靠语言学，但在实质上仍然不能改

---

① 对心理语言学的分派归类，历来有不同观点和处理法，这里所介绍的只是梅、诺二氏和苏联学派的意见，其他的分法还有多种，例如，有人把心理语言学分为联想派、程序派和内容派三大派的（参见刘润清：《心理语言学诸派及其观点简介》，《国外语言学》1992 年第 1 期，该文所介绍的都是西方学派），如此等等。

② Е. Ф. Тарасов, Тенденции развития психолингвистики. М., 1987.

③ 列氏指出："第一代在心理语言学分析中虽也采用了一些语言学术语：概念和范畴（这同美国描写语言学的影响有关系），但这并没有改变第一代的心理学取向性的实质。"

变其语言学的主导取向,因为“依然把心理诸过程简单地归结为在言语中落实语言的各种结构”。“人的行为(或活动)的系统性是从语言的系统性直接伸延出来的,而人的心理则充其量只是落实语言的各种结构时在它的上面附加上一定的限制而已。”[①]在笔者看来,事实上第二代是乔派语言学同心理学相结合的产物,而不是生成语法本身。国际心理学界许多人都把这一派心理语言学看做是认知心理学(cognitive psychology)的一个重要分支,而且正如整个认知心理学一样,第二代心理语言学也以解决信息加工、人工智能等重大实践课题向心理学和语言学提出的问题为已任。因此,苏联学派所说的“第二代的理论取向是语言学的”,尚需作以上的补充说明。

在苏联学派看来,心理语言学到了第三代又把理论取向从语言学转回到心理学上来,但此时此地的心理学已不再是新行为主义,更非认知心理学,而是各种具有反实证主义和反生成语法倾向的新学说,在苏联则是“活动心理学”。

苏联学派对第一、二两代的心理语言学的缺点有过不少批评,有的批评很激烈尖锐,在揭示他人缺点的同时,针锋相对地提出了自己的观点。如果我们把苏联学派对别的学派的批评同该派有鉴于此而提出的自己的主张两相对比,更可看出该派自身的特色来。

苏联学派批评第一代的缺点主要有三:(1)消极被动的反应论——它不是把言语现象看做一种行为主体对客体施加影响的积极的主动的活动过程,而是简单的“刺激—反应”和“人—环境”系统中确立平衡的工具(或维系人的内心平衡的工具);(2)原子主义——该派把语言的习得实际上简单地归结为掌握一个一个的单词和一个一个的形式,然后把它们进一步概括、总结、普遍化;(3)个人主义——该派把言语行为从社会生活中完全割裂出来,作为只是同个体本身发生联系的个人心理现象,它忽略了言语行为同交际的关系,即使有时也考虑到这个因素,但在论及此时,又往往把复杂的交际过程简化为从说话人到听话人之间的信息传递,如此等等。由于第一代的这些缺点,使其理论缺乏解释力,说明不了许多复杂的言语心理现象。这样,第二代心理语言学学说便应运而生。

---

① 均参见并引自 А. А. Леонтьев, Теория речевой деятельности на современном этапе и ее значение для обучения иностранцев русскому языку. РЯР, 1977, №3.

按理第二代本当克服第一代的前述全部缺点，然而在苏联学派看来，这些缺点没有克服多少，反而产生新的弊端。第二代的主要缺点倒被苏联学派列了五条：(1)反应论依然如故，只是到了第二代反应的结构被复杂化了；(2)个人主义不但未能根除，在某种意义上来说反而变本加厉了，因为该派把言语过程中的各种社会因素都有意无意地排除在研究视野之外，而只着重分析个人如何通过“与生俱来”的操纵语言的能力——规则系统来生成言语和理解言语，而这些规则又是不分民族、不分社会、不分历史而普遍存在于每个个体的头脑之中的；(3)分析言语生成和言语理解，对象仅止于句子(sentence)一级语言单位，而未及话语(utterance)一级[①]；而分析句子，又不联系该句所处的上下文关系、非言语的语境，把它们从完整的有意义的话语中抽取出来，离开交际背景孤立地加以考察；更不顾及语言各层次(以及各种非语言手段)在生成和理解作为交际单位的句子时的复杂的相互关系；(4)这种分析也只是离开交际过程和思维过程(以及生动的心理过程)的抽象过程的语言学分析；(5)未曾顾及言语生成和理解过程中个体特征，对“运用语言达到同一目的或完成同一任务可能有多种多样的个人方案”无法作出理论上的解释[②]。总而言之，言语活动在现实生活中并不是按第二代论著中所说的某种算法规则和公式来进行的。

苏联学派声称他们自己已从根本上克服了第一、二两代的以上所有缺点，从而极大地增加了心理语言学对言语现象诸主要方面问题的解释力。

4 言语活动论的自我鉴定——苏联学派对自身基本特点的认识

苏联学派把自己的言语活动论同西方诸家之说相比较，得出结论，断言并声称自己有以下特点，这些特点同时也是苏联普通心理学——活动心理学的特点，心理学家 А. Г. 阿斯马洛夫对此用七条原则作了概括(见

① 这里指的是第二代初期的情况。以后其研究虽也超出句子而步入话语，但仍是在语言学的范围内进行，充其量只研究句子和句子的联系的语言手段的感知、句子的逻辑结构等，到后期虽也触及语境问题，由语言结构到心理结构(认知结构)过渡的问题，但却未能从根本上改变该派的语言学取向。

② А. А. Леонтьев, Теория речевой деятельности на современном этапе и ее значение для обучения иностранцев русскому языку. РЯР, 1977, №3.

其所著《活动心理学理论诸基本原则》,1983),苏联一部心理语言学史专著中曾用此来勾画言语活动论的特征①。笔者认为这比较能说明问题,现根据内容,列表对比如下:

苏联学派	西方学派
有目标性、有对象性、有本体性	刺激性(无目标性、无对象性、无本体性)
主动性	反应性(被动性)
非消极适应性(积极创造条件,改造环境)	消极适应性(顺应环境)
间接社会性联系(形成高级心理活动需语言作为中介)	直接社会性联系(形成高级心理活动无须经过语言)
外显因素和内省因素的相互转化论(社会因素第一性,心理因素第二性)	外显因素和内省因素同一论
对活动按"单位"进行心理分析,依次分出:活动—动作—操作三个层次	对心理现象不按此种"单位"进行分析
心理反映依存于被反映物的地位	

具体到言语活动,列氏概括为四大特点②,这实际上是前述七条原则的另一种提法:(1)对言语现象的分析,首先而且主要的是对言语活动过程本身的心理分析,而不是对过程的结果(句子、话语成品、文本)的语言学分析;(2)把一切言语活动都看做是有动机、有目的指向的自觉活动,绝大部分言语活动的进行都旨在用语言手段来完成这种或那种非语言的任务,而话语成品、文本等都是完成这些非语言任务时的副产品,是第二位的,是研究时进行心理跟踪寻迹的根据;(3)分析言语活动的过程的构成(过程由哪些"单位"构成,即由哪些言语动作构成,而言语动作又由哪些言语操作构成)比起分析言语过程的结果(话语产品由哪些"成分"构成)对心理语言学来说要重要得多;(4)分析言语活动必须同时分析与它

---

① Е. Ф. Тарасов, Тенденции развития психолингвистики. М., 1987.

② А. А. Леонтьев, Эвристический принцип в восприятии, порождении и усвоении речи. ВП, 1974, №5.

相应的目的、任务、交际意向、语言手段等。

以后，列氏在另一场合①又从外语教学的角度对言语活动论作出“自我鉴定”，他提出五项心理语言学公设，并由这五项公设推导出五条教学法原则。这些原则是当今苏联外语教学法——自觉实践法的指导思想，对我国外语教学颇有借鉴意义，因此特将其要点转述如下：

(1)言语活动首先是一个过程，它的第一个特点便是有动机性和有目的指向性。进行言语活动的动机和目的，一般都是为了解决一定的交际课题。这种交际课题（任务）可能是独立的，也可能是从属于更高层次的交际任务。总之，言语活动便是一个解决交际课题和完成交际任务的过程。因此这就推导出苏联新教学法的第一条原则，也是主导原则——交际性原则②。

(2)言语活动又是一个动态结构。这个结构由以下三个层次依次组构而成：言语活动—言语动作—言语操作。第一层次（言语活动）同一定的动机和总目的相应，由一系列言语动作组构而成；而言语动作又与分目的（межуточная цель）相应，有几个分目的，就有几个言语动作；而言语动作又由一系列言语操作组合而成。言语操作一般都是自动化进行的，它本身并没有独立的目的，更谈不上有什么动机。言语活动和言语动作两个层次因为受一定的动机和目的支配，所以都是自觉的，即有意识参与并听命于意识。而言语操作则往往是不自觉的，就其自身的局部而言，它摆脱了意识的监控（但就活动的总体而言，仍有意识参与其中）。由于言语操作是言语活动的最小组构单位，要学习外语（更准确地说是学习用外语语言手段来进行言语活动的本领）也就必须从这些基本单位开始。这是言语活动的基础和根本。但学习言语操作，在一开始时，却不能达到自动化的、不自觉的、无意识的程度。欲有效掌握言语操作，在教学中就须把无自身目的的、自动化的言语操作作为一种有目的的受意识自觉监控的学习活动来对待。经过反复的练习和作用，逐步自动化，由自觉向不自觉过渡，使学习言语操作的教学活动变为真正的言语操作，这样才能更有效地变自觉为自动化。这便引出苏联外语教学法的另一项重要原则——自觉性原则。

---

① А. А. Леонтьев, Теория речевой деятельности на современном этапе и ее значение для обучения иностранцев русскому языку. РЯР, 1977, №3.

② 俞约法：《交际性原则再探》，《外语学刊》，1986 年校庆专号。

(3)在言语活动论看来,学习外语的过程,就是改造原有言语操作系统,并建立一个以母语言语操作系统为基础但却不同于这个系统而且又与这个老系统同时并存的独立的新言语操作系统的过程。在母语言语操作系统中,有一部分言语操作可以直接迁移到外语中来(母外两种语言中完全相同的部分);有些言语操作则须作不同程度的加工改造才能在外语中起到有效的交际作用(母外两种语言中相似但却实异的部分)。至于只有外语言语操作系统中才有而为母语所无的某些言语操作,则须从头开始专门加以培养。所有这一切都须通过两种语言的系统对比才能确定,而学生外语言语操作系统也只有在这个认识的基础上通过有针对性的大量训练才能有效培养出来。这便是苏联外语教学法的第三条重要原则——考虑母语原则的心理语言学根据。还须指出的是:言语活动论所提倡的对比,不只是母外两种语言自身结构上的静态语言学对比,更主要的是言语操作系统的动态心理学对比。

(4)言语活动具有高度的创造性和创新性。言语活动既然是为解决一定的交际课题而进行的,那么这本身就要因"事、时、地、人"等不同的交际条件以及所要完成的交际任务的不同而千变万化。外语教学也就必须培养这种应对能力(或解决各种交际课题的能力),这种能力实际上是"灵活的随机应变的交际技能的系统"。这便引出第四条教学法原则——应对性原则(принцип проблемности),这条原则认为外语教学的任务不仅在于培养学生进行千篇一律的言语操作(或按固定的次序进行刻板的言语操作)的习惯,更在于"培养学生在不同的交际场合下选择最佳的言语方案的能力"。

(5)"言语活动不是独立的内在的过程,而是交际和概括的统一,同时它又是人的总的活动系统中的一个组成部分。"言语活动同交际活动、智力活动有着不可分割的联系。因此,外语教学的目的及其包括的内容首先便是培养学生用外语手段进行交际的能力和思维能力。而"这种能力的培养,需要靠在各种不同的实际活动和智力活动中对外语的不断使用,才能奏效"。总之,外语教学的内容,根据教学目的,不只是包括传统教学法所说的"语言教学"、"言语教学"、"外语思维能力培养"等,更应包括外语言语交际的教学,由此引导出第五条教学法原则——总体目的原则(принцип голобальности цели)。

布拉格学派鸟瞰*

语言有形式和功能两个方面，可是语言研究在很长时间内一直重形式而轻功能，甚至完全无视功能。从偏重形式到形式功能兼顾，是近年来世界语言发展的共同趋向。

最早从理论上提出对语言的功能的系统观点——把语言看做一整套功能的系统并在实践上从功能角度研究语言和语言的功能方面而且取得了显著成就的，应当首推布拉格语言学派，该派因其重功能而有“功能派”（或“结构-功能派”）之称，该派又是结构语言学中的一大学派，同哥本哈根学派（语符学）、美国学派（描写语言学）“三足鼎立”。布拉格学派在世界语言学史上起过积极的作用，它的传统在它的故乡捷克斯洛伐克继续发扬光大，至今仍是这个国家语言学的主流，表现出强大的学术生命力，在许多国家产生程度不同的良好影响①。遗憾的是由于种种原因，对于布拉格学派我国语言学界不少同仁仍比较陌生或缺乏了解。有鉴于国内至今未见有介绍布拉格学派的系统论著，笔者不揣浅薄，试图做点初步的补白工作，实为抛砖，旨在引玉，并希望得到同行的指正。

1 布拉格学派简史和现状

在语言学文献里“布拉格学派”这一术语包括两个方面的内容：(1)结构语言学三大支派之一；(2)以布拉格语言学会为组织和活动中心的一群在一些重大问题上“所见略同”的语言学家及其论著的总称。其中每一位和每一部论著也不一定都是纯结构语言学的，但从其主要倾向看，基本上仍属结构语言学范畴或在一定程度上和结构语言学有共同之处。因此，我们在介绍布拉格学派结构语言学时，不能不首先介绍布拉格

* 1990 年在《理论语言学与应用语言学》第 1 辑再次发表时有改动。

① 见《语言学译丛》，中国社会科学出版社 1980 年版，第 223－224 页。

语言学会。

布拉格语言学会(Pražský lingvisticky kroužek)成立于 1926 年,1929 年提出的《布拉格语言学会论纲》是该会理论纲领和宣言,创建人是马泰休斯(V. Mathesius,1882—1945)。主要学术领袖和代表人物除马氏外,还有原苏联国籍的雅科布逊(P. Якобсон;R. Jackobson,1896—1982)和侨居国外的俄国学者特鲁别茨科伊(C. Трубецкой,1890—1938)、卡尔采夫斯基(C. Карцевский,1884—1955)。积极参加学会活动并发表有影响的论著的成员,先后有贝克尔(H. Beker)、哈费拉内克(B. Havránek)、里布卡(J. Rybka)、特伦卡(B. Trnka)、耶德利奇卡(Al. Jedlička)、别里奇(J. Bělič)、赫劳乌佩克(J. Chloupek)、克日斯特克(V. Křistek)、穆卡日夫斯基(J. Mukařvský)、科日内克(M. kořinek)、斯卡利奇卡(V. Skalička)、诺瓦克(L. Novák)、霍拉列克(K. Horalek)、特罗斯特(P. Trost)、伊萨琴科(A. V. lsačenko)等。后期最为活跃的,当首推瓦赫克(J. Vachek)。

布拉格语言学会是一个开放性的学术团体,它与同时代的结构语言学别的支派的学术团体(如哥本哈根学会、纽约语言学家小组——后来的美国语言学会的前身等),以及许多不属结构语言学的别国学者都有着学术上的紧密联系。结构语言学丹麦学派——语符学派代表人物布龙达尔一度曾是布拉格语言学会的会员,另一代表人物叶尔姆斯列夫同该会也有过友好的学术交往。美国结构语言学——描写语言学鼻祖布龙菲尔德对布拉格学派一直有很高的评价。谢尔巴院士、波利凡诺夫(E. Д. Поливанов)等苏联语言学家,邦旺尼斯特(E. Benvenist)、马丁内(A. Matinet)、特斯尼埃(L. Tesniere)等法国语言学家,琼斯(D. Jones)等英国语言学家,比勒(K. Buhler)等德国学者都曾同布拉格语言学会有过学术上的来往,其中有些人还受过它不同程度的积极影响,此类人物和事实很多,这里不再列举。

20 世纪 30 年代前期和中期是布拉格语言学会的黄金时期,人才辈出,成果丰硕。30 年代后期,由于捷克被德国法西斯占领,该会的学术活动处于停顿状态。第二次世界大战结束后,学会又恢复生机,机器又开始积极运转。50 年代初,学会解散,原先成员和后起之秀在学会奠定的理论基础上“各自为战”地继续开拓。学术团体虽不复存在,但作为一个学派仍一直在发展,不过因为没有一个统一的学术组织中心,也就不免缺乏统一的目标和指导思想,因此越发展越多元化。

布拉格语言学会和学派的学报是集刊《布拉格语言学论丛》(Travaux du Cercle Linguistipue de Prague),1929 年创刊,至 1939 年共出版八辑。学会从 1935 年开始编辑发行定期机关刊物《语文》(Slovo a slovesnost),该刊至今仍继续出版,只不过主办单位已不再是布拉格语言学会。

2 布拉格学派的语言观和语言学观

布拉格学派结构语言学别名结构-功能学派,人们常把它称为功能语言学,该派也常以此自称。

从继承关系来看,布拉格学派学术观点的来源有三:(1)捷克本国语文学传统中积极的一面;(2)索绪尔语言学理论的合理内核;(3)当年有影响的波裔语言学家博杜恩·德·库尔德内(J. N. Baudouin de Courtenay,1845—1929)的部分学说。

在研究对象上,与热衷调查无文字的少数民族语言结构的描写语言学,追求建立超语种的高度形式化的普遍语言模式——语言成分间各种函数关系的语符学不同,功能语言学派研究的重点是有文字的语言,而且是其标准语,特别是文学语言。

在语言观和语言学观上,布拉格学派同哥本哈根学派和美国学派有同有异。布拉格学派的语言观可归结为结构-系统论①和功能论两大特点,前者是结构语言学各支派的共同特点。正因为如此,所以语言学上把它们归并在一个大学派的范围之内。而后者则是布拉格学派独有的特点,正因为这个特点,使它同结构语言学其他支派区别开来,因此有必要对它作一简介。

"功能"这个术语在语言学中是个多义词,其基本意思是"职能"、"功用"、"用途"、"作用"、"使用"、"意义"等,据有人初步统计,在语言学文献中,功能的意义至少有 25 种。功能:(1)可能是指语言(作为一个整体的语言)的功能;(2)也可能指语言单位的功能。在功能派文献中,"功能"一词除了前述一些意思以外,在很多情况下更指"目的"和"任务"。该派一直认为语言有多功能性。在该派语言学家看来,语言功能可分为讯递功能和影响功能两大类。讯递功能用当代语言学的语言来表述,便是传递和接受的功能,它又分交流和启事功能两个方面,前者指同一语言

① 俞约法:《语言科学的第二个里程碑——结构语言学》,《日语学习》1987 年第 2 期,第 72-76 页。

集体成员之间通过交谈(或书面交往)交换思想,达到相互了解的目的;而后者则指说话者或书写作者单方面表述一定的思想,叙述一定的事情。影响功能也即对交际对方施加影响的功能,其中分为若干子功能,例如表达意志的功能,表达感情的功能,加强表现力的功能等。布拉格学派认为语言的基本功能是它的讯递功能(我国语言学界常译为“交际功能”),而其中的双方面(或多方面)的交流功能又是根本之根本,而且作为一般常识性原理写入语言学教材之中,实际上并不是人人都知道这些理论是布拉格学派率先提出来的。

雅科布逊后来又提出另一套功能分类,他把语言分为六种:(1)指称(denotative,有时也作 referntial);(2)表情(emotive);(3)意涵(conative);(4)交流感情(platic);(5)纯语言(metalinguistic);(6)美学(poetic)。不过这种功能分类,没有为世界各国语言学界所普遍接受。

在语言单位的功能方面,布拉格学派提出了音位的区别意义的功能(或辨义功能),以及在这个基础之上发展起来的关于音位的区别性特征理论。关于词这一级语言单位的功能,该派列举了以下这一些:词的交际功能,指称功能和美学功能(指文艺作品,特别是诗歌中的词功能)。句子这一层次的语言单位的功能主要有三:报道功能、祈使功能和表达(感情)功能。大体上说,这三种功能分别同传统语法中的陈述句、祈使句和感叹句相对应。

更重要的是,布派认为:语言、语言单位和实际言语活动以及这个活动的产物(言语作品)的功能是同一定的目的、使用范围、场合、语境紧密地联系在一起的。

从以上的对功能的理解出发,布拉格学派在语言观和语言学观上提出以下基本观点:

(1)语言是为一定交际目的服务的表达手段的系统,即功能系统,研究任何一种语言现象都离不开目的,即离不开功能,这是研究的出发点和立足点。

(2)语言的结构有形式和功能两方面,不可分割,因此语言学既要研究它的形式方面,同时也要研究它的功能方面,不能完全抛开功能作纯形式的研究。

(3)语言结构具有完整性和层次性,同时这个结构又由固定的表达手段构成,这些表达手段在彼此之间又有着密切的相互联系,各种表达手段在语言交际中执行着不同的功能。因此,语言结构不仅是一套形式系统,更是一套功能系统,即各种用来为一定目的服务的表达手段的系统,更确切全面地说,语言是形式系统和功能系统的统一体。语言学的任务不应只限于对语言的形式系统作出分析,更要研究语言的各种表达手段在交际中所表现出来的功能。《布拉格语言学会论纲》开门见山地声称:"需从功能的观点来进行语言分析。"

如果说,美国学派只重语言结构的形式方面的描写,哥本哈根学派热衷于语言结构诸成分之间关系的研究,而都忽视其功能方面的话,那么布拉格学派则把语言结构的功能方面放在首位,但与此同时也不完全忽视形式方面。

除了功能论外,布拉格学派的语言学主张,在以下几个重大问题上也不同于结构语言学别的支派。

(1)在语言与言语的问题上,几乎所有的结构派都主张语言学的任务只研究语言,而不研究言语,但布拉格学派则认为除了语言结构本身应研究以外,更应研究语言在交际中的实际使用,即前面所说的语言诸表达手段在交际中所表现出的不同功能。语言的实际使用已属言语范畴,这样就把言语也作为语言学的重要的研究对象。

(2)在语言因素和非语言因素的问题上,结构语言学各支派都主张语言学只研究语言本身,而不去研究虽与语言有紧密联系但却又不是语言的各种"非语言"因素,如社会因素、历史因素、心理因素、生理因素、逻辑因素等。而布拉格学派则认为语言学既要研究语言自身,同时更需要联系社会因素(特别是其中的文化因素)来研究语言。语言研究的目的在很大程度上是为社会服务,为提高人们的语言修养服务,不是"为语言而研究语言"(索绪尔语)。至此,我们可以对功能学派的语言观作如下的表述:语言是具有社会性和功能性的符号系统。此外,布拉格学派还认为语言同思维、思想具有不可分割的血肉关系,因此研究语言还要顾及语言所体现的(即在言语作品中所表达出来的)思想内容、意义等。从这一认识出发,布拉格学派重语言结构方面,同时也顾及到其语义方面,这同结构语言学派别的支派排斥语义研究成为鲜明的对照。

(3)在共时和历时问题上,自索氏以来的结构派几乎都反历史比较语言学家之道而行之,把语言看做一种静态结构,因此提倡只研究语言的共时状况,而拒不研究其历史发展。功能学派则认为语言是一种动态结构，即“在运动中的诸系统的系统”，因此主张在以共时为主的条件下要适当研究历时。在该派看来，言语处于不断的渐变的“演进”过程之中，断代之中有许多历史遗迹和过渡性现象，因此要对语言的横断面作准确全面的描写，完全排斥历时的解释，就不能不给这种描写造成很大局限性。即使是从历时研究的立场看，要更准确和全面地考察语言的变化，也应考虑“变化发生于其中的系统(结构)”，即共时研究。布拉格学派一方面提倡共时研究须参考历时，把二者有效地结合起来；另一方面又把历史比较语言学的某些方法扩大到非亲族语言结构的共时的比较研究上。该派认为此种比较，目的不是去考证和发现语言与语言之间的谱系关系，而是揭示和认识两种或数种语言自身结构的特点。该派在这方面的理论构想和实际工作为日后对比语言学的建立作出了重大的贡献，对于对比语言学对外语教学具有十分重要的意义，从这一意义上来说，前者是后者的理论基础之一。

3 布拉格学派的语言学研究方法

在语言学研究方法方面，布拉格学派的创新和贡献主要有二：对立分析法和功能-意义分析法，兹分述如下。

3.1 对立分析法

对立分析法(opposition)有时又叫二分法(binarism)、对比法(contrast)。此法首先在语言学领域内应用，取得卓著的成效，对音系学(phonology；фонология)的建立和发展作用极大，以后又推广到语法学及其他领域，但碰到许多问题，至今仍未见妥善解决，因此这里侧重介绍它在语音学方面的情况。此法主要由特鲁别茨科伊提出，在音系学研究中作为基本原则广为应用，后经雅科布逊等发展，成为“区别性特征”理论。

此法的要旨是：在语言系统中，两个同一级别(同一子系统)的同类语言单位，以其中之一为一方，另一个为其对立面，加以对照比较，以揭示两者之间的差异，并在这个基础上确定被比较的单位是否是个独立的语言单位。例如，在语音方面元音和辅音的对立、长元音和短元音的对立、浊辅音和清辅音的对立、软辅音和硬辅音的对立、送气音和不送气音的对立、圆唇音和非圆唇音的对立、鼻音和非鼻音的对立等；又如在语法方面，英、俄语中名词单数和复数的对立，动词人称形式和非人称形式的对立、动词现在时和过去时的对立，俄语名词主格和诸旁格的对立，如此等等。

布拉格学派认为:对某一语言各种单位进行详尽全面的对比,分析出它们之间可能存在的种种对立关系,那么就可以拟构和描写出该语言整个结构的模式或系统。由此可见该法之重要。

以俄语音位/b/([б])为例,我们通过以下四组对立关系来分析出其作为一个独立的音位的特征:

/b/:/b'/(труба — трубя)(号,名词—吹号,副动词)

〔truba — trub'a〕

(非颚化辅音—上颚辅音)

(硬辅音—软辅音)

/b/:/p/(бас — пас)(男低音—传球)

〔bas — pas〕

(浊辅音—清辅音)

/b/:/m/(бал — мал)(舞会—耥耙,复数第二格)

〔bal — mal〕

(非鼻音—鼻音;噪辅音—响辅音)

/b/:/v/(бас — вас)(男低音—你们,第二格)

〔bas — vas〕

(塞辅音—擦辅音)

以上四组对立关系的集合,构成了音位/b/区别于别的语音单位的特征。这里的每一组都由两个项所构成,称二项对立或二项式。对立也可能是三项的,甚至更多项的。例如,俄语的/b/:/d/:/g/(БАМ—дам—гам)[贝阿路(贝加尔—阿穆尔铁路简称)—女士(复数第二格)—喧哗],按发音部位:唇辅音—前叶辅音—后舌辅音。

再以俄语音位/t/[т]为例:

从/p/—/t/—/k/的对立关系中,可以分析出/t/同发音部位有关的特征来,即它是齿音,而/p/和/k/则都不属齿音,这样,/t/就通过齿音与非齿音的对立以其齿音的特点区别于/p/和/k/;再对比/t/和/t'/,分析出其与闭塞形式有关的特征,/t/通过硬辅音与软辅音的对立,以其硬辅

音的特征区别于/t'/;又通过/t/和/s/的对立,分析出它的阻塞性质(爆破音),/t/通过塞音和擦音的对立,以其塞音的特征区别于/s/;再比较/t/和/d/,分析出/t/没有声带振动的特征,而/d/则有,这样,/t/通过清辅音和浊辅音的对立,以其清辅音的特征区别于/d/;最后,对比/t/和/ʦ/,分析出/ʦ/有咝音属性,而/t/则没有,这又构成了对立的关系:/t/和/ʦ/处于塞音和塞擦音对立关系之中,/t/再一次以塞音的特征区别于/ʦ/,如此等等。由前面的实例可见:一个音位(如前述/t/)是通过它的特征同直接处于对立地位的相似或相异特征的交叉线分析出来的。由此推理:一个语言成分(单位)是可以通过成分(单位)之间的对立分析把各个成分(单位)相互分开来的。

以上所说的都是在语言的自然属性的范围内的对立,通过这种对立揭示出以资相互区别的特征,可以确定普通语音学中的各种不同音素。但要用之于某种具体语言的时候,只有纯语音条件上的对立还远不足以确定该音在语音里是否是一个独立的音位。于是在这种场合,布拉格学派又提出了一个十分重要的,甚至可以说是根本性的规定,作为确定一种具体语言中的音位的主导标准,这便是音素区别意义的功能,简称辨义功能。这样又把本文的话题拉回到"功能"这个主题上来。在布拉格学派文献中,辨义功能中的"义"字,既指词汇意义,也指语法意义,但更常见的还是词的词汇意义。例如,英语的/t/和/d/之所以能构成两个独立的音位,除了在语音的自然属性上能构成清辅音和浊辅音的对立以外,更由于这种对立(即这种不同或差异)可使操英语者把 ba<u>d</u>(坏的)和 ba<u>t</u>(短棍),<u>t</u>in(锡)和<u>d</u>in(喧声),<u>t</u>ie(带子)和<u>d</u>ie(死)区别开来;再把这种对立的范围进一步扩大;pig〔<u>p</u>ig〕(猪)和 big〔<u>b</u>ig〕(大的),<u>p</u>ie〔<u>p</u>ai〕(馅饼)和 by〔<u>b</u>ai〕(被,介词),kill〔<u>k</u>il〕(杀)和 gill〔<u>g</u>il〕(鱼鳃),off〔ɔ<u>f</u>〕(离开)和 of〔ɔ<u>v</u>〕(……的,介词)等等,可以发现英语中清浊辅音的对立具有辨义功能,于是这几组清浊对立辅音每个都成为独立的音位。反过来说,只要是能区别两个词的意义的语音对立,都叫辨义性对立。

以上是二项辨义性对立的例子,下面再举三项和多项辨义性对立的例子:现代汉语普通话中/a/, /e/,/i/之所以都是独立的音位,都是因为它们各有辨义功能,都可构成辨义性对立关系,请看它们在相同的语音环境中的三项辨义性对立:班(bān)[p<u>a</u>n]:奔(bēn)[p<u>ə</u>n]:宾(bin)[p<u>i</u>n];同理,英语的/i/,/æ/,/ʌ/也由于其能处于辨义性对立关系之中而成为三个不同的音位,试比较:sing[siŋ], sang[sæŋ] ,sung [sʌŋ],这三个音位,使得英语动词 sing(唱)的三个语法形式得到了区别——现在时:过去时:过去分词。

同理,用多项辨义性对立来分别考察以下两组音:

(1)[p]:[b]:[t]:[d]:[k]:[g]

(2)[f]:[l]:[m]:[n]:[r]:[s]

可以发现,以上两组中的每个音在英语中都有其辨义功能,即都可处于多项辨义性对立关系之中,因此,都应是独立的音位。

(1) pill[pil](药丸)— bill[bil](账单)
till[til](抽屉)— dill[dil](莳萝)
kill[kil](杀)— gill[gil](鱼鳃)

(2) fight[fait](战斗)— light[lait](光线)— might[mait](能力)— night[nait](夜晚)— right[rait](右)— sight[sait](视力)

同理,多项辨义性对立用之于汉语普通话,我们便可以把以下几个音位区别开来,并确定其独立的存在:/k/,/k'/,/p/,/p'/,/t/,/t'/,/ts/,/ts'/,/f/,/m/,/n/,/l/,/x/。

请比较这些音在以下各词中的辨义功能:

古[ku]—苦[k'u]

补[pu]—谱[p'u]

堵[tu]—土[t'u]

煮[tsu]—楚[ts'u]

斧[fu]:亩[mu]:努[nu]:橹[lu]:虎[hu]

根据对立分析法和音位学理论,在自然属性上构成对立关系的因素,在不同的语言中并不一定都构成独立的音位。在自然属性上相同的这种或那种对立关系,在甲语言中可成为区别音位的特征者,在乙语言中却并不是。其中最重要的条件还是它的辨义功能和能否构成辨义性对立,例如:送气:不送气的对立,在汉语普通话中构成辨义性对立,例如:/p/和/p'/,标[piau][p'iau];而在英语和俄语中,则这种区别只能是两个在自然属性上对立的音素,而不是独立的音位,试比较:英语中的 sport(运动)和 port(港口)二词,其标准发音分别为[spɔːt]和[p'ɔːt],/p/和/p'/是一个音位,因为如果把它们分别说成[sp'ɔːt]和[pɔːt],英语民族的人都仍完全能懂无误，只是觉得听起来有点不够地道而已，绝不会理解为不同意义的两个词。这是因为送气和不送气在英语中无辨义功能，二者不构成辨义性对立。同理，俄语的 папа（爸爸）一词，无论是读成［papə］还是［p‘apə］，意义都是一样的，即无辨义性对立关系。又如，软辅音、硬辅音的对立，在俄语中是辨义的，而在英语中不具有此种性质，因此，俄语中的 брат［brat̠］是名词，表示“兄弟”之意，而 брать［brat̠‘］则是动词，表示“拿”的意思。同理，汉语和英语中/n/和/ŋ/是两个不同的音位，通过以下例子的对立比较，即可发现：kin［kin̠］（亲族）— king［kiŋ］（国王），淋 lin［lin̠］— 令 ling［liŋ］，而俄语中则只有/n/一个音位，如果用［ŋ］代替，也不会引起词在意义上的改变。

由前述可见，根据布拉格学派的理论，通过对立分析法，先划分出一系列在自然属性上互有区别的音素，然后再根据它们在各种语言中有无辨义功能和是否能构成辨义性对立关系以确定是否是该种具体语言的音位，由此再进一步确定该语言共有多少音位和哪些音位，这些音位的出现和变化有些什么规律，彼此发生何种关系，最后该语言的音位系统也就很自然地求得。这是建立每一种语言的音系学都要做的基本工作。

由此可见，每种具体语言中音位在数量上是要远低于只是在语音的自然属性上有区别的音素。也就是说，每种语言的音位，都为数极其有限，例如，俄语只有 39 个（其中 5 个元音，34 个辅音），日语只有 28 个（其中 5 个元音，23 个辅音）。各种具体语言的音位除数量不等外，在质量上也不尽相同，有的彼此相距甚远。

总之，布拉格学派认为建立一种语言的音系学，对立分析既是基本原则，又是主要方法，而其中辨义性对立分析更是关键。

对立分析法以后又发展成为区别性特征理论。“区别性特征”这个思想早在特鲁别茨科伊著作中即已形成，只是他常用“对立”这个术语而已。到了 50 年代，雅科布逊等人把它发展成一套更为科学和严密的理论，但其基础仍是对立分析法。该理论认为：音位的多项对立可归并为两项，并由此进一步推论，各种语言中所有的音（元音和辅音）都可根据其自身的生理特征和声学特征，用对立分析法分析出一对一对“最小的对立体”。例如根据发音舌位的不同，元音有“高：低”的对立；根据发音方法的不同，辅音有“清：浊”的对立，如此等等。“区别性特征”这个术语英文叫 distinctive feature，俄文叫 дифференциальный признак ，在布拉格学派文献中主要指语言中一个最小单位同另一个最小单位间在其他条件相同的情况下相互区别的标志，即能构成对立体的特征（而且主要是辨义性对立）的标志。仍以前面举过的英、俄语中的/d/和/t/两个音位为例，它们的语言特点分别见下表：

特点 音位	①	②	③	④
/d/	辅音	齿龈音	塞音	浊音
/t/	辅音	齿龈音	塞音	清音

表中所列四项语音特点，其中①至③相同，只有④不同。这样，浊音和清音的对立，使得这两个音位相互得以区别，而且这种区别在英、俄语中又都是辨义的，于是对/d/来说，浊音性是它的区别性特征，反之，对于/t/来说，则清音性是它的区别性特征。而/d/和/t/对于不具备①至③项的其他音位来说，①至③又成为这两个音位与不具备①至③各项标志的音位的区别性特征。在布拉格学派的音系学理论中，音位就是区别性特征的总和。如前表中所列四项语音特点（对不同的别的音位来说都是区别性特征）构成了/d/和/t/两音位。由此可见，即使是到了语音区别性特征阶段，对立分析法仍然是确定音位和建立音系学的基础。

总之，布拉格学派认为，对于一种具体语言来说，区别性特征是语言中能够用来区别意义的最小对立体，此类最小对立体均为偶值，因此区别性特征理论也常叫偶值理论。

普通音系学中究竟有多少对区别性特征，在这个问题上布拉格学派内部见解不一，但最后一般都倾向于雅科布逊的方案。他根据可以从频谱读出的标准，用对立分析法，从物理和生理的角度来确定区别性特征，把它们分为三类十二对（如下列），并断言可以用这种方法去分析世界上的一切语言。

（1）响音特征。其中包括以下八组对立关系：

① 元音性：非元音性

② 辅音性：非辅音性

③ 鼻音性：口音性

④ 聚集性：分散性

⑤ 突发性：延续性

⑥ 刺耳性：圆润性

⑦ 受阻性：非受阻性

⑧ 浊音性：清音性

（2）紧张程度特征。其中包括：

⑨ 紧张性：松弛性

（3）音调特征。其中包括以下三组对立关系：

⑩ 低沉性：尖峭性

⑪ 抑降性：平坦性

⑫ 扬升性：非扬升性

布拉格学派还常用矩阵图来表示各种具体语言中的音位的语音区别性特征，试图增加自身理论科学化、数理化和形式化的色彩。下面附上英语辅音音位系统和汉语普通话元音音位系统的语音区别性特征矩阵图，以见功能语言学派如何把由对立分析法发展而来的区别性特征这一普通音系学理论用之于研究具体语言音系之一斑。

	元音性\非元音性	辅音性\非辅音性	聚集性\分散性	低沉性\尖峭性	鼻音性\口音性	紧张性\松弛性	延续性\突发性	刺耳性\圆润性		元音性\非元音性	辅音性\非辅音性	聚集性\分散性	低沉性\尖峭性	鼻音性\口音性	紧张性\松弛性	延续性\突发性	刺耳性\圆润性
l	+	+							v	−	+	−	+	−	−	+	
ŋ	−	+	+		+				b	−	+	−	+	−	−	−	
ʃ	−	+	+		−	+	+		n	−	+	−	−	+			
ʧ	−	+	+		−	+	−	+	s	−	+	−	−	−	+	+	+
k	−	+	+		−	+	−	−	θ	−	+	−	−	−	+	+	−
ʒ	−	+	+		−	−	+		t	−	+	−	−	−	+	−	
ʤ	−	+	+		−	−	−	+	z	−	+	−	−	−	−	+	+
g	−	+	+		−	−	−	−	ð	−	+	−	−	−	−	+	−
m	−	+	−	+	+				d	−	+	−	−	−	−	−	
f	−	+	−	+	−	+	+		h	−	+				+		
p	−	+	−	+	−	+	−										

普通话元音区别性特征矩阵

	a	o	ə	e	i	u	y	ɿ	ʃ	ɚ
1. 开/合	+	−	+	+	+	−	−	+	+	+
2. 齐/撮					+		−			
3. 洪/细	+	+	+	−	−	+	−	−	−	+
4. 集/散	+	+	±	−	−	−	−	−	−	±
5. 降/平	−	+	−	−		+	±			+
6. 升/平					+		+			
7. 高/低	−	−	±	+	+	+	+	+	+	±

（本表系吴宗济先生研究成果，载《中国语文》1980 年第 5 期第 323 页）

区别性特征在语言学理论中得到了广泛的实际应用：如可以用之于确定各种语言的更为科学的音位系统，用之于语音识别与合成，如此等等。

由前述可见：对立分析法和区别性特征理论在很多情况下是把有无某一项区别性特征的标志作为对立的条件的，这样就组成了有与无的对立，或肯定与否定的对立，正与负的对立，简称“+与−”。这种关系在功能语言学文献中有时叫“标记项与无标记项的对立”。据统计，在各种语言中，无标记项在使用频率上一般超过标记项。布拉格学派甚至认为这种正负对立分析法普遍适用于语言学的各个领域的研究。他们在用此法取得音系学研究的显著成绩后，便试图把它推广到语义学和语法学的研究上去。在语义研究上使用这个分析法，可举俄语中的一个典型例子，кобыла：лошадь，前者表示公马，有性别标记，后者则指公马和母马，不分性，即无性别标记，这里就使用了“有性别和无性别的对立”这一原理。

在语法学研究上使用这个方法，我们也可先从一些具体的实例开始。英语中的 books：book（书），remembered：remember（回忆）这两组语法形式，用正负对立分析法的公式表示，便是有词尾和无词尾的对立，再进一步细分，是“-s（名词复数词尾）：零位词尾（名词单数）”和“-ed（动词过去时）：零位词尾（动词现在时）”。这些都是“有标记项：无标记项”公式的实际代用。功能学派认为，在语法学领域内，不论语法范畴有多少个形式（例如名词在英语中有两个格的形式，俄语中有六个格的形式，在英俄两种语言中都有两个数的形式等），也像在音系学领域内一样，总是可以区分出具有正负两种特征的两个对立成分以及由这两个成分组成的对立关系来。如果其中一个成分具有某一特征，而另一成分则无此项特征，那么是否具备这个特征就是我们所要分析的语法形式的一般意义，而在具体语境中则体现为该语法形式的具体意义。语法形式的有无某种特征，也就构成了语法学中有标记项同无标记项的对立。

“+ : -”法在语法学中的应用，雅科布逊作了精辟的发挥。他强调：标记项是个表示肯定的信号，而无标记项则表示“无信号”，既不肯定，也不否定。再以前引的 books : book 为例，books 肯定是复数，指一本以上的书，甚至许多书，而 book 则并无此种肯定，它可作两解（可能只指一本书，也可能指一类书，即许多书），这要视上下文而定，book 本身并不明确到底是指一本书还是许多书。又如俄语的“完成体：未完成体”，前者为标记项，表示动作的完成（肯定信号），而后者则是无标记项，其本身并不表示动作是否完成，可能是已完成的，也可能是未完成的，这也要视上下文而定。从对立分析法的提出到区别性特征理论的完善，包括矩阵和标记理论在内，中间一直贯穿着“对立”这条红线，马泰休斯等学者还曾力图把“对立”这一概念（特别是“正负对立”）作为原则和方法推广到语法研究的各个方面。例如，他们把俄语的格的语法系统从三组层次递进的“有标记：无标记”的对立关系来作分析和描写：

第一层次　有容量性与无容量性的对立
第二层次　边缘性与非边缘性的对立
第三层次　有方向性与无方向性的对立

以上的分析可图表化如下：

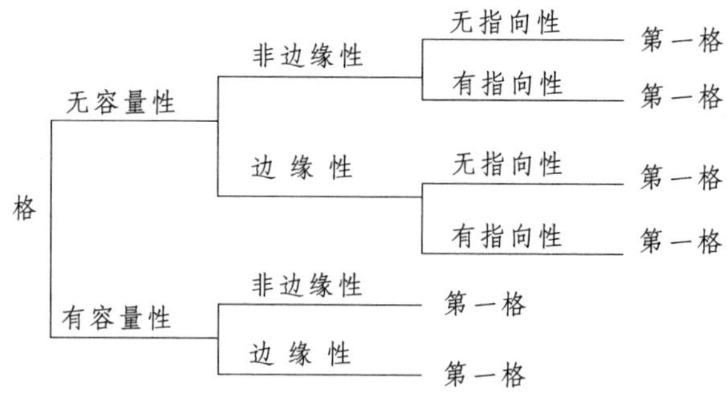

（按：这里所谓的“容量”指“事物参加活动的限度”，“有容量性”即具有此种限度，而“无容量性”则指无此种限度；“边缘性”意为“能指出在表述的内容中起着边缘的次要的作用的事物”；“方向性”指“与活动指向的事物构成的关系”。）

但同样一个对立分析法，布拉格学派诸家在语法学领域里实际应用起来却各有各的路数，始终没有取得有如音系学研究中所表现出来的那种学术观点上的一致性，尚未见他们写出真正解决问题的著作，而且诸如前述的马氏语法理论，读起来令人晦涩而难于掌握，连功能学派内部也有不少人不赞成它。因此，可以说，语法学（主要是形态学）是对立分析法尚未在实践上取得显著成绩的领域。据悉，近数十年不少国家仍有一些语言学家陆陆续续进行探索，试图将对立分析法系统用之于语法研究，并贯彻始终。这里仅举苏联一例，苏联语法家符谢沃洛多娃（М. В. Всеволодова）突破传统的老框框，采用对立分析法来研究俄语的时间意义及其表达法，取得了一些令人瞩目的进展。其主要研究成果有论文《现代俄语中时间意义的系统》（1974）和专著《现代俄语时间表达法》（1975）等，从而把俄语语法学中的一个重大题目的研究推进到了一个新的境界，补充了传统语法的某些不足。符氏将述语动作同时间的关系分为五组对立的区别性特征来考察：（1）（动作与时间的）同步性：非同步性；（2）（动作）全部占据：局部占据（时间段）；（3）（动作的）一次性：重复性；（4）（动作的）界限性：非界限性；（5）（动作与将来时）有关：无关；然后在这五组对立关系的基础上求出俄语中时间意义的总系统（以及构成这个总系统的不同层次的子系统），并通过层次分明的树形图（在先后两种论著中，先用六图，后用三图）形象直观地加以表示。例如，根据动作与时间的“同步性：非同步性”的对立，可划分出“直接时间：相对时间”第二层次的子系统。直接时间指“动作发生在时间段之内”，而相对时间则指“动作发生先于或后于时间段”。又如，在相对时间内部，又区分出“前时时间：后时时间”这个第三层的子系统，如此等等。

但不管怎么说，对立分析法在语法学领域仍处在“试验锋芒”的阶段。现在再回到对立分析法同它最能发挥作用的领域——音系学的关系上来。

正如前面所指出的，音系学作为一门独立的分支学科从语音学中彻底分离出来，其产生和发展同对立分析法都始终有着不解之缘。布拉格学派在音系学的建设中一直起着举足轻重的作用。在音系学和语音学的关系上，该派进一步发挥了索绪尔关于语言/言语的两分法，认为语音学是关于言语的声音的学问，而音系学才是关于语言的声音的学问，前者研究声音的物理和生理两方面的属性，而后者则研究声音（音位和音位变体）在系统（音系）中的功能，其任务是揭示它们之间的差异和区别。布拉格学派把具体语言中诸音位具有区别性特征的各种辨义性对立关系的总和叫做音位系统。

如果说在分析方法上描写语言学把分布法作为主导方法的话,那么功能语言学则拒绝此法而把对立法作为根本大法。如果我们再溯源到索绪尔关于组合/聚合的二分法学说,那么便可发现,原来分布法实用于组合轴,而对立法则实用于聚合轴。这里我们再从这个新角度来分析几个前面已引用过的例子:英语中的/n/和/ŋ/以及俄语中的[н](/n/)。描写语言学的分布法断言,在组合轴上如两个音素处于不同的分布关系,就可以断定两者是不同的音位。据此理论,英语中/n/和/ŋ/在组合轴上的关系并不尽相同,/n/可出现在词首(如name[名字],nice[美好的],now[现在]),元音或辅音之后(如 in[在……里]、uncle[叔、伯]、goodness[优良]),而/ŋ/只能出现在元音之后(如 spring[春天],strong[强大的]),绝不会出现在词首或辅音之后。而功能语言学的对立法则认为音位的区别性特征只有通过对它和别的音位在聚合轴上的对立关系的分析才能求得,据此,/n/的区别性特征在与其他音位的对立关系中可揭示出以下一些:(1)舌前性(与/ŋ/对立),(2)鼻音性(与/l/对立),(3)响音性(与/t/对立),等等。而用字母 н 表示的俄语音位/n/在声学性质上虽和英语的/n/相当,但由于在聚合轴上同/ŋ/并不构成辨义性对立关系(因为首先俄语中没有/ŋ/这个音位,即使在不标准的话语里用上了它也不具有辨义功能,可以代替/n/),所以,/n/在俄语中就不具备“舌前性”这个特征。

布拉格学派如此重视对立分析法,这同他们的语言观有直接关系。布拉格学派认为:在人的语音中,二元对立的现象是一个普遍的实际存在,随处可见,只要你一说话,话中每一个最小的有区别的信息都会使得听话者从两种可能性中来作选择,甲音位与乙音位的对立、乙音位与丙音位的对立、甲音位与丙音位的对立……就是因语音差异而使它们能相互区别。这一语言观在语言学方法上的相应的反映,就是对立分析法。

既然对立分析法以及在这个基础上发展起来的区别性特征理论有二元选择的性质,这就为语言学理论在电子计算机上实际应用创造了良好的条件,可以用于语音识别、言语处理等工程语言学的一些重要领域中,前景乐观。

功能语言学认为对立分析法不但是确定音位和其他语言单位的基本

方法，而且也是对音位进行分类的重要手段。而对立关系本身也可根据不同标准进行分类。特鲁别茨科伊就按三大标准对对立关系从三个方面进行了如下表的音系学分类：

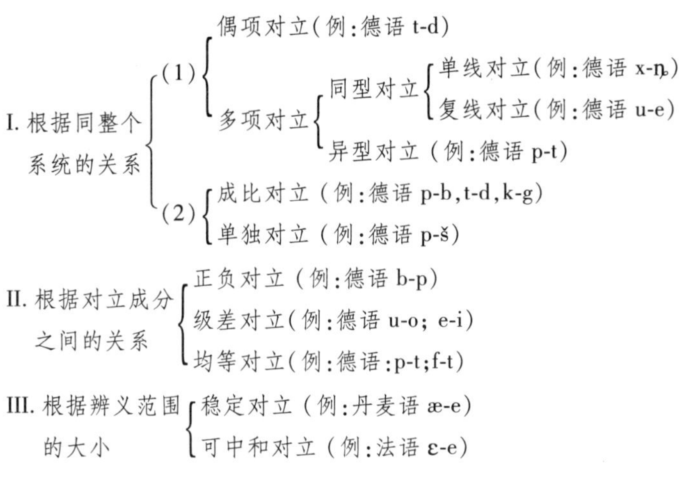

（本图表系信德麟教授制作，载《外语学刊》1985 年第 1 期第 7 页）

这个分类也是布拉格学派音位观和对立观在实际音系学研究中的宏观应用。

严格来说，对立分析法并非布拉格学派首创。如果溯源到索绪尔语言学说，我们便可发现，索氏早就提出了如下的论点：包括音位在内的各种语言单位，其价值与其说是取决于该单位自身的各种特点，毋宁说是取决于该单位与同系统同级别的其他相关单位（成分）之间的对立。具体到音位一级，也可以说一个音位的价值并不首先取决于它本身的生理-物理特征，而首先取决于它在音系中与其他相关音位所处的对立关系。这里我们就看到了，原来对立分析法继承和创造性地发挥了索氏的前述思想。结构语言学的共性是反对孤立地研究语言成分，主张把成分置于语言系统之中，置于与别的成分所构成的关系中去考察，以揭示其特点，对立只是其中最为本质的关系而已。布拉格学派正好是抓住了这个关键，其在语言研究中广泛使用这个方法正是基于这种认识。

3.2 功能-意义分析法

功能-意义分析法用于句法学领域，布拉格学派把它叫做句子实际切分（捷文 aktualni členeni，俄语言直译为 актуальное членение，简称 АЧ 理论），这又是该派对语言学的另一大贡献。此法最早由功能语言学奠基人马泰休斯提出，后经布拉格学派语言学家的发展和完善，为一些别的国家的语言学界所接受，例如，苏联科学院《新编俄语规范语法》(1980)就把实际切分的内容引进该书，苏联大学语言理论课程某些教材甚至还把句子实际切分列为一个专题。

历来对句子的分析，都是采取语法-逻辑分析法，形式和意义兼顾而以前者为主，但不大考虑功能-交际因素。这种分析法首先把句子切分成两个部分——主语部和谓语部，然后从中分析出两大主要成分——主语和谓语，而把除此以外的其他词列为次要成分，如宾语、定语、状语、补(足)语等。从主要成分到次要成分，再从次要成分向下切分，一层一层切分下去，直到最后不能再分，才算完成了全句的语法分析，每切分一次就同时对被切分出来的词语一一进行"句子成分"的分类，并贴上分类标签。全句的语法分析完成以后，构成句子的诸词语在句子中的相互关系及其句法作用也便一目了然了。语法-逻辑分析法是传统语法的句子分析法，它统治语言学界多年，是人们早就熟识了的分析法。后来，在20世纪40年代描写语言学派提出的直接成分分析法，更是一种形式分析法[①]。此法既不管意义，更完全不顾及功能-交际因素。与前述两种方法不同，实际切分法从另一个全新的角度对句子进行分析，这便是以前完全为语言学家所忽视的功能-交际的角度。根据布拉格学派对语言的认识，认为既然语言的诸社会功能中最为根本的是交际功能，而句子又是最小的交际单位，那么对这最小的交际单位进行功能分析就极有必要。可是以往的语言学家不巧又都没有做到这一点，这个任务就不可推卸地落到了功能学派肩上。而语言交际又是以语言为载体传递和理解信息的过程，因此从交际功能角度对句子进行分析，首先就是分析和揭示句子的信息分布状况。为此，句子实际切分法就根据词语在句子中的不同交际功能(传递信息功能)，把句子分为主位(捷文 thema věty；俄文 тема，简写T；英文 theme，简写 T)和述位(rhema věty；俄文 рема，P；英文 rhema，R)两个部分。主位表示交际双方(或各方)都已经知道了的信息，而述位则是对这个已知的信息所作的这样或那样的报道、阐述、说明等，是发话人所要传递的新信息，即他认为对方未必知道的新信息。试以下面四个句子为例：

---

① 俞约法：《描写语言学简介》，《日语学习》1989年第1期。

① The sportsman$_{T}$ ‖ won$_{R}$. /这个运动员 ‖ 获胜。

② John, your classmate$_{T}$, ‖ is coming$_{R}$. /你的同学约翰 ‖ 就要来了。

③ Яблок$_{T}$ ‖ — уйма$_{R}$. /苹果 ‖ 多得很。

④ Книгу$_{T}$ эту ‖ брат купил$_{R}$ случайно. /这本书 ‖ 是我哥偶然碰上买来的。

已知信息是说话的出发点,也是言语交际得以进行的支撑点,因为说话一般总是从已知的信息开始的。因此,主位有时也叫“始发部”,表示“已经给定的事物”(данное);述位则是句子的“核心”,从传递信息的角度来看,是最有价值的部分。这一部分对“已经给定了的事物”的内容有所论述报道,由于其中句中位置处于后面,又称“收尾部”,与“始发部”相对。

表示句子主位和述位的基本语言手段是词序和语调。

从词序的角度来看,主位的位置一般居于句子的前部,而且从句首就开始,句子的后面部分则是述位。用同样语言材料组构成的句子,如果把词序先后颠倒过来,主位与述位也就发生了相应的变化。试比较:

① 实践(主位) ‖ 是检验真理的唯一标准(述位)。

② 检验真理的唯一标准(主位) ‖ 是实践(述位)。

③ Брат$_{T}$ ‖ купил$_{P}$ книгу.

④ Книу$_{T}$ купил ‖ брат$_{P}$.

⑤ Брат$_{T}$ книгу ‖ купил$_{P}$.

③至⑤句所包含的信息内容和所用的词汇材料都是相同的,说的都是“兄弟买书”,但所要传达的新信息却各不相同,即述位不同,用词序表达了出来:③要告诉受话人的是兄弟“干了何事”,④则着重报道买书者为“何人”,⑤突出说明此书是兄弟以“何种方式”获得的。

从语调的角度来看,语调在主位部分上升而在述位部分则下降。

① My uncle ‖ didn't like to read.

我叔叔(主位) ‖ 早先不爱读书(述位)。

② Надежда Павловна ‖ давно умерла.

娜捷热达·帕夫洛芙娜(主位) ‖ 早已亡故(述位)。

语调在上升和下降的分界点往往就是主位和述位的实际切分线。

在书面上主位和述位之间一般没有标点符号来作为实际切分的标志,只是有时候用破折号来执行此项任务(主要指俄语)。例如:

Наша задача ‖ — учиться.

我们的任务 ‖ 是学习。

除了词序和语调两大基本手段外,句子的逻辑重音的位置和句子中间停顿的位置,也是确定述位的重要手段。在一般情况下,主位与述位的分界点要作停顿,而句子的逻辑重音则总是落在述位。在口语话语句的实际切分中,逻辑重音对确定述位更是起着举足轻重的作用。

不同的语言,往往又有自己的独特的表达主位和述位的辅助手段,例如,俄语中的语气词和代词,英语中的 there is…,it is …that 等结构,法语中的 C'est …qui(que),I y a …que 等结构。

句子实际切分所得的主位和述位同传统语法句法分析所得的主语部和谓语部是两回事,其结果在许多情况下都并不一致,当然也有偶然吻合之时。仍以前述传达"兄弟买书"的信息的俄文话语句的几个变体为例,此句按传统句子成分分析,可得如下一种结果:

主语部 谓语部

Мой / брат | купил / книгу.

定语 主语 谓语 补语

可是按实际切分,却可得出多种不同结果,除前引③至⑤句外,还可以有这样的变体:

Брат купил ‖ книгу.

T P

这里说话者想要强调的是:兄弟去买东西(已知),买来的不是别的什么,而是一本书(新知)。这个句子的主位里包括句子成分分析的主语和谓语两大主要成分,而述位里却只有补语,即整个述位,仅由一个次要成分组成。

以上只是通过最简单的典型例句来说明在一个单位中主位与述位的关系,而且是仅就简单陈述句的范围而言,但实际情况要复杂得多。在结构更为复杂的单句中,实际切分还有许多细则。至于在连贯的话语中,句子的实际切分法更是多样。各句之间的前后呼应,相互衔接,有一系列讲究。另外,实际切分还要受到语境中非语言因素的影响和制约①。

---

① 限于篇幅,关于实际切分理论在汉语研究中应用的实例以及本段所说的种种"细则",文中从略,请参见王福祥:《汉语话语语言学初探》,商务印书馆 1989 年版。

句子实际切分，反映了人们用语言进行交际——传递信息和理解信息的过程的客观实际，同时也反映了说话人在言语交际时的思想运动状况：从已知到未知，前面句子述位所报道的新信息，往往成为后面句子的出发点，即主位。由此可引出两条原理来：(1)主位是在上下文的联系中起着承前启后的连接作用的环节，好比是在句子与句子之间架起的桥梁；(2)在成篇成段的话语中，主位和述位是可以相互转化的，言语交际便是在如此的“一浪推一浪”的过程中向前运动，不断地从已知信息出发，不断地引出未知的新信息来对前者从各个角度加以说明、评论，也就是不断地以述位来对主位加以论述，使交际——信息传递的运动源源不断向前流动。

由此可见，句子实际切分的立足点是语言的交际功能，是信息传递，其着眼点是语言交际在当时当地的实际话语，以已知信息为先导和根据来传达新信息，把句子进行这样的切分，切分出各句子要报道的新信息。这种切分对于说话(或写话)人来说在此时此刻是至关重要的，这便是“实际切分”中“实际”(捷文 aktuálini，俄文 актуальное)一词的基本含义之所在。布拉格学派有时也把实际切分叫做“语境切分”(捷文 kontextové členeĕni，也有译为“上下文切分”的)，就是说，要把句子放在交际的平面上，放在它所出现的连贯的话语的上下文中去对它进行信递功能的分析。试比较：传统语法和结构语言学描写语法的句法分析都是把句子从语境或上下文中抽取出来，孤立地就句子本身的结构成分来进行分析，既不考虑其交际功能方面，更不顾及其“左邻右舍”，即它在上下文中的地位以及和前后句子的联系。这种分析法既是静态的，也是孤立的。而实际切分法则既是动态的，又是连贯的，用它来分析，就可分析出句子内部词语(主位)和词语(述位)之间，话语之中此句与彼句之间的内部联系，因此对进一步探索句子内部结构和话语内部结构的规律，开辟了一条先前语言学所未曾提供过的新途径，这对日后的话语语言学的建立起到了理论准备的作用。

4 布拉格学派的主要研究方向和领域

布拉格学派的主要研究方向和已做出显著成绩的领域有：(1)音系学；(2)句子实际切分理论；(3)功能语体研究和功能修辞学；(4)语言修养、文学语言和诗歌语言。现分别简介如下。

4.1 音系学

音系学是布拉格学派的带头学科,该派就是在这方面最早做出成绩并为功能语言学奠定了学术地位的根基的。功能语言学发展了博杜恩·德·库尔德内关于音位的学说,在语言学史上最先系统提出以辨义功能作为确定和区分音位的主导标准,并创立对立分析法和区别性特征理论,建立了音系学,使它从语音学中分出来成为一门独立的学科,并使二者在研究对象上有了明确的分工。在建立音系学的过程中,特鲁别茨科伊的《音系学原理》一书起过重大作用。这部著作实际上是功能语言学派最早提出的系统完整的音系学理论著作,同时也是《布拉格语言学会论纲》中许多观点和主张的具体实施和应用的典范,该书论述的虽然是音系学的问题,但其基本理论和方法对研究语言学中别的学科也都有不同程度的普遍意义。

布拉格学派音系学方面的主要理论观点——对立说和对立分析法以及区别性特征理论已在前面作过介绍,这里只补充该派对音位的一些基本看法和关于音位变体的理论。布拉格学派把能区别不同的词(或语素)的语音外貌的最小单位叫做音位,也就是说,音位必须具有辨义功能,能与别的音位构成这种或那种辨义性对立体,具有某种或某些区别性特征。反过来说,音位就是一组区别性特征的总和。正确确定一种语言中音位的数量和每一音位的特征以及音位与音位变体的关系,对该国家民族制定和改善自己的文字体系有着重大的意义。

这里顺便指出,第一次国际音系学会议就是 1930 年在布拉格举行的,音系学国际学会也在这个时期成立。这里布拉格学派起了核心和先锋双重作用。

4.2 句子实际切分理论

见本文前述“功能-意义分析法”一节,此处从略。

4.3 功能语体和功能修辞

布拉格学派的突出贡献之一是建立了修辞学的分支学科——功能修辞学,而这门学科又是以语言的功能语体的研究为基础的。关于功能语体的理论,也是功能语言学派最先提出来的。其基本观点如下:人们使用语言来进行交际时,都是根据一定的交际目的、交际任务和交际范围去选择一定的语言表达手段的。交际目的和任务不同、使用场合不同,那么所选择的语言表达手段以及这些手段之间的组合方式也往往不尽相同,这些差异便形成了不同的功能语体。通常把功能语体分成以下几种:日常口语体(在日常生活口头交际中使用的语体)、科学语体(在科技文献或讲授科学知识、理论时使用的语体)、政论语体(发表政治性讲话和演说、报刊评论时使用的语体)、文艺语体(文艺作品,其中包括诗歌使用的语体)、公文事务语体(各种应用文、公文中使用的语体)等。这些功能语体还都可进一步分类为若干子功能语体,各种功能语体都有自己的特点,自己的遣词造句的规律,自成体系,每一种语体实际上都是一个语言表达手段的系统。诗人写诗和学者著书立说,报纸编辑在报社写社论和在家里同妻儿谈家常,打电话和出布告,所用的语言在表达手段和遣词造句上会有许多差异。一种功能语体实际上就是语言的一种变体,语言的各种功能语体又组成了一个更大的功能语体系统。无论是前述各种功能语体中的任何一种(作为语言表达手段的系统),还是由诸功能语体组成的大系统,都是开放性的。这表现在各种功能语体之间界限并非绝对的,它们之间相互影响,在一定条件下还相互渗透,甚至转化,其间有许多共同的表达手段,即使同一种功能语体,在其自身的发展过程中,其界限也是可变动的。功能修辞学便是研究各种功能语体的特点、组构规律、它们之间的各种关系,并把各种功能语体置于一个大系统里加以考察。

4.4 文学语言、诗歌语言和语言修养

正如前面所述,布拉格学派研究的主要是标准语,而他们的兴趣更在于文学语言方面,另外,对诗歌语言更给予了特别的注意,认为它具有美学和美育功能。但诗歌语言有着自身特有的不同于一般标准的规范,语言学应对它进行专门的研究,"另立户口"。布拉格学派十分重视语言的规范化和提高国民的语言修养,并在这方面做了大量的理论和实践工作。所谓"语言修养"(捷文 kultura spisovného jazyka),其实质性的含义指,掌握口头的和书面的标准语的各种规范(包括发音规范、重音规范、拼写规范、标点规范、语法规范、用词规范等)和提高在各种不同的交际条件下根据不同的说话或写作的目的和内容选择相应的既准确又得体的语言表达手段的能力。语言修养的目的和任务是提高国民的文化素质。这同布拉格学派产生时所继承的捷克语言学的语文学传统有关,历来的语文学都是研究语言文字及其正确使用法之学。在某种意义上来说,布拉格学派是应语文学实践的需要而产生,同时又在语文学实践中得到发展的。马泰休斯等编写的《关于语言与诗歌的读物》是一部这方面雅俗共赏的

代表作。前述关于功能理论和功能修辞学的产生，就是布拉格学派重视标准语语言修养的合乎逻辑的发展结果。

5 对布拉格学派的评价

在对待传统语言学的继承与批判的关系上，与结构语言学别的激进的支派相比较，布拉格学派处理得最为谨慎稳妥，传统语言学中的许多合理内核都得到保留，并且在新的条件下与结构语言学的理论以及方法相结合，"各得其所"地较充分发挥各自的专长。再加上布拉格学派思想开放，善于吸取别派语言学的研究成果，而不断有所创新，不僵化，不抱残守缺，更从不为自己原有的那一套语言学理论模式所束缚，所以他们的观点在世界各国不同学派语言学家中得到不同程度和不同方面的肯定和接受。

索绪尔以来的结构语言学家针对传统语言学的语言和言语不分、语言因素和非语言因素不分、重历时而轻共时等不足，提出了一套针锋相对而又切中时弊的相反的语言学说，这套学说的提出有其积极的历史意义，它确实道出了以前语言学所疏忽之处的要害，成为指导世界语言学研究主流的理论达半个世纪之久。在这段历史时期，语言学家集中主要力量对各种语言本身的现状作了比较全面深入的研究，对语言的结构有了进一步的认识，但也有很大的矫枉过正的地方，从此以后几乎把言语的研究、把与语言关系至为密切的诸种非语言因素统统排斥在语言学大门之外。由于这一结果，在很长时间里，从总体上来看，世界语言学在言语研究、语言的社会性和功能性方面的研究没有多大长进，这同语言本身的研究的"孤军深入"的状态不相称。几乎经历了半个世纪的时光，人们才慢慢省悟过来：语言本身的研究如果得不到功能研究的配合，只研究语言而不顾及语言的实际使用的种种问题，那么这种研究必然会有极大的局限性，路子就会越来越窄，最后势必钻进牛角尖里去。有鉴于此，近二十年来，世界语言学研究大目标又逐步由语言转向言语，发生了"战略重点转移"。这是世界语言学发展的总潮流和总趋向，也是对索绪尔以来结构语言学的偏颇的一个有力矫正。但正当结构语言学极端派学说风靡一时之日，早在 20 世纪 20 年代，布拉格学派就提出了大体符合今天世界语言学发展总趋势的一整套主张，不能不承认他们在学术上的远见和全面性。

附注：

最后要稍加说明的是由布拉格学派所标榜的“功能”一词所引起的问题。这个词在欧美大部分国家的科学著作中是个属国际通用科学词汇的术语，来源于古拉丁文词根 functio ，例如在英语为 function，在俄语为 функция，等等。这个国际词汇在欧美许多国家语言学中本来有两个意思：一是本文第二部分所介绍的，另一个意义是“函数”或“函数关系”。布拉格学派取其前一意，而哥本哈根学派则取其后一意①。国外因为这两个意义出于同一词，所以便把两个以同一词相标榜的学派都归于一类，这虽不够科学严密，但还勉强说得通。但如果一旦译成汉语，如果还继续把只热心于发现语言成分之间的函数关系的语符学也叫功能学派（正如国内有部分人所做的那样），就令人难解了。实际上语符学是最轻视语言功能（本文所说的功能）研究的学派。

另外，还须特别指出的是，布拉格学派固然有功能语言学派的别名，已如前述，但在语言学界被称为功能派的，除此以外还包括一些无论是在理论目标还是研究方法上都与布拉格学派不尽相同的支派和学者，例如韩礼德（M. A. K. Haliday）、鲍林格（D. Bolinger）、汤普逊（S. A. Thompson）等人的语言学说。

---

① 俞约法：《语符学——丹麦结构语言学派简介》，《日语学习》1988 年第 3 期，第 45 - 54 页。

下　编

外语教学论研究

论当代语言教学论三大基本范畴*

20世纪70年代中期，前苏联外语教学界，首先是对外俄语教学界，根据此前十数年世界外语教学理论与实践的发展，及时从理论上调整了教学法观念，并在实践上采取了一系列措施落实这些新观念，进行了教学法的改革，从而使教学质量有了提高，在理论上和实践上同世界外语教学的发展取得了一致。这首先在对外俄语教学界开始，然后推广到前苏联整个外语教学界。几乎与此同时，对外俄语教学界又通过МАПРЯЛ和普希金俄语教学研究所（我国"约定俗成"译为普希金俄语学院，简称"普院"）等途径把这些新观念传播到我国俄语学界。我国俄语教学界根据自己的国情和需要，从中有分析地吸取了对我有用的成分，开阔了教学法改革的思路。

这里所说的外语教学法新观念，指的是70年代中期提出的"当代语言教学论三大基本范畴"。这三大基本范畴用前苏联外语学界和对外俄语教学界的术语来表示分别是：交际性，语言国情和考虑学生母语。最早正式提出"三大基本范畴"命题并对其内容作出说明的是著名语言教育家、苏联教育科学院院士、对外俄语学科的学术领导人和带头人、普希金俄语教学研究所所长科斯托马罗夫（В. Г. Костомаров）。他在一部供外国俄语教师用的对外俄语教学法教材《对外俄语教师教学法指南》①中阐述了前述教学方法新理念，并且声称："没有交际性和语言国情，就没有现代化的语言教学论可言。"②同时又声称，三大基本范畴是区别当代与非当代语言教学论的主要标志。可见这三大基本范畴在当代外语教学法理论体系中的重要地位。苏联外语界和对外俄语教学界环绕三大基本

---

* 该文系在本文集中第一次发表。

① В. Г. Костомаров, Методическое руководство для преподавателей русского языка иностранцам. М., 1978.

② В. Г. Костомаров, Методическое руководство для преподавателей русского языка иностранцам. М., 1978, стр. 8.

范畴，做了大量工作，也取得了成效。特别应提出的是对外俄语教学界对“语言国情”这个“基本范畴”的高度重视和在这一领域的大力开发，导致“语言国情学”这一新分支学科的建立。

研究前苏联在“三大基本范畴”的理论成果和历史经验，对我国外语教学法，特别是俄语学科的教学法的理论建设和学科建设有积极的借鉴意义。

笔者自70年代中期以来一直关注国内外“三大基本范畴”的理论和实践的进展，把这作为自己研究工作的一个重点方面，并写出研究心得多篇，现从中选出下面八篇。

“交际性”有两层意思：(1)作为外语教学法的一个新流派，即交际法/功能法；(2)作为某一种教学法流派中的一条重要教学法原则，例如苏联自觉实践法中的交际性原则。流派意义上的“交际性”，本文集前面《国外外语教学法主要流派评述》已有探讨。教学法原则意义上的“交际性”在前面《国外外语教学法主要流派评述》评介自觉实践法时，已作过一般性的论述。为此以下再选入一篇更深入更全面系统的评论——《交际性原则再探》作为补充。

“语言国情”是苏联对外俄语教学界标新立异的提法，实际上相当于为各国普遍认可的“语言与文化”、“文化背景”、“跨文化交际”。原先只是教学法的一个“基本范畴”，后来发展成一个分支学科——“语言国情学”，在整个发展过程中又出现了许多新问题，随着“语言国情教学”和“语言国情学”被引进我国俄语学界，也产生了一系列类似的问题。因此，笔者在经过详细的调查研究后，先后两次对“语言国情教学与语言国情学”的由来、发展、现状、出现过和尚待解决的问题作出比较全面的系统评论。同时也结合中国国情和我国俄语教学实际，针对存在的问题，提出一系列教学法建议和学科建设建议。现选出其中的四篇，收入这部文集。

“考虑母语”实质上是外语教学法历史上“母语观”的问题，历来受到各派的重视，早已成为语言教学论的基本范畴。不同的教学法家有不同的“母语观”以及根据自己的“母语观”而提出自认为是“最佳方案”的教学法对策。而母外两种语言的对比研究及其在教学中的应用问题，是这个“基本范畴”中的重要“子范畴”。对这个“基本范畴”笔者曾作过长期的多方面的研究，现选出其中三篇专题研讨性质的论文，收入本文集。

综上所述,系列论文《论当代语言教学论三大基本范畴》由以下篇目组成:

交 际 性

交际性原则再探

语言国情

语言国情初议(文化背景知识、文化背景学和外语教学)

语言国情再议(关于译名兼论语言与文化及其教学法问题、中俄词语文化及其对比研究)

语言国情学及其背景(从语言和文化的背景看苏联型的文化语言学)

有关文化因素教学和相应学科建设的几点思考

考虑母语(含母外语对比)

从依靠母语到考虑母语

重评直接法的母语观

对比语言学与外语教学中的对比(教学法流派对比观的比较研究)

交际性原则再探

交际性原则是苏联外语教学法——自觉实践法近十数年的头条基本原则。苏联外语教学近年来有比较明显的进步，同这一原则的大力贯彻不无关系。从“实践是检验真理的唯一标准”这一思想路线出发，我们可以断言，交际性原则比较准确地反映了外语教学的客观规律的重要方面。从理论上全面理解这一原则，领会其精华之所在，并在实践中结合实际灵活应用，对于改进我们的工作有积极意义。但苏联外语界和对外俄语教学界在推行这一原则的过程中，无论在理论宣传上，还是在实际工作中，都出现过一些偏颇。最近他们自己对此也有觉察和认识，并发表专论[①]，从理论上纠偏，与此同时重申这条原则的正确性和贯彻时应注意之点。这一教训对于我们也是可以作为“前车之鉴”的。此外，交际性原则又是一个发展中的教学法构想，它本身尚有一些未曾解决的问题，有待我们探讨。

在我国，关于交际性原则，在理论上，笔者曾在一部著作[②]和一篇专论[③]中对其基本内容和心理语言学论据分别作过简要的介绍；在实践上，有部分同志曾结合我国俄语教学实际加以应用，并取得了一定的成效[④]。最近笔者对苏联外语教学中的交际性原则作了进一步的系统调查研究，拟就这一问题从理论上作一较为全面的述评，愿在“洋为中用”方面尽点绵薄之力。

---

① А. А. Леонтьев, Принцип коммуникативности сегодня. ИЯВШ, 1986, №2.

② 俞约法:《自觉实践法》，章兼中主编:《国外外语教学法主要流派》，华东师范大学出版社 1983 年出版，第 164 - 167 页。

③ 俞约法:《苏联外语教学心理学概观》，《俄语教学与研究论丛》第 3 辑，1985 年版，第 282 - 284 页。

④ 例如丁树杞等:《交际性原则在基础俄语教学中的应用》，《1983 年中国俄语教学与研究论文集》。

1 交际性原则的由来和发展,历史和现状

交际性原则作为外语教学法头条原则在正式文件中提出,据笔者管见所及,最早见诸国际俄语教师联合会(МАПРЯЛ)第三次代表大会(1976)的《决议》:"为交际(口头和书面交流信息等)目的而积极使用语言既是当代外语教学过程的基本特点,同时又是它的指导性原则。交际性原则可以保证各种教学目的的俄语学习的实践熟巧的培养,提高学生学习俄语的兴趣。"①

在这次大会的前前后后,会上会下,发表了一系列专门讨论交际性原则或涉及这一原则的论文、报告,为推行这一原则广造舆论。其中理论性最强而又最有影响的,可推列昂季耶夫②和维亚秋特涅夫(М. Н. Вятютнев)③二人的文章。维文第一次在苏联对外俄语教学(以后简称 РКИ)界提出"交际能力"(ком. компетенция)和"交际单位"(ком. единицы)两个教学法术语,并推广到苏联整个外语教学界。这两个概念尽管在此以前在西欧已开始流行,但对当时的苏联却是新事物。

代表大会以后,苏联宣传交际性原则的运动进一步展开。几乎每一期《国外俄语教学》(РЯЗР)杂志上,几乎每一本 РКИ 论文集刊、论文集或教学法系统著作和这门学科的教材中,都直接或间接,专门或非专门地阐述、议论、介绍这一原则。最有权威的是由普希金俄语研究所所长、МАПРЯЛ 秘书长、苏联教育科学院通讯院士科斯托马罗夫和米特罗法诺娃(О. Д. Митрофанова)二人合著的《俄语教师教学法指南》④。作者认为交际性原则的实质在于"教学伊始便把所教语言用之于自然的(或最大程度上接近自然的)交际目的,尽其自然的交际功能(或尽量模拟自然的交际功能)",要以交际性原则为统帅,正确处理"知识同技能和熟巧的关系"、"交际性原则同自觉性原则的关系"。该书在阐述教学法原则时,又提出"以功能途径选择和安排语言材料"的原则和"以情境和题材为纲组

① Третий меж. конгресс русистов, М., 1976, стр. 225.

② А. А. Леонтьев, Теория речевой деятельности на современном этапе и ее значение для РКИ. РЯЗР, 1977, №3.

③ М. Н. Вятютнев, Ком. направленность ОРЯ в зарубежных школах. РЯЗР, 1977, №6.

④ В. Г. Костомаров и др., Методическое руководство для преподавателей РКИ. М., 1984.

织教学材料”的原则[①]，作为前述交际性原则的重要补充，并认为这是“交际性范畴的诸种表现中最为本质的表现”[②]。1979 年该作者又在为青年俄语教师所作的教学法讲座第一讲《教学法诸原则》[③]中重申了前述思想，其中突出强调了交际性问题，认为它是“当代教学法中最为根本的范畴”[④]。1977 年修订版由列昂季耶夫等人编著的《教学法教程（供国外俄语教师用）》第二讲《俄语教学法基本原理》中，也有类似的提法[⑤]。1980 年苏联部颁的正式法令性文件《对外俄语教学法教程教学大纲》[⑥]更明确规定，自觉实践法是法定的教学法，此法有九大原则，交际性和情境性便是其中的第二、三条。近年出版的四部 РКИ 的重要教学法系统专著都把“教学的交际倾向性原则”[⑦]或“教学必须具有交际倾向性原则”[⑧]、“交际性原则”[⑨]作为头条教学原则。МАПРЯЛ 三大决议正式提出交际性原则以后，РКИ 界带头积极响应。这个理论宣传运动在整个苏联外语教学界也发生了广泛而又深刻的影响。苏联外语教学法研究的主要阵地《中小学外语教学》（ИЯВШ）杂志常发表宣传交际性原则和同贯彻这一原则有关的文章，中学和大学公共课外语教学的几部重要教学法教科书也都把交际性原则列为头条教学法原则[⑩]。

交际性原则最早是作为自觉实践法的主导原则提出来的，它只是苏联外语教学法理论体系中诸项教学法原则中的一条原则，而不是作为一个独立的新流派的方法（метод）或途径（подход）。据笔者看来，采用“交际性原则”这样的提法，其目的似乎在于有利于区别当时已流行于西

---

① В. Г. Костомаров и др.，Методическое руководство для преподавателей РКИ. М.，1984，стр. 8，10 – 11，17 – 29.

② В. Г. Костомаров и др.，Методика как наука. РЯЗР，1979，№2，стр. 53.

③ В. Г. Костомаров и др.，Методика как наука. РЯЗР，1979，№2，стр. 53.

④ В. Г. Костомаров и др.，Методика как наука. РЯЗР，1979，№2，стр. 51.

⑤ А. А. Леонтьева и др.，Методика. М.，1982，стр. 12 – 18.

⑥ Программа курса “Методика преподавания РКИ”. М.，1980，стр. 11.

⑦ А. В. Фролкина и др.，Методика преподавания РКИ на начальном этапе обучения. М.，1983，стр. 8.

⑧ Б. М. Есаяжанян，Научные основы метод. подготовки преподавателей РКИ. М.，1984，стр. 46.

⑨ Пособие по методике препод. РКИ. М.，1984，стр. 10 – 11，14；А. Н. Щукин，Методика краткосрочного обучения РКИ. М.，1984，стр. 66 – 68.

⑩ М. В. Ляховицкий и др.，Методика обучения ин. языкам. М.，1982，стр. 63 – 64；Л. С. Андреевская-Левенстерн：Методика препод. франц. языка. М.，1983，стр. 55 – 56；М. В. Ляховицкий：Методика ин. языков в неязыковых вузах. М.，1981，стр. 34 – 35.

欧的功能法和交际途径。把交际性纳入自己的教学法理论体系,而不是把它作为一种独立于自觉实践法的新流派,这是苏联外语教学界从一开始直到目前为止的统一宣传口径,为大多数教学法家和外语教师所接受,为几乎所有的正式的部定教学法教材所采用。

2 交际性原则的基本内容及其心理语言学根据

对交际性原则,苏联各家说法不一,强调的方面也各异,本文限于篇幅不一一述评,只是根据笔者个人的整理和理解,把它分为狭义的和广义的两大类,并把狭义的交际性原则的基本内容归纳为以下五点。

2.1 以"掌握语言作为交际工具"为主要教学目的,以言语交际活动为达到这一目的的基本手段,还有些人主张以学习接近自然交际的话语材料为主要教学内容,交际作为一条红线贯穿在整个教学过程始终,把目的和手段以及内容高度统一起来。首先指出,这一点十分重要,因为在此以前苏联外语教学界虽也承认实际掌握外语,即作为交际工具来使用应当是外语教学的主要目的,然而在采用达到这一目的的手段上,存在着不同程度脱离交际的倾向,例如为练而练,为语言形式而操练语言形式等。自从提出交际性原则以后,外语教学的目的和手段比较有机地统一起来了。(这里所说的"手段"又有两层意思,将在本节第 2.2 和 2.3 中分别介绍。)交际本领必须在交际中才能得到最有效的培养,作为交际工具的语言,只有在实际的言语交际过程,或为教学目的而设计的人为的言语交际过程中,才能为人们最有效地掌握。这一思想,同外语教学法历史上"改革运动"时期以来的"通过游泳学会游泳"的口号的基本精神是一脉相承的。从这一认识出发,在"教什么"和"怎样教"两个外语教学法基本问题上便引出了有别于传统的新教学方略(стратегия),即以下两点。

2.2 在教学内容和教学材料的选择和安排上,从交际的需要出发,以言语交际活动的基本单位(简称交际单位)——言语动作项目(речевое дейстие)为纲,同时也兼顾情境、题材,因此不妨简称为"以功能—情境—题材为纲"。(试比较苏联以前的一贯做法,"以语法项目为纲",即"以语言形式为纲"等。)但要完成每一"言语动作项目",都需要有相应的语言表达手段,因此"以言语动作项目为纲"必须同时授予学生系统的语言表达手段和表述方法。这一点列昂季耶夫曾作过精辟的论述。他为此提出两个系统:(1)学生所面临的交际课题的系统;(2)作为解决这些交际课题的手段的语言材料的系统。前者是纲，后者是目，既要举纲，又要张目，二者配合，才能奏效[①]。总之，交际性原则在处理教学内容方面是从语言的功能出发，从功能到结构，从意义到形式。有人以为交际性原则反对学习语言的形式方面，实际上这是误解，它也十分重视语法的教学，不过不像传统的做法，离开交际按语法学的“线性”顺序来系统地教授语法项目，而是在教言语动作项目的过程中教会学生使用相应的语言表达手段。全部常用的言语动作项目学习完了，学生也学会了为完成这些项目所需的系统的语言表达手段和相应的实用性规则，也就是说，既使学生获得交际能力，又得到有关语言系统方面的实际基本知识。这种教学法构想已落实到实践课教材的编写工作中，这方面最有代表性的当首推维亚秋特涅夫等三人编写的《俄语课本》[②]和阿鲁秋诺夫（А. Т. Арутюнов）等三人合编的«Игровые задания（1—20）»[③]。拉姆西娜（А. Т. Рамсина）等二人合编的《交际练习》[④]则是功能训练和形式训练相结合的一次重大尝试，不过该书仍以形式为纲。

2.3 在课堂教学和课下作业中要尽量做到交际化，把整个教学过程设计得尽可能接近真实的交际过程，使教学活动符合自然的交际活动。理想的交际化应把教学过程设计得不用外语作为手段来进行交际便不足以解决预定的交际课题。这里还应顺便指出，近年来还有部分教学法家由于热衷于前述“真实性”和“自然性”，在教学内容和言语材料的选择上也开始追求这二性，但从整个苏联外语教学法的指导思想来看，并不提倡此端。

2.4 语言形式方面的训练要在富有交际性的言语活动过程中实现。在言语交际过程中有计划地培养使用各种语言表达手段的能力，言语熟巧也尽量不要脱离交际孤立地来培养，避免单纯的“为练而练”。

2.5 在整个教学过程中最大限度地调动学生使用外语进行交际的积极性，教师要想出种种办法，为学生尽可能多地提供用外语进行交际的机会，为他们创造种种人工的外语交际条件和环境，使学生通过交际学习交际。这种以学生为主体的做法，使得一些教学法家提出“积极主动的交

---

① А. А. Леонтьев, Принцип коммуникативности сегодня. ИЯВШ, 1986, №2, стр. 28.

② М. Н. Вятютнев и др., Учебник РЯ, Горизонт-1. М., 1979.

③ А. Т. Арутюнов и др., Игровые задание（1—20）. М., 1985.

④ Т. А. Рамсина и др., Коммникативные упражнения. М., 1982.

际性原则”一类的口号[①]。

从以上的介绍和对比中，我们不难看出，狭义的交际性原则确是苏联教学法中有启迪性的崭新的思想，它丰富了自觉实践法的内容，把后者提高到了一个新的教学法理论水平上。

总之，根据笔者个人理解，狭义交际性原则的精义似可作如下的表述：在模拟言语交际的条件下和情境中来学习外语，在把外语作为交际手段来使用的过程中学会作为交际工具的外语；模拟真实的交际情境，在每一个这样的情境中解决一定的交际课题，通过这样的教学和训练，使学生逐步实际掌握各种语言手段，并用它们来完成不同的交际课题，即培养学生的言语交际能力。

至于广义的交际性原则，则各家之说更不一样，不妨认为“界限未定”，因为人们往往可以根据各种不同的需要随心所欲地作出解释，因此对我们的意义不大。为了使读者对问题有比较全面的理解，这里选择两位权威人士的言论，以见一斑。列昂季耶夫对广义的交际性原则的最新解释是：“对交际性教学不能只作简单化的理解。从心理学角度来看，交际性与其说是指教学过程必须交际化，倒不如说是对学生的活动的自然性的更为普遍更为一般的要求，这里指的是在活动形成的各个阶段的共同要求。然而对于学生来说，任何一个有动机的活动都是自然的，绝不止于直接具有交际性的活动。”[②]既然如此，那么单独专门提出交际性原则对于实践来说又有什么必要？另一位权威——苏联教育科学院院士米罗柳博夫说得更玄：“应把交际当做交际认识活动来看待”，也就是说，交际性原则也包括对语言这个交际工具本身的语言学理论知识的学习，因为“交际认识活动的最重要的副任务是认知语言手段和把外语作为语言系统来加以学习”[③]。这样看来，交际性原则竟成为一个包罗万象的“空范畴”。应当指出，米氏的这种对交际性原则的新解释，是为了顺应当时苏联当局提出的教改任务的新需要，此次教改的重要要求之一便是培养学生自我检查（самоконтроль）和独立工作的能力[④]。另外，米氏的这种论

---

① 科斯托马罗夫等：《积极主动的交际性原则》，载论文集《俄文教学的基本问题与现状》，莫斯科，1982 年版。

② А. А. Леонтьев, Принцип коммуникативности сегодня. ИЯВШ, 1986, №2, стр. 29.

③ 见米罗柳博夫：《论中学外语教学改革》，ИЯВШ, 1986, №2.

④ 见米罗柳博夫：《论中学外语教学改革》，ИЯВШ, 1986, №2.

调如果成为一种指导思想，很可能导致语法翻译法的复活，从而否定了自觉实践法的交际言语实践倾向性的基本精神。

从广义的交际性原则出发，外语教学中的交际可分为两大类：一类是真实的或设计得接近真实的交际，另一类是“教学交际”。后者不强调交际的真实性和自然性，其中包括“为练而练”的不自然的问答练习、句型操练、情境反应等，因为这也是师生之间用外语所进行的旨在掌握某一语言形式、语法题目或某一“行动项目”的课堂教学活动，同广义的“交际”多少贴边，所以也可被认为是贯彻交际性原则的一个内容。例如，以交际性原则相标榜的苏联新编中学英、德、法语课本第一册（供四年级用，1980）的课文和练习中的许多问答句子，都是“不自然的句子”。

关于交际性原则的心理语言学根据，本文因限于篇幅而从略，请读者参见另一篇拙作①。这里只想强调一点，据自觉实践法当今的权威著作宣称：“心理学规律表明：如果掌握语言的过程最大限度地接近真实的交际条件，那么熟巧的形成和自动化就会更快、更容易。”②这句引语无非是从心理学角度证明交际性原则对提高学习外语功效的促进作用，但熟识苏联外语教学理论的人们都一定会记得，这个引语的前半句以往的自觉实践派都是这样断言的：“培养熟巧的心理规律表明，如果一个人意识到并理解到为什么他要做这个或那个动作以及怎样去做的话，那么熟巧的形成也就更快、更容易，一旦形成，保留得也更持久。”③这里所强调的却又是自觉性原则，特别是学习语言理论知识对提高实际掌握外语的功效的促进作用了。心理学提法上的这种变化，反映了当今的苏联教学法家已进一步意识到，对于实际掌握外语来说，交际性比起自觉性来更显得重要一些，尽管二者不可偏废。

---

① 俞约法：《苏联外语教学心理学概观》，《俄语教学与研究论丛》第3辑，1985年版，第282－285页。

② В. Г. Костомаров и др.，Методическое руководство для преподавателей РКИ. М.，1984，стр. 18.

③ 俞约法：《苏联外语教学心理学概观》，《俄语教学与分研究论丛》第3辑，1985年版，第270页。

3 交际性原则在苏联外语教学法理论体系中的地位及其同其他原则之间的关系

正如前面所述，交际性原则只是苏联外语教学法理论体系中的一条教学法原则，它远远不能全面反映苏联外语教学法理论的整个内容。它在这个体系中虽然重要，但却要接受更高一级的普通教学论原则，如思想性和教育性、科学性和系统性、量力性和可接受性、直观性、巩固性；从已知到未知、从具体到抽象、由近及远、由易到难、由简到繁等原则的指导和同一层次的原则的制约。后者有精讲多练、言语实践倾向性、考虑母语特点、考虑所学外语国家文化背景、综合教学与分方面教学相结合并以前者为主等原则①。不能离开上述的种种制约关系去孤立地、无限地夸大交际性原则的作用，更不能片面地只强调交际性原则自身的某一个方面的内容，如课堂教学交际化、教学内容自然化、所学材料真实化等，以偏概全。

外语课除实用目的外，还有教育目的和教养目的。对于后二者，苏联历来的教育理论都绝不允许人们有任何忽视，此外还要求正确处理三大目的之间的关系②。交际性原则主要为达到实用目的服务，因此只是单方面地强调这个原则势必会影响外语课教育、教养目的的全面实现。苏联近年各级学校教改中又提出了培养学生独立工作能力和毕业后自学能力的任务，这就更需要学生学习有关语言系统方面的系统理论知识，这也不是单独一个交际性原则所能胜任得了的。

总之，应当把交际性原则放在整个教学法理论系统的总体中来把握，否则在理解和贯彻时势必会出偏差。这里最主要的问题是处理好交际性原则同自觉性原则在整个教学中的关系。

4 妥善处理交际性和自觉性的关系

众所周知，自觉性原则是苏联外语教学法的根本特征。半个世纪以来，苏联外语教学法思潮几经更迭，教学本身几经改革，从自觉对比法到

---

① 俞约法：《自觉实践法》，章兼中主编：《国外外语教学法主要流派》，华东师范大学出版社，1983 年出版，第 167 – 173 页。

② 参见俞约法：《苏联中小学外语教学目的今昔观》，《中小学英语教学与研究》1986 年第 2 期。

自觉实践法，变化不可谓不大，但无论发生哪些变化，自觉性原则这面旗帜始终被高举着。尽管不同时期对"自觉性"这个概念的含义有不同的解释，但这些解释并不自相矛盾，也不彼此排斥，而是相互补充，更确切地说，只是每个时期对同一"自觉性"的不同侧面有所强调罢了。交际性原则在自觉实践法的体系中处于与自觉性原则相互制约的关系之中。前者主要为完成外语教学中的实用目的服务，而后者则主要为实现教育、教养目的服务，同时在很大程度上也为更有效地完成实用目的服务，在这方面作为交际性原则的补充。苏联外语教学界一直认为，在一般的学校条件下，最合理、最科学的学习外语的途径是"从自觉掌握到直觉掌握"。

苏联外语教学法文献中，自觉性原则包括以下几层意思：(1)人们在进行言语活动时，其意识对话语的控制主要集中在它的形式方面，而不是内容方面；(2) 学习外语的语言理论知识，了解语言系统本身，学习语言规则和交际规则；(3)在语言理论指导下实践，在理解的基础上模仿；(4)外语教学建立在"母语与外语两种语言的对比"的基础之上。

在外语教学实际工作中贯彻交际性原则，就必须要考虑到自觉性原则，并使两者有机结合，各显所长，相得益彰，更有效地为全面完成外语教学的总目的服务。一般来说，为了实现外语教学的实用目的，首先必须全面贯彻交际性原则，要使教学过程尽可能做到交际化，要尽量多做外语言语交际的各种实际训练，并把这作为主要的办法和起决定性作用的环节，这当然是对的，是抓住了要领，但仅止于此却并不等于以最佳的方案解决了全部的问题。如果在这个基础上能再学习一些语言理论知识，学习语法的规则系统和交际的规则系统，则会使这种实际训练的效果大为提高。自觉性原则对完成实用目的的这种积极的辅助作用是不能忽视的。

苏联外语教学界大部分理论家都一直认为，学习外语如果经过自觉阶段而达到直觉掌握，所学到的语言在素质上要大大高于"从直觉到直觉"所学到的语言，因为学生受过一定的"语文学训练"和具有一定的"语文学修养"，即对语言系统本身有一定的理性认识，了解相应的语言规则和交际规则，他在进行言语交际活动时"自我监控"的本领也高，他在学校结业后进一步自修提高以及再学习一种外语的能力也强，因为他们既知其然，也知其所以然，即使到了直觉掌握阶段，对自己说话和写作中所出现的错误，能及时作出判断并找到或选择适当的语言手段予以改正，或一经人提示便会马上省悟过来；对他人所说所写的东西中有语病或不通之处，也能敏锐地发现，并能指出其为什么不妥或错误之所在。而“直觉→直觉”的途径，则只能囫囵吞枣，错了也不知道错在什么地方以及如何改正，对他人话语之语言形式复杂者常凭猜测，而不会通过分析形式而达到正确理解内容。因此自觉实践法一贯提倡在保证言语实践倾向性的前提下讲授少而精的语言理论知识，既以言语活动为教学之根本，又适当兼顾语言系统方面的学习；既重实际的言语交际训练，也适当讲点交际规则，使交际性原则和自觉性原则灵活交替使用，在外语教学中发挥各自的专长，使学生掌握的语言更为全面。

最近列昂季耶夫又从心理语言学的角度论证了前述观点的正确性，其理论要点可归纳整理如下：(1)交际性原则旨在培养外语交际言语技能；(2)这种技能的基础是外语的言语熟巧系统；(3)言语熟巧系统又是社会的语言系统在个体心理中的存在形式，掌握语言系统，在很大程度上就是形成这种言语熟巧系统；(4)培养某一项言语熟巧，也就是形成一种自动化的定向动作，言语熟巧系统也就是自动化的定向动作的系统；(5)语言系统如果从心理学的角度来看，也可说是言语活动的“定向物系统”（система ориентиров）；(6)言语熟巧的培养以通过自觉地操作最为有效；(7)自觉性原则主要有助于言语熟巧系统/定向物系统/自动化定向动作系统的形成①。

苏联近年来在宣传和贯彻交际性原则时所出现的偏差，主要原因就是由于离开自觉实践法的整个体系，在体系之外孤立片面强调这一原则的重要性，特别是没有处理好它和自觉性原则之间的关系，而且几乎无视了后者的存在。

针对这一偏颇，列氏在同一篇指导性文章中一再肯定自觉实践法理论奠基人别利亚耶夫的基本观点②，对这一观点列氏引用了别氏早在1959年就提出来的下列论断来作概括的表述：“学生在语言理论指导下进行外语言语训练，在这样一种自觉实践地掌握外语的条件下，学习外语的过程具有自觉的性质，而学习外语的结果却是直接直觉的。”③列氏认为这一点“仍然还是我国外语教学法的不可动摇的心理学根基。交际性

① А. А. Леонтьев, Принцип коммуникативности сегодня. ИЯВШ, 1986, №2.
② А. А. Леонтьев, Принцип коммуникативности сегодня. ИЯВШ, 1986, №2, стр. 31.
③ А. А. Леонтьев, Принцип коммуникативности сегодня. ИЯВШ, 1986, №2, стр. 31.

原则的出现，丝毫也没有改变这个根本原则”①。

5 妥善处理功能和结构的关系

另外，与此紧密有关的便是处理语言形式方面的训练和功能方面的训练之间的关系。应当承认，前者是根本的、第一性的，应当有系统有计划地进行，绝不能有任何轻视。但这种工作又要尽量避免孤立地和纯机械地进行，而要尽可能交际化，结合外语交际活动，尽可能多地采取接近真实和自然的交际形式，但却又不能为了后者而使前者的训练受到任何损失。语言形式方面的训练要尽量结合交际，这是一个努力方向。能结合的尽量结合，结合不上的也决不能勉强，更不能因此而放弃不管。掌握语言的形式方面对于学习类似俄语那样的富有形态变化的综合性语言更为重要，离开变格和变位、一致关系和支配关系的熟巧训练，要把这种语言作为交际工具简直寸步难行。对于以分析性语言为母语的人来说，学习这样的综合性语言情况更是如此。因此，不能离开语言形式方面的训练这个根本来奢谈“交际化”。

苏联中学外语教学界一开始就预见到教学中语言的功能方面必须以形式方面为基础，因此提出“结构途径”作为功能途径的主要补充和制约。把结构途径作为一项教学法原则明确提出，并把它规定为编写和使用中学教材的指导思想之一，这一点可以见诸苏联半官方文件，《中小学外语教学》杂志 1980 年第 3 期上编辑部专门组织的《英、德、法、西四种外语课本第一册的使用说明》②。这四个《说明》都是课本编者根据新大纲的精神，为贯彻外语教学改革的新方针而写成的。四个语种课本编者的表面提法虽不尽相同，但其精神实质却是一致的，即都认为：(1) 外语教学要功能和结构兼顾，不可偏废；(2) 结构是功能的基础。例如，英语课本的编写者在提出功能性(即交际性)作为头条的“主导原则”之后，马上又提出“结构途径掌握外语语法结构的原则”。这个原则的全部精义在于，“把英语语句的千姿百态的语法现象归结为为数有限的语法结构(典型句)”，并“利用这些语法结构来掌握英语的整个语法系统并培养理解和生成话语的机制”，即通过大量的句型操练来培养学生替换、类推、

---

① А. А. Леонтьев, Принцип коммуникативности сегодня. ИЯВШ, 1986, №2, стр. 31.

② А. П. Старков и др., Учебно-методический комплекс по англ./нем./фран. /испан./ языку для IV класса. ИЯВШ, 1980, №3.

创造和理解新句的能力，最终使学生实际掌握外语语法的基本部分。而德语课本的编者则把“结构-功能途径和模式化方法”作为“选择、组织和安排语言材料和言语材料的纲”以及“培养学生言语熟巧和技能的全部工作的基础”。请注意，这里编者不但把结构与功能并列，而且将前者置于后者之先。至于法语课本的编者，则更明确把“结构途径作为组织语言材料的主导原则”，即以句型为纲来编写教材。当然，该书也是把功能性原则作为头条原则之后才提出结构途径原则的。最后，西班牙语课本编者也有类似的提法。

苏联教学法家特别强调，在中小学条件下，要充分贯彻前述狭义交际性原则的全部内容是“困难重重”的，不能不有极大局限性。因此前述四个语种课本的编者在解释功能性原则时，都只侧重于“交际倾向性”，而“交际倾向性”又侧重于教学目的，“最终能创造出条件来使学生获得他族人民的精神财富”，而教学过程的交际化则只是“尽力而为之”的事，能做到多少就做多少；以交际/功能项目为纲的理想，由于有“结构途径”的制约，不能实现多少，只是作为后者的补充而已，看来是“雷声大，雨点小”。以上仅就中小学外语教学界而言，以下再回到总的情况的考察。

近年来提倡或赞成交际性原则的苏联外语教学法家中，大多数都始终主张，要把交际能力的培养同语言形式的训练、语言功能方面的教学同结构方面的教学有机地结合起来，并使其相互渗透。但这只是一种理想，要达到这个境界，做到结合自然、水乳交融的程度不是一蹴而就的事。苏联外语教学界近年来作出极大努力来进行这种探索，虽已取得一批成果，可说初战告捷，这主要表现在新教材的编写工作上，但离上述境界仍有差距。从总的情况来看，现在苏联以语法/结构/句型为纲编写的外语教材数量上仍占优势，但编者都已较多地考虑到交际性原则，无论是课文还是练习，都尽量采取有不同程度交际意义或模拟真实言语交际的对话或别的形式，而克服了以往常见的致命弱点，即课文和练习由孤立的、意义上无联系的、只是为训练某一语法题目或句型而编写的单句简单拼凑而成，这种进步在对外俄语教学中表现得尤为明显。至于以功能项目为纲的开拓性教材目前还只是少数，在结合语言结构训练方面只能说迈出了第一步，但这样的结合法是否能保证学生既养成一定的外语交际能力，同时又获得各种必备的外语言语熟巧和技能，则尚有待于实践的检验。

6 交际性原则的五条“子原则”

为了具体落实交际性原则，苏联外语教学界还提出一系列教学法原则来作为保证，其主要者有情境性原则、扮演角色原则、以口语为基础原则、结构性原则、在句法基础上学习词汇和形态(即词形变化规则)原则、考虑文化背景知识原则等。不妨说，这些原则在某种意义上是从属于交际性原则的，甚至还可说前者是后者的“子原则”或“分原则”，在诸教学原则中处于比交际性原则低一级的层次。现对这些从属原则分别作一简略的考察，并阐明其与主导原则之间的关系。

6.1 情境性原则

交际总是在一定的情境中进行的。言语交际离不开交际情境，具体的情境引起具体的交际需要和言语活动的动机，规定交际的内容和题目，要求使用具体的语言手段和言语材料。“自然的言语产生于具体的环境，即交际情境之中。”[①]所谓“模拟自然的真实的言语交际”，首先便是创造、提供或设计各种典型的情境，使学生置身其中，来进行言语交际的训练。

6.2 扮演角色原则

言语交际是一种社会化的行为，参加交际活动者总是处于一定的社会关系的制约之中，在每一次具体的交际中总是以一定的具体社会身份出现或作为不同的具体角色(роль)来参加的。不同的角色身份，就要选用不同的得体的恰如其分的语体和语言手段来进行交际。因此要使课堂教学交际化，要模拟真实的交际，除创造典型情境外，还必须使学生以一定的社会身份出现其中，担任一定的交际角色，并受到与教学目的即与未来职业有关的各种基本角色的训练，才能使他们结业后走进社会生活的大门，在真正的交际中使用语言恰当得体，符合自己的身份。只是使用语音、语法、词汇正确，还是不够的。

6.3 以口语为基础原则

在日常言语交际活动中，最基本的大量存在的交际形式是口头交际，而口头交际这样一种形式在教学中也最便于组织，最能收到立竿见影之效。因此，仅从更好地贯彻交际性原则的角度来看，口语教学也应当做为

---

① В. Г. Костомаров и др., Методическое руководство для преподавателей РКИ. М., 1984, стр. 22.

整个教学的基础,当然更应作为书面交际形式——读和写两种言语活动的教学的基础。

6.4 结构性原则

言语交际的物质基础是语言料材,而语言材料的核心和骨架则是语言结构,而语言结构在世界通用语种的相当一部分语言中则集中体现为为数有限的句型。要培养言语交际能力,同时必须学会语言结构,即掌握一定数量的句型和足量的典型句子,并达到自动化的程度。

6.5 在句法的基础上学习词汇和形态原则

言语交际的最低功能单位是句子。人们在交际中对语言的使用从来都是综合地使用,同时涉及语言三要素和不同层次,而不只是孤立地使用三要素中的某一单独要素或诸层次中的一个单独层次,而这综合的使用又集中体现在一个个的句子之中。"词以及词的某个语法形式(形态)只有在其被组织到句子之中并通过句子才获得活力,并发挥作用。"①学习句子,也就是在交际中通过最小功能单位来学习语言三要素的实际使用法。学习有典型性的句子,"比较容易培养在典型条件下运用语言的技能和熟巧。把句子作为教学的单位来使用,就有可能同时学习句法、词汇和形态各个方面的新材料。在句法基础上学习各种语言现象,就有可能循序渐进地引入和巩固所需的语法形式,而这些语法形式又取决于句法结构的选择并与所采用的词汇相一致"②。

总之,在贯彻交际性原则时,不能不同时全面考虑这五个为进一步落实它的子原则。

综上所述,在贯彻交际性原则时,特别是在设计交际化课文或练习时,应同时考虑到与交际有关系的种种重要因素:动机和目的、内容和话题、时间和地点、情境和条件,参加者的社会身份和交际双方在语境中所处的社会地位、所选用的语言手段和语体等。

---

① В. Г. Костомаров и др., Методическое руководство для преподавателей РКИ. М., 1984, стр. 29.

② В. Г. Костомаров и др., Методическое руководство для преподавателей РКИ. М., 1984, стр. 30.

7 当前主要偏向及其产生原因之我见

在贯彻交际性原则过程中产生了一些严重的偏向,最主要的是一味追求教学过程的交际“自然性”,片面强调教学材料的交际“真实性”,并把这二性作为评定外语教学方法优劣的最高标准。这一偏向所造成的后果已为苏联外语教学的指导部门所觉察,正在大力纠正之中 ①。

究其原因,主要有两个方面。一是在教师方面对交际性原则理解简单化,没有吃透其精神实质,只是望文生义,从字面上去把握,以致出现偏差。对此列昂季耶夫曾批评一些教学法家和教师“把交际性原则作了庸俗化的解释”,指责他们“把交际简单归结为言语熟巧和技能的纯实用主义式的使用”,“把交际性归结为纯实用性”,并对它“作了过头的评价”②。应该说,这个批评一针见血。

另一方面,但在笔者看来,指导部门在理论阐述上的混乱,也是产生这一偏向的重要原因之一。对此他们却缺乏自我批评,也许是他们自己也没有意识到这一点。实际上,在他们的一些权威性论著中常把“交际性原则”同“交际途径(ком. подход)”两个术语不加区分地随意使用,列氏本人即是这方面的代表,远的且不去一一列举,即以最近为纠偏而作的论著 ③为例,情况依然。苏联教学法文献中对 подход 这一新术语的解释尽管各家不一,但有一点却是公认的,即把它看做是一种教学法理论体系中总的指导性思想,也就是“外语教学的战略”④。有许多人甚至把它看做 метод 的同义词,指外语教学法中的某种流派,被译为“××法”(例如“交际法”、“功能法”等),这同英语教学法文献中的 approach 这一术语的遭遇相同。这样,就把作为自觉实践法理论体系中的交际性原则同作为一种教学法理论体系或系统主张的流派(交际法)混为一谈。这种理论上的混乱导致外语教学思想上的混乱,这便是造成苏联外语界片面追求自然性、真实性的偏差的主观指导思想方面的原因之一。类似的情况在另一权威人士的代表作里也有程度不同的反映:“以功能途径为选择和安排语言材料的方法”(функ. подход к отбору и подаче яз. материала)

① А. А. Леонтьев, Принцип коммуникативности сегодня. ИЯВШ, 1986, №2.

② А. А. Леонтьев, Принцип коммуникативности сегодня. ИЯВШ, 1986, №2, стр. 30－32.

③ А. А. Леонтьев, Принцип коммуникативности сегодня. ИЯВШ, 1986, №2.

④ М. В. Ляховицкий, Методика ин. языков в неязыковых вузах. М., 1981, стр. 18.

作为一项教学法原则来提①，这里“原则”和“途径”（一种流派及其方法）又“合二为一”了。

由此可见，苏联外语教学界出现的问题不能完全归咎于犯了偏向毛病的教师以及某些宣传家没有全面理解权威的“意图”，这些权威自己在理论上以及反映在术语使用上的混乱也有一定的责任。

8 提出交际性原则的社会和学术背景

20 世纪 70 年代苏联提出交际性原则不是偶然的，这里既有社会的需要，也具备了满足这种需要使之从必要成为可能的学术上的条件。

第一，时至 70 年代，在苏联学习的外国留学生人数日益增长，对外俄语教学有了迅速发展，许多国家都有越来越多的人学习俄语，要求把俄语作为一种有效的交际工具和交流信息的手段来学习。在苏联各级学校的外语教学也越来越突出教学的实用目的。如何进一步提高教学质量，使学生更有效地掌握该种外语以满足交际的需要，已成为一个迫切的问题。交际性原则便是在这个社会需要推动下提出来的。

第二，这个时期苏联的心理语言学——言语活动论也已建立，这套理论在外语教学中的实际应用便是交际性原则产生的语言学和心理学根源。

第三，苏联社会语言学研究、功能修辞学在语体方面的研究、语言学对语言的功能方面的研究都向纵深发展，到 70 年代已有了颇为可观的具体研究成果，这就为贯彻交际性原则提供了现实的语言学物质基础。

以上各点都是苏联外语教学界所承认的，但有一个问题苏联人自己却很少甚至不去论及，这便是交际性原则同欧洲交际法/功能法/意念法之间的借鉴与吸取的关系，笔者拟在这里对此作一简要的比较。交际性原则正式提出以前，交际法已在西欧崛起，其势方兴未艾，引起国际外语界的极大关注，苏联谅必不能不知，不能不择其适者为己所用。如果我们将交际法的基本主张②同交际性原则的本文前述内容加以比较，便不难

---

① В. Г. Костомаров и др.，Методическое руководство для преподавателей РКИ. М.，1984，стр. 17－21.

② 章兼中：《功能法》，章兼中主编：《国外主要外语教学法流派》，华东师范大学出版社 1983 年版，第 206－237 页；另外胡文仲、李莜菊、朱治中、贾玉新等同志都曾分别作过比较系统的介绍和述评。

发现这一原则已把交际法的合理内核都基本上吸取了。如果我们把前引维亚秋特涅夫文①中所提出的“交际能力”和“交际单位”这两个术语同西欧功能法派文献中的“交际能力”、“功能-意念项目”之类术语加以比较，便不难发现，实际上苏联是引进了西欧的交际法思想。

正因为交际性原则来自西欧交际法，所以西欧交际法所发生的问题和所经历的危机以及所面临的挑战，也是苏联交际性原则今天所遇到的问题。西欧交际法是为矫正先前盛行的那些教学法流派（主要是听说法）只注重语言的形式方面的训练而忽视功能方面，没有考虑到交际能力的培养等弊端而提出来的新方法，所以在矫枉的过程中不免有过正的现象，反而产生了以前所没有的新弊端，即忽视语言形式方面的系统训练，忽视言语熟巧的培养等新毛病。这些问题，随着交际法中急进派的理论上的偏激宣传以及广大外语教师教学实践的反复验证而显得越来越严重，以至它在盛行十数年后受到人们越来越多的抵制。欧美各国已先后有人对它从理论上提出怀疑甚至比较尖锐的有分量的批评，这里限于篇幅不一一列举，只想建议读者去参考一篇这方面有代表性的论文②。

苏联在开始引进时，只是把交际法中的合理内核吸收过来，作为一条教学法原则纳入自己原先已成型的教学法理论体系——自觉实践法之中，使其与其他原则各有分工，相互配合，所以产生了积极的效果，提高了外语教学的质量。但后来由于被胜利冲昏头脑，对这一原则的作用作了过高的估计和过头的宣传，甚至把它说成是一种流派意义上的“途径”，即把它当做大体上相当于西欧交际法的东西来对待，这样就使得交际法中潜在的片面性恶性发展起来，于是便出现了当今正在大力纠正的片面追求交际的“真实性”和“自然性”而忽视自觉性原则的偏向。

9 小结

从总的方面来看，交际性原则作为苏联外语教学法理论体系中的一条教学原则是应当充分肯定的。这一点苏联外语教学界仍然坚持着，毫不因在贯彻和宣传过程中发生一些偏差而从根本上否定该原则本身，而

① М. Н. Вятютнев, Коммникативная направленность ОРЯ в зарубежных школах. РЯЗР, 1977, №6.

② Mickael Swan:《批判地考虑交际途径》，译文在《国外外语教学》1985 年第 4 期和 1986 年第 1 期连载。

是在纠偏的同时对它作了比较全面的解释，把它放在整个教学体系中应有的位置上，使它与别的教学原则有所分工，各得其所，但它的主导地位，却是苏联人一直坚持的。

本文只是从理论角度对交际性原则这个教学法构想作了比较系统的述评。这个教学法构想还有它的实践方面，即落实这一构想的第一步，也是具有决定性意义的一步，便是编写出真正全面体现这一新原则的精神实质的教材。因此，笔者拟另作文解剖几部有代表性的新教材，来考察这一构想在实践上是如何实行的，以及这样实行有何优越性和尚待解决的问题。

“语言国情”初议
——文化背景知识、文化背景学和外语教学

лингвострановедение 的兴起，是苏联近二十年来外语教学界，特别是对外俄语教学界的头等大事。人们在理论上多方面地不断探讨这门学问的种种问题，在教学实践中大量引进这方面的实际材料，但在我国对苏联这个学术领域的动向尚未见过系统的专门研究。笔者认为，苏联在这方面所走过的道路和所做过以及正在做的工作，对我们今天改进自己的外语教学不无借鉴意义。因此，笔者抛砖引玉，拟比较系统地介绍其基本情况，并联系我国实际作点初步探讨。

但在正式讨论实质性问题之前，有必要对现行的译名提出订正，并通过正名，首先考察 лингвострановедение 这一术语的所指、它的对象等。这是因为：第一，现行译名未能准确反映原文术语的实质，未能表达其全部主要内容，易引起不了解情况的读者的误解；第二，这个术语在苏联外语教学界的使用也极其混乱，在探讨之前，必须先赋予确切的含义，并严格遵循这一理解来讨论问题，这是任何学术讨论的起码准则。当然，这样的正名工作和对术语所赋予的内容今后是否为人们所接受，那是另一回事。这只是限于本文的范围内为便于讨论才暂时这样“约定”的。

1 文化背景教学、文化背景教学法和国家概况教学、国情学

лингвострановедение 是一门新兴的而且正处在发展中的学科，这个术语本身也是正在发展中的概念，难怪乎各家之说极为不一。据笔者管见所及，最早正式提出这一外语教学法范畴并加以系统科学论证使其成为一门新学科的是科斯托马罗夫和维列夏金（Е. М. Верещагин）二氏合著的《语言与文化》①一书。不妨说维、科二氏是这门学科的奠基人，而这

① Е. М. Верещагин и В. Г. Костомаров, Язык и культура. Лингвострановедение в преподавании РКИ. 3-е изд. М., 1983, стр. 49.

部书则是这门学科的奠基性著作，苏联外语教学界奉之为经典。它先后三次出版（1973 年初版，1978 年修订二版，1983 年修订三版），每次出版作者都作了大量的甚至是原则性和体系性的改动，对 лингвострановедение 这样一个标新立异的术语定义、范围等都有不同的说法，即以最新的第三版而言，其先后的界说也不一样。该书不同的版本，甚至同一版本的不同章节，对这个术语的解释和使用都有不一致乃至自相矛盾之处。此外，科、维二氏在不同时期发表的不同论文中，对该术语所赋予的含义也不大相同，至于别的作者在论及这个问题时，对该术语的理解更是五花八门。更须指出的是该术语同另一术语 —— страноведение 在俄文外语教学法文献中的使用，作为两个概念，无论是在内涵上还是外延上，都十分混乱，两者常处于极其复杂的关系之中：有时呈包含关系，有时则呈交叉关系（或部分叠合关系），而有时双双表现为并列关系（或全异关系），在许多情况下甚至相互通用，彼此不分。科、维二氏在前述书中虽曾试图把二者严格区别开来，而且曾数次对它们下定义，然而在下定义以后，作者在自己以后的行文中却并未严格遵守，在各种论著中相互混淆或代替的情况更层出不穷。由于以上种种原因，лингвострановедение 和 страноведение 这两个术语在教学法文献中实际上都是“疆界未定”的概念。

本文只是求同存异，以多数作者对该二词所作的解释的共同部分以及笔者个人对科、维二氏代表作的精神实质（而不是字面）的理解为依据来正名，并赋予含义，以便于本文范围内的论述和探讨。

лингвострановедение 一词在俄文中有两层基本意义：

（1）作为外语教学中新的方面，即第五个方面。苏联外语教学法传统把外语教学分为三大方面（аспекты），这便是语音方面、词汇方面和语法方面，即语言三大要素的教学，以后又增加了第四个方面，即语体修辞方面的教学。最后增加的新方面，使是这里所说的 лингвострановедение[①]。这个新的方面所教授的基本内容和对象，实际上是与语言或语言教学有关的文化背景知识。这一点从《语言与文化》一书的书名以及该书大部分篇幅所讨论的实际内容可以得到充分的证实。另外，还可参照托马欣（Г. Д. Томахин）的解释，“背景知识是 лингвострановедение 的基

① Е. М. Верещагин и В. Г. Костомаров, Язык и культура. Лингвострановедение в преподавании РКИ. 3-е изд. М., 1983.

本对象”[①],这是苏联整个外语教学界所普遍接受的观点。据此,本文把用于外语教学的第五个方面意义上的 лингвострановедение 一词暂拟译为“文化背景常识”或“文化背景知识教学”,这些译法似更有助于揭示该词的实质。这一点还可从欧美各国外语教学法界的提法中取得旁证:英美作 background knowledge(背景知识)或 language and area (语言和地域),德国作 Kulturkunde (文化背景知识教学),法国作 langue et civilisation (“语言与文明”教学)等。托氏在前述论文中对《语言与文化》一书提出的 лингвострановедение 这个术语,根据科、维二氏原意,作了权威性的解释,认为如果用英语来表述,便应是 culture oriented teaching of a foreign language.

(2)作为外语教学法科学中的一门新分支学科。лингвострановедение 也可作为研究文化背景知识在外语课上如何进行教学的各种理论问题的专门性学问,实际上是 лингводидактика(语言教学论)的一个组成部分。用于这个意义上的 лингвострановедение,本文拟译为“文化背景学”或“文化背景知识教学法”。

лингвострановедение 既然有前述两层不同的基本意义,用“国情学”一个译名远不能揭示其内容,而且违反术语学“一词一义”的起码要求,故为本文所不取。其实,“国情学”这一译名用之于 страноведение 倒是基本合适的,因为俄文的这个术语,大体上相当于我国所用的“所学外语国家概况”课。故本文今后在讲到相当于俄文 страноведение 时,仍取“国情学”这一译名,以区别前述分别用“文化背景知识”(文化背景知识教学)和“文化背景学”(文化背景知识教学法)两译名来表示的 лингвострановедение。

这里还必须着重指出,苏联外语教学法家虽然在理论上严格区分 лингвострановедение 和 страноведение 这两个术语,但是在实际使用中却始终未能如愿。可以说,无论从历史还是现状来看,使用情况都是混乱不堪的。其实这两词在俄文中始终没有区分开,而且也很难区分开。最高权威学者本人在下完定义后自己都无法严守,更何况别的作者呢?因此,我们在讨论问题时就不能咬文嚼字,拘泥于学术权威一时一处的定

---

① Г. Д. Томахин,Фоновые знания как основной предмет лингвострановедения. ИЯВШ, 1980, №4.

义，而是要靠自己从大量原始资料中得出对这一概念的基本理解，并以这个理解为依据来行文论述。

本文对“文化背景知识教学”这一术语的理解，以科、维二氏《语言与文化》最后一版的经典定义[①]为基本依据，并参阅全书内容以及二氏的其他著作，以及别的作者的有关重要论著，对它的内容和意义的要点作如下表述：

(1)它是外语教学中五大方面中的一个方面；(2)其目的是为了进一步落实交际性原则和完成普通教育和人文教育两大任务，并以此为目的，从外语教学论的角度来实现语言的载储功能，使学生熟识所学外语国家的家喻户晓的种种文化背景知识，特别是当代现实生活中的各种典型现象(对苏联对外俄语教学来说，还着重向学生介绍“苏维埃生活方式”)；(3)在教学法上具有语文教学的性质，介绍学生熟识前述种种文化背景知识和现实生活中的种种现象一般要通过外语作为工具结合所学外语言语材料来进行，而且要在外语教学的过程中来实现。

以上对“文化背景知识教学”这一术语的内容的表述是初步的，以后将作进一步阐明。

在一篇为中学广大外语教师专门撰写的知识性的、比较权威的科普文章中，从三个方面来说明“文化背景知识教学”这一概念的三个特点：

(1)教外语的同时，还要教所学外语国家民族文化的要素；

(2)在教学过程中，语言不是当做各种(语言)形式或手段的简单的集合体来教，而是同时当做文化的一个组成部分来教；

(3)对内容平面的注意不少于对表达平面的注意[②]。

---

① Е. М. Верещагин и В. Г. Костомаров, Язык и культура. Лингвострановедение в преподавании РКИ. 3-е изд. М., 1983, стр. 49.

② Г. Д. Томахин, Понятие лингвострановедения. Его лингвистические и лингводидактические основы. ИЯВШ, 1980, №3.

2 作为外语教学第五个方面的文化背景知识以及学习它的理论和实际根据

2.1 广义的文化背景知识

作为外语教学第五个方面的文化背景知识，从广义上来说，包括以下实际内容：所学外语国家的地理、历史、政治、经济、教育、文艺、社会制度等各个方面的概貌以及社会背景、生活方式、风土民俗、社会传统、集体习俗、生活习惯、言语礼节、民族心理、道德标准、行为规范、伦理观念、社会意识形态等，它包括国情学或"所学外语国家概况"课的全部内容。

作为外语教学第五个方面的文化背景知识并不是一门高深的专门化学问，而是一些基础知识乃至基本常识，是一门杂学，是实践课的一个组成部分。教授它的目的在于帮助学生更深刻地理解外语，更恰当地使用外语。文化背景常识教学是一种密切结合而不是脱离语言实践的教学。文化背景知识是在实践课上随时讲授和获得的。

学习外语为什么要强调同时学点文化背景知识，理由可以从理论上和实际上作如下解释。

语言首先是一种社会现象，是社会交际的工具，这个工具又是人们在长期的社会历史生活实践中约定俗成的。每一种语言都是在具体的特定的社会历史环境中产生和发展起来的，因此每一个国家的民族语言中都有大量的只为该国该民族语言所特有的，带有特定社会历史色彩，具有鲜明个性的现象。只有了解所学外语的国家和人民及其过去和现在，才能深刻理解所学语言。

要使用一种语言，必须具备以下两类实际知识：

(1)有关该语言本身的结构 / 体系方面的知识，即所谓"语言三要素"—— 语音、语法、词汇三个方面的实际知识，不一定是语言学化了的系统理论知识；

(2) 与该语言有关的各种社会历史文化背景方面的实际知识，包括各种"非语言的"或"超语言的"交际知识、交际规则。

既要知道在不同交际场合"怎样说"，又要知道"说些什么"。

只有语言的使用者同时具备以上两种知识，语言的社会交际功能才能得到充分的发挥。

过去外语教学中只教第一类知识，"就语言本身教语言"，这当然是必要的和主要的,但却是远远不够的,必须同时教第二类知识。

语言的功能是多方面的,其中最本质和最主要的当然是它的交际功能,但与此同时,还有其他功能,外语教学中必须同时考虑到这些因素。在这些功能中,特别值得提出的是语言的“历史-文化功能”或“载储功能”(cumulative function / кумулятивная функция),即积累和贮存文化历史经验的功能,因为这个功能在苏联外语教学中过去受到了忽视。如果说本文第一题所讨论的交际性原则是从对语言的交际功能的认识中得到的教学法启示,那么提出“考虑文化背景原则”则是由于苏联外语教学法家已经意识到了语言的历史-文化功能的结果,民族语言同民族文化之间有着千丝万缕的联系,语言是文化的载体,是后者的主要表现形式之一,离开民族文化,不可能全面地掌握该民族的语言。

如果因不了解外国民族文化而没有全面掌握外语,那么这样的外语也就不可能充分发挥其交际的功能。因此,必须认识到,语言的交际功能又是同它的载储功能紧密相联系并互为条件的。维列夏金指出,交际必须具备以下三个要素:(1)参加交际者要有共同的语言;(2)他们要有共同的社会历史经验;(3) 他们要有一定的语言情境,即要有进行该项言语活动所需的种种具体条件。这三大条件中的(2),就涉及语言的载储功能。维氏认为,(1)使交际成为可能,(2)则规定交际话语的内容,(3)规定这个交际话语的形式①。

由此可见,对所学外语国家的文化背景知识越丰富,在同外国人交际中越能达到完全的相互了解。这里也包括阅读该外语国家的各种出版物。

每一种外语的民族文化中,都有大量为该种文化所特有而为本族文化所无的特殊现象,这些现象在使用该外语的社会成员的生活中经常起作用,并反映在语言之中;反之,有些在本民族文化中习以为常的现象,在外国文化中却无此传统和习惯。如果不了解这一点,在同外国人交往时往往会通过语言(外语)把本国特有的文化背景强加给对方,使人惶惑不解,有时甚至失礼。

试通过几个实例,结合中国人学外语(特别是俄语)的实际,对前述各项原理作点说明:

---

① Е. М. Верещагин, Роль и место страноведения в практике РКИ. М., 1979.

(1)中国人路上碰见熟人,寒暄开场白往往是:“你到哪里去”、“吃过饭没有”之类,英、俄语民族则无此习惯,他们认为这种提问很不礼貌,特别是英美人,会认为是对个人私生活的干预。

(2)初次见到刚来自远方的朋友,中国人习惯的问候和欢迎用语往往是“您一路辛苦”、“旅途劳累”之类。如果用俄语来说这类话,必会使俄国人感到莫名其妙,因为这不合俄罗斯文化习惯。他们说的是“С приездом!”“Как съездили?”之类的话。

(3)中国文化一向把谦虚视为美德,所以当一个人受到赞美和夸奖时,总要客气一番,说“哪里,哪里”、“不敢当”、“我不行”之类。这不合西方文化传统,特别是美国,人家把这种过谦视为自卑,在人面前显示自己是无能之辈。他们的文化背景是,夸奖人家的人总是希望对方对他的赞扬作出肯定的评价和积极的反应,应说类似“谢谢”、“谢谢您的鼓励”、“我把这当做鼓励来接受”之类的话。

(4)我国打电话,要找对方的电话机号码,一般都自查《电话用户簿》,而苏联则无此习惯,因此以下一段虽然在语言形式上没有半点毛病,但却不能为苏联人所懂:— Я забыл номер. — Посмотри в книге.

(5) 没有社会文化背景知识,听外国人说话,即使每个词都熟识,语法规则也知道,但却只能作字面的理解,而不明白其中的真正含义。例如:— У тебя есть две копейки? 这句话的主要目的在苏联并不是问对方身边有无两戈比零钱,而是通电话每次需付两戈比。

以上实例,在现实生活中比比皆是,随时随地都可碰到。由此可见,如果不懂外国文化背景,而从本国文化出发来进行哪怕是最简单的交际,说出来的话即使语音、语法、词的搭配都正确流利且合乎“语言规范”,但人家却听不懂或说了有失礼貌,达不到交际目的。表达方面如此,理解方面的情况也类似。

简单的日常交际尚且如此,阅读作品想求得深刻的理解,更需要文化背景知识。以我国的古典诗词为例,也许能把问题说得更明白一些。

(6)豪放派代表作,苏东坡的《大江东去》,学习汉语的任何一个外国人,如果没有关于长江的知识,不知道三国赤壁之战的一段历史故事,无论他古汉语掌握得如何之好,他读此词,绝不会得到中国读者所能得到的感受和体会。只靠简单的注解,在这种场合也无济于事。

(7)再以苏轼的另一首词《浣溪沙》为例:“难道人生无再少?门前流

水尚能西，休将白发唱黄鸡。”对缺乏中国基本地理常识的外国读者来说，很难领会该词作者的用意。原来中国的主要江河流向一般都由西而东，由东而西的就成为稀见的奇迹。诗人把常年东流的江水比做从少年到白头的人生自然历程，似乎是难以逆转的。但当他发现自然界也竟然有一反常规的水西流的现象（词前《小序》云：“游蕲水清泉寺。寺临兰溪。溪水西流。”），便产生了一种积极的情绪，认为人生也可能出现由老年返回少年的奇迹，应奋发有为，超脱白居易“黄鸡催晓”、“白发催年”一类悲观消极情绪。这对一些主要河流流向由东而西（如法国），或南北流向（如苏联）的国家的读者，是很难领悟出其中的妙处来的。

（8）俄文诗歌中 береза 一词，在俄罗斯文化传统中是俄罗斯大自然的代表，是俄罗斯大地的象征。没有这种文化背景知识的人碰到含有此词的诗句，就不会引起这样的联想。

（9）苏联人一说起莫斯科和被称之为 матушка 的伏尔加河，也会引起众多的联想以及与此相应的思想感情，而没有这方面的文化背景知识的外国人则只是把这两个词作为一般的地名，并不赋予同样丰富的内容。Аврора 是“十月革命一声炮响”的代号，诗歌中一出现这个词，苏联读者就会联想起当年群众起义攻打冬宫的激动人心的壮烈场面，产生相应的思想感情，而没有此种文化背景知识的外国人则感到平平常常。

由此可见，无论是为了理解，还是表达，人们都离不开文化背景知识。

以上我们分别从理论和实践两方面简要说明外语教学中教授文化背景知识的必要性和重要性。为了论证和探讨文化背景在外语教学中的地位，苏联学者在这个题目下写了大量的论文和专著。本文以上所作的说明，只是这些论著基本观点的要点的转述而已。

2.2 狭义的文化背景知识

狭义的文化背景知识，仅指在语言中所反映出的文化痕迹或从外国语言中能考察得到的外国民族文化因素，即从语言中看文化，“从一粒沙中看大千世界”。组成 лингвострановедение 这个术语的前一构词部分——лингво，就是语言的意思。这样就规定了狭义文化背景教学的对象是：（1）无等值词；（2）有背景意义的词；（3）有文化感情色彩的词；（4）成语典故；（5）名言警句；（6）客套用语。这些都是民族语言中直接反映出来的民族文化元素（культурный компонент）。这里从语言级层的观点来考察，也可说分属三个高低不同、逐步递增的等级，（1）至（3）属词一级，(4)属词组一级，而(5)和(6)则属句一级。除了前述六个类别以外，苏联教学法家还把“无词语言”也归入狭义文化背景知识的范畴。现分别简介如下。

2.2.1 无等值词(безэквивалентные слова)。这类词汇是只有在所学外语中才有，而在学生母语中没有的。例如对于学俄语的中国人来说，像самовар，большевик，совет，колхоз，субботник，стахановец一类词就是。正是这些词，集中反映了俄罗斯文化和苏联社会现实的特色，表示了这个国家民族文化的特有的概念、事物或现象。据统计，它们占现代俄语常用词汇6%—7%①。苏联教学法家把реалии作为文化背景教学的重要对象，这个术语在教学法文献中指“文化中存在的事物、现象、概念等”。正是无等值词反映了俄罗斯文化的个性。有许多人还把表所学外语国家人名、地名的专有名词(特别是那些有历史典故，与传说或民间文学有关的人名、地名的专有名词)也划归无等值词的范畴。

2.2.2 有背景意义的词(фоновые слова)。母外两种语言有大量的这一类词，经过对比研究，我们可以发现它们在意义上由两个部分组成：(1) 表概念的部分，这是词义的主体部分，这一部分在两种语言中是相同的，双语词典里所译解的，就是概念上的对应；(2) 表文化背景信息的部分，这是词义的附加部分，但却十分重要，这部分表现了民族文化的特点，在两种语言中并不完全一致，然而这种不一致的地方，在一般双语词典中都没有什么反映。因此学生在学习外语的这类单词时，往往只是学到与母语词中对应的概念部分，而很少知道其表现异国民族文化背景知识的部分。例如，以法语为母语的法国人，在学习俄语时，遇到университет这个词他用相应的université来理解，有时就会出差错，可以用俄语来说записаться в Парижский университет (这同法语在本国的用法一致)，但却不能说 записаться в Московский университет，这里只能用 поступить。这种用法上的差错不是语法的，也不是词汇的，而是文化背景的，因为苏法两国的国民教育体系和制度均有各自的特点。俄语的университет与美国英语中的university所含的文化背景知识差别也很多。这个俄文词同我国的“大学”一词，在文化背景信息上所含意义也不一样，它只指综合大学，而我国的大学却包括一切高等学校，如工业大学、师范大

---

① В. С. Девятайкина, Язык и культура в РКИ. // Пособие по методике РКИ. М., 1984.

学、医科大学、农业大学等，而这在俄语中要分别用 институт，академия 等词表示。有文化背景知识的词在外语中数量众多，学习外语时要随时注意，对于这类词来说只学到其概念对应部分是远远不够的。无背景意义的绝对等值词在外语中的数量十分有限。

2.2.3 有文化感情色彩的词（коннотативные слова）。这类词所包括的文化背景内容很多，能引起该民族文化集体内每个成员的众多带有感情色彩的联想。例如本文前面提到过的 Аврора 之类词。又如前面所提到的 береза 一词，在许多场合下不能只单纯地理解为白桦树，它是祖国、故乡的象征，而在许多别的异族文化中则用别的树木来表示，例如，橡树（德国）、槭树（加拿大）、白杨（波兰）、柳树（捷克）等，在这些国家中，对白桦树不能引起对故国故土的任何联想。中国人一读到“欲把西湖比西子，淡妆浓抹总相宜”这样的诗句，由西湖、西子二词会浮想联翩，而没有中国文化背景知识的外国人，即使受过很高的教育，也不会引起相应的感情。

2.2.4 成语典故（фразеологизмы）。许多成语典故都反映民族文化的特色或历史陈迹。例如：бить баклуши，тянуть канитель，спустя рукава，отложить в долгий ящик，казанская сирота，сбрасывать со счетов，коломенская верста，приложить руку，с красной строки，тертый калач，как калач печь，на ять，Лиса Патрикеева，пятое колесо в телеге，не всякое лыко в строку，задать пару，пристал как банный лист 等，这同中国的“杞人忧天”、“滥竽充数”、“自相矛盾”、“完璧归赵”之类有历史典故、反映中国文化特点的成语情况类似。

2.2.5 名言警句（афоризмы）。这里包括以句子形式反映外国文化特点的各种语言单位。其中包括：（1）俗语（поговорки）和谚语（пословицы）——起源于民间口头文学，反映民族价值观念。属前者的，例如：Погиб，как швед под Полтавой. Мал да удал. Не в службу，а в дружбу. 属后者的，例如：В гостях хорошо，а дома лучше. Не имей сто рублей，а имей сто друзей. Старый друг лучше новых двух. Век живи，век учись. Ученье — свет，а неученье — тьма.（2）名言警句（крылатые слова），一般出自名人之口（笔），为某一文化集体成员所熟悉并常加引用。例如俄语中列宁和高尔基的名言：Лучше меньше，да лучше. Шаг вперед，два шага назад. Кто — кого. Пусть сильнее грянет буря.

Человек — это звучит гордо.（3）著名的口号（лозунги，девизы）和号召（призывы）。这指所学外语国家政治生活中家喻户晓、尽人皆知而且深入民心的现成语言单位。例如：Вся власть советам. Учиться，учиться и учиться. Коммунисты，вперед！Все для человека，все для блага человека. Если враг не сдается，его уничтожают. 都属于这一类，它反映了苏联当前或现代历史上文化的一些本质方面。（4）社会科学方面的公理（формулы）和自然科学方面的公式（формулировки）。这往往反映一个国家民族意识形态的特征，反映民族文化的重要方面，例如，在苏联，Практика — критерий истины. Труд создает человека. От каждого — по способностям，каждому — по труду. 这样一些表示公理的现成语句，都代表该国所奉行的意识形态准则。

2.2.6 客套用语（формулы речевого этикета）。每个民族语言中都有一些为它所独有的交际上常用的套语，为别的民族所没有。例如，熟人见面时打招呼、寒暄，与人首次见面时自我介绍、请求对方通名报姓，分手时的用语等，都是现成的句套，反映民族文化的某些侧面。诸如汉语中的“久违久违，别来无恙乎”、“久仰久仰，请教尊姓大名”、“尊姓”等，反映出我国是“礼仪之邦”以及讲究礼节的社会文化风貌。日本人的口头禅“请多关照”之类，也属此范畴。这都是别的民族所没有的。这在俄罗斯文化中也有反映，“Ну，как дела，преподаватель?”这种讲法，在俄罗斯人认为是失礼：（1）长辈和晚辈见面，后者不能先开口询问对方“事情怎么样了”、“身体好吗”，这样的话应由前者先说；（2）称呼师长，要用“名 + 父称”，不能直接只用职业名称（如教员、老师之类）。而法国人则可说 Comment allez-vous? 之类。在俄罗斯民族“文化共同体”中生活的人，可以根据称呼和寒暄客套的不同，立即判断出说话双方的亲疏关系和社会身份，而不了解这种文化背景的外国人，即使学了俄语，也听不出其中的“弦外之音”来。例如：“Здравствуйте，Владимир Петрович！”“Приветик，Володенька！”“Солют，старик！”这三句对同一个人见面时所说的不同套话，反映出了三种不同的社会关系。

2.2.7 无词语言（невербальные языки）。指手势、表情、习惯性动作等有声语言以外的辅助交际手段，虽非前面 2.2.1 至 2.2.6 所述的真正的语言单位，却因这里面也有民族文化元素，所以一般也把它归入文化背景知识的范畴。例如，有些民族文化中，点头表示肯定，摇头表示否定，而另一些民族则恰巧相反；还有些民族文化中，这两个动作既没有肯定也没有否定的意思，而表示别的什么意思。意大利人用来表示“再见”的手势，在俄罗斯人却理解为“Иди сюда!”，真是相差十万八千里！不懂得所学外语国家的这种“无词语言”，在交际中不免会出乱子，即使对学习外语来说，也会妨碍对一些插图、影片、剧本演出等的理解。

作为外语教学第五个方面的文化背景知识，近几年被大量引进实践领域。如果我们把近二十年出版的苏联中小学外语课本同20世纪60年代初期外语教学改革以前的教材作一比较的话，就不难发现，课文在题材和内容上，有关所学外语国家各个方面知识的比重大大增加了。如果说教学改革以前苏联外语课本（特别是初级阶段的课本）中，有许多课文是“用外语来介绍、叙述和议论本国国情”的话，那么60年代以来，这样的课文在数量上的比重已明显下降。

在同一时期，苏联官方指导性刊物《中小学外语教学》（ИЯВШ）增加了一个叫做《所学语言国家》的栏目，每一期都为此栏目提供相当的篇幅，刊载语言难易程度同各年级学生实际水平相应的介绍所学外语国家概况的外语（英、德、法）文章，供中学生作为补充读物之用。

大学公共外语教材在内容和题材上也发生类似的变化。

最值得专门提出的是苏联对外俄语教学。在这个领域里，俄语是作为外语对苏联以外的各国学生（包括留学苏联的外国人）教授的，所学语言国家就是苏联，文化背景知识也就是有关苏联社会历史文化各方面的知识。在对外俄语教学的教材里，课文几乎是“清一色”直接或间接介绍“苏联现实”、“苏维埃生活方式”以及苏联各方面情况和风貌的材料。课文如此，练习内容也具有这方面的强烈的倾向性。苏联对外俄语教学指导性刊物《国外俄语教学》（РЯЗР）上，也开辟了《苏联、人物、事件》专栏，向国外俄语教师提供有苏联文化背景教学的种种具体材料。

3 作为外语教学法科学的一个新分支的文化背景学简况

至于作为外语教学法的一个新兴分支学科，文化背景学则是一门专门学问，是一整套理论。它主要研究各种类别和程度的外语教学中，文化背景知识应包括哪一些（教学具体内容），按怎样的顺序出现以及怎样教（教法），另外也研究文化、语言、外语教学三者之间的关系的一般理论问题。这种研究，试图以马克思主义为指导思想，从苏联社会学、苏联社会语言学以及传统语文学(филология)的角度,结合当代教学理论,从根本上来解决外语教学中的文化背景学问题,以期提高外语教学的效益。

在文化背景学的研究方面,苏联学界所做的工作最多,成绩最大。

根据不完全的统计,近十多年来苏联发表和出版的文化背景学方面的重要论著不下百种,其中最有影响的当首推前述科、维二氏合著的《语言和文化——对外俄语教学中的文化背景学》[①]。这是一部系统专著,1973 年初版,1978 年修订二版荣获苏联教育科学院克鲁普斯卡娅奖金。

随着这门分支学科的建设和发展,产生了第一代"文化背景学家",其代表人物就是普希金俄语研究所所长科斯托马罗夫教授(苏联教育科学院通讯院士)和莫斯科大学教授维列夏金。

总之,文化背景学是当今苏联外语教学法科学中的新兴热门学科。正因为它是新兴的,所以也就不成熟,无论在理论体系和理论观点本身,都尚有许多没有定论的地方以及还难于相对稳定的成分。

正因为这是一门新兴的分支学科,所以文化背景学家们在其中便都千方百计论证本门学科在外语教学中的重要性和必要性,以便取得社会对其学术地位的承认,这样也就免不了出现言过其实的现象。不少论著中对它在整个外语教学中的作用作了过头的评价,这点是我们阅读有关文献时应注意的问题。

4 传授文化背景知识的原则和方式

4.1 开设专门的课程

相当于我国一些外语院系的"所学外语国家概况"课,这种课程如果设置在第一学期,一般用学生的母语讲授,如果在中高年级开设,则以所教外语讲授,或以外语为主。在这里,文化背景是一门独立的课程,内部有自己的知识系统,并不属于实践课,比较有代表性的是索芬斯基(Н. Н. Софинский)编的《苏联》(供外国留学生俄文先修班,即预科用)。

4.2 作为实践课的一个组成部分

随时碰到随时教,零敲碎打,细水长流,集腋成裘,不讲究系统性。这里又有两种不同情况:(1)通过实践课的教材,在课文和练习的题材和内容上体现,其中也包括课外读物和辅助课本。例如对外俄语教学教材的

---

① Е. М. Верещагин и В. Г. Костомаров, Язык и культура. Лингвострановедение в преподавании РКИ. 3-е изд. М., 1983.

课文中,绝大部分是介绍“苏联现实”、“苏维埃生活方式”或同苏联国情各方面有关的(如课文《莫斯科》等),这里面就包括了有关苏联社会历史文化背景知识。(2)通过词汇教学。除提示生词和成语的表概念部分的词汇意义外,还要讲点有关的文化背景知识、词源典故。例如:колхоз,只知它是 коллективное хозяйство 的复合缩写词是不够的;碰到 русская кухня 这个词组,就顺便介绍一点俄国人的饮食习惯和常吃的饭菜;遇到 кричать на всю ивановскую 等,可讲点典故。这种讲授,也提倡用外语来进行,但并不排除用母语。这方面有代表性的教参是由普罗霍罗夫(Ю. Е. Прохоров)编写,科斯托马罗夫审校的«Лингвострановедческие тексты»,主要供教师备课时使用,当讲授主课本和其他辅助教材时,在其所规定的范围作些解释,以补纯词汇教学之不足。

以大专院校外语专业和短期外语培训班以及外国留苏生为对象的俄语教学,都兼取(1)、(2)两种方式,中小学外语教学则只采用第(2)种方式。

中小学讲授文化背景知识的基本原则是,文化背景知识教学寓于实践课教学之中,而不另搞一套,以免影响学生实际掌握外语。用苏联外语界的话来表述,“通过和借助所学外语并在学习外语过程中”传授文化背景知识。在外语教学中,文化背景知识教学是为了加强而不是削弱学生实际掌握外语。它是为学生更恰当得体地使用外语和更深刻准确理解外语服务的辅助手段,必须处理好文化背景知识教学同实际言语训练的关系。实际上确实如此,要传授文化背景知识,就必然要增加“讲”的比例,而“讲”的比例一增加,“练”的比例就必然会相应减少,就有损于实际掌握外语,所以文化背景知识虽须讲,但仍必须精讲,才能保证实践课的多练。

5 几点教学法结论

从前述的普通语言学理论和语言使用的实例中,可以得出一些重要教学法结论。这些结论所包含的思想,在苏联外语教学法文献中只是零星地提到过,而且并不明确,更未来得及系统加工并上升到教学法理论高度来加以总结。笔者试图在此把这个工作再略向前推进一步,对有关的教学法结论作如下集中系统的表述。

5.1 用外语交际,只知道语音、语法、词汇、修辞知识并具备相应的言语熟巧和技能，这仍是不够的，还必须懂得外语交际所需的各种背景知识。

5.2 教授外语就不但要使学生学会外语的语言规范和言语行为准则，而且还要使其学会交际所需的各种非语言规范和非言语行为准则，因为交际不但要符合语言规范，而且还要符合文化规范。

5.3 外语教学中要语言教学（包括言语活动能力的训练）和文化背景知识教学并举，后者为前者服务，保证学生在外语言语交际中的正确理解和表达。

5.4 要正确处理文化背景知识教学同语言三要素教学，以及四种言语活动能力的教学之间的关系。前者只是为了加强而不是削弱后者，是补充后者之不足，而不是取代后者。

5.5 外语教学中不但存在母语的干扰作用，而且还存在本国文化对学习外语的干扰作用。学生往往把本国的民族文化内容不加审辨地套用到外语交际中去，由于两种民族文化中诸多差异因素，因而套用的结果往往会严重地影响理解和表达的准确性，这时本国文化对外语言语交际任务的完成就发生了“负迁移”的作用。这种干扰，如果在事先不加防范，必然会自发起作用，学生处处用本族文化去“比附”外国文化，这一行为用外国人自己的民族文化和民族语言相统一的眼光来评价，便认为是出了差错。

5.6 本国民族文化对外语交际的干扰作用是可以预防的。有效的防范措施便是：(1)讲授有关的文化背景知识；(2)这种讲解应当是有针对性的，而这种针对性又是通过母外两种文化的对比而得出的。主要讲两种文化背景中的差异部分，要把这些差异部分交代清楚，是一次，还是分数次讲完，则是技术性问题。特别是讲解生词时，如果它属前述“有背景意义的词”，那么除了讲清其概念部分以外，还要讲授外语词所含的不同的文化背景知识，这样可以防止用词搭配上的错误。

5.7 外语教师不但应当有母语和外语两种语言的对比语言学修养，而且还应当有本国和所学外语国家两国比较文化背景学方面的一定学识，前者用来克服外语教学中的“母语干扰”，后者则用以同“本国文化背景对外语交际的干扰”作有效斗争。

5.8 为了做好教学中的后一种对比工作，教师可以利用各种“所学外语国家文化背景知识词典”①。

5.9 外语教学中必须贯彻“考虑文化背景原则”。但在贯彻这一原则进行文化背景知识教学时，还必须优先考虑精讲多练原则、交际性原则，使前者在后二者的制约下进行。讲解文化背景知识的结果，要做到加强而不是削弱外语教学的言语实践倾向性和交际倾向性。

5.10 文化背景知识教学要尽可能用外语作为工具来讲授，而且为提高使用这个工具的能力服务，主要结合外语实践课进行，在实践课自身的教学过程中实现。

6 从教学法发展历史的观点看今天苏联的文化背景知识教学

从外语教学法思想发展的历史来看，外语教学应重视文化背景知识教学这样一种主张，并不是最近二十年才提出来的，这在苏联之外，早是“古已有之”的事，即使在苏联也并非是最近二十年才对这个问题有所考虑的。

西欧古典语法翻译法，以及以后的苏联自觉对比法，一直十分重视采用所学外语国家的原文名著（或节选本或改写本）作为主要教材②，与此同时简要介绍所学外语国家的文学史和名作家生平等知识，实际上这就是文化背景知识的内容和一个重要方面。欧美以及世界各国大学的欧美语文系都开设《圣经》、希腊神话、罗马故事等课程，这不仅因为这些典籍有文学价值，更因为它们是欧洲文化的渊源之一。

现代直接法的代表人物贝力子、叶斯柏森等，都主张外语教学应有文化背景方面的内容，甚至连以提倡句型操练著称的听说法主要代表人物拉多也提出外语教学不能忽视文化背景因素一类观点（见他所著“Linguistics across culture”，1957）。德、法两国的对外德（法）语教学中一直重视文化背景教学（如我国外语界熟识的教材“Cours de Langue et de Civilisation Francaise”，“Le Francais et la Vie”）。

---

① 这是一种新型词典，苏联已出了三种，主要是供对外俄语教学用的。据悉正在编纂一系列这类词典，同时还出版英语和其他语种教学用的文化背景知识词典，例如《大不列颠》（M.，1978）。

② 科、维二氏在《语言与文化》新版本第 18 至 19 页批评语法翻译法无视所教外语国家文化背景教学。笔者认为此论根据不足。

苏联外语教学一直有重视古典原文作品并以此作为主要教材的传统,苏联对外俄语教学教材的课文内容也一直以介绍苏联为主。

既然如此,那么为什么现在苏联外语教学界又把文化背景知识教学作为一个似乎是新的问题提出?笔者曾对此作了几年探索,初步找到了一些答案。原来,苏联外语教学在20世纪60年代初教学改革以前是把“教育、教养目的”置于首位,实用目的在实践上是处于从属地位的[①]。苏联外语教学界重视所学外语国家古典作家进步作品的选读,对外俄语教学界向学生介绍苏联概况,主要的都是出于“实现教育、教养目的”的考虑,而不是出自实际掌握外语的需要。

作为民族文化载体的民族语言虽然没有阶级性,但文化中却有相当一部分是有阶级性的,属意识形态范畴。在讲究保持意识形态的纯洁性的任何一个国家,对外国的意识形态的异端,决不采取放任态度,特别是在中小学普通国民教育的阵地上,更不能允许这种异己思想的自由泛滥。在苏联人看来,诸如资本主义国家的生活方式中就有许多学不得的东西。苏联中小学外语教学虽然重视古典文学作品的选读,但其所选的也只限于有教育、教养意义的进步作品。

正如前面所说,语言同文化之间有着千丝万缕的联系。既要学习一国语言,又要完全避开其文化中对本国意识形态的纯洁性会发生有害影响的那一部分,最好的办法便是用没有阶级性的外国语言来作为本国文化的载体,这便是教学改革以前苏联外语课本中充斥大量“用外语(如英语)谈论苏联”的课文的根本原因。

另外,以前在苏联对外俄语教学领域内,虽然也用俄语这个载体来载“苏联文化之道”,“文”和“道”、语言和文化似乎是统一的,但是基本出发点仍是为了实现“教育、教养”目的,为了“认识方面”(познавательный аспект),而不是为了外国学生实际掌握俄语,且有浓厚的政治宣传色彩。

60年代初教学改革以后,由于实际掌握外语已成为苏联社会的一种迫切需要,外语教学界开始把实用目的置于首位,在对外俄语教学界也几乎同时发生了这样的变化。为了更有效地实际掌握外语这一交际工具,必须较全面地,至少是更从不同方面,了解所学外语国家的社会历史文化

---

① 参见俞约法:《苏联中小学外语教学目的今昔观》,《中小学英语教学与研究》1986年第2期。

背景。

再加上近二十年来社会语言学在苏联国内外都有了突飞猛进的发展，苏联人一直自夸苏联是“社会语言学的故乡”、“社会语言学大国”，苏联社会语言学更具有自己的意识形态和方法论的特色①。社会语言学理论的兴起，无论在苏联国内还是国外，都对外语教学直接和间接地发生了很大的指导作用。在这种理论的影响下，苏联国外产生了功能 / 交际法，而在苏联国内的反映便是交际性原则作为主导教学法原则的提出，有计划有系统地传授文化背景知识，便是贯彻交际性原则的一个重要方面。在对外俄语教学法的新近理论中，“考虑文化背景”原则是作为对“交际性”这一主导教学法原则提出的补充②。由此可见，苏联当今提倡文化背景教学与教改以前的区别主要在于，现在的做法是在社会语言学新理论指导下系统的自觉的教学活动，其目的首先在于提高学生实际掌握语言的质量③。

这一点要做得彻底全面，只有在对外俄语教学领域里才有可能，而且事实上也确实做到了。这是因为俄语同苏维埃文化本来就是高度统一的，是自然就结合在一起而且结合十分自然的。在对外俄语教材里，我们可以看到这一点④。当然，这样做从政治上来看也不妨说是对外宣传的一种手段和渠道，这对改善苏联在外国人心目中的形象颇有好处，可达到扩大政治影响和掌握语言“一箭双雕”的目的。

对于苏联来说，在对外俄语教学领域里，通过文化背景教学既能使学生更有效地掌握好俄语，同时又能把政治巧妙而自然地渗透到业务之中去，这当然是完全符合其本国利益的事。因此，它除了在本国这样做之外，还通过 МАПРЯЛ 这个国际性学术团体，在世界范围内推行这一做

① 参见俞约法:《苏联语言学概观》,《俄语教学与研究论丛》第 2 辑,第 136 - 139 页。

② 参见 А. В. Фролкина 等五人合编的«Методика преподавания РКИ на начальном этапе обучения»,1983 , М., стр. 12.

③ 这一点苏联在实际上也已在大力贯彻,以近年编写的教材为例,一般都注意到了这一点。例如在一部著名的按交际性原则编写的教材«Игровые задания (1—20)»(М., 1985)一书最后有一栏《文化背景知识注释》,对与每一课交际课题有关的背景知识都作了详解。

④ 这一点苏联几部近年流行的对外俄语教学课本都做得比较成功,绝大部分课文都是介绍“当代苏联现实”和“苏维埃生活方式”的。例如《通用俄语课本》(«Русский язык для всех») 第 14 课«Как вы отдыхаете»既介绍了一般居民文化生活的一个重要侧面,又表明了公民休息权的实际内容。又如该书第 25 课«Концерт Паганини»宣传苏联普通劳动人民都有高度文化素养。这样的实例课本中随处可见。

法。从 1967 年以来,МАПРЯЛ 就一直在大力提倡苏联文化背景知识教学,而其中的重点又是当今苏联的社会现实和“苏维埃生活方式”,对外俄语教学实际上是苏联对外宣传其社会制度优越性的重要阵地。

在别的语种,诸如英语、德语、法语、西班牙语等,因所教语言国家属资本主义范畴,其文化中有许多成分是为苏联所不能接受的,所以做起来仍不免打折扣。苏联今天对外国文化的开放,只是在范围上放宽了一些尺度,但远未达到一切都可持“拿来主义”态度的程度,对许多意识形态异端,仍抱拒绝和批判态度。特别是在中小学教育阵地,不能为了要更好地实践掌握外语而使正在成长的学生在思想上受到西方文化的腐蚀,宁肯牺牲一些文化背景知识也不能让学生受到异己意识形态的影响。

由此可见,尽管苏联外语教学界把“加强文化背景教学倾向性”的口号喊得震天响,但落到实处,除了在对外俄语教学领域内完全做到以外,在各类一般外语教学领域,所做都相当有限,未免令人有“雷声大,雨点小”之感。但较之以前,不能不说有很大进步。

苏联出于意识形态的考虑,在外语教学中一切情况下实践课都不采用“引进教材”,即使这种教材语言绝对地道,又以最自然的方式结合了文化背景。中小学如此,高校外语专业以及公共外语教学情况也类似,教材都是自编的,对“哪些文化背景常识可以进教材”以及“教材中所涉及的文化背景如何评价”都是很有选择和讲究的。苏联自编的外语教材中绝无宣扬“美国生活方式”的东西,即使偶有涉及,也抱批判态度。个别外语短训班采用“引进教材”,也只是作为一种次要的参考辅助读物,这类教材都是以赞扬和肯定的方式来传授外国文化背景之“道”的。

最后,还应提出一个问题,苏联外语教学界针对过去忽视文化背景知识而大力加强这一薄弱环节,这当然是必要的,但在理论研究上却出现了矫枉过正的倾向。从一些文章来看,显然把文化背景知识在外语教学中的作用强调过头。如果这种观点占了上风,成为一种指导教学实践的理论,那么势必影响到外语课的实际训练。幸亏目前这还仅仅是一种倾向和纸面上的议论,在实践中还没有照此办理。

7 苏联处理文化背景知识教学的经验和我国在这个问题上的历史教训之我见

最后，联系我国外语教学实际，提出一些改进工作的建议。

苏联近二十年来重视文化背景知识教学，无论是在理论上和实践上，都有进步，而且取得了一定成绩，这对改进我们今天的外语教学颇有借鉴意义，因为我国外语教学所走过的道路，其中包括处理文化背景知识问题的实际做法，前17年同苏联相似。例如教材（特别是初级教材）中大量的课文都是用外语来叙述和议论中国的人和事的材料。例如：《北京》、《刘胡兰》等，几乎是必不可少的“传统课文”，高年级则是大量的译文，主要是由中文译成外文的政论文。相比之下，用外语来“载”外国文化背景知识之“道”的课文比重极小。这类以中国的种种为题材和内容的材料，对学生来说，在语言形式上虽然是新的，但在内容上却是十分熟识的，往往不费任何力气，一猜就猜得出来，有的内容则是小学低年级程度甚至幼儿园程度的东西。

这从信息论的角度来看，有以下几个问题：

(1)学生通过外语所得到的新信息，主要是语言形式方面的，至于教学中每次给予的思想内容方面的信息量，则几乎等于零。

(2)这一结果对培养学生用外语来吸取新信息的能力（而这又恰巧是外语教学的主要任务之一）十分不利。学生长期同“用外语谈论自己熟识的本国文化背景”的课文打交道，成了习惯，一旦接触到真实的外语或外文的“原件”，例如所学外语国家出版的原文报刊、广播、电视、外国人的谈话、讲课、著作等，理解起来就很费力气，有时简直不可理解，严重影响到语言交际活动的正常进行。这是因为语言形式同文化背景在外国人的交际中本来就是自然地统一在一起的，要想学好人家的语言却又人为地硬要脱离开他们的文化，当然是不能有效地掌握作为民族文化载体的外语的。以上主要是从培养理解能力的角度来看，至于从培养表达能力的角度来看，情况更是如此，用此种使外国语言与外国文化相割裂的办法是学不到地道外语的。这样学到的外语，外国人听（读）起来虽也勉强能懂，但他会立即感觉出来异族人在说话。

再从学习心理来看，由于所学课文在内容上无任何新信息可言，学生学习起来觉得没有什么东西可学，学习兴趣减低，严重影响学习质量。这在高校外语专业新生中的情况最有代表性，他们在中学期间已学过基础外语，外语的形式方面对于他们已不是新信息。如果还欠缺使用语言形式的熟巧和技能的话，那么至少知识还是有的。在这种情况下，如果再让他们主要去学习用简单的外语编写的议论他们早已熟识的中国现实的课文，语言和内容两个方面均无任何新信息可言，自会感到学习没有意义。而低年级又是强调要练好基本功、打好基础、取得良好的外语熟巧和技能的阶段，要练的对象只能是比较简单常用的语言形式，其中绝大部分又都是中学学过的基础外语，但要求练得娴熟正确，交际时能随机应变，使用恰当得体。在这种情况下，如果在内容上毫无或很少有新信息，这就必然导致学习积极性的下降①。

前 17 年之所以出现这种情况，除了受到苏联 20 世纪 60 年代以前的外语教学法理论和实际做法的影响外，还有我国自己特有的“国情”：(1)强调政治思想教育在外语课上的“挂帅”地位，因此倾向采用由中文翻译成外文的政论文章，用外语记述和颂扬我国的英雄人物等的课文为教材，认为这更能收到政治思想教育的效果；(2)在“引进”和“输出”的关系上，认为学习外语主要在于对外宣传我国的经验等。

这两种观点，实际上是当年“左”倾思想和与此相连的闭关锁国主义在外语教学中的反映。虽然现在已极少有人再持这样的论调了，但作为一种学术见解来看，似乎尚未在理论上分清其是非，因此本文拟略评一二。

坚持在外语教学中对学生进行政治思想教育，反对“纯语言训练”或“只顾语言而不管政治思想内容”的倾向，这是正确的。对这一点，我们今天不能因采取对外开放政策而有任何的放松和放弃，特别是中小学外语教学中的思想阵地更应坚守，但政治思想教育必须紧密结合外语教学的特点，不能简单化，更不能搞形式主义。前 17 年出现的问题并不是外语教学中“是否应进行政治思想教育”，而是“怎样进行”。

有关本国的人和事学生既然是早有所知，在外语课本中就没有什么必要再以此为主要内容而编成课文。刘胡兰等英雄人物要宣传，但用中

① 这个矛盾的解决方法：语言形式方面既不能再复杂化，也不能再多加新项目，那么我们就只能在课文内容方面找出路，使学生每学一课书，总能通过熟识的却不熟练的语言形式取得一定的新信息，其中十分重要的是所学外语国家国情和文化背景方面的新信息，这种途径有利于培养学生通过外语工具去获取新信息的能力。

文来写，在语文课上教，效果会更好。毛泽东思想要学习，通过中文学习《毛泽东选集》原著，岂不比通过译文更能领会精神实质。“文以载道”，用学生已实际掌握甚至较好掌握的中文来载中国特有的思想之道，其教育效果当然要比用学生尚未掌握或只是初步掌握的外文更好。用外语来载道，因学生外语程度的关系，必然会受到很多限制，这样也就必然会使政治思想教育的实效打很大折扣。这种用中文载道能更有效的工作，应交给语文课和政治课去做。中文已经学过的内容，通过外文译文再学一遍，从政治思想教育的角度来看，又有什么必要。不但无必要，而且简直是一种时间和精力的浪费。所学外语国家文化中，除了我们不能接受的东西外，也有他们自己的民族英雄、革命烈士、共产主义战士等，外国文化中也有许多我们可以吸取的东西，这些对学生来说，都是新信息，用已初步掌握的外语这样一种信息载体为工具，去获取有关所学外语国家文化背景各方面的新信息，并在获取这类新信息的过程中逐步扩大有关外语工具本身的新信息，岂不能更有效地达到外语学习和文化背景知识学习相互促进，业务和政治双丰收的目的。更何况外语课的基本教学目的是实际掌握运用外语这个交际工具的技能，政治思想教育工作必须寓于其中，而不能另外再形式主义地去单独搞一套。学习外国文化背景知识，既有思想教育作用，更有助于学生实际掌握外语，我们在考虑外语教学特点时，应充分考虑到这些因素。

在处理“进”与“出”的关系上，在一般的正常情况下，对绝大部分学习外语的人来说，恐怕“进”是第一位的，“出”，即对外宣传我国的经验和成就，主要是专业翻译工作者和外事工作者的事。对一般人来说，学习外语主要是掌握一种借鉴外国的工具，所以首先要培养用外语来吸取它所“载”的外国文化（包括科学技术）之“体”的能力，以“用外语来谈论中国”的课文为主要教材是培养不出这种能力来的。为了更有效地实现这个目的，也有必要在学习外语的同时学习外国文化背景知识，而且要在二者相统一的自然结合的过程中来学习。

以上是仅针对前17年中我国外语教学忽视文化背景知识的偏颇提出的一些意见。

十年动乱期间，一切外国文化，无论古今，都成为被打倒的对象，外语教学领域里的做法更为极端，其谬误和荒唐十分明显，就不再赘述。

粉碎“四人帮”以来，外语教学战线在拨乱反正后，各方面都出现新气象,一切蒸蒸日上。文化背景知识在不同种类的外语教学中也有了不同程度的改善,但这方面仍有一些问题需进一步合理解决。

(1)一些大学外语专业和外语训练班,直接引进欧美原文教材,以此作为教学的主要依据。这类教材语言地道,外语和外国文化结合自然,从掌握语言角度来看,当然是最好不过的教材了。但从思想内容来看,这类教材对外国文化抱“肯定一切”的赞扬态度,实际上是在无条件地宣传这些文化,其中包括我们不能接受也不应接受的东西。学生对此如果不抱批判态度,教师如果也抱着“客观主义”的无置可否的态度来讲授,则会使这些东西起到潜移默化的作用,久而久之使学生受其不良影响。对此,在纠正过去不介绍外国文化背景知识的偏颇后,并没有引起我们的足够重视。克服的办法当然不能因噎废食,走以前“同外国文化彻底决裂和隔绝”的路,而应让学生广泛接触所学外语国家文化背景的各个方面,在讲的过程中自然完成,而不单独作“政治报告”式的说教,这对教师也就提出了更高的要求。

(2)在中小学外语教材和大学公共外语的某些教材中,“用外语谈论中国”的课文的比例虽较前 17 年和文革时期有所减少,但涉及所学外语国家的文化背景各个方面的课文在数量上仍嫌不够多,需要加强。

以上两个偏颇都是前进中的问题,只要我们发现并重视,是不难解决的。

“语言国情”再议

лингвострановедение 是苏联对外俄语教学(РКИ)中近二十年出现和发展起来的新事物。科斯托马罗夫院士把它同“交际性”、“考虑学生母语特点”相提并论,称它们为“当代语言教学论三大基本范畴”,并声称“没有它们便没有现代化的语言教学法”①,也就是说,有无这三大范畴是区别新老教学法理论的分水岭,事情竟重要到如此程度。我国俄语教学界是直到20世纪80年代中期才开始陆续有人对所谓“语言国情学”作初步的介绍。笔者就是其中的一个,六年以前即曾在一篇拙作②中对РКИ中的这一新事物的由来、发展和现状,它的对象、任务和范围、内容以及在外语教学中的作用和地位作过较为系统的考察,并对苏联在这方面的理论和实践中已经出现的和可能会发生的问题曾直陈管见,这些观点笔者至今仍然坚持未改。

现在又过去了五年,在这期间,“语言国情学”在苏联无论是在理论上还是实践上都有新的进展,并为我国俄语教学界积极引进、推广,如果各方面处理得当,必将会进一步改善我国俄语教学的质量。这次由中国俄语教学研究会组织的洛阳语言国情学国际研讨会的召开,说明我国俄语教学界对这一新事物的重视。

笔者认为,лингвострановедение 在我国直至目前尚处于引进阶段,即在理论上和实践上都仍沿用苏联的观点和做法,因此,苏联产生过和可能会出现的问题在我国也同样存在。我们尚须结合自己的国情和需要来消化这一很有价值的舶来品,达到洋为中用的目的。为此,笔者拟就几个问题再略抒己见,作为对六年前那篇拙文的补充。

---

① В. Г. 科斯托马罗夫、О. Д. 米特洛法诺娃:《对外俄语教学法指南》(俄文本)1984年版,第8页。

② 俞约法:《外语教学中的文化背景问题》(“论苏联当今外语教学法两大基本范畴”第二题),分别载《俄语教学与研究论丛》1986年第5辑和《大学外语教学研究》1987年第2期。

1 关于译名和提法——兼论语言与文化

лингвострановедение 在我国一般都按其构词成分直译为“语言国情学”,也有个别同志把它译成“国情语言学”、“语言国俗学”的,但这个译名十分令人费解,而且未能反映出这个俄语术语的多义性,更未揭示出其最本质的方面。

先说其多义性。在苏联教学法文献中这个新术语一般至少有以下三个意义:

(1)作为 PKИ 主课的俄语实践课五大方面(аспекты)综合教学中的一个方面(其他四个方面是语音、语法、词汇、修辞),这是一种教学实践活动和具体的教学法问题。

(2)作为属于 PKИ 教学法科学之下的分支学科,主要研究进行“语言国情方面”教学的语言学和社会语言学科学依据以及与此有关的理论问题,并对这些研究成果进行更高层次的系统的理论概括,以形成一门独立的科学,科斯托马罗夫和维列夏金二氏的几部理论著作即是苏联学者在这方面所作出的努力的最有代表性的劳动,特别是二氏的《语言与文化》一书。当然,这些语言学的论据和论证最后反过来又是为教学法服务的。

(3)作为 PKИ 辅助课程的一门知识课,其地位大体上同“苏联概况”,即同后者并列。

在前述三个意义中,(1)最为根本,但“语言国情学”这样一个译名却并没有反映出这一点。这个译名,如果我们按字面去理解,无论如何也得不出这是一种俄语实践课的教学实践活动这样的理解来的。

根据科、维二位本门学科奠基人的意见,лингвострановедение 一词的最根本内容应当是与语言使用、语言教学有关的文化背景的教学。因此,二氏为这门学科所著的奠基作采用了《语言与文化》作为书名,绝非偶然,这同苏联国外外语教学理论界的提法是一致的。试比较,英美作 language and cultural background(语言和文化背景)、德国作 Kulturkunde(文化背景)、法国作 langue et civilisation(语言与文明),而且以上三处都包括“教学”这层意思。但为什么苏联在学科命名上却又未取“文化背景”而叫“语言国情”呢? 据笔者的理解,这一方面由于苏联学界好在新建设学科名称上标新立异,以区别于西方各国;另一方面,这里确实也包括了宣传苏联“国情”的内容。科、维二氏一直强调 PKИ 教材应“反映苏联当今之现实生活”,即向国外宣传苏联社会制度的优越性,在阐述 лингвострановедение 时,也总念念不忘“反映苏联社会现实生活”。

但对我国俄语教学来说,所需要的主要是使学生了解同语言的正确使用和同得体的言语交际有关的文化背景知识,以利于他们更好地实际掌握俄语,更正确地表达和更深刻地理解。至于宣传苏联“国情”,那是苏联 PKИ 界自己的事。

为此,我们没有必要硬搬这个中国人不习惯又不能准确反映问题实质的洋术语,而应“因地制宜”地结合自己的需要,提出中国人易于接受而更有利于指导实践的自己的术语。

再加上,有鉴于这里所说的“文化背景”,就其实质而言,主要指词汇、熟语层次的文化背景,这也是科、维二氏前述《语言与文化》以及《词语的语言国情理论》两部经典性著作的基本内容,而我国对外汉语教学界也有“汉字文化”之类提法。因此,笔者建议,在各种不同场合应分别用不同的提法去代替笼统的“语言国情学”。它们是:(1)词语文化(背景)教学;(2)词语文化(背景)学;(3)词语文化(背景)教学法;(4)词语文化(背景)课。关于这一点,笔者在六年前那篇拙文①中即已明确提出类似的意见,但并未引起国内同行的注意。因此,这里再次重申,希能引起讨论,通过讨论以求得更合理的提法。我国的俄语教学和教学法理论应有自己的特点。苏联 PKИ 的理论和实践对我们固然有极大的借鉴意义,但却不宜完全照搬。作为客观介绍苏联情况的术语翻译,尽管仍不妨译为“语言国情教学”、“语言国情学”、“语言国情教学法”、“语言国情课”之类,以保留其本来面目(笼统地译为“语言国情学”,则似乎仍不怎么妥当),但作为指导我国俄语教学的教学法术语,则笔者建议必须经过消化。

为了进一步论证前述笔者所建议的提法,拟再就“文化”问题补充几点意见。

苏联所谓的“语言国情”,就其中心理论问题和基本实质内容观之,实际上都是“语言与文化”。科、维二氏以此作为新建设学科奠基作的书

---

① 俞约法:《外语教学中的文化背景问题》(“论苏联当今外语教学法两大基本范畴”第二题),分别载《俄语教学与研究论丛》1986 年第 5 辑和《大学外语教学研究》1987 年第 2 期。

名,即足以说明这个问题。也就是说,“语言国情学”就是从语言学与语言教学的角度来研究语言与文化关系之学,是一门交叉边缘学科。

“文化”一词在苏联、西方各国、日本和中国都有不尽相同的解释,即使在同一国,不同的人之间的说法也极为不一,对“文化”所下的定义至少有数百种之多。要准确定义该词,实非易事,更不是本文所要讨论的,此处从略。对文化这一社会现象,可以从不同的角度来研究:哲学、社会学、民族学、人种学等。但对我们外语教学来说,则只能从如何更好地掌握语言这个角度和取向来考察民族文化总体中同使用该种外语有关的文化背景那一小部分。我们所研究和应该研究的绝非文化本身,而只是同语言教学有关的文化背景,研究的目的也是为外语教学服务,而不是为文化而文化。

从外语教学理论的角度来看待文化背景,一般都把文化分为两大部门:知识文化和交际文化(也叫普通文化)。属前者有所学外语国家的历史、地理、文学、艺术、宗教、社会制度、政治、经济、教育等,这个部门的系统知识,在外语教学中一般由所学外语国家概况课(在俄语教学中则为苏联概况课)和文学史、文学作品选读课来传播,这是主要渠道。当然,在实践课的课文和练习中也多少会包含这方面的内容,但这毕竟是“零敲碎打”。

属交际文化(普通文化)的,则主要是词语文化(这也是科、维二氏《语言文化》一书的主要内容,已如前述),其次是同语言使用有关的风俗习惯、思维方式、生活方式、价值观念、伦理观念、道德规范、行为准则以及种种交际规矩等文化背景常识,而最典型的词语文化则体现在不同层次的熟语(фразеологизмы)中。语言礼节(речевой этикет)也是有代表性的交际文化。打招呼、寒暄、致谢、道歉、告别等的“套话”,称呼、禁忌、委婉语、敬语之类也都莫不属交际文化之列。交际文化有时也通过非语言手段(невербальные средства)来体现,如各种“身态语”(самотизмы),因此,在言语交际中这种非语言手段常常是作为语言手段的一个补充部分而出现的。西方国家近年来新兴的“跨文化交际学”即是一种包括前述种种交际文化的新边缘学科。交际文化背景知识,特别是其中的词语文化背景常识,主要是通过实践课的渠道授予学生的,反过来说,作为俄语实践课教学五个方面之一的文化背景教学,则主要是交际文化中的词语文化背景的教学,这便是本文提出用“词语文化(背景)教学”来代替

"语言国情学"的根据。当然,还可能会有更合适更准确的提法。实践课上所讲授和应当讲授的交际文化,我们认为也只限于俄语词语文化中同汉语相异的那一小部分。

2 在俄语实践课中加强词语文化教学并处理好它同其他四方面的关系是问题的关键

在苏联,所谓"语言国情"一开始就明确地规定作为 PKИ 主课的实践课综合教学的五大方面中的一个方面,一个没有明显独立性的有机组成部分。这门新建学科的"经典"——前述《语言与文化》一书的副书名便是《对外俄语教学中的语言国情》,从初版至最新第 4 版,一直未有更改,正好证明我们的前述论断是有根据的。正因为"语言国情"(主要是词语文化背景)在俄语实践课教学中相当重要,所以自它被提出来以后,经有计划地宣传提倡,逐渐受到广大 PKИ 教师的重视,并在教学实践中予以大力贯彻。以前很长一个时期,苏联整个外语教学一直只注意语言三要素的教学,而忽略了文化背景的教学。因此,针对这一实践,大力宣传一下,以引起人们的注意,并在实践中加强这一薄弱环节上的工作,应该说是 PKИ 的一个重大进步。这一转变也同整个语言学从只重微观世界,到宏观和微观世界兼顾的总发展趋向步调相一致。

但由于苏联 PKИ 界夸大了"语言国情"教学的作用和片面追求语言国情学的"体系性",在几个重要理论问题上并未作出明确的规定,再加上过头的宣传,因此在实践上便产生或很可能产生混乱和一些偏向。我国在引进时也不免会发生同样的问题,其主要者如下:

(1)偏离实践课的总目的,脱离课文提供的语言材料,在俄语实践课上对文化背景知识作过多的讲解,以致在不同程度上削弱了实践课的实践性。不少教师以为不多讲不足以表现出其对"语言国情"教学的重视和水平来。

(2)在不同程度上混淆了作为学科建设的"语言国情学"(或"语言国情教学法")同作为俄语实践课的一个方面的"语言国情"教学之间的界限和二者的不同任务。

(3)在不同程度上混淆了作为辅助知识课的"语言国情学课"(即俄语词语文化背景学课)同作为主课的俄语实践课一个方面的"语言国情"(俄语词语文化背景)教学的界限。

(4)在不同程度上混淆了两门辅助课程之间的界限,即"语言国情学"课(俄语词语文化学课)同"国情学"课(即苏联概况课)之间的界限,以致在教学内容上大量重复。

根据前述种种偏颇,笔者提出以下几点管见:

(1)对于我们来说,俄语词语文化背景("语言国情")首先和主要的都应该是,而且按苏联 PKИ 界的初衷也应该是,作为主课的俄语实践课教学五大方面中的一个方面,而不是一门独立的理论课。而我们的实践课又是五方面综合教学的工具课、技能课,而不是知识课,更非理论课。苏联 PKИ 界近二十年来所奉行的教学法理论——自觉实践法,也把"综合教学"作为一项重要的教学法原则来提倡,而把与此相对立的"分科教学"①作为反面教训而彻底否定。既然词语文化背景是实践课综合教学的一个有机组成部分,那么它的教学也必须受到实践课的两条基本原则的支配而不得违反,即精讲多练原则和讲解的"少而精"原则,不能因词语文化背景重要而多讲,更不应讲同实践掌握俄语关系不大或无关的东西,以及虽然有关但不经讲解学生会自行"顿悟"的东西。离开学生实践掌握俄语的大方向去讲授文化背景知识和讲授中片面追求这种知识自身的系统性,都将会严重削弱实践课的实践性,而使它"知识课化"。苏联 PKИ 界的过头宣传和我国未经消化的引进,都可能会在我们今后的教学实践中造成这种偏颇。这并非"杞人忧天",历史的经验值得注意。20 世纪 50 年代引进苏联的自觉对比法时,有些教学单位曾因宣传过头和未经消化而引起滥用对比手段的后果,使实践课"理论课化",导致教学质量的降低。如果我们今天在宣传文化背景教学时也不去掌握这个分寸,是会重蹈当年覆辙的。

(2)在实践课上教词语文化背景,必须密切结合课本课文的言语材料中涉及的那一部分,零敲碎打、细水长流地作少而精的讲解,然后着重实际运用的训练,而不宜也不应去讲那些课文语言材料尚未涉及的东西,更不应追求体系性,"为语言国情学而语言国情学"。对此苏联的 PKИ 的几部主要教学法著作都有明确的规定,而且这个思想从 70 至 90 年代

---

① 也译"分方面教学",即在实践课上把语音教学、语法教学、词汇教学分别单独进行,在进行每一"方面"的教学时,又强调该方面自身的系统性,而忽视三者的综合运用。这种教学是语言教学,而不是言语教学,充其量只能培养"语言能力",而培养不出"交际能力"来。实践证明,实践课进行分方面教学是失败的。苏联从 20 世纪 60 年代初期即已抛弃这种做法。

是一贯的。这里只选引两条权威定义(均出自苏联普希金俄语教学研究所的新近正式教学法教材)作为佐证:①"语言国情教学是对外俄语教学中的一个方面,它旨在同时掌握语言和文化"[①];②"语言国情教学指的是一种俄语教学过程的组织方式,旨在使外国学生以俄语为手段并在掌握俄语的过程中了解当今苏联现实生活和文化。"[②]这里有个根本性的指导思想,文化背景教学必须密切结合实践课的语言教学同时进行,在教语言的同时顺便教点文化背景,对后者决不能另外专门单独搞一套,至少在实践课上如此。总之,词语文化背景教学应当始终是寓于整个实践课教学之中的。但是如果对文化背景教学的宣传一旦过头,在实践上便不一定能保证前述引语中的规定得到遵守。

(3)既然词语文化背景是俄语实践课教学的一个方面,应遵循"精讲多练"和讲解"少而精"的原则,那么对那些不经讲解学生完全可以自己掌握的包含在词语中的文化背景知识,教师便无须再去讲解。对于绝大部分"无等值词"可以作一般词汇来处理,而不须专门去讲解其中所包含的文化背景知识。例如,教诸如 большевик, колхоз, совет 之类词时,只须给予相应的翻译——布尔什维克、集体农庄、苏维埃即可,而不必作进一步的讲解。须作少而精讲解的倒是那些有背景意义的词(фоновые слова),应适当指出其不同于母语中相应词的"背景"部分。但应再次指出,这种讲解必须是少而精的,而且主要讲其搭配用法,以保证有更多的时间用之于实践。

(4)俄语教学法家和文化语言学家研究俄语词语文化是一回事,而实践课教师对这些研究成果的利用又是另一回事。俄语实践课教师固然应尽量熟识这些成果,以开阔自己的文化语言学眼界,但要把这些成果引入课堂却应十分谨慎,须慎重选择。

(5)研究词语文化(背景)教学法和与此有关的文化语言学问题,那主要是教学法家的事,当然也是相当一部分俄语教师的事。这同俄语教师上实践课完全是两件不同的事,虽然二者之间仍有着密切的关系。实践课教师固然应当通晓词语文化背景教学法理论,并把其精神实质转化为课堂教学实践,但这并不等于把词语文化教学所提供给教师的那些词

---

① A. H. 舒金编:《对外俄语教学法》1990 年版,第 80 页。

② 见科、维二氏所写的《俄语教学中的语言国情教学》,这是列昂季耶夫主编的《教学法》的第 4 讲,1988 年,第 40 页。

语文化理论知识全部端到实践课上讲给学生听,区别二者,对于尚缺乏经验的青年教师尤为重要。

(6)作为俄语实践课教师,当然应知道尽可能多的俄语词语文化背景知识,并有相应的词语文化教学法理论修养,这些都应当是师资培训和进修的重要内容之一,但可以拿到实践课上讲给学生的,都只能是其中经过精选的一小部分,这两者是"一桶水和一杯水"之间的关系。

(7)在俄语实践课教学的五大方面中,语音、语法、词汇的教学属语言结构自身方面的教学,属"微观语言学"的范畴,而词语文化背景则属"语言与社会"这样一个"语言自身结构以外"的重要因素,属"宏观语言学"范畴。从外语教学理论的角度来看,则前者仍然是本,后者只是其末;前者是锦,后者是花。本末不能倒置,也不能并列。实践课过去抓语言三要素的综合训练,确是抓住了要害,但仅抓住这一些还并不完全够用,如果教学中再添加上修辞和词语文化,那么就更全面了。锦添上花才会增光,锦之不存,要花又有何用。外语教学的基础仍然应当是培养外语言语熟巧,即分别为语音熟巧、语法熟巧、词汇熟巧。这是苏联自觉实践法一贯坚持的主张,这些主张来自"言语活动论"①,笔者认为这些主张都是正确的。为此,今后的俄语实践课在注意到词语文化教学不可偏废的同时,仍应坚持以语言三要素的综合训练和连贯言语能力的培养为主攻方向,在这个上面投入"主力",使实践课教学的五大方面"各得其所"。对于词语文化教学应给予恰如其分的注意,对它的作用不能夸大。

(8)苏联自觉实践法在理论上一直把"考虑语言国情原则"作为贯彻其主导原则——交际性原则的一条子原则来处理,这无疑是正确的,也是我们在实践中必须紧紧把握的。因为在实践课上学点前述"交际文化"背景知识的目的主要是为了更有效、正确、得体地进行俄语言语交际。

(9)俄语词语文化(背景)学和相应的教学法无论在苏联还是在我国都是一门新建和正在建设中的分支学科,体系尚很不完善。即以苏联的"语言国情学"而言,为了使它成为一门正式的相对独立的学科,苏联同行作出了很大的努力,这是十分可贵的。但他们为了加强新学科的科学性,就去追求其理论上的"系统性",竭力去构建一个像样的理论框架,多方论证考据。这样一来,有些地方不免有失牵强附会,有些地方则自相矛

① 参见俞约法:《言语活动论与外语教学》,《俄语教学与研究论丛》第7辑,1990年版。

盾，有些地方理论与实践相脱离，有些地方近于烦琐，这些都是学科建设中不可避免的现象。对此我们应有清醒的估计和全面的认识，不应把人家所说所写的全奉为“金科玉律”，而应用“分析”的态度去审度，“择其适者而取之”。

（10）其中最为明显的是，苏联同行试图从理论上分清“语言国情学”和“国情学”的界限，可是稍一接触实践，在实践上却始终未能彻底区分开来，相互混淆的做法我们经常碰到。即使在理论层次自身，这种矛盾现象也仍时有所见。究其原因，这恐怕主要在于苏联同行在学科建设的同时仍念念不忘宣传“当今苏联现实生活”的任务所致。

（11）苏联的语言国情学按理应当是 PKИ 教学法科学的一个新分支，但从苏联已有的理论著作来看，恐怕只能说苏联同行仅完成了为本门学科建设提供所需的语言学和社会语言学理论根据这样一个任务。至于教学法本身，则只是提出了很少几条十分笼统的指导性意见，尚未见有成套的教学法理论[①]，这是同语音教学法、语法教学法、词汇教学法相比较而言的，这恐怕是留给我们的课题。因此，我们应大胆地去探索，与各国同行共同创造出一套实践课上教词语文化背景的教学法来。

（12）由于“国情语言学”已成为苏联 PKИ 界的热门，近年来选择这一研究方向攻读学位和成为专家者人数逐渐增加，一支数目颇为可观的“语言国情学家”的队伍正在迅速形成。这些人出于职业的原因，不免强调本门学科的重要性，并试图在 PKИ 教学实践中尽可能多地加进自己的研究成果，这样难免不出现过头和过火的现象。对此我们也似应保持清醒的头脑，正确看待。

（13）我们的俄语词语文化背景学课（现在仍有人把它叫“语言国情学课”）同苏联概况课应当有明确的分工，在内容上应力求少重复，当然最好是完全不重复，前者似应严格限制在词语的层次之内。如果还要再扩展，最多止于“非语言交际手段”，而且这只是本门课程的一个附加章节。

① 科、维二氏的《语言与文化》便是这方面的典型。该书虽以“教学法指南”为副书名，但却并没有多少教学法的实质性内容。另外，苏联至今似仍无一部供基础俄语之用的“语言国情教学法”专书。

3 立足于中俄对比是我国俄语词语文化研究的主要方向

中国俄语教学界研究俄语词语文化背景应有不同于苏联同行的地方。苏联同行走的是“语言国情学”的道路,而我们则应根据自己的需要,发挥我们的优势,走自己的道路。

那么我们的需要和优势又何在?笔者以为,对于我国俄语教学界来说,研究俄语词语文化背景的主要目的是为了有助于实践掌握俄语,提高使用俄语的质量,增强俄语言语交际的能力,而不是为研究而研究,也不是为文化而文化。

俄语词语文化中有同汉语词语文化背景相同的东西,也有许多相异之处。对于前者,根据学习理论的“迁移律”,即使不经教师讲授和专门训练,学生就会自行作“正迁移”;而相异的部分则往往会自发地产生“负迁移”,即所谓“干扰”,妨碍学生进行正确的俄语言语交际,严重影响这种交际的效果。从教学法的角度来看,前者无须教师费心,不教自会,而后者则是须指点甚至专门训练的重点。这样看来,区分两种语言中词语文化背景的异同是俄语词语文化背景教学的中心教学法问题。但又如何才能知晓两者之间的异和同呢?更确切地说,如何“求异”?这只有通过对比才能揭示出来。

要进行对比,研究者就首先要懂得两种语言的各自的词语文化背景,我国不同水平和层次的俄语教师在不同程度上具备这个条件,而苏联 РКИ 界同行则很少有人具备这个条件,至少目前情况如此,这个情况看来短期内不会发生根本性的变化。他们对自己的母语——俄语的词语文化背景只能“就事论事”地站在本国语言词语文化背景的立场上来观察、研究和描写,这样就不一定能揭示俄语词语文化背景,乃至整个俄语文化背景的全部特点,“不识庐山真面目,只缘身在此山中”,这样就不能不使得研究工作本身和成果都有很大的局限性。这种研究对于指导中国人学俄语未必有多大用处,我们需要的,他们无法全部提供,而他们所提供和能提供的,有许多并不是我们所需要的。这种研究成果,对我们来说,许多地方真如“隔靴搔痒”。

而我们中国教师则由于“处身山外”,从另外的角度来观此山,并将它同别的山加以对比,就可较充分地揭示出各山的特点来。用汉文化的眼光,从中国人学俄语的需要出发,用对比的方法去研究俄语词语文化,必会有苏联同行所观察不到的许多新发现。这些发现既直接有助于我们的俄语教学,也会以此间接地来丰富俄语文化语言学的世界研究的宝库。

笔者认为,认清我们的目的和优势,对确定我们自己的立足点和要走的道路是至关重要的。

愿第一届“语言国情学国际研讨会”为今后的“洋为中用”迈出决定性的第一步!

语言国情学及其背景

——从语言及文化的背景看苏联[①]的文化语言学

一

语言是文化的载体,许多学人也都把语言作为文化的一个组成部分来看。语言同文化一开始就有着血肉的关系,二者实难分开,在科学上人为地把二者分开只是为了便于研究和认识,是科学上的一种分工。文化因素一开始便有机地无孔不入地渗进了语言的各个方面,特别是词语层次。在现实生活中纯而又纯的“语言”是没有的,这种“语言”只存在于语言学理论书中,这正像只是在理论上存在的这种或那种纯而又纯的化学元素在自然界是没有的道理一样。语言在其自身的历史长河中积累了无数“文化沉淀物”,“载贮功能”[②]是语言这个多功能工具的一个重要功能,任何一种具体的民族语言总是同该民族的文化千丝万缕地联系在一起的,语言文字的应用归根结底更离不开对该语言的民族文化背景的了解。

因此,按理说来,无论是在理论上还是在应用上,研究语言必须同时研究语言同文化相关的那些问题以及语言同文化“交界”的那一部分的种种“语言-文化”现象。欲全面认识语言和更好地使用语言文字,语言同文化“接壤”的广阔漫长的“边境”是必须彻底研究的部分。事实上,在语言学发展史中,“语言与文化”一直是普通语言学的一个重要理论课题,许多国家的早期语言学都有“为文化服务”的传统。我国最早的语言文字研究是为阅读古籍服务的,这是大家都熟识的事。在俄国,其早期的

---

① 苏联解体后,语言国情学的建设工作由俄罗斯联邦继承,在近两年的时间内虽在继续发展,但尚未见有突破性的理论提出和令人瞩目的实际成果问世,情况基本上同解体以前一样,因此本文的述评也就只作到1991年为止,故称“苏联”。

② 俄文的 кумулятивная функция,英文为 cumulative function,也有意译为“历史-文化功能”的。

语文学（филология）也有类似的宗旨[①]。只是到了近代，随着历史比较语言学的建立，语言学完全从“经学附属”的地位摆脱出来成为一门完全独立的科学以后，语言学家们开始把注意力转移到语言自身的研究，特别是现代语言学奠基人索绪尔提出“为语言而语言”的口号以后，更加强了语言学研究的“非文化”倾向。到了语言学中结构主义占优势的时期，不但同语言文字有关的那一部分“文化”现象的研究几乎无人问津，而且一切不属语言结构（语言系统的各个层次和平面）的“非语言”因素和现象，社会的、心理的、生理的等，均被排除在语言学研究的视野之外。只是到了20世纪60年代，随着人们对语言这个多面体和多功能工具的认识不断深入，随着“文化学热”的时潮的不断推动，人们对以往长期受到忽视的语言同文化相交叉的广大边缘地带的开拓的兴趣又逐渐恢复并与日俱增。对这个地跨两门学科（语言学和文化学）的“边区”的研究，可以分别从这两个学科的立场和视角出发，这样便形成了两门新的分支学科：文化语言学和语言文化学。

当今的文化语言学是一门正在形成中的分支学科，在各国的成型程度很不一样，而且各有各的特点。在我国就叫“文化语言学”[②]；在美国叫“跨文化交际学”[③]，是一门多学科综合性的科学[④]；在英国主要是跨文化语用学[⑤]和文化典故理论[⑥]；德国则叫“语言教学文化背景学”[⑦]；苏联自称“语言国情学”[⑧]；日本情况与苏联颇多相似之处，名叫“日本国情和文化理解教育”理论[⑨]。综观国外情况，文化语言学大多在语言教学，主要是外语教学，特别是对外的国语教学[⑩]的现实需要的推动下产生的，因此

---

① 参见苏联新版《大百科全书》和《百科全书（俄语卷）》有关词条。

② 其内部诸家对本门学科的对象、任务、性质、方法等重大问题的主张尚有分歧。参见戴昭铭：《文化语言学：它的由来、现状和前途》，《语文建设》1992年第8期。

③ 见贾玉新：《美国跨文化交际研究》，《外语学刊》1992年第3期。

④ 见胡文仲：《文化教学与文化研究》，《外语教学与研究》1992年第1期。

⑤ 见胡文仲：《文化教学与文化研究》，《外语教学与研究》1992年第1期。

⑥ 见胡文仲：《文化教学与文化研究》，《外语教学与研究》1992年第1期。

⑦ 见Г.Д.托马欣：《现阶段的语言国情学——问题与任务》，《中国俄语教学》1991年第4期，第3页。

⑧ 见Г.Д.托马欣：《语言国情学的概念及其语言学和语言教学论原理》，苏联《中学外语教学》1980年第3期。

⑨ 仓地晓美：《关于日本语教育、日本国情教育和对不同文化理解的教育》（祝大鸣、金玉子译，尚未发表稿）。

⑩ 如苏联的对外俄语教学、英语国家的对外英语教学等。

一开始便带有明显的应用倾向性。从成型的程度来看,我国本问题专家学者的一项比较研究认定,首推前苏联的语言国情学[①]。这是苏联对外俄语教学界的自觉地大力建设的结果,在那里,语言国情学是作为一项重点分支学科来建设的。这一学科建设的经验,对我国整个语文建设、对外汉语的建设,特别是对诸外语学科的建设都有借鉴意义,因此下面拟对语言国情学的主要方面和几个重要问题作一一述评。

二

语言国情学产生的背景如下。

(1)对外俄语教学的需要是语言国情学产生的直接的和主要的推动力。苏联当局一直把对外俄语教学当做扩大该国国际影响和增进同各国的民间交往的重要工具与渠道,因此不惜人力物力,大力扶植。20 世纪 60 年代以后,苏联的对外俄语教学进入了大发展时期,外国留学生数量与年俱增,苏联国外学习俄语者也越来越多,许多地方不断向苏方聘请俄文教师,提高教学质量和培训合格的职业俄语教师是一项刻不容缓的任务。为此,国家在原全苏对外俄语教学中心和研究中心的基础上成立普希金俄语学院,并且把"对外俄语"列为一门重点建设学科,而语言国情学又是"对外俄语"学科建设中的一个重点研究方向。苏联人把"语言国情"作为语言教学现代化的一项重要标志,他们把语言国情、交际性和考虑学生母语特点当做"现代语言教学理论的三大基本范畴"[②],"没有这三个范畴,便无现代语言教学论可言"。语言国情学的理论奠基人就是普希金俄语学院院长科斯托马罗夫院士,而且几部奠基作都是科氏任院长期间问世的,这些事实都并非偶然的巧合。

(2)苏联社会语言学是产生语言国情学的学术渊源。苏联有研究社会语言学的传统,50 年代曾一度中断,60 年代又开始恢复,而且吸收新的相邻科学的成果为营养而有了新的发展,它的一个侧根延伸到"对外俄语"领域发枝生长,"安家落户",这便是语言国情学。

(3)前述"文化热"和语言学同相邻学科结合导致一系列交叉性边缘

① 见胡文仲:《文化教学与文化研究》,《外语教学与研究》1992 年第 1 期。

② 见 В. Г. 科斯托马罗夫、О. Д. 米特罗法诺娃:《教学法指南(供教授外国人俄语教师用)》1984 年俄文第 3 版,第 8 页,作者为苏联普希金俄语学院正、副院长。

分支学科的不断孳生,而语言教学同所学语言国家文化相结合等国际性潮流的影响则是语言国情学产生的外部条件。“教授外语应同时教授所学语言国家的文化”——这不仅是一种国际性的外语教学法时髦思潮和发展大势,而且已成为许多国家当局的共识。1975 年欧洲安全和合作会议 35 国通过的《最后决议》(赫尔辛基)中就有题为《外语与文明①》的专门章节,该文件郑重其事地声称:“鼓励把外语和文明作为一项重要的手段,用它来扩大各民族之间的交往,使人们更好地了解每个国家的文化以及巩固国际合作。”这一段话为前苏联多种语言国情学所引用。总之,外语教学须结合文化背景教学,为许多国家部门所提倡和支持,特别是对外的本国语教学部门,这样的外部条件对语言国情学起了催生剂作用。

(4)长期中断了的俄国“语文学”是语言国情学产生的又一历史根源,不过当今的语言国情学并非是一种复古,更不是老语文学的简单翻版,而是在新的相邻学科所提供的营养条件下,结合“对外俄语”新垦地需要的一个螺旋式的上升。

综上所述,可见语言国情学同苏联的语言教学密切相关。

三

苏联外语教学界在很长时期内有一种认识,语言教学就是语言三要素——语音、词汇和语法的教学。三要素都学会了,语言也就自然掌握了。以此种理论指导教学实践,其结果往往是学生虽能说出(或写出)语音(拼写)、词汇和语法上完全正确的语句,但在这些语句中相当一部分由于不符合“文化-语用规范”,由于“异文化干扰”的结果,在“跨文化交际”中起不了交际作用,或不为人所理解,或因严重违反所学语言国家的文化而引起与交际目的相反的效果。原来,学生所学到的只是空洞的语言的形式,他们根本不懂所学外语国家的文化背景(苏联学界简称“国情”),或对这方面的知识知之甚少,于是便用外语的语言形式去载本国文化之“道”,所造出的语句在形式上是正确的外语,可是在文化内涵上却完全是本国式的,因此在语用上也常会是有毛病的。

苏联外语教学界很早就懂得而且明确揭示“母语对学习外语的干扰

① 在许多场合下,“文明”在国外当做“文化”的同义词来使用。

作用”的道理，并且提出克服这种干扰的科学对策——两种语言的对比，为此做了大量对比研究工作，并在这个基础上建立起对比语言学。但其对“异国文化因素干扰”在国际和族际语言交往中的负作用却是直到20世纪60年代才开始逐渐有所省悟，认识到学习外语在表达平面上需要文化背景（国情）知识，在理解的平面上这种知识的重要性更为突出。苏联外语教学界的宏观战略理论指导思想中的前述缺陷也极大影响到对外俄语教学，因此，外语教学的流弊及其后果也同样存在于对外俄语教学界。

为了解决同语言有关的文化问题，苏联外语教学界从60年代就开始开设专门的“国情学”[①]或在中学外语课本以及课外读物中加强这方面的内容。“国情学”一词在前苏联的更广含义指“文化背景及其教学”[②]，而这里的“文化背景”指的主要又是“知识文化”[③]。这种意义上的“国情学”和“国情教学”在苏联最先由外语教学界在理论上正式提出，并大力付诸实施。在这个问题上对外俄语教学界虽然在早先就已在实际教学中做到了[④]，但在理论上却尚未有如此高的认识。因此，对外俄语学界就立刻把这一提法接了过来，并进一步理论化和系统化，进一步加强国情学的教学。

无论是苏联外语学界，还是对外俄语学界，自从加强了“国情学”的教学以后，学生掌握语言的质量虽有所提高，但仍未能从根本上消除因跨文化交际中异文化干扰所引起的语用方面的偏误。原因何在，在实践中对外俄语界逐渐认识了，当然也受到国际外语教学理论思潮的影响，原来，大量语用差错都出在词语层次，所学外语国家“词语文化”上的差异是学好该种语言的一大障碍。因此，要教好一种语言，只教该语言本身显然远远不足，还须教一定的文化背景知识，但只教一般文化背景知识也还不够，还必须深入到语言内部，教有关的词语文化。于是便提出了在“对外俄语”中讲授词语文化并建立研究这一新课题的新学问的任务，而且很快就付诸实施。

---

① “国情学”的内容包括所学外语国家的历史、地理、社会制度、政治、经济、外交、教育、宗教、文学、艺术、科技、体育等，而所有这些，又构成了该国“知识文化”的主要部分。

② 见 Г. Д. 托马欣：《语言国情学的概念》，ИЯВШ，1980，№3。

③ “知识文化”的内容包括所学外语国家的历史、地理、社会制度、政治、经济、外交、教育、宗教、文学、艺术、科技、体育等。而所有这些，又构成了该国“知识文化”的主要部分。

④ 在对外俄语教学领域里，俄语一直是作为苏联和俄罗斯文化的载体出现的，“文”与“道”是高度统一的。

对这个以传授和研究词语文化为主要任务的新教学部门和新学问，苏联人把它命名为“语言国情学”，以区别于原先已有的前述“国情学”，并在后者之前冠以“普通”二字作为修饰和限定，即“普通国情学”，同“语言国情学”相对，这便是“语言国情学”这一术语的由来。不妨认为，语言国情学是在普通国情学基础上发展和分离出去的，正因为如此，在前者身上仍保留后者的“血肉”，这一点在本文以后还会谈到。

苏联外语教学和对外俄语教学中的前述弊端产生的原因还可以用当代应用语言学的理论加以比较科学的解释。原来，学生所学到的只是“语言能力”，而“交际能力”却未得到培养。后者既包括前者的全部内容，而且还包括操该种语言的国家民族集团成员之间进行言语交际所需的各种实际知识，以及它们随机加以灵活变通实际应用的能力。“文化知识”和“文化能力”即为其中不可或缺的项目。因此，语言教学中相应的对策便是把此种能力的培养置于首位。与此相适应，对外俄语界早在20 世纪 70 年代初期就提出交际性原则，并且把它作为头条的而且是主导的教学法原则，而为了培养“交际能力”，必须保证学生获得足够的所学外语国家的文化背景知识，因此，便提出“语言国情”作为贯彻“交际性”这个主导原则的子原则。

对“文化”一词的含义，世界各地因国家和因人而异，众说纷纭，定义数以百计，没有一个为所有人或大多数人能接受的共同定义。不同人心目中对“文化”有不同的理解，并根据这些理解作出不同的解释。再加上各国的历史传统和现实条件各异，各国便有不同特色和内容的文化语言学，在苏联便是语言国情学。研究文化又有不同的出发点、角度和取向，哲学、社会学、人类学、民族学、民俗学、心理学、语言学、语言教学等。语言国情学便是从语言（主要是对外俄语）教学的立场和取向建立起来的，它的着眼点和立足点都并不是单纯的文化本身，而是词语文化以及同语言教学有关的文化背景。

对文化，人们从不同的角度和标准进行过名目繁多的分类，这里没有必要一一枚举。从语言教学和应用的需要来考察，文化可分为知识文化和交际文化（又叫普通文化）两大类。属前者的有所学所教语言国家的历史、地理、经济等，有关这方面的知识在苏联的语言教学中通过普通国情学来传授。而属后者的，则有词语文化以及其他广泛的内容，小自能见可闻的衣食住行、家庭起居、婚丧生礼、节日喜庆、禁忌讳语、风俗习惯、生活方式、通讯办法、信息传播媒介，大至抽象的行为规范、伦理标准、人生信仰、价值观念等，这些都通过语言国情学来传授。但语言国情学主要还是教授和研究词语文化，而且在语言教学中一般都结合语言本身的教学而且用所教语言来进行，同语音、词汇、语法、修辞共同构成语言教学的“五大方面”，成为一个有机的综合体。“对外俄语”的“语言国情”这个新方面的教学从一开始提出就受到高度重视，语言教学中有无这一个新方面，被视为衡量语言教学是否现代化的标志之一[①]。为了大力加强这个新方面的实际教学，须对它进行教学法和语言学的研究，对外俄语界很快就把这一研究作为重点经营的新方向，而且很快又把这一新研究方向提到了一个新的分支学科的高度来重点进行建设。于是语言国情学作为一个新兴的文化语言学也便宣告诞生了。

四

在考察语言国情学的广泛背景后，下面拟对它的历史线索作更具体的简要描写。正如前面所述，语言国情学是在（普通）国情学的基础上发展起来的，它从后者独立出来并取得了与后者相并列的平等学科地位后，同后者仍有千丝万缕的联系和难以分清的疆界，因为二者都是以语言教学中的文化背景为对象。因此，在考察语言国情学的历史时，还须涉及国情学的历史，这个历史可上溯到 20 世纪 60 年代末。

早在国际俄罗斯语文教师联合会[②]（以下简称“国际俄教联”）成立大会（巴黎，1967）《决议》中就明确提出一项任务：“必须加强俄语教学同国情知识学习的联系。”这里所说的“国情知识”实际上是“文化背景知识”的同义术语，而且主要指前面所说的“知识文化”。1968 年国际俄教联第二次执委会对前述任务进一步提出落实措施，要求在对外俄语教学中广泛介绍苏联文化（“国情知识”），并指出这一要求必须落实到教材的内容上。与此同时，在国际俄教联学术性会刊《国外俄语教学》上发表了多篇探讨和研究“国情知识”在俄语教学中的地位、作用、内容、方法等方面的文章。在探讨的同时，在实际教学中摸索着实践。在这方面的重要

---

① 见 В. Г. 科斯托马罗夫、О. Д. 米特洛法诺娃：《对外俄语教学法指南》（俄文本）1984 年版。

② 简称 МАПРЯЛ，实际上以苏联为其核心和主体，其会址设在莫斯科，由苏联提供活动经费，是苏联对外输出俄语及其文化的重要渠道。

论文，均收入由维列夏金和科斯托马罗夫编选的两部论文集《国情知识在对外俄语教学实践中的作用和地位》(1969)和《国情知识和对外俄语教学》(1972)中。

在提出加强国情知识教学任务数年之后，苏联对外俄语界又提出“语言国情学及其教学的问题”。在《国外俄语教学》杂志上从70年代开始，关于文化背景教学的宣传和讨论逐渐从国情学转向语言国情学。1972年在列宁格勒召开了第一次语言国情学专题讨论会，这期间的主要论文，由维、科二氏编选入论文集《对外俄语教学的语言国情方面》(1972)。此后，语言国情学的语言学研究和教学法研究，就成为国际俄教联历次代表大会学术讨论的专题和专场之一(有时是分题和分场)。

经过70年代头几年的理论和舆论准备，语言国情学作为一门分支学科来建立的条件已初步具备。苏联对外俄语界不失时机地提出一部系统专著作为这门新分支学科的理论纲领，这便是有名的《语言与文化》，由维、科二氏合作撰写，1973年初版问世，这是语言国情学的奠基著作。以后，此书又于1976年再版，1979年荣获克鲁普斯卡娅奖金，1983年三版，1990年四版。每版均有重大的修改和补充，首先是理论框架和系统的调整、该门学问需研究的诸问题的增删，其次是观点上的改进和更新，这四个版本反映了该学科理论上的不断进展。此书既是指导语言国情学建设的权威理论著作，同时其不同版本又是本学科不同年代实际研究成果的最高理论概括。此书全面系统地从理论上阐述了苏联学派的文化观、语言观、文化同语言的多方面的关系、语言和文化的民族个性和差异、语言教学中的文化背景问题；然后进一步论证语言国情学的任务、对象、范围等学科建设中的重大问题，并区分了国情学和语言国情学这两门不同学科，指出其特点和分工；最后，就语言国情学的“本体论”——词语文化问题作了深入的系统探讨，这是全书的主体部分，也是语言国情学今后应研究的主要对象。以后，维、科二氏又在此书的基础上，吸收了文化学、社会学、语义学、符号学、词汇学等相邻学科的新成果，并概括苏联70年代语言国情学的研究成果，推出另一部理论专著《词的语言国情学理论》(1980)，两书被公认为语言国情学的经典。

关于俄语的词语文化，维、科二氏在前述两书和其他论著中，从俄语同其他语言相比较的角度把全部俄语词汇分为无等值词语和等值词语两大类，认为前者最充分地反映了苏联和俄罗斯文化特点。在后者内部又进一步再分出“绝对等值词”和“有背景附加成分的非完全等值词”两大类，后一类词在俄语词汇总量中占有很大比重，在搭配和语用上有民族特点，是异族人学习俄语的一大难点。不妨用一句话概括，维、科二氏的“词语文化”论的核心以及语言国情学所要研究的主要对象都是俄语词语的“民族文化语义和语用”。

自70年代以来，语言国情学一直是苏联对外俄语界科学研究的热门课题，研究有语言学和教学法两种性质，其中相当一部分是二者相结合，只是侧重点有所不同，这一研究热一直延续到今天，发表的有关论文，数以百计。前期的主要论文，由维、科二氏编选入以下论文集：《编写俄语语言国情教材经验集辑》(1977)、《对外俄语教学中的语言国情方面》(1974)。至于语言国情学专著，据初步统计，至少在20部以上①。除前述维、科二氏两部专著外，值得一提的还有托马欣的《语言国情学的理论基础》(1984)和80年代初他在苏联《中小学外语教学》杂志上连载的四篇有关语言国情学的系列专题讲座以及他的《对比语言国情学诸问题》(1986)，以及伏伊奥维奇的《俄语的语言国情教学诸问题》(1986)等。在词语文化方面，值得注意的有勃拉基娜(А. А. Брагина)的《语言词汇与国家文化》(1981)，福尔马诺芙斯卡娅的《俄语言语礼节的使用》(1982)和《俄语言语礼节》(1983)②等。还需专门提出的一部是以词语文化为主的文化语言学专著——加里宁(Л. В. Калинин)的《俄罗斯词语文化》(1984)，作者对俄语的一些具体词语的民族文化语义、词源、语用等方面作了深入的多方面的发掘，进行了细致观察和研究，解剖的“麻雀”的数量虽然有限，却使人从中得到研究词语文化的方法论上的启迪，由此可以“举一反三”，该书代表前苏联文化语言学20世纪80年代前期所达到的水平。

既然词语文化是语言国情学的主要内容，而俄语中的数量众多的含有“附加民族文化语义”的“有背景词”又是教学的难点和应分外注意的重点，那么，以文化题材为纲目编写各种专题的“语言国情词典”就已成为这门学科建设中的重要工程。这种专题词典已出版至少有五种，例如维、科二氏合编的《苏联艺术文化词典》(1984)，菲莉齐娜的《俄罗斯谚

---

① 见胡文仲：《文化教学与文化研究》，《外语教学与研究》1992年1期。

② 后一书同A. A. 阿基希娜合作编著，1983年系修订第3版。

语、俗语和名言》(1979),杰尼索娃(M. A. Денисова)编的《苏联国民教育(语言国情)词典》(1983)等。

语言国情学作为教学的一项重要内容,早在70年代就已进入课堂,构成对外俄语教学实践课五大方面中的一个方面,已如前述。以后它又作为一门独立的课程,在培养中级以上档次的俄文专门人才的俄语教学中开设。但这些都是边摸索边实践边改进的,实际内容的取舍,处于不断变动之中,没有而且也不可能很快就有相对稳定的教学大纲。这样的大纲是经过长期实践之后,才于1981年正式确定的①。如果说维、科二氏的《语言与文化》是语言国情学的理论纲领的话,那么这份大纲便是这纲领的具体实施方略,从中我们可看出它的实际教学内容和方法,而这些也正是语言国情学这门新学科所要研究的主要内容,因为语言国情学是一门为语言教学服务的应用性极强的新分支学科,教学的内容也就是所要研究的重点。

最后还应指出,语言国情学是苏联"对外俄语"学科建设的一个重要部分,它作为一门分支学科的建立是从上而下有目的、有计划、有步骤、有组织、有领导地自觉进行的。维、科二氏是这门学科的奠基人并一直是它的学术领导人和带头人。语言国情学的研究对象、范围和任务,都是他们在《语言与文化》这部纲领性著作中明确提出和规定,并在该书第一至四版中不断修订和完善的。

五

作为苏俄型文化语言学的语言国情学的俄文术语 лингвострановедение(以后简称 ЛС)在俄语中虽是个连词典(甚至是各种《俄语新词词典》)都尚未来得及收入的新词,但却是个多义词,这"多义"反映了它的不同方面和不同结构层次以及范围、对象。这种现象在别的学科中似属稀见,也是苏俄型文化语言学不同于众的一个特色,因此有必要加以介绍。

---

① 《大纲》译文(摘要)见祝康济编著:《苏联的对外俄语教学》,北京语言学院出版社1992年版,第119-123页。

（1）ЛС 作为语言教学中五大方面的一个方面[①]（其他与其并列的四个方面是语音、词汇、语法、修辞）。在这个意义上，指以词语文化为主要内容的各种文化背景知识，其中也包括词语文化以外的各种“交际文化”乃至“知识文化”的各种主要知识，但其传授方式是“寓文化背景教学于语言教学之中”，用苏联学界的说法便是：“以所学外语（而不是学生母语）为手段，在外语教学过程之中（而不是离开外语教学单搞一套）传授所学外语国家的国情知识。”这一点正好是语言国情学同以系统介绍所学外语国家“国情”知识的普通国情学的“区别性特征”之所在。后者是在外语教学过程之外单独专门开设，是一门系统课程，可以用外语，但更多情况下用学生母语讲授。这就是“语言国情学”这一术语的由来：它由“语言”和“国情”两个“词素”构成，以语言为载体和手段传授所学语言国家之文化，而学习此种文化又反过来使语言掌握得更好，能更有效地充当交际工具。

（2）ЛС 作为一门独立的专门课程，在培养较高层次俄语人才（主要是未来俄语教师）的教程中开设，并用俄语讲授。

以上（1）和（2）都是第一层次的文化语言学，即语言教学层次的文化语言学，而第二层次则是对第一层次的全部内容进行教学法和语言学两个方面的科学研究，也便是 ЛС 的下面要介绍的（3）和（4）两个意思。

（3）ЛС 作为一门新课程和语言教学新方面的教学法理论和实践，其中也包括对不同程度和办学等级和种类的对外俄语教学的语言国情内容——材料的选择和安排、有关的教材的编写理论、课文和练习以及课外阅读材料的编和选的原则等。其实，对外俄语的语言国情教学法的中心问题和最高目的就是如何最有效地以俄语为手段在教授俄语的同时和此过程中使学生更多了解苏、俄“文化”国情。而这里所说的“文化国情”在苏联几部语言国情学权威著作中又是“苏联当今社会现实生活”的同义词。

（4）ЛС 作为语言国情学的文化语言学实际语言-文化现象的研究和语言学理论的研究。这种研究以语言国情学教学的内容为主体，向各个方向纵深发展，不断开拓其范围，这是层次更高一级的研究。作为一门新

---

① 这是 ЛС 这个术语的最早的含义，用词汇学的行话来说，即此词的“本意”，维、科二氏的《语言与文化》一书即以《对外俄语教学中的语言国情方面》作为副书名的。

的分支学科的语言国情学，指的就是这个意义上的 ЛС，而外国语言学界最为关注的也正是它。因此，以下将对此作进一步介绍。但在介绍(4)的内容之前，有必要指出，它同(3)之间并没有一道泾渭分明的疆界，其中有一个广大的交叉地带。

如果从学科归属的角度来考察，ЛС 的第(1)至(2)属教育科学，而只有(4)才基本上属语文科学，我们说 ЛС 是“苏联型的文化语言学”也是仅就这个意义上来说的，但从总体上来看，ЛС 仍应是教育科学的新分支。

六

前述第(4)意义上的语言国情学，其研究内容(对象、范围、任务)有以下一些方面：

(1) 宏观的理论研究：文化语言学的一般理论诸问题，特别是民族语义和语用的问题；语言国情学自身的理论体系问题等。

(2) 微观的实际研究：其主要内容有① 词语文化，② 语音和语法所反映出的文化，③ 语篇-课文与文化，④ 文艺作品与文化，⑤“无词语言”与文化。这些微观实际研究是语言国情研究的主体部分。

以上研究对象、范围、任务都是由语言国情学的理论纲领《语言与文化》第一至四版提出(这也是该书的几乎全部内容)，并在以后的《语言国情学教学大纲》中进一步作出明确的规定。的确，苏联的语言国情学基本上是按此范围和方向进行研究的。因此有必要对前述主体部分五个大题目作一说明。

(1)词语文化。这是语言国情学研究的主攻方向和主要对象，维、科二氏把词语叫做“作为民族文化信息载体和渊源的语言称名单位”。在词语中又从文化语言学和语言教学的角度再分为以下几种：第一，无等值词；第二，有背景意义词；第三，有文化感情色彩词；第四，成语典故；第五，格言警句；第六，礼节用语和客套语。其中第五类又可进一步细分为：① 俗语；② 谚语；③ 名言；④ 所学语言国家中的政治口号和号召；⑤ 科学公理和公式。其中①和②出自民间口头文学，③出自该国名人之口，一般都在不同程度上反映国家民族文化特点、民族集体特定时期的生活条件和思想、价值观念、道德标准等。

（2）语音、语法和文化。《语言与文化》一书把俄语语音、语调、构词法、词的形态变化、造句法都称为“作为民族文化信息的载体和渊源的语言关系单位”。

（3）语篇-课文（текст）与文化。这是近年来语言国情学大力研究的课题。俄文的 текст 是多义术语：① 作为语言学术语，它指现实交际中产生的意义连贯的成段成篇的“超句体”，可以大至整部长篇著作，此时译为“话语”、“篇章”、“文本”等，这是语言学近数十年来研究的一个热门新课题，也就初步形成了一个新的相应分支学科——话语（篇章、语篇）语言学；② 作为教育学术语，它指的是语文教学教科书中的课文。作为语言教育科学的新分支学科的语言国情学中的 текст，同时具有上述两重意义，既研究现实交际中产生的话语（语段、篇章）同民族文化之间的关系，又研究选取或编写充分体现所学语言所载的民族文化的课文的办法，即既研究语言学的问题，又研究教学问题，而且更多研究后者。

（4）文艺作品与文化。从话语语言学的角度来看，文艺作品实际上是最高层次的篇章，也是最复杂精致、最富“载道”和“传道”功能的话语大单位。这里所载的民族文化之“道”，信息量最大，文化同语言的结合达到高度的有机统一。因此，通过各种体裁和题材的不同文学作品可以最有效地习得所学语言国家的方方面面，而从语言教学的角度来看，这些所习得的文化知识，又反过来促进语言本身的更高一级的掌握。在这个研究课题上，也同前一课题一样，除了文化语言学的以外，更多是教学法的，最后落实到如何选取和节选文艺作品来进行“文化传播”的问题的科学的解决。

（5）无词语言（невербальные языки）。指作为社会主要交际工具的有声有词的语言之外的某些特定的辅助交际手段，主要指手势、面部表情、身体动作等，又叫“体态语”（самотизмы，也有译为“身姿语”的），同文化背景有密切的关系，也有鲜明的民族特色。

七

综前所述，可见：

第一，语言国情学实际上是语言教育科学中为外语教学服务的应用文化语言学，它研究的出发点和最后的落脚点和归宿点都是语言教学，它同语言教学有着血肉关系,它未提出系统研究文化本身这样一个目标,也并未以发现和揭示文化同语言之间的关系的规律为己任。

第二,对文化的研究限于表层,而未及深层;重点在词语的民族文化语义和语用,旁及各种文化背景常识;对象是个别的零散的具体的事实;研究工作具有发掘性和描写性。

第三,它大力研究文化背景的教学法问题。

八

最后,拟对语言国情学存在的问题略抒己见,并对其发展趋势作些预测。

第一,语言国情学所研究的语言学方面的内容,如果我们进一步分析便可发现,实际上大多数都是苏联俄语界已经研究过的语言现象,现在只是换了一个角度。词语文化是语言国情学的重点研究对象,其中有关成语典故、格言警句的部分早已有人从词源、语义等方面作过比较深入的研究,而且已有"大而全"的工具书问世。词源本身就包含典故,要从中从语言学角度再去"发掘"更多的新"文化宝藏",也并不容易。而最能体现苏、俄文化因素的"无等值词"则只占现代俄语词汇量不到9%的比例。将它们从总词汇中筛选出来,是一项可以"一劳永逸"的中小工程,而且从对外俄语教学的角度来看,这类词学生一般都不难掌握,因此没有多大研究的前景。"有文化感情色彩词"数量也比较有限,如果对此大力开发,为时不久,资源必将枯竭。比较有前途的只是"有背景意义词",这类词为数众多。在不同情况下,同样的那些俄语词,对不同国家民族的人学习俄语,有不同的"背景意义",产生不同的"异文化干扰",成为学生语用偏误的文化语言学来源。这要通过以俄语为一方,另一种外语为另一方的多向双边对比才能揭示出来。这里可做的工作很多,至少可使语言国情学家在近期还有"用武之地"。编写详尽的"大而全"的按题材分类的各种语言国情词典,以民族文化语义和语用为描写对象,还大有可为。

至于把俄语的语音、语调、形态变化和构词法、造句法都同民族文化特征联系起来,说成是"作为民族文化信息载体和渊源的语言关系单位",笔者认为有些牵强。除了维、科二氏在其理论纲领性著作里作了并不完全令人信服的阐述并提出研究任务以外,此后也未见有人在这个方面做过什么文章,此事似乎已经“不了了之”了,而“无词语言”则为数更为有限,经不起开发,“身势语热”很快也就冷却下来。从语言国情学的角度研究语篇、课文、文艺作品主要都是教学法性质的,而非语言学性质的事,而且这只是语言教育科学中的一个分枝分杈的问题研究,可研究的范围也极为有限。

此外,语言国情学还要“管辖”的“交际文化”的种种“非语言”方面,大多属民俗学(而非文化语言学)的范畴,而且都是易于观察和描述的表层文化,在此以前人们已经从民俗学的角度做过了,语言国情学家们在这方面并无新建树。至于对外俄语教学中通过俄语传授给学生的那些“国情知识”,即“知识文化”,都是一些基本常识,是俄罗斯受过中等教育的人“家喻户晓”的,对本国人来说,这里并没有什么“新”的可供研究的东西。

因此,语言国情学如果要有更大的发展,就必须拓宽自己的疆域,扩大研究的范围,从表层、浅表层、浅层转入深层。已经有人提出语言国情学应向“语言文化学”进军而成为文化学里的一个部门,在那里就会“柳暗花明又一村”。

第二,语言国情学是苏联对外俄语界有领导有组织地建设起来的,因此其性质应当是明确的,而且事实上从其所从事的活动范围和已取得的研究成果来看,它确是一门为对外俄语教学服务的文化语言学。它研究的是语言单位(或语篇、语境)中表现出的民族文化特点,研究的目的是为了改善对外俄语教学。它牵涉到一系列的教学法问题,对其中的不少问题已作了研究并提出解决办法。因此在苏联语言教学界内部,许多人一提起语言国情学,总是倾向于把它理解为一种教学法科学或语言教学论的一个重要组成部分。

但又由于语言国情学是“形成中的”在几个学科的交叉点上的新分支学科,人们对它的理解也就很不一致。即使是从事语言国情学的人内部,意见也有很大分歧,他们并不以学术领导人和官方行政当局的意志为意志,安于固守阵地,而是试图按着自己的理解,把语言国情学引向他们自己立定的新的目标和方向。例如,有人认为语言国情学应是语言学的一个分支(托马欣)[①],有人则主张它应是“部门社会学的一个学科”(莫尔科夫金),还有人把它划入文化学。这种见解上的分歧,从表面来看,似乎是会部分地抵消语言国情学界所作的形成学科的有组织的努力,起着“耗散”作用,但如果从另一方面来看,却仍不无积极意义,即这将会给这门疆界未定的新分支学科开拓更多更宽广的阵地。

第三,尽管人们对国情语言学尚有不同的理解,但有一点众人是一致的,即它所研究的是语言中所体现出来的,乃至同语言的理解和使用有关的民族文化语义,乃至更广泛的民族文化背景的特征。但如何才能揭示出俄罗斯语言所体现出来的俄罗斯文化的民族特征,主要的、基本的甚至是唯一的方法便是把它同别的这种或那种具体的他族异国语言文化中的相应的事实进行系统的比较。“不识庐山真面目,只缘身在此山中。”如果不去比较,仅就俄罗斯语言文化自身孤立地来考察它们本身,那么就只能流于泛泛和一般,看不出它的特色来。也只有通过这样的对比研究所显示出的民族特点,对外俄语教学才有应用价值和教学法意义,因为正是这些特点在对外俄语教学和“跨文化交际”中造成“干扰”而导致语用偏误,因此语言国情学界的有识之士早就提出这个理论主张[②];但在实践上,截至今天的俄苏语言国情学研究工作中,仍然是“就俄罗斯语言国情研究俄罗斯语言国情”的做法占多数,这同苏联对外俄语教学界的语言国情学家不熟识所教学生国家的民族语言文化这一条件有关。既然未能突出俄罗斯语言中所含的文化成分的民族特色,在对外俄语教学中也就由于其缺乏针对性而使其成果未能充分发挥作用。据我们观察,语言国情学的研究正在逐渐向“对比”的方向慢慢地移动,这倒是一个广阔的天地,因为这里可对比的民族语言文化数量很多,而且都是从未被研究过的领域,有的是可供研究的题目。

第四,“语言国情”最早是作为对外俄语教学的五大方面的一个方面提出的,旨在保证学生更全面地实际掌握俄语;当初“语言国情”在教学法上也是作为更全面有效地贯彻交际性这条主导原则的子原则提出的,旨在培养学生的实际言语交际能力。总之,对外俄语教学中的“语言国

① 托氏本人就是语文科学(而不是教育科学)博士(1984),他的学术论文《语言国情学的理论基础(以英语中的美国词语为材料)》也是语文学性质的。

② 参见 Г.Д.托马欣:《对比语言国情学诸问题》,俄文版论文集《对外俄语教学的科学传统和新方向》,1986。

情”是为了加强学生对俄语的实际掌握而服务的，它不是“为文化而文化”，也不是“为语言国情而语言国情”，目的应当说是十分明确的①。

但随着“语言国情”从教学实践发展成为一门独立的学科，它便逐渐产生一种有悖初衷的“异化”倾向。作为科学研究，语言国情学家的工作越做越细，这当然是必要的和正常的。但与此同时，许多人对“语言国情”在教学中的重要性的强调和宣传也愈演愈烈，以后竟超出了当初所规定的限度。一些语言国情学家为了证明自己的学问有用，把“语言国情”的作用夸大了。于是便要求去“发掘”俄语词语的“文化内涵”，并据此编写课文，要求课文“传播文化”；在实际做法上，不是语言国情学为实际掌握俄语服务，而是使俄语教学为向学生宣扬苏联文化服务。在目的上本末倒置，必然导致实践上出现这样一种倾向的苗头：为了揭示词句的“文化内涵”而大讲特讲，冲击了俄语实践课的实践性。对此，苏、俄语言国情学家内部的有识之士已呼吁予以彻底纠正②，此事已引起人们的关注。

---

① 当然，“语言国情学”也有“人文科学”的“认识任务”和扩大知识面的“普通教育任务”，正如维、科二氏在《语言与文化》一书中所说的，但这些同前述的实用目的相比较，毕竟都处于从属的地位。

② 例如，可参见 Ю. 普罗霍罗夫：《语言国情学 · 国情学 · 文化学》，译文载《中国俄语教学》1991 年第 3 期。

有关文化因素教学和相应学科建设的几点思考

自觉、明确提出文化因素①,并把它同传统的语音、词汇、语法、修辞并列,作为外语教学五大内容的一个新方面,是近二十年来外语教学理论和实践发展的一个明显特点。不少有影响的外语教育家都认为,是否列入文化因素是当代语言教学论区别于以往的主要标志之一②。随着语言教学界许多人的倡导,文化因素教学在语言教学实践中得到了迅速推广。正像语音、词汇、语法、修辞的教学同语音学、词汇学、语法学、修辞学的关系一样,文化背景的教学也需要"文化背景学"来作为自己的科学依据,使教学实践建立在正确理论的基础上。于是语言学和语言教学科学中便又产生了一个新的研究方向,一门新的分支学科,这在我国语言学界叫"文化语言学",在苏、俄语言教学界叫"语言国情学",在美国叫"跨文化交际学",如此等等。它们名称虽然不一,且各有各的侧重,但实则大同小异,共性是主要的,差异居于从属的地位。其共性是,它们都是从语言与文化的交叉处和接合点研究语言的。这是一个有待开垦的处女地,正吸引着语言教学界越来越多的研究者前去开拓,出现了这个领域的专家学者,学术带头人。一门新学科的出现,总是有许多事情要去做,而且人们总强调它的重要性,以取得生存权。

我国俄、英语教学界受所教语言国家学科建设的直接影响,也分别以"语言国情学"、"跨文化交际学"来命名自己本国外语学界的新研究方向和新学科。

尽管现在人们对文化因素的教学与研究越来越重视,但无论是在文化因素的教学实践还是学科建设中,都存在急需解决的重大问题。这些

---

① 也有提"文化背景"、"语言国情"等的。

② 例如苏、俄语言教育家 В. Г. Костомаров 院士,О. Д. Митрофанова 教授等。

问题如果得不到正确解决，那么，即使再重视文化因素的教学，也不大可能使俄语教学的总体质量和效果有什么明显提高。这些问题如果得不到解决，新研究方向的建设即便投入大量的人力，其研究成果也不会受到整个外语界的应有重视。

笔者是俄语学界人，下面只想就俄语界文化因素的教学与学科建设中的一些问题在更广的语言学与语言教学论的背景上直抒点己见。

1 文化因素教学在俄语教学中如何同语言教学相结合

外语教学中“引入”文化因素，似乎是近二十年来语言教学中的一种新现象和新发展，但从外语教学法历史的视角来审度，这实际上是并不新鲜的老问题。前人早就在实践上作了一定程度的成功解决，只是限于当时语言学和语言教学论的发展水平而没有从理论上明确地自觉地提出，许多人，包括许多语言教学界同仁，便都以为其新。实际上，外语教学实践从一开始就同文化因素教学联系在一起，只是在不同时期结合的程度和形式有所不同而已。各国最早的外语教学都是以语法翻译法为其教学法指导思想，该法的一条重要教学原则便是“以古典文学作品为基本教材”，而文学作品实际上是一种高级的“精神文化”。以古典文学名著名篇为教材，既学习外国语言，同时也自然而然地习得了外国文化中的种种因素，学习的时间越长，文学作品学得越多，外国文化因素也习得越多。外语教学在很长的历史时期内，尽管教学法更新换代，但到高年级教材中外国文学作品的比例只能越来越大，甚至全部是文学作品，这也是各国外语教学历史上的普遍现象。另外，即使到了现代，外语教学中除了古典文学作品外，还收入所学语言国家的现代和当代文学作品，该国近人时人的出色政论、讲演等文艺语体以外的其他语体的名篇，这些双重意义的текст，都满载所学语言国家文化因素的信息。至于后来增设的所学语言国家报刊选读课，几乎篇篇都充斥所谓的“国情”与“语言国情”信息。特别应当指出的是，这类新课的开设，在国外许多国家是早在人们正式提出“普通国情”、“语言国情”教学之类口号之前就进行了。那个时候人们主要并非从语言同文化的关系的角度，而是从怎样学习“地道”外语的角度认识、提出和解决问题的。以前述种种满载所学语言国家文化因素信息的“课文”为教材来自觉地学习语言的同时，无意识中不断地自发习得了这些文化因素。至于在主课实践课之外再开设一门旨在介绍“知识文化”（同“交际文化”相对而言）的基本常识课，即所学语言国家“概况”课，在我国俄语教学界，那是20世纪50年代中期的事（苏联史地课），但当时也并不是从语言与文化的关系的角度处理问题的。

综上所述，在外语教学的实践中，文化因素在实际上早已成为教学的重要内容，而且文化因素的教学同语言教学比较自然而且成功地结合在一起，真正做到了“在语言教学的过程中（而不是在这个过程之外）教文化因素”，或用国人更易于接受的方式表述为“寓文化因素的教学于语言教学之中”。因此，过去的外语教学一直能取得相当的成效，尽管这些成效还并不是最理想的。

在外语教学的实践历史上，在一般情况下，语言教学都没有离开过文化因素的教学，也不可能完全离开，道理十分简单，这是因为语言是文化的载体。“文以载道”，民族语言载民族文化之“道”，二者在现实生活中紧密相依，达到了“水乳交融”的程度，难以绝对地、机械地、人为地分开，语言教学也只有符合这一客观实际才能“行之有效”。教本国语言固然必须如此，教外国语言也不能离开这个谱。这些实际工作中早已经做了而且一直在做的事，过去只是没有从理论上明确而已。

现在人们常指责索绪尔及其后的美国结构主义语言学对外语教学的“消极影响”，即只教语言本身而不涉及文化因素。实则不然，索氏的影响主要在语言学界，而不在语言教育界。索氏以后的外语教学基本上都仍以所学语言国家的“名篇”为教材，已如前述。即使就最极端的以美国结构主义语言学为理论基础的美国听说法而言，这个流派也只是在初级的入门阶段才大力主张“机械的”、似乎是无文化内容的“句型操练”。实际上听说法的代表人物拉多在倡导该法的同时，就提出“文化因素不可忽视”的问题，他的教学法理论代表作之一便题为《跨文化语言学（语言教师的应用语言学）》（1957），是当今“跨文化交际学”的先声；听说法高年级的教材，也莫不是负载所学语言国家文化信息的“篇章”（课文）。即使以低年级的“句型”操练而言，句型本身实际上也体现该语言国家的民族文化的一个方面。

再以苏、俄而言，其对外俄语教学界（РКИ）一直都以俄语为工具来向外国人宣传其“国情”，即国家社会制度的优越性，语言教学同“文化输出”一直是自然地结合在一起，同步进行的，所教的语言一直是地道的俄语，所用教学材料（текст）讲的也一直是苏、俄的人和事（文化）。在那里，人们在提出“普通国情”和“语言国情”以前，早已在实际上这样做了，此后更自觉地加强了“力度”，这是众所周知的。

语言教学同文化因素真正脱节的现象，刚巧发生在我国外语（含俄语）教学界。建国以来，在很长的历史时期内，我们的外语教学中，有相当一部分课文都是以俄语为工具，讲的却是中国的人和事。在这些地方，俄语所载的不是俄罗斯的“文化之道”，而完完全全是当代中国文化之道。这种现象，不同的历史时期程度上不同，总的趋向是前 26 年其比重一年比一年大，到了“文革”期间，发展到了登峰造极，以俄文毛主席语录、《毛泽东选集》、“两报一刊”社论、«Бюллетень»之类为基本教材。在英语学界，事情竟发展到了这样一种程度，在入门阶段教学中反对教诸如面包、奶油、餐刀、餐叉一类表示西方国家衣食住行的最积极常用的基本词汇（物质文化的载体），理由是，吃西餐会使人“变修”云云。只是粉碎“四人帮”以后，经过拨乱反正，这类怪现象才逐渐消失，一切慢慢恢复正常。前述俄语教学同苏、俄文化相脱离的现象产生的认识根源与其说是索绪尔与结构主义语言学，倒不如说是出于意识形态和政治上的考虑。那个历史时期从“反修防修”的立场出发，把外国文化都作为“封、资、修”、“洋、大、古”加以反对，造成了俄语教学中用俄语来载当代中国文化之道的现象。产生这种现象的政治背景一旦不复存在，我国俄语教学也逐步恢复了基本上以俄语载苏、俄文化之道的正常局面。

综上所述，过去我国俄语教学界在实践上，是通过两条渠道和两种形式使语言教学同文化因素相结合的。

（1）主渠道——实践课，以苏、俄文学作品和其他满载苏、俄文化信息的 текст 为教材，进行综合教学，实现语言教学和文化因素教学的结合。这种结合是高级形式的有机的、自然的结合，是成功的结合，到现在为止，似乎还没有探索出一种新的比这更好的结合形式来。

（2）辅助渠道——开设诸如苏、俄概况之类课程，从实践课的外部系统地输入所学语言国家的“知识文化”的基本常识。这种课程既可以在低年级开设用汉语讲授，也可在中高年级开设用俄语讲授。自从提出“语言国情”口号以后，有些俄语教学单位又增设“俄语语言国情学基础”或“俄语与苏、俄文化”之类课程，从俄语实践课的外部输入“交际文化”的基本知识，此是后话。但不论用何种语言授课，与前一种结合相比较，这是一种低级的机械的结合。自从明确提出文化因素或所谓的“语言国情”的教学后，至今还未见有人创造出新的结合形式和渠道。因此，进行文化因素的教学仍在原有的两种形式与渠道中进行。由此产生了几个新的教学法问题，下面将分别探讨。

2 文化因素或所谓的“语言国情方面”在整个俄语教学以及俄语实践课的整体中处于何种地位，起什么作用

笔者认为，在俄语教学以及俄语实践课教学中，文化因素的教学同语言教学不是平等的和并列的，也就是说，所谓的“俄语教学五大方面”中的“语言国情方面”同语音、词汇、语法三方面不能等量齐观，教学的主体依然是语言教学，即俄语语音、词汇、语法的综合教学和在这个基础上培养听、说、读、写能力的言语教学，这是基础和根本。文化因素的教学只是锦上添花，它可以帮助学生更好地掌握俄语。以前的外(俄)语教学虽然没有明确地提出文化因素来进行自觉地有计划地教学，而把力量几乎全部放到语言教学和言语教学上，不是也培养出许多优秀的外(俄)语人才吗？这说明过去人们是抓住了外语教学的根本。以往没有自觉地有计划地向学生传授文化因素方面的知识(实际上学生是自然地、自发地习得了相当一部分这方面的知识)，这只是一个缺陷。这个缺陷同整个外语教学所取得的成功和成绩相比，在总体上处于相当次要的地位。因此这个缺陷一经发现并进行自觉地、有计划地弥补，也就使外(俄)语教学的质量进一步提高。

过去这个缺陷之所以没有引起人们的注意，其主要原因之一是以往的面对面的直接的跨文化交际还并不普遍和发达，而且这种交际往往又并不是在所学语言国家里进行的，所以矛盾没有充分暴露。当时用传统办法培养出来的外语人才，一般还能应付得了他们所从事的工作。

因此，如果我们把文化因素的教学放在语言教学的整体中考察，就不难看出它的地位和作用毕竟有限，不能夸大，作不实事求是的估计。从“交际能力”理论的角度来看，“文化能力”只不过是“交际总能力”的一个组成部分。应当指出的是构成“交际总能力”的主体的是“语言能力”，这是交际能力的根本和基础。过去由于没有意识到文化因素和“文化能力”的重要而在一定程度上忽略了它们，以致造成了教学上的“短腿”。但矫枉一旦过正，又会出现新的问题和新的缺陷。现在的主要倾向已经不是忽视和轻视文化因素和文化能力教学的问题，而是把它的作用强调

得过了头的问题。

有一种议论,认为同外国人进行面对面的跨文化交际,你说的外语语言上有差错("语言语法"有差错),外国人会原谅,最多言不达意或不理解罢了,但语言正确而在"文化语法"上出差错,反而会使外国人误以为你在故意同他过不去,引起严重的交际负效应。这种判断的结论必然是文化因素教学比语言教学更重要。但这种意见只是在一定的(相当有限的)条件下有一定的道理。试问专门学习一种语言的人,却在语言上错误百出,能说是外语教育的成功吗?语言能力低而文化能力"高"的人,能说他有合格的交际能力吗?

总之,在俄语专业,大学公共课俄语和中学俄语也一样,语言教学是根本,文化因素教学是添在锦上的花,它只是为学生更好地掌握和使用俄语服务,不是"为文化而文化"。"皮之不存,毛将焉附",因此在教学的实际安排上应把它放在恰当的位置上。喧宾必然夺主,过头强调文化因素的重要,并在实践上作出相应的安排,那么就非但不会促进整个语言教育质量的提高,反而会冲击语言教学而造成学生语言质量的下降。道理将在本文下面作进一步的说明。

应当区别两种情况:(1)在语言专业中交际文化和语言文化的地位;(2)在普通文化学和学科文化学(如哲学、文学等)专业中的普通文化和学科文化的地位。本文前面所说的意见只限于第一种情况。至于在第二种情况下,文化本身应当是研究和攻读的主体,而语言只是治学的工具,在这里"主"和"宾"的地位刚巧对调了过来。

3 俄语文化因素应当教什么和怎样教

教学实践和教学理论的两大基本问题是"教什么"和"怎样教"。这两个问题在文化因素教学中还都没有来得及作专门、深入的系统研究,都远没有得到有科学根据的根本性的解决。在这样的状况下,教学就很难期待会取得应有的成效。

先说"教什么"。在语言教学中,语言三要素——语音、语法、词汇都有其"必学项目"(минимум/minimum),修辞也有一个大体上公认的教学内容,但"文化"(这里专指同语言教学、语言使用、言语交际有关的文化)因素又有哪些具体的必学项目?语音、语法、词汇因为都是语言系统中的不同层次或子系统,其数量本来就有限,根据常用程度和交际中的重要程度，不难选出并确定其在教学中的次序。但“文化”却是语言系统以外的事物，范围要比语言广得多，甚至可以说“语言是文化的重要载体”、“语言是文化的一个部分”，而且人们对“文化”的理解又是五花八门，文化本身又是一个开放性系统，它自身究竟包括哪些内容？至今仍众说纷纭，莫衷一是。即便是文化中同语言使用和言语交际直接有关的那一部分又究竟包括哪些内容，至今尚无一个“大而全”的“总清单”（性质类似一本词典的词目清单）。既然无此基础，也就难以从中挑选出必学项目来，即使也曾有人试图提出，也往往只凭主观经验，缺乏科学依据。至于确定“必学文化因素项目”后，又按照怎样的先后顺序有计划有系统地安排这些项目（根据外语教学的不同性质、对象和程度以及教学规律），更是缺乏研究。因此，“文化因素项目”在教学中的出现也具有极大的自发性、偶然性和随意性，更无科学的整体计划。这种“语言文化”对其不同的项目各要求学生掌握到何种程度，这个问题也未有研究。

这样，要对学生进行作为外语教学内容的五大方面之一的文化背景（通常称之为“语言国情”）方面的掌握程度的测试和考核，也就同样缺乏可靠的依据和科学的基础。

因此，欲有效进行文化背景方面的教学，组织教学者首先必须有个尽可能全的“文化背景项目清单”，然后在这个基础上应用实验和统计的科学方法筛选出必学项目，才能使“教有所据”。这是俄语教学界当前一项迫切的重大科研课题和任务，特别是从事这个新研究方向的同仁更有参与和完成此项科研之义务。

再说“怎样教”。首先是通过哪些途径来教。以实践课为主渠道，“细水长流”、“语言文化相互渗透”，这个思想是大家都同意的，但进一步落实，有许多认识就不明确甚至有分歧了，因此在实际做法上就有很大的不同。例如，在实践课的范围内“文化教学寓于语言教学之中”同语言三要素一起进行“综合教学”，还是单搞一套，保持一定的独立性和自身的体系性？是“为语言（使用）而文化”，还是“为文化而文化”？教文化因素是为了更有效地实际掌握外语，还是主要为了了解文化自身？文化因素教学是否也要贯彻“精讲”原则？如此等等。在渠道方面，除实践课以外，还有无必要再开设专门课程系统传授有关的知识（例如我国大学某些外语专业开设的“语言与文化”课或“语言国情”课、“跨文化交际”课以及所学语言国家概况课等）。如果答案是肯定的，那么用母语讲授还是用外语？设置在哪个教学阶段为宜？总之，外语教学中如何使文化因素的教学同语言教学成功地相结合以有效提高外语教学质量，保证学生获得更佳的语言交际能力，这无论在理论上和实践上都是须进一步解决的重大课题，作为外语教学论的新园地，有许多新问题等待我们去研究。

在外（俄）语教学法中，语音、词汇、语法的教学都已有相应的一整套系统的比较公认的教学法理论，对教学实践起着指导作用。但文化因素的教学却没有来得及建立起自己的教学法理论系统，现在的教学实践仍然是在无理论指导下自发的、"各行其是"的情况下进行的。为了提高文化因素教学的质量，建立有中国特色的（而不是搬用苏、俄[①]的）俄语文化因素教学法问题应提到日程上来了。

现在需要着重探讨的是文化因素教学在俄语实践课内部的教学法问题，因为单独开设的"概况"课、"语言与文化"课（或"语言国情学"课）之类是系统的知识课，一般主要采取讲演法（лекционный метод），辅之以其他方法与手段，只要教学内容选得恰当即可奏效，因此方法不成问题，主要是内容的选择和组织。唯独在实践课内部情况比较复杂，而实践课又是向学生输入苏、俄文化信息的主渠道。

首先需要明确的是俄语实践课的性质。实践课是工具课、技能课，其目的是使学生实际掌握俄语这个交际工具，能熟练正确地运用这个工具，即运用俄语的技能。而技能又建立在知识和熟巧（特别是后者）的基础之上，是长期不断地练出来的。因此，"精讲多练"始终都应是实践课的基本原则，甚至是主导原则。这一点又是工具课、技能课区别于知识课、理论课在教学法上之主要所在。"精讲多练"这个主导原则及其地位也不会因为有了文化因素教学内容的加入而改变。而俄语实践课的又一教学法特点是综合教学，以前实行的就是语音、语法、词汇的综合教学以培养言语活动的各种能力（听、说、读、写）。现在，"文化因素"一旦进入实践课后，它的教学也必须服从综合教学的各项要求，而且受"精讲多练"原则的制约，服从综合教学的全局。

这里就出现了一个矛盾。语言文化中虽有一部分是熟巧技能性质的（如"言语礼节"——речевой этикет 等），而其大部分恐怕是知识性质

---

① 实际上，最先提出"语言国情方面教学"的苏、俄 РКИ 学界，也至今未见提出系统的成型的"语言国情教学法"来。

的。熟巧和技能是练出来的，而知识则只要讲得明白学生就可以接受。本文前面曾一再提到，以往在外（俄）语教学实践课中在实际做法上已经做到了语言教学与文化因素教学的成功有机结合，只是没有从语言与文化的关系的角度提出问题，也没有把文化因素的教学作为实践课的教学目的和教学的部分内容；语言教学是自觉的、有计划的，而文化因素的教学则是无意识的、自发的，学生是在教学过程中自然习得文化因素的。在这种情况下，未经教师“传点”，由于不同的学生吸收能力各不相同，最后所自然习得的结果也就各不相同。现在明确自觉地提出了“文化因素”教学的任务，并作为实践课教学的重要内容之一，这就需要教师在每课课文中“发掘”以前“习以为常”因而不去专门讲解的“文化因素”来“大作文章”。这样一来，势必增加整个实践课上“讲”的比重，而使“练”受到冲击和削弱。时间是个“常数”，讲增多了，练就不得不减少。但完全不讲，也不合理（这就同以往没有什么区别了），所以必须“精讲”。在这里除了“发掘”出文化因素以外，还必须区别情况：哪些是必须要讲的，哪些可讲可不讲，哪些根本不必讲，然后作不同的处理；即使必须讲的，也尽量言简意赅，尽量“一言道破”即可。但要确定讲与不讲以及讲到何种分寸，却取决于俄汉语言文化对比研究，而目前这种对比研究才起步，其已有的成果远远不能满足前述需要，这就只能靠教师凭自己的经验来定夺了。由此要求我国俄语界的“语言国情学”研究，应把重要力量放在对比研究上。

最后应该指出，实践课内部文化因素的教学法有相当一部分是同词汇教学法相同的，可以借用。这是因为“语言文化”的主干部分是“词语文化”，而其中需要从“文化因素学”角度来教的主要是其不同于汉语词语文化的“民族语义”以及由此而产生的特殊用法。这种俄语词语文化的教学同一般词汇释义和用法讲解并无原则上的不同，都要受“精讲多练”原则的统帅。特别是有针对性的俄语民族语义及其用法的“练”，其目的也是培养熟巧和技能，其原理和具体办法均与词汇教学法大同小异。

4 结束语

有关建立我国的俄语文化语言学,笔者先后在三篇拙文[①]中直陈过管见,本文限于篇幅,不再赘述,只想再补充四点建议。

第一,学科的名称,我们不宜沿用苏联的“语言国情学”。苏联对外俄语教学界提出这个命名是有它的道理的,也是符合实际的,因为这个术语反映了以下信息:在苏联国内通过俄语教学来宣扬自己国家社会制度的优越性(所谓 советская действительность)和输出“当代文化”。而我们中国俄语教学界建立这门新学科,其主要目的是使学生了解和熟识俄语文化背景,为扫清对俄跨文化交际中的障碍服务。因此,不宜借用只适合于他人而不适合于我的名称。再说,自苏联解体后,俄罗斯本门学科的学者也都认为“语言国情学”的名称已到了该改换的时候了,提出用“俄语语言文化学”或“文化语言学”之类方案,我们没有必要扛着一个既不合我国新学科实际,又已过时的名称做大旗。笔者建议,改用“俄汉跨文化交际学”、“俄汉对比文化语言学”、“俄语文化背景学”等,都比“语言国情学”更合适表达其研究对象和内容。究竟取何者为名,有待同行学者商定。

第二,这个新学科和新研究方向一旦建立起来便有自己的独立性,它并不是俄语教学实践的附庸,它也不只是直接或间接为我国的俄语教学服务的理论。它是一门语言科学,对它的成绩,不能只用是否“对俄语教学直接有用”这一条尺度作为标准来衡量。它应有两个相互有关而又有分工的部分:一是理论文化语言学(含基础理论研究),二是应用文化语言学,主要把前一研究成果应用于我国的俄语教学。这门新学科也像大多学科一样,有双重功能:一是认识功能(познавательная функция),帮助人们从语言同文化的关系的角度去进一步和更全面地认识语言;一是应用功能,为俄语教学和中俄跨文化交际服务。从学科建设的角度,应提倡并有指导地优先发展应用文化语言学,但这个应用又是文化语言学理论研究成果的应用,因此,理论研究也是必需的。这种理论研究的成果往

---

① 参见(1)《文化背景知识、文化背景学与外语教学》(1984),王福祥主编的:《文化与语言》,外语教学与研究出版社 1994 年版;(2)《“语言国情学”再议》(1991),第一届“语言与文化”国际学术研讨会(洛阳)论文,载同年《洛阳解放军外国语学院学报》;(3)《语言国情学及其背景》(1992),胡文仲主编:《文化与交际》,外语教学与研究出版社 1994 年版。

往不能直接用之于教学,要使之应用于教学尚需经过几个层次的转化,而且研究越深入越细致,往往脱离俄语教学的实际越远,但它的“认识功能”却越大。没有众多的对语言文化具体事实(特别是俄汉对比)理论深入研究的成果为基础,“应用”也就缺乏理论的依据,因此,此类理论研究也应当受到承认和鼓励。

第三,我国俄语教学界所建立的俄语文化语言学应区别于俄罗斯 РКИ 的“语言国情学”,有自己的特点。在某种意义上说,主要的应是俄汉对比文化语言学。只有这样,才能从对比中加深对俄语语言文化的特点的认识,这一点是俄罗斯人自己做不到的,这也是我们的优势之所在。“不识庐山真面目,只缘身在此山中”,从另一个语言文化背景的语言文化研究者来看俄罗斯语言文化,有时能比只知自己本国语言文化的俄罗斯学者更能发现俄罗斯语言文化的特点。也只有经过对比,才能确定在中国条件下教俄语语言文化应讲些什么,及难点、重点等。这种研究,无论是从应用上和理论上都有其优越性。

第四,“文化”的内涵实在太丰富了,其外延也实在太宽广了,以至“无所不包”,对文化的定义已有数百种之多,但却未有一种为大多数人普遍接受的定义。建立“文化背景学”不能离开对“文化”这一范畴的理解,对文化也有不同的分类。从外语教学的立场出发,把文化分为“知识文化”和“交际文化”较为适合和便于确定“文化背景学”或“俄汉对比文化语言学”的对象和范围。窃以为外语学界的“文化背景学”或“俄汉对比文化语言学”所要研究的,主要限于同交际文化有关的语言现象及其使用规律。纯“知识文化”和纯“精神文化”的本体研究,不是“文化背景学”的任务,也不属它的范围。因此,不能见到只要同“文化”“沾亲带故”的都去研究。没有自己特有的研究对象,一门学科也就失去了自身存在的价值。

从依靠母语到考虑母语

如何对待母语，一直是外语教学法史上争议最多的一个重大理论问题。现在争论各方的观点虽有一些接近，但分歧仍然很大。理论观点不同，在实践上具体做法也很不一样。任何一个流派，任何一本外语教学法教程，都必须对这个问题作出明确的回答。

建立我国自己的外语教学法理论体系，自然也不能避开这个问题。历年来，我国外语教学法著作都以“教学原则”的形式对这个问题提出不同的看法，以近年出版或发表的论著而言，就有“在外语教学里利用和控制使用本族语的原则”①、“正确对待本族语的原则”②、“限制、利用本族语与培养在一定范围内用外语思维能力相统一的原则”③等。这些提法虽都各有优点，但由于对教学原则的表述要求尽量精练、高度概括，结果就难免出现顾此失彼，有碍充分提示问题各个方面的全部主要内容。这里不拟对前述几种提法作出什么评论，只是建议先把对这个问题答案的各个方面内容都充分摆出来，然后再寻找比较准确和经济的语言加以表述。

本文的任务不是以“教学原则”的形式从正面提出笔者个人的母语观，而是想借他山之石来攻错。这里所说的“他山”，指的是苏联外语教学法在处理母语问题上的历史经验教训和现今的提法。苏联在这个问题上经历了从“依靠母语原则”到“考虑学生母语原则”两个不同阶段。近年来，苏联外语教学界还把“考虑学生母语特点”（“考虑母语原则”的更准确的提法）同“交际性”以及“考虑所学外语国家文化背景”（所谓的“语言国情”）并列，把它们称之为“外语教学法的三大基本范畴”（相当

---

① 李庭芗主编：《英语教学法》，高等教育出版社 1983 年版。

② 于永年主编：《俄语教学法》，上海外语教育出版社 1985 年版。

③ 越璧：《论外语教学原则及其层次》，东北地区外语教学法研究会第三届年会论文集《外语教学原则专号》，吉林，1983。

于哲学中的“根本问题”)。一些教学法理论权威一再声称:“没有这三大范畴,也便不会有当今的语言教学法可言。”可见他们对考虑母语原则的重视程度了。

近二十年来,苏联整个外语教学有了比较明显的进步,这同在实践中重视包括“考虑学生母语特点”在内的三大基本范畴是分不开的。如果我们坚持“实践是检验真理的唯一标准”这一思想路线来评估得失,那么应当说考虑母语特点原则在一定程度上比较正确地反映了外语教学规律的一个重要方面。因此,我们很有必要认真研究苏联这方面的经验。但遗憾的是,迄今国内尚无一篇论著对此作全面系统的考察,即使是苏联的几部外语教学法教材和系统著作在论及这一原则时也仍不够系统和详尽。因此笔者拟就结合自己对苏联外语教学法文献的学习和理解,对此作一综合整理和系统述评,以补这方面研究的空白,使我们在建立自己的外语教学法理论体系及探讨母语问题时,多一面镜子可资借鉴。

1 从“依靠母语原则”说起

考虑母语原则是针对依靠母语原则的流弊提出来的,因此在讨论前者时,有必要先对后者作一考察。

在苏联,20 世纪 60 年代初期教学改革以前,尽管依靠母语作为一条教学法原则正式提出并赋予它以理论的形式是 50 年代的事,但依靠母语的思想和做法却统治了外语教学界达三十年之久。对依靠母语原则进行理论化、系统化并作比较认真科学论证的,当首推萨利斯特拉。早在 50 年代中期,他就在《德语教学法》(莫斯科,1958)中,第一次在教材中正式提出这一原则,并用很大篇幅阐述了这一原则各方面的内容和它的语言学、心理学和教育学依据。在此以前萨氏还发表了一篇题为《论中学外语教学中的依靠母语原则》①的长篇专论。在前述著作出版后,他又在一部用德文写的《新语言教学法》(柏林,1962)中系统表述了类似的观点。可以说,萨氏是“依靠母语”论的代表人物或理论代言人。他在这些论著中还把“依靠母语”提到外语教学所特有的,因而也是外语教学法区别于别的任何学科教学法的根本原则的高度,并认为这是外语教学的主导原则。萨氏在《德语教学法》中论述教学法原则时,只提出“依靠母语原则”

---

① Н. Д. 萨利斯特拉:《论中学外语教学中的依靠母语原则》,《俄文教学》1955 年第 1 期。

一条，而其他原则一概不提。还有教学法家甚至认为苏联教育学中的教学论诸原则，即教育性和自觉性、系统性和循序渐进性、积极性和巩固性、直观性、量力性和可接受性等原则，在外语教学中在很大程度上都已体现在依靠母语原则之中了。可见当年苏联外语教学界对这一原则是何等的重视。

应当指出，在依靠母语原则正式提出以前，苏联外语教学法家谢尔巴、波利凡诺夫、谢尔基耶夫斯基、拉赫曼诺夫、米罗柳博夫、甘希娜等都在自己的教学法著作中发表过相当有学术分量的意见，对母语在外语教学中的重要作用作过多方面的论述，而苏联自觉对比法的第一部系统专著雷特的«Основы методики преподавания ин. языков в свете науки о языке»（М.，1930）则在理论上比较全面地阐明了该派的母语观，为日后提出依靠母语原则完成了理论上的全部准备。实际上，在该原则正式提出以前，它在苏联外语教学中早已全面贯彻了。

“依靠母语”论的基本内容及其主要科学依据，根据笔者对苏联自觉对比法内部诸家观点的研究和理解，似可作如下的综合表述①：

（1）依靠母语是外语教学的出发点。

（2）外语课由两大部分组成：讲和练。在“讲”这个环节中，翻译和母外两种语言的对比是外语教学的主要手段，这种对比往往又是用母语来进行的。

（3）在“练”的环节中，双语练习，即翻译练习——外语译成母语、母语译成外语、还原翻译——是基本的练习形式。（与双语练习相对的是外语单语练习，即用外语练外语。）

（4）中小学外语教学的终极主要目的首先是加深对母语的认识，而不是实际掌握外语本身。对比和翻译是达到这一主要目的的基本手段。

（5）即使从解决“实际掌握外语”这一问题的角度来说，让学生通过翻译和对比准确理解所学语言材料的意义和所学外语语言材料与母语的异同，并在这种认识的指导下自觉实践，效果也会好得多。因为不经翻译，便会囫囵吞枣，不求甚解；而不经对比便弄不清外语区别于母语的特点，母语就会自发起干扰作用。这都在极大程度上影响外语教学的质量。

---

① 为了节省篇幅和读者的时间，除在极其必要时，一般不引证苏联外语教学法著作中的原话，但本文所作的全部综述都是有充分根据的。

(6)由此可见,对比既是引导学生深入认识母语特点的主要门径,又是帮助他们自觉实际掌握外语的根本办法,是为达到外语教学的教育、教养和实用目的的基本教学手段。

以上就是依靠母语的基本纲领。这个纲领的科学根据,苏联教学法家分别从语言学、心理学和教育学三个方面作过很多论证,今述要如下。

1.1 语言学根据

1.1.1 语言和思维是不可分割的。学生在学习外语伊始,母语是他们唯一的思维工具和交际工具,是他们“思想的唯一的直接现实”。学习外语只能通过并依靠母语,而不能超越和排除母语,事实上也排除不了母语。

1.1.2 每一种语言都有自身的民族特点。母语和外语则是不同民族的语言,如果事先不向学生讲清外语和母语的差异,人们就会把外语看成与母语一样,自发地把学习和使用母语的方法和习惯,套用到外语上去。

1.1.3 母语与外语的不同特点,在两种语言的不同平面、不同层次以及不同语言单位之间都有不同的表现,许多地方都不是“一对一”的对应关系,特别是在词汇平面上。因此,在处理母外两种语言的关系上,只依靠逐词翻译,并将它作为唯一的手段的旧语法翻译法,从理论上看不科学,在实践上也缺乏成效。为了从根本上弥补其不足,必须在使用翻译的同时引进“对比”作为更为主要的教学手段,而翻译也不能只限于逐词翻译。

1.2 心理学依据

1.2.1 对学生来说,外语既是一种新知识,同时也是一种新技能(包括某些熟巧),因此外语学习就要受到知识/技能(包括熟巧)迁移这一普遍学习心理规律的制约。母语在这种迁移中起着正反(即促进和干扰)两个方面的作用,在外语教学中,如果听凭其自发起作用,则负迁移,即干扰作用将占优势,给外语教学造成很多麻烦,极大地降低教学效果。但如果在事先能预见到母语对外语学习的“双重作用”,课上对正迁移“因势利导”,对负迁移加以防范,教学中就可避免许多损失。最有效的防范就是母外两种语言的对比:通过对比,在学生一开始接触到外语时,就讲清所学的外语语言材料与母语中相应的语言事实的异同,特别是差异之处,使他们更准确地掌握新的外语知识,在培养技能和熟巧时,自觉地排除母语的干扰作用。这就等于给学生注射了“反母语干扰”的预防针,提高了技能和熟巧的培养功效。

1.2.2 根据学习心理迁移规律,已有的知识、技能和熟巧中同正在学习的新知识和准备培养的新技能和新熟巧中相同的、可直接或间接借用的部分,一般起着正迁移的作用;而不同的或貌似实非的部分则起着"心向"或"定势"作用,导致负迁移,以致产生"惰性错误"。在母外两种语言中,一般有三种情况:(1)两种语言中完全相同,或虽有细微差别但却可互相通用、不影响交际的部分;(2)只为外语所有而为母语所无的部分;(3)两种语言中貌似实异的部分。外语教学中对这三种情况必须区别对待:(1)起促进作用,是正迁移的对象;(2)起干扰作用,是负迁移的因素,须通过对比加以防范;(3)是要建立新的技能和熟巧。

1.3 神经生理学根据

1.3.1 从巴甫洛夫学说的观点来看,习得母语的过程,就是建立第二信号系统的过程;而学习外语的过程,则是在原有第二信号系统(母语)的基础上再建立一套新的第二信号系统的过程。老的第二信号系统(母语)又是一种动力定型,动型具有强大的保守性,由于业已建立的第二信号系统(母语)的保守性,再加前述技能/熟巧迁移规律的自发作用,新第二信号系统(外语)在其建立过程中,就要不断受到老第二信号系统的干扰。这便是外语教学中母语对外语学习的干扰作用的神经生理学原因。

1.3.2 建立了母语信号系统的学生,思维已相当发达,其活动受到意识的监控。如果在一开始学习外语——建立新的第二信号系统的活动之初便通过对比讲解随时提醒新、老第二信号系统之间的异同,使学生在有思想准备的自觉状态下实践,必然会减少许多盲目性,使母语的干扰作用最大限度地降低。

1.4 教育学根据

1.4.1 外语课具有"巨大的教养意义"。外语课的诸多教养价值中,有一些是别的课所没有和不能代替的,如加深对母语的理解和认识,了解有关语言与思维既有联系又有区别的辩证唯物主义语言观,而这种语言观又是建立科学世界观所必不可少的重要组成部分①。在外语教学中只有通过母外两种语言的经常、系统的对比讲解,才能完成其教养任务。因

① 请参见俞约法:(1)《苏联中小学外语教学目的之比较研究》,《外语论丛》,1986;(2)《苏联中小学外语教学目的今昔观》,《中小学英语教学与研究》1986年第2期。

此,经常使用对比手段是使外语教学过程本身取得教养价值的不可缺少的条件[①]。

1.4.2 自觉性原则是苏联教学论的基本原则之一,而对比则是在外语课上贯彻这一原则的基本途径。只翻译不对比的外语教学,仍然是直觉的外语教学,属“直觉翻译法”范畴,直觉的外语教学不能有什么教养意义。

1.4.3 即使从培养技能和熟巧的角度来看,自觉训练的效果也远优于单纯的直觉训练。

综前所述,可见:依靠母语原则把母外两种语言的对比作为基本的教学手段;这种手段主要用在“讲”的环节中(“练”的环节主要采用翻译练习);因此,这种讲解必然带有语言理论性质(如果把教养目的置于外语课的首位,这种性质就会更为突出),其主要功能在于解决学生“认识方面”(познавательный аспект)的任务;而这种讲解在许多情况下,特别是在教学初期,是用母语进行的,一般要占用相当多的时间。因此,外语课如果大力贯彻依靠母语原则,就很有可能变成“用母语来谈论外语”(再加上母语——因为要通过对比“加深对母语特点的认识”)的知识课,两种语言对比课,而不是用外语讲练外语的实践课。苏联30至50年代外语教学实践的实际情况确实也是如此。这也就是为什么以依靠母语原则为主导原则的自觉对比法教学效果不佳,所培养的学生就其多数而言外语的实际运用水平不过关,以及此法在60年代初教改中成为改革对象的主要原因。

在指出了“依靠母语”论的主要不足之后,也应充分肯定它的主张者的历史功绩和进步。首先,这一派教学法(自觉对比法)家,把“对比”这一现代外语教学法的重要理论范畴引进苏联外语教学界,把语法翻译法从古典阶段提高到现代阶段,把对比置于翻译之上作为基本教学手段;更应特别指出的是依靠母语论者较充分地提示了母语在外语教学中的正反两个方面的双重作用,找出了学生学习外语时犯语言错误的主要根源之一——母语的干扰作用。本文前列1.1.2至1.3.2以及1.4.3各点,即使在今天来看,仍然有许多可取之处。这几点可说是依靠母语原则合理

---

① 请参见俞约法:(1)《苏联中小学外语教学目的之比较研究》,《外语论丛》,1986;(2)《苏联中小学外语教学目的今昔观》,《中小学英语教学与研究》1986年第2期。

内核之所在。

话仍要说回来,依靠母语论者虽然找到了学生学习外语犯错误的根子,但却有两个根本性的不足之点:第一,学生所犯的语言错误中有相当一部分固然是由于母语的干扰所造成的,但还有一部分错误则似乎与母语无关,因为以学生所学的外语(如英语)为母语的外国人(如英美人),在从小习得此种语言的过程中,也犯同样的错误,例如动词第三人称单数忘加-s 等。对此,近二十年来欧美心理语言学界已有不少人提出新见解。因此,依靠母语论者把学生所犯的语言错误的起因全部归结为母语的干扰是不够全面的。第二,也是更重要的,依靠母语论者虽然正确地揭示了母语干扰是造成学生犯语言错误的主要原因之一,但他们所提出的措施——主要在“讲”的环节进行对比还是远远不够的。因为语言的使用是一种技能、一种习惯,以一定的自动化熟巧为基础。从实际掌握语言的角度来看,只是“知道”或“认识”母外两种语言的异同,根本不能保证学生在实际使用中不犯因母语干扰所引起的语言错误。因为“知道”和“认识”既不能改变学生的老习惯,也培养不出正确使用外语工具的新习惯。为此还须在“练”上狠下功夫,把“对比”贯彻到“练”这个环节上来,才算抓住了问题的关键。而依靠母语论者恰恰忽视了“练”这个具有决定性的环节。

总之,依靠母语的原则只是在一定程度上解决了学生对语言的“认识方面”的问题,而对解决“实际使用方面”的问题却是无能为力的。

顺便指出,“依靠母语原则”是针对以直接法为代表的改革派教学法的“排除母语原则”提出来的。排除母语原则确有极端偏激和简单化之嫌,但也有其合理内核①,不能笼统反对,更不能用一种片面性去代替另一种片面性。而依靠母语论者所犯的毛病正好也就在这里。以批判排除母语原则起家的依靠母语原则,由于批判过了头,本身就潜伏着走向与它主观愿望相反的危险性。

2 考虑母语特点原则面面观

考虑学生母语特点原则常简称考虑母语原则,是苏联 60 年代初外语教改提出来的,它从根本上代替了依靠母语原则在教学法理论体系中的

---

① 有关排除母语原则的得失问题,请参见俞约法:《重评直接法的母语观》,《外语论丛》,1984。

地位。这条原则的要旨,最早由改革派外语教学心理学家别利亚耶夫提出,并从理论上作了比较充分的阐述和论证,以后又历经许多自觉实践法派教学法家的补充和修正而日趋完善,特别是近年来以 A. A. 列昂季耶夫为代表的言语活动论派在这方面的推进尤大。别氏当年是从外语教学的全局,站在正确处理母语问题的高度上来讨论这一原则,把它同培养外语思维能力这一长远目标联系起来统一考虑的,可惜以后的教学法家并没有重视别氏当年的一番苦心。

考虑母语特点原则的主要精神,据笔者的理解,可作如下的综合表述:

(1)继承依靠母语原则的全部合理内核(见本文第一部分所列 1.1.2 至 1.3.2 以及 1.4.3 各点,此处不再重复),承认母语在外语学习中的二重性,并强调母语的干扰作用是学生学习外语的大敌。

(2)与这个学习大敌作斗争的最有效措施仍然是母外两种语言的对比。但"考虑学生母语特点"论者与"依靠"论者不同,前者把对比这个教学法理论范畴扩大了,而且把所着力强调的重点也转移了。他们认为:① 为了有效进行外语教学,教师和教材编写者必须充分利用对比语言学研究成果,必须与语言学家紧密合作;而语言学家也应当为外语教学工作者提供尽可能多、尽可能准确的对比研究成果;② 教师和教材编写者有了这些材料后,并不一定要把它们全部收入课本或在课堂上"灌注"到学生的大脑之中;相反地,课堂讲解和课本解释应尽量做到少而精;这些研究成果主要用来帮助教师做到"心中有数",确定教学的难点和重点,以便集中力量去攻克难关,避免平均使用力量;教师所掌握的对比研究数据越多,他的工作就越能主动;③ 由于外语课是实践课,"练"(即实践)是具有决定性意义的环节,讲和练的课时比例一般应为 15%—20%:80%—85%,"对比"主要应落实在"练"这个环节上,要通过突出重点、多次反复地实际训练(实践)来使学生在实际使用语言时在实际上克服母语的干扰。

(3)操不同民族语言的人学习同一种外语时,应当使用不同的课本,这样的课本要充分反映因母语所引起的学习上的不同难点和不同重点。

(4)在"练"的环节上提倡清一色的单语练习,即用学生已学的外语语言材料来练外语。翻译练习只是到了高年级才适当少量使用,目的主要在于加深学生对外语本身(不是母语)的理解和对微妙之处(тонкость, оттенок)的领会，一般的翻译能力是实际掌握两种语言的结果。即使把培养翻译能力作为教学目的之一，也应让学生在实际掌握外语以后再加训练，那样可事半功倍。一直以翻译练习为基本手段来培养翻译能力，效果会适得其反。近二十余年来苏联中小学外语教学大纲也没有把“译”定为教学目的。在“练”这个环节上多用翻译，不利于学生外语思维能力、外语言语能力和外语交际能力的培养；在用外语进行的单语练习中，应保证言语性质的练习在数量上远远超过语言性质的练习。要通过大量的听说读写言语活动来培养学生用外语进行言语活动的实际能力。

(5)在“讲”的环节上，也要尽量多用学生已学过的外语语言材料来解释新的语言材料。但如果使用别的手段能收到更为经济而又准确的效果，也不妨灵活采用，以便教师有更多的时间通过练来培养学生实际使用外语的能力。

上面大体论述了考虑母语特点原则的基本内容，下面再说它的理论根据。

2.1 语言学根据

2.1.1 语言既是交际工具，又是思维工具。只有学生能把外语作为一种新的思维工具和交际工具来使用时，才能说学会了它，这是外语教学的终极目的或全局目标。即使从教学的局部来看，也只有当学生能用所学的外语语言材料进行哪怕是十分有限的外语言语交际和外语语言思维，才能说学生真正掌握了所学过的这些外语语言材料，这是外语教学的分期目的或局部目标。终极目的或全局目标的实现，靠完成一个个分期目的或局部目标去达到。“千里之行，始于足下”，外语课上绝不能放弃任何一个可以让学生亲自用嘴、用耳、用眼、用手直接使用外语的机会。用外语交际和思维，不仅应当和必须是外语教学的目的，也完全可能和应当是外语教学的主要手段，因此要尽量做到用外语（学生已学过的外语语言材料）讲练外语，把教学的目的和手段尽可能高度地统一起来。

2.1.2 既然语言和思维不可分割，既然学习了一定的外语语言材料，就有可能使学生在这些外语语言材料的基础上和范围内进行外语思维，那么，就应当尽量使学生从用母语思维转到用外语思维上来。主要办法就是让他们尽可能多地将外语当做交际工具和思维工具，尽量少用母语、少用翻译手段。“依靠”母语，长期大量使用翻译手段，会使学生始终摆脱不了对母语的依赖，难以建立起直接用外语思维和用外语进行交际的能力。

语言的基本或根本性的功能是作为交际工具的功能，而作为思维工具的功能则是相对次要的，在某种意义上处于从属的地位，因此须抓住最主要的来带动和推进次要的。课上课下创造条件使学生有尽可能多的机会把外语作为交际工具来使用，既有利于外语交际能力的培养，同时也促进外语思维能力的形成。在某种意义上来说，外语思维能力也包含在外语交际能力之中。这就是为什么近期的苏联外语教学法不像60年代那样把培养外语思维的任务放在首位，而大力强调交际性原则的重要性，并把它当做主导原则的原因之一。

2.2 心理学依据

2.2.1 作为社会现象的语言系统，在个体的心理中是以言语熟巧系统（система речевых навыков）的形式而存在的。学习外语，便是掌握另一套新的言语熟巧系统，而这套新的言语熟巧系统必须而且也只有经过长期反复训练和实际使用才能建立起来。外语课时间有限，讲解多了，母语用多了，翻译手段用多了，都会损害和削弱新的外语言语熟巧系统的建立，也不利于彻底排除母语对外语学习的干扰作用，这就是为什么要规定以言语性质为主的单语（外语）练习的时间不得少于75%—80%的心理学依据。

2.2.2 形成技能和熟巧的决定性因素虽然是大量的实践，但技能和熟巧的培养在自觉的条件下却要比在不自觉（或直觉）的条件下有效得多，而且一旦建立起来以后也更巩固，更持久。因此在"讲"的环节作些少而精的对比，有助于克服母语对外语学习的干扰，促进外语言语熟巧系统的形成。

2.2.3 苏联60年代初期教学改革以来，调整了外语教学三大目的之间的关系，真正地、彻底地把实用目的置于首位，而把教育和教养目的置于从属地位，提出类似"寓教育和教养目的于实际掌握语言过程之中"的主张。"依靠母语原则"与实现这一主张背道而驰，只有"考虑母语原则"才顺应这一新的潮流。

3 几点比较

3.1 如果把"考虑母语特点"原则同"依靠母语"原则加以比较，那么我们就不难发现，前者对后者既是否定，又是继承、发展和提高。综观这两个原则，后者具有极大的片面性和极端性，它虽然也正确地阐明母语在外语学习中的二重性这样一个复杂的语言学和心理学现象，并给予较有说服力的科学解释，然而它所得出的教学法结论却是不可取的。第一，它在建立外语思维问题上得出消极的结论，认为既然母语是学生在掌握外语以前唯一的“思想的直接现实”，那么教学中就只能依靠母语，依赖翻译作为手段，其结果是使学生长期依赖“母语”拐棍，养成“心译”习惯，大大推迟了外语思维能力的培养。当年苏联以这一原则为指导培养出来的学生，就其多数人而言，毕业时根本不具备外语思维能力或这种能力极差。第二，它过高估计了讲解环节中对比手段的作用，似乎只要通过对比，把母外两种语言的异同讲清楚了，母语的干扰作用就基本排除，外语学习就基本“大功告成”，把克服母语干扰看得过于简单和容易，没有认识到“练”（实践）对解决这个问题的决定性意义。第三，它在对待直接法的母语观方面，只简单地否定，而没有去发掘其中的合理内核。

“考虑母语特点”原则，比较全面和妥善地处理了外语教学中母语同外语的关系。第一，它同时继承了“依靠母语”原则和“排除母语”原则的全部合理内核，既承认母语对外语学习具有二重性，又把解决母语干扰作用问题的着力点放在“练”的环节上。第二，从“语言与思维统一”论中得出积极的教学法结论，认为在所学外语语言材料的范围内进行外语思维既有必要，也有可能，哪怕这些材料极为有限。第三，它把培养学生外语言语活动能力、外语言语交际能力和外语思维能力的教学目的和教学手段尽可能高度地统一起来。第四，它突出强调了外语单语练习在教学中的重要作用和决定性意义。第五，它既然承认外语教学初期学生“思想的唯一现实”是母语，但却在课堂积极创造条件，一点一滴地培养外语思维的能力。第六，它抓住了语言诸多功能中最为本质的功能——交际功能，以培养外语交际能力为目的和手段，带动外语思维能力、外语言语能力的培养。

3.2 以上对“考虑母语特点”原则的由来和发展所作的考察，只是仅就在苏联一国范围之内而言。现在再把问题放在世界范围内，从外语教学法史的角度，作一简要的比较研究。我们发现，当今苏联外语教学法家有关母语在外语教学中的双重作用的论断，以及他们所提出的种种比较妥善的处理办法，即“考虑母语特点”原则的内容要点，早在四十年前，我国语言学家和语言教育家吕叔湘先生已提出过①,而且以后又有进一步的发挥,不过当时他是用更具有中国气派的因而也更为国人乐于接受的语言来表达的,只是分散在不同的著作中,但所见深刻。苏联外语教学法家在事隔数十年后,只是论述得更为系统,赋予更严密的科学形式罢了。几乎与吕先生同一时期,美国结构法派(听说法)的代表人物弗里斯和拉多二氏,也得出了与吕先生类似的教学法结论②。真是“英雄所见略同”。任何对客观真理的认识,都必然会是殊途同归的。

① 请参见俞约法:《吕叔湘外语教学法思想初探》,《俄语教学与研究论丛》第四辑,1985。

② 分别参见 C. C. Fries, *Teaching and Learning English as a Foreign Language*. 1945; R. Lado, *Language Teaching*. 1946.

重评直接法的母语观*

如何对待母语，这是一个中外外语教学界历来争论不休、一直没有得出为大多数人普遍接受的结论的问题，也是外语教学中的一个重大的复杂理论问题。要妥善解决这个问题，除依靠教学实践所提供的经验外，还有赖于普通语言学、心理语言学、言语心理学、学习心理学等一系列邻近科学的证明。可惜这些科学发展的现有水平还不能提供足以完全解决这个问题的充分论据。因此，从理论上来探讨这个问题，目前在很大程度上仍不免靠思辨，带有逻辑推理的性质。

本文拟结合重评直接法，从几个侧面提出对这个问题的看法。

古往今来，外语教学法对母语的意见尽管众说纷纭，但如果从大处着眼，仍可把不同的见解归结为三大类：(1)主张“依靠母语”原则；(2)主张“排除母语”原则；(3)主张“考虑母语”原则。其中(1)、(2)两种观点是对立的，(3)表面上似乎介于(1)、(2)之间，实则不然，它是(2)的改进和发展。因此，实际上只有(1)、(2)两大家。(1)的代表是新老语法翻译法，(2)的代表是直接法，(3)的代表是美国的听说法和苏联的自觉实践法(早期也叫新直接法)。如果我们同意把外语教学法各种主要流派大体上分为传统派和改革派两大派的话①，那么，(1)是传统派的主张，(2)和(3)则是改革派的主张。直接法代表两大派中的一派的母语观。

如果从外语教学法思想发展的历史来看，在传统派方面，由“间接联系”原则向“依靠母语”原则演进，而在改革派方面则由“排除母语”原则向“考虑母语”原则演进。在两大派学术观点交锋过程中，直接法的“直

---

* 本文为作者论文系列《重评直接法》(全文约十万字)之一题。其他各题分别为：《重评直接法的口语教学观，语法教学观》、《重评“句本位”教学观》、《从幼儿习得母语和学龄后学生学习外语的异同比较到直接法基本原理的考察分析》以及《对直接法基本原理原则的总评价》。

① 陈楚祥、俞约法：《对外语教学法这门科学若干特点的初步认识》，《外语论丛》，1982年，第70－74页。

接联系”原则(也是“排除母语”原则的另一提法)是为纠正老语法翻译法的“间接联系”原则的弊端而提出的,而“依靠母语”原则则是新语法翻译法(或自觉对比法)针对直接法无视母语的作用的偏颇而提出的。

从前述纵横两个方面看,可见:

(1)在如何对待母语问题上,直接法的观点在外语教学界占有十分重要的地位,值得教学法研究工作者重视;

(2)直接法的直接联系原则对老语法翻译法的间接联系原则是个进步,其中有许多可取的思想;

(3)直接法的排除母语原则有一定的局限性和片面性,须恰如其分地指出;

(4)评价直接法对待母语的态度及其处理办法,应当同它以前和以后的主要教学法流派在这方面的理论加以比较,才可发现它在哪些方面超越了前人,因而把外语教学法理论向前推进了一步;而在哪些方面存在着问题,后来者又是怎样解决这些问题,从而把直接法的有关理论又提高了一步的。

1 直接法母语观的基本内容、合理内核以及直接法家在这方面所作的实际贡献

要科学评价直接法的母语观,就须先对其基本内容作一番客观的考察。据笔者管见所及,改革时期的直接法以及在此以前的老语法翻译法,在对待母语的问题上,由于限于当时语言学和心理学的发展水平,只是提出了直接指导实践的行动主张和实际办法,很少见有什么人从理论高度来阐述这些主张的科学依据,即使有时也涉及一些,那也主要是从“幼儿学语”的现象中得到的一些认识上的启示以及由此得出的相应教学法结论。许多评价直接法的论著中,也不乏这种“就事论事”的转述(这种转述无疑是必要的)。这样,本文拟再作简单的重复。

直接法家这样宣布了自己的主张,实际上也这样做了。

以实际掌握语言的效果为检验标准,直接法从总体上来看要优于老语法翻译法,这说明直接法的基本原理,包括其母语观,确有合乎外语教学规律的因素,有合乎语言学和心理学科学要求的地方,因此,对此我们就应当用当代语言学和心理学的理论给以科学的说明。下面我们准备把这种说明同介绍直接法的母语观结合起来,作一新的尝试。

直接法有关母语的主张,集中反映在两个口号上:“直接联系”和“排除母语”。这两个口号后来被人们用来作为描写直接法基本特征的头条教学法原则。这两条原则所表述的实际上是直接法母语观的两个重要侧面,是相互补充的。正如前述,“直接联系”是针对“间接联系”提出的,而“排除母语”又是“依靠母语”的对立面,因此,在介绍直接法的这两条原则时,不得不涉及与它们相对的新老翻译法的另两条教学法原则。也许通过对立面的对照,更能说明直接法母语观的基本特点和精神实质。而为了把“直接联系”和“间接联系”说得更清楚一些,我们还不得不先重温一下普通语言学的几条基本原理。

语言是约定俗成的传递信息的符号系统,而这些符号又都是形式和意义的统一体。所谓形式,主要指的是符号的语言外壳,而意义则指语义。在任何一种自然语言里,人们进行每一言语活动所使用的语言材料(或符号)和这个活动的成果(言语作品),都是声音和意义的统一体。落实到语言的能独立使用的基本单位——词上,情况如此,落实到言语单位——句上,也是这样。人们在学习语言时,在学习每一具体词语时,总是同时把语言的形式和意义一起学到手,至于文字只不过是语音的书面形式和代号。这里所说的语言,指的是母语。也就是说,人们总是把词语的声音形象同它们所表示(或所代表)的意义一起来学习的。也就是说,词语同客观表象之间的联系是直接的,中间并没有什么别的环节。学习每个词语的情况如此,学后使用这些词语的情况也是这样。人们在把语言作为交际工具来使用时,形式同意义总是直接联系在一起的。这是幼儿学习和使用母语的情况。

但青少年和成人学习外语的情况却是有所不同,这时学生已经掌握了母语。由于“语言是思想的直接现实”这条基本原理起作用的结果,学生在开始学习外语时,每学到一个新的外语词语,总是要在脑筋里把它“心译”为相应的母语词语,也就是说,在外语词语同客观表象之间的联系不再是直接的,而是间接的,即两者的联系是通过“心译”这个中介来实现的。外语教学的初始阶段,间接联系的这种现象是不以人们的意志为转移的客观存在。正如马克思所指出的:“一个刚学外语的人总是要在心里把外语译成母语。”①但实际掌握外语这一最终教学目标,却要求

① 参见《马克思恩格斯选集》第1卷,人民出版社1972年版,第603-604页。

学生达到“直接联系”的地步。“只有当他能够不必在心里把外语译成母语，当他能忘掉母语来运用新语言的时候，他才算领会了新语言的精神，才算是运用自如。”①

如果达不到“直接联系”这一目标，就会赶不上正常交际特别是口头交际的速度，因为多了“心译”这个中间环节，时间上就增加了一倍。如果“心译”不熟练，则一倍还不止！这里还没有把语法熟巧的因素计算在内。外国人用外语表达和理解总是“直接联系”式的，这样就要求同他们打交道的人，也必须是直接联系式的，否则，交际的一方是直接联系式的，而另一方用的却是间接联系式的，语言交际活动就难以进行。直接联系——这是外语教学必须达到而且完全能达到的目标。

这样，外语教学初始阶段的现实（间接联系）同教学的终极目标（直接联系）之间便发生了矛盾。教学法的任务，便是尽可能妥善地解决这一矛盾。也就是说，这个矛盾解决得好坏同教学的方法是否对头紧密相关。

为了简便和一目了然地说明问题，上述情况还可以用两组示意图来表示。

初学外语者头脑里外语和母语的关系如示意图（甲）：

（甲）：a star → 星 → ★ （理解）
★ → 星 → a star（表达）

而从外语学习所必须达到的目标要求，则应如示意图（乙）：

（乙）：a star → ★ （理解）
★ → a star（表达）

前面已说过，图（甲）所示的现象在外语教学初始阶段是必然的。但这并不等于说，它在外语教学的全过程中始终都是不可避免的。如果教学得法，图（甲）过渡到图（乙）的过程是可以缩短的。也就是说，如果教学上有了正确的措施，母语词语这个中间环节是可以早日减弱以至消失的。但怎样使得这个中间环节及早减弱以至消失呢？

老语法翻译法从初学者头脑中存在“心译”这一既成事实出发，把翻译作为基本教学手段，这样便在教学法上把“依靠母语”和“间接联系”当

---

① 参见《马克思恩格斯选集》第1卷，人民出版社1972年版，第603－604页。

做了头条的原则。把翻译作为主要教学手段,乃是老语法翻译法的两大基本特征之一,由于老语法翻译法在教学法上在外语词语同客观表象之间通过翻译这一手段,即母语中相应的词语作为中间媒介实行间接联系,所以此法又称间接法。使用间接法,贯彻间接联系原则是否能及早地使“心译”这个中间环节减弱和消失呢?也就是说,从培养学生实际掌握外语能力这一教学目的出发,间接联系原则理论上究竟有多大的正确性?实践是检验真理的唯一标准。间接法在西欧几个世纪以来的实践之缺乏成效说明“间接联系”原则在理论上有严重缺陷。症结何在?在我们看来,间接法把翻译作为教学的基本手段,把本来只是在学生脑子里进行的“心译”活动表面化了,把这种“内部言语”式的活动用外部的语言形式固定下来,而它本来的用意是想借助翻译这条拐棍作为手段,来达到最后不用这条拐棍的目的。但事与愿违,由于在教学中不断地、大量地、经常地使用这条拐棍,不断强化母语词语的刺激,从而巩固了“心译”这个中间环节,延长了“心译”的消失过程,养成了学生对翻译的依赖,形成想要丢开这条拐棍而长期不能做到的局面,学生外语直接反映的能力迟钝甚至全无。

直接法的直接联系原则便是针对间接法的间接联系原则在培养学生外语思维能力方面缺乏成效提出来的。鉴于间接法把“间接联系”——翻译作为基本手段达不到或不能有效达到“直接联系”的目的,直接法便另找出路,试图用“直接联系”为基本手段,达到“直接联系”的目的,在这里直接法把教学目的和手段高度统一起来。它的要点是教学一开始,在课堂上便不用母语和翻译一类中间环节,使要教学(讲和练)的外语词语直接同客观表象挂钩,其具体做法便是改用各种直观手段来代替母语,避开翻译。在直接法的理论体系中,直观手段又分为外部直观(或非语言直观)和内部直观(或语言直观)。前者包括实物、图画、动作、手势、表情、情境等,后者包括用外语下定义、构词知识、同义词反义词、上下文等。在直接法家心目中,各种直观手段在一定意义上是外语词语形式所代表的客观表象的代用品。

由于外语课上这种联系反复频繁地大量进行,学生就没有多少时间可用来做“心译”这类心理活动,这就迫使他们及早地脱离对这条拐棍的依赖而及早开始“独立走路”。这一点也可以从后来的巴甫洛夫高级神经生理学说得到科学说明,新第二信号系统(外语)中的信号(词语)如果同时和它们所代表的现实刺激物不断刺激于学生的感官，有利于形成两者之间的直接联系，并使这联系更加牢固。这种刺激的次数越多、时间越久，则两者之间的直接联系实现得越迅速。直接法的直接联系原则在这一意义上是符合客观心理规律的，因此行之有效，而且成效优于老法。

直接联系原则合理的一面还可以从西方心理学的一个重要流派——联结派的学习理论中的一条重要规律——练习律（无疑有其合理内核）中找到理论根据。练习律宣称："如果进行练习，那么联结就增强（使用律），反之，如果不练习，则联结就减弱（不用律）。"①换言之，凡是学过的东西，马上用、时常用才能巩固，才能掌握；使用次数越多，使用率越频繁，巩固性就越大，掌握得就越牢靠。直接联系原则就提供学生大量使用的机会，而在教师用外语和其他直观手段"讲"的阶段，他使用学生已知的外语语言材料来迫使学生随时动用这些已学过的外语语言材料来作为获得新"信息"的手段——实际上也是让学生直接使用外语，即学生已学过的外语语言材料作为一种理解手段，以养成学生直接用外语理解的能力，这里包括了"使用"；在"练"的阶段，更是直接使用外语而不假母语为手段，学生经常同外语打交道，外语课上事事使用外语，处处使用外语，而不用或尽量少用母语，其结果不但有利于外语词语同客观表象之间的直接联系在学生头脑中建立和巩固，而且更有利于学生对整个基础外语的有效掌握。

从外语教学的全程和全局来看，完成从间接联系到直接联系，应当说是完成质的飞跃。这标志着学生基本上已实际掌握外语，有人把这称之为学生获得外语思维的能力。但这个总体的质变，即从母语思维到外语思维，从间接联系到直接联系，是由许许多多量变积累而成的，在量变过程中还不时出现大大小小的局部的质变。学生每学习一个具体的新的外语词语时，如果对他们进行这个词语的大量反复的直接联系的训练（即以直接联系为基本教学手段来讲练这个词语），在经过一定的时间后这个外语词语在学生头脑中便会较快地由间接联系转化为直接联系，在使用它时，便不再需要相应的母语词语作为中间环节。这样的每一个小的质变对全局来说是量变，这样的量变多了，积累到一定的程度，也就最后造成了全局的质变。学生学成，获得外语思维能力，这个能力是以一定数

---

① 参见辰野千寿：《联结主义》，《教育心理学参考资料选辑》，山东教育出版社 1982 年版。

量的外语词语为基础的，而这些词语必须在学生脑子里同客观表象建立起直接联系，而这种直接联系又是经过一个词语一个词语的学习一个一个地建立起来的。

直接法的直接联系原则的积极意义就在于，它不放过每一细小的机会，从一个一个具体的外语词语的“直接联系”式的讲练入手，脚踏实地地工作，积少成多，缩短了由量变到质变（母语思维到外语思维）的过程。

以上我们讨论的是“直接联系”原则，下面将初略地考察与此紧密相关的“排除母语”原则，“排除母语”这个口号的内容，可归结为以下两点。

（1）在外语教学中绝对不用、尽量少用或十分有条件地使用母语。教学由讲和练两大环节组成，要尽量用外语讲练外语，并辅之以各种直观手段。说得更确切和具体一些，在讲的环节，用学生已知的外语语言材料来讲解未知的外语词语和其他语言现象和事实，在已知语言材料尚不足以讲清新材料时，辅之以各种直观手段，而避免使用母语和翻译。在练的环节只采用单语练习，即非翻译练习，或辅之以各种直观手段的单语练习，而决不采用翻译练习，因为直接法家认为翻译练习只能助长学生保持“间接联系”的习惯，不利于及早丢开“心译”这条拐棍。历来直接法家在“练”这个环节严格坚持排除母语的原则，始终没有作过任何让步。早期直接法不用说，即使到了后期，也并没有从这一立场后退半步。但在“讲”的环节却发生较大演变，早期直接法家一般主张绝对禁止使用母语。最急进的可以贝力子派为代表，贝氏外语学校有一条“随时随地只用外语”的校规，要求教师无条件遵守，违者解雇。但后期直接法家都采取较灵活的态度，作出较大的让步，同意在特定的条件下有限使用母语和翻译作为讲解的辅助手段，主张在以下几种情况下不妨使用：① 讲解学习外语的方法；② 讲解发音部位；③ 讲解新语法规则；④ 讲解词义抽象而且难于用内部和外部直观手段讲得清楚的词语，或虽然用各种直观手段能基本讲清，但却要耗费不少时间的词语；⑤ 讲解意义虽然具体，但用直观手段讲解极易引起歧义和乱猜的词（但这种词在母语中还须有等值的翻译）。必须指出，直接法家在对母语和翻译“放宽政策”的同时，仍提倡要尽量采用包括外语在内的各种直观手段来讲解，母语能不用的尽量不用，让步始终是有限的，实质未变，战略目标不变，所变的只是一些具体策略。这种让步早在 19 世纪末即已开始，1898 年在维也纳召开的国际性学术会议上，直接法派曾做出过有关的决议，以后帕默、韦斯特、埃克斯利等代表人物，先后对此都有进一步的发挥。

后期个别直接法家除把翻译作为有限的讲解手段外，还承认翻译可作为检查学生是否理解和理解到何种程度的辅助手段，但同时反对滥用翻译。后期直接法的做法比较明智，因为在外语教学中起决定性作用的是练，而不是讲，只要坚持在练的环节上寸步不让，全部用外语，在讲的环节即使作些变化也无碍大局。要在讲的环节完全禁止使用母语和翻译，有时在实际工作中常发生一些困难和麻烦。在讲上牵扯的时间一多，就影响到练。因此，在这个次要环节上作些灵活变通，争取以最经济的时间把要讲的新外语事实讲清楚，节省出更多的时间用于练，从总体上来看，所得多于所失，仍是合算的。

对早期某些直接法家主张完全排除母语的做法，也应作一分为二的评价。它有绝对化和片面性的毛病，须加指出，对此我们拟在本文第三部分再作评论，这里还要先肯定它积极的一面，对此以往的评价似乎很少有人涉及。

早期直接法家大概预见到，在外语课上“开放”母语可能会产生许多消极后果，因为“灵活”的尺度和分寸是比较难掌握的，特别是对使用直接法经验还不太多的教师来说更是如此，弄得不好，反为滥用翻译、乱用母语大开方便之门，最后导致老语法翻译法的局部复活，这当然有违直接法的初衷。如果把通向母语的门紧紧关死，那么就可迫使教师只跟为数极为有限的外语语言材料和各种直观手段打交道，迫使他们去开动脑筋，千方百计用这些有限的手段来讲清新教的外语词语和语法现象，同时迫使他们把这些有限的外语语言材料作各种各样的“排列组合”，反复盘练，既不让学生感到千篇一律和枯燥无味，同时又要使他们操练得滚瓜烂熟，做到不假思索、脱口而出、基本无误的地步。这种做法本身就不无可取之处，至少从培养学生在所学外语语言材料的范围内用外语思维的能力这个教学目的的角度来看是如此。以绝对排除母语著称的贝力子法（自然法）的这个特点至今未改，这并不影响贝氏外语学校的兴旺发达，其部分原因大概在于此。

（2）在外语教学中根本不去考虑母语的因素，不管母语是否在学生头脑中起作用，教学中一概不要予以理会，教师要让学生只接触外语，而不接触母语。在直接法家看来，母语和翻译不但是培养正常速度的外语反应能力和外语思维能力的大敌，而且是造成学生母语式的外语和洋泾浜外语的祸根,要学习到地道的外语,就必须撇开母语,让母语暂且"靠边站"。对这种观点和处理办法中存在的问题,我们将在本文第三部分加以评论。

直接法的直接联系原则和排除母语原则的基本内容及其合理内核,据笔者浅见,大概主要就是以上这一些。为了贯彻这两条原则,直接法家创造了一套用直观(内部的和外部的)授义以及讲解各种语言现象和语言事实的具体办法。用这些办法不但可以在不使用母语和翻译的条件下讲清表示具体意义的词,而且可以讲清表示抽象意义的词①,甚至抽象程度很高的语法规则②。

直接法家创造出了许多不用翻译手段来检查学生是否理解以及理解到何种程度的具体的实际办法。

直接法家创造出一套完备的单语(非翻译的)练习体系,特别是口语方面,帕默的《外语教学的口授法》就是集单语练习之大成。这种练习体系之卓有成效,不但为各国外语教师的长期实践所一再证明,而且连直接法的激烈的反对派也不得不承认③。

可以毫不夸大地说,现代外语教学法教科书或讲义上所介绍的多种多样的讲和练的具体办法和形式,除翻译和语法分析外,几乎全是直接法派的创造和贡献。

2 与批判④者的几点商榷

直接法在母语问题上的主张,是历来受到反对派抨击最强烈的"众矢之的"。这种抨击既见诸专门性的论战文章,也散见于各种类别的著作,次数之多无法统计;理由五花八门,其中有许多因根据不足,随着时日的推移已烟消云散,不再为人所注意,甚至早被忘掉;而另一些则流传颇广,影响亦大。这里面有两种不同情况:一是出于论战需要,歪曲直接法

---

① 关于这一点,本文第二部分将作进一步阐明。

② 参见俞约法:《重评直接法的母语观》,《外语论丛》,1982,第114-115页。

③ 例如,见苏联自觉对比法代表人物的以下论著:(1)И. В. 拉赫曼诺夫:《外语(新西欧语)教学法史纲》(1947)第八章;(2)З. М. 茨维特科娃为帕默《外语教学的口授法》一书俄译本(М.,1960)写的《序言》,第7页。

④ "批判"一词本有两层意思:一是反对派为了要从根本上打倒直接法和全盘否定其基本原理所作的抨击,一是我们为有效地借鉴所作的一分为二的分析,即有批判有选择地吸取。本文所说的"批判者"只指前一种。

的有关主张，然后得出合乎自己需要的结论，因此基本上属不实之词；一是虽也击中直接法母语观的要害，但由于其目的是为了打倒它，所以立论仍不免有“攻其一点，不及其余”之嫌；但后者同前者相比是有区别的，因为毕竟言之有据，能多少说出些道理，对此我们拟另作讨论。这里仅先择前者有代表性者两种，加以剖析，以示这类“批判”手法之一斑。

一曰：“直接联系原则是唯心主义的外语教学法理论。”

这是迄今分量最重而又流行最广的“批判”。这个结论是怎样得出来的，有无充分的根据，本文试图对这两个问题作点探讨。根据笔者的观察，持这种论调的人，都是从“思维与语言不可分割”、“语言是思维的物质外壳”的命题出发，认为学生在没有掌握外语之前，特别是学习外语初始，其思维只能是建立在母语词语基础上的，只有母语才是学生思维的物质外壳。因此，要撇开母语词语而实行外语词语同客观表象的直接联系，无异乎承认有可以脱离语言（母语）物质外壳的赤裸的思维的存在，这就是唯心论。学生头脑里明明有母语的存在，却硬要排除它，学生只有通过母语词语才能“接通”思维同外语的相应词语的通道，但却放弃不用这个中介而硬要去直接联系，行不通的事却拼命去行，凡此种种，均属主观唯心主义的做法。

这样的批判似乎颇有道理，但稍加推敲却不无问题。

首先，它的前提是否是不可讨论的绝对真理？语言与思维的关系是个极其复杂的学术问题，涉及哲学、心理学、语言学，由于科学发展水平的限制和实验材料的不足，离彻底解决尚远。从辩证唯物主义的观点来看，思维当然必须通过一定的物质形式才得以存在，而语言也正是思维的主要物质形式，这些都是对的，但语言是否是思维的唯一形式，对此近年来在马克思主义学者内部也有不同见解，更不用说是非马克思主义学者了。例如，思维和语言是同时产生的，还是先有思维而后有语言，除语言以外思维还可采取何种物质形式存在，如此等等。这些问题国内外学术界讨论已久，至今未有定论，而且看来最近还不会有结论。这样从根本上动摇了这些批判者的理论基础，因为尚未有定论的推断或假设是不能用来作为论证前提的。

退一步说，即使我们承认“语言与思维不可分割”是一条真理性的普遍原理，但这条原理也帮不了批判者多少忙。因为他们混淆了两个不同的范围：(1)外语教学一开始就在课堂上排除母语，贯彻直接联系原则；

(2)外语教学一开始就企图在学生头脑里排除母语,取消“心译”环节,实行外语词同客观表象的直接联系。

从我们查阅过的直接法文献来看,此法排除母语的主张和直接联系原则的本意都用于第一种场合。我们还没有发现有哪一位直接法家曾明确地指出或正式宣称过,直接联系原则也适用于第二种场合。不过我们所见到的直接法文献也确实没有明确指出,排除母语原则和直接联系原则只适用于第一种场合而不适用于第二种场合。直接法文献的这种不甚确切的表述,使反对派有机可乘,于是便随心所欲地加以发挥。

笔者认为,在评论直接联系原则时,区别以下三种情况是必要的:(1)直接联系作为外语教学的终极目标,也就是说在所学外语语言材料的范围内直接用外语思维,而不借助母语作为中间环节进行“心译”;(2)直接联系作为达到上述目的所采用的课堂教学的基本手段,能不用母语和翻译的地方,尽量不用;(3)直接联系作为学生开始学外语时的现实,即学生一开始学外语时,在他的头脑里新学的外语词语同客观表象就已经建立起或可以一下子就建立起直接联系,学生头脑中的母语可以当即“排挤”出去,“心译”可以当即取消。

上述第一、二两种情况都是可行的,这已为教学实践反复证明。只有第三种情况是主观主义的不切实际的幻想。直接法的直接联系原则只用于上述前两种,特别是第二种情况,而并未涉及第三种情况。把这三种情况混淆起来,然后又把直接联系原则归结为第三种情况,最后上纲为“唯心主义”,这是批判者强加于人的一种手法。

批判者常常爱引用自觉对比法奠基人谢尔巴的如下一段话来批判直接法的母语观:“经验业已证明,可以在教学过程中排除母语,但在学校条件下从学生头脑中排除母语却是不可能的。”[①]他们没有想到,这句话的前半部分刚巧也可以用来批判他们自己对直接法的批判。这里谢氏明确指出:在外语课上排除母语,把“直接联系”法作为一种主要教学手段是完全可行的,而这也是直接法本意之所在。而后一句话,谢氏也说得极其谨慎,只是在一定条件(普通中小学条件)下不可能,而不是在任何条件下都不可能;另外,这里所说的“在学生头脑中排除母语”,根据谢著上下文来看,指的是要达到获得“纯双语能力”的境地,谈的主要是教学目

---

① Л. В. 谢尔巴:《中学外语教学》,1947年俄文版,第56页。

的。通过“排除母语”作为主要教学手段，在普通中小学条件下，最后是否能达到“培养学生在所学外语语言材料的范围内用外语思维的能力”这个教学目的，这是个十分复杂的问题，教学实践有成功的，也有失败的，在理论上各家意见极不一致。谢氏之说只不过是一家之言，不足以作为给直接法母语观“定罪”的“法律条文”，不能用来作为评定学术上的是非的标准。

综前所述，可见直接法同它的反对派在母语观上的分歧的实质并不在于是否承认学生初学外语头脑中有“心译”这个中介，以及这个中介在学外语伊始是否是不可避免的（因为大多数直接法家并没有公然正式否认这个中介的存在）；分歧的实质在于用什么基本教学手段，通过何种途径来缩短“心译”过程并使其最后消失，是直接联系还是间接联系。

最后，让我们把话题拉回到批判者的出发点——“思维与语言不可分割”论上来。笔者认为，从同一个“语言和思维的辩证统一”的哲学命题，可以得出不同的甚至相反的教学法结论，既可得出积极的结论，也可得出消极的结论。孰是孰非，唯实践为检验标准。

消极的结论：既然学生开始学习外语时思维只能以母语为外壳，外语词语同客观表象之间的联系只有通过相应的母语词语才能实现，既然“心译”是不可避免的，那么教学中也只能采用“间接联系”法，以翻译为主要手段，才是唯一可行的，直接法作为基本教学手段是行不通的或缺乏成效的。这是新老语法翻译法的结论。

积极的结论：既然语言是与思维不可分割地辩证地统一在一起，那么，教学生外语词语时，也要同时教他们用所学的外语词语来直接思维，培养他们在所学外语语言材料范围内直接进行外语思维的能力。因此直接联系应成为基本的教学手段，间接联系应尽量少用，最理想的是完全不用，把直接联系作为基本教学手段的结果，有利于加速直接联系这一教学目标的实现，即养成直接用外语思维的能力。反之，如果把间接联系作为主要教学手段，则会推迟，甚至无限期地延缓“直接用外语思维能力的养成”的目标实现。这个结论，同直接法的实际主张不谋而合，尽管直接法家提出自己的主张时并没有以辩证唯物主义的语言观为指导。

新老语法翻译法都曾力图通过“依靠母语”为基本教学手段来达到排除母语的教学目的，通过“间接联系”为主要教学手段来达到“直接联系”的教学目的，但收效均甚微，以至于最后成为改革的对象。而直接法则以“排除母语”和“直接联系”为基本教学手段，更有效地（与老语法翻译相对而言）达到了“排除母语”而直接用外语思维的教学目的。

由此可见，给直接联系原则贴上“唯心主义”的标签是一种无限上纲的牵强附会的批判。

二曰：“与间接联系相比较，用直接联系方式释义既不准确，也不经济。”为了证实这种批判之有理，论者还常搜罗并列举一些用直接联系方式释义失败的教例。笔者认为，这种指责也缺乏根据。

首先，这不尽符合事实。正如前述，成熟时期的直接法并不完全拒绝使用翻译和母语作为释义手段，在用翻译和母语释义能既更准确而又更经济的条件下，直接法家也主张有条件地采用它们来作为辅助手段，以补直观手段之不足。把直接联系原则作为不容丝毫变通的硬性规定要求教师无条件遵守、严禁使用翻译、提倡完全排除母语，这只是早期直接法中大多支派的共同特点。把人家自己老早就已经改正过来的毛病抓住不放，拿来作为否定人家的主要根据，是不可能真正把对方否定得了的。即使以早期直接法的有一定片面性和绝对化之嫌的偏激主张而言，也有它可肯定的一面，已如前述。

其次，“准确”与“经济”都是相对的，看你从哪个角度和针对什么对象来说。直接法和语法翻译法各有自己的有时是截然相反的“准确”观和“经济”观。从历史上来看，直接法的直接联系原则刚巧是针对语法翻译法的间接联系原则以及因此而采用的翻译手段在释义上的不准确和不经济而提出的。

先谈谈“准确”。众所周知，外语词语所表概念在其内涵和外延上同大体相应的母语词语之间常有不一致的地方，至于两种语言里词语在语意上的多义现象，更是错综复杂。对于这些外语词语，如只用翻译手段释义，往往使学生一开始便获得不准确的观念。直接联系原则试图矫正这个弊端。

人们对事物的准确、深刻、全面的理解，需要一个过程。学习外语的情况也是如此，特别是外语中与母语不同的多义词语，学生都要经历从不大准确到比较准确的理解过程。这主要通过不断的实践，反复使用，并观察人家怎么用，修正自己不够准确的理解。直接法家便是通过大量的言语实践，大量地使新教的外语词语在不同的语境、场合和搭配下出现，向学生提供大量使用的机会，让他们在外语言语实践中不断加深和完善其对所学词语的理解。学生需要经历这样的过程,使用直观手段授义来教避免不了,使用翻译手段授义也同样避免不了。外语中有许多词语是很难通过初次释义就能立即准确理解无误的,不论采取何种释义手段。

当然,任何一种释义手段都不是万能的。无论是翻译手段也好,直观手段也好,无论是用母语也好,用外语也好,都只是诸种释义手段中的一种,它们各有自己的长处和局限,都有自己最能发挥作用的场所,应根据不同的具体情况,灵活机动地选择最合适者使用。早期直接法的毛病之一是把直观手段作为唯一的释义手段,这样就把事情强调到了绝对化的程度,问题倒不在于用直观手段授义"不准确"。

再谈谈"经济"。直接联系法是否比间接联系法更浪费时间,两派意见截然相反。直接法家认为直接联系作为教学手段倒要比间接联系省时间,也就是说更为经济:因为省去了一个用母语外部言语表示出来的翻译这个中间环节。在我们看来,即使退一步来说,以直接联系为基本手段进行教学,开始时可能浪费些时间(因为学生总是要在心里"琢磨"和揣测新教的外语词语的意义,而且有时不是一下子就能猜中的),但却有利于缩短心译过程,早日实现外语词语形式与客观表象的直接联系,因此从长远和全局看,却是省时间的,"退一步,进两步"。

这里再顺便讨论一下批判家们搜罗来的用直观手段释义的失败教例的问题。

如何把直接联系具体应用于讲解每个具体的外语词语上,这是技术问题,而不是理论问题。由于每个教师对这一原则的精神实质的理解、教学经验、教学艺术的修养等方面的不同,不同的人在贯彻同一原则时所采取的具体做法差异往往很大。有成功的,使人看了赞叹不已,也有失败的,使人看了摇头不止,甚至嗤之以鼻。直接法的反对派往往收集一些拙劣的教书匠在这方面所闹的笑话大做文章,而对成功的技术处理却绝口不谈。

技术性处理不当,不能说明指导思想必然有错;实践上出点局部差错,也并不能反证理论本身必然有谬误之处。否则又如何解释这方面大量成功的教例呢?

直接法家在把直接联系原则具体落实到每个外语词语的释义上时,曾下过很大功夫,力求做到更准确一些,尽量避免可能产生的歧义和误解。在一些直接法代表人物编写的名教材中,我们可以看到大量成功之作,例如,帕默、韦斯特、理查兹、埃克斯利等人的直接法英语课本中,这类精心设计的用直观手段授义的成功范例,几乎随处可见。为了使读者更有实感,我们举《韦氏会话读本》中的几个教例。编者用一组(而不是单幅)图画来解释一个生词,以便学生把握词义的精神实质,避免误解。笔者从中选出五个教例,用文字描述如下:

(1)machine——此词意为"各种各样的机械",由五幅图画来说明:① 缝纫机,② 油印机,③ 打字机,④ 留声机,⑤ 印刷机;(2)chain——此词意为"各种链状物,其两端各系在不同物件之上",由五幅图画来说明:① 锚链:一端系在船上,另一端系在锚上;② 老式挂钟的链条;③ 拴狗的铁链:一端系住狗,另一端系在墙上;④ 囚犯的脚链:一端系在囚徒的脚上,另一端系在一个大铁锤上;⑤ 锻炼身体用的拉链:其两端均握在锻炼者手中;(3)to follow——此词意为"跟随",由四幅图画来说明:① 一只流涎的狗紧跟着卖烧饼的人,② 一个小偷在阔佬后面盯梢,③ 巡警暗中跟在小偷后面监视,④ 狗在猫后面紧追;(4)to lead——此词意为"引"、"牵引"、"引导"、"带领"等,由六幅图画来说明:① 一个人牵着一只狗,人在前,狗在后;② 一个农夫牵着一匹马;③ 一个童子军领着一个老人向邮局走去;④ 一个骑马的军官率领着一队士兵;⑤ 女教师带头,领着五个学生到教堂去;⑥ 一个绅士领着他妻子向教堂走去;(5)excited,calm——这是一对反义词,意为"激动不安"与"镇定沉着",由五幅对比画说明:① 房屋失火,一个妇人(看来是屋主)不知所措,样子十分激动,而在他旁边的一个男子却冷静沉着,两手插在裤袋里,嘴叼着烟斗;② 一座房子失火,一个男子激动着急,想往火处跑去,被一个女子拦阻住,她态度安详镇定;③ 一人失足落水,几乎没顶,岸上两人(一男一女,可能是双亲)十分焦急;④ 一个小偷偷了箱子,失主十分激动 告诉巡警要求去抓贼,而巡警表情则安定自若;⑤ 一列即将开走的火车,一个手提行李袋的旅客在匆忙赶车,面有急色,旁边站着一小孩,若无其事地手插裤袋看热闹。

前引五个教例的这些图画还有一个共同的特点:除了突出生词意义的部分以外,其他事物、现象大多都是可以用学生已学过的外语词语来指称的。这样,这些图画的作用除了释义以外,还为用旧语言材料来练习新语言材料提供各种情境;除了教给学生生词的词义以外,还教给它们以某些搭配。在这里直接法家又把讲和练巧妙地结合了起来,"讲中有练"。

某些教师贯彻直接联系原则使用直观手段授义技术上的失败,除了前述经验、修养等主观因素以外,还因为他们只注意直接联系原则而忘记甚至违反了教学论的各项共同原则，诸如循序渐进、由已知到未知、由具体到抽象、由简单到复杂、由近及远、由易到难、由浅入深等。在直接法的实践中，直接联系原则要受到上述普遍教学论原则的制约。同时严格遵循这些原则，是贯彻直接联系原则成败的关键之所在。只是在技巧上花样翻新，而置前述教学论原则于不顾是很难收到良好教学效果的。在批判应用直接联系原则释义失败的文章中很少有人指出失败的原因还在于应用者违反上述教学论原则，而一味只是归罪于直接联系原则本身。

3 试论母语在外语教学中的正反二重作用和直接法母语观中存在的问题

在充分肯定直接法母语观的历史进步性、同老语法翻译法相比较它在实践效果上的优越性以及在理论上一定的正确性，并批驳直接法反对派论战时对它的不实事求是的“批判”后，我们还须恰如其分地指出直接法在这方面存在的问题。而为了进一步更科学地评价直接法母语观中存在的问题，有必要运用现代普通语言学和心理学在这方面的理论作为评论的基本依据。为此笔者拟先正面阐述自己在这方面的几点认识。我们的基本观点是：母语在外语教学中是一个起着正反两个方面作用的具有二重性的不可忽视的因素，外语教学必须充分估计到这个因素。下面我们将从几个不同角度来反反复复论证这个基本观点。

3.1 语言是一种约定俗成的符号系统，是一种结构，由若干个级层、平面组成，而每个级层、平面又由一系列小单位组成，它们之间相互联系、相互制约、相辅相成，形成种种不同的关系。两种不同民族语言之间，或者说在外语和母语之间，在系统和结构上都有共性和差别。更准确地说，有三种情况：(1)母语和外语相同的部分；(2)只有外语中独有而母语中则根本没有的部分；(3)两种语言中相貌似但却并不相同的部分。在外语教学中，学生碰到第一种情况，一学即会，毫不费劲，但碰到后两种情况(特别是第三种)，则往往不加审辨地不自觉地把母语中多少近似的语言单位、表达法套用到外语上去，结果给教学造成很多障碍。学生之所以会说出母语腔的外语，发出母语式的外语语音，造出母语式的外语句子，从学的方面来看，其主要原因系出自他们不了解外语与母语之差异。对此，我们还可以从下述“语言即习惯”论得到进一步说明。

3.2 “语言是一种习惯”这包括双重意思。

(1)语言作为一种符号系统和结构,是经一定社会集体约定俗成,长期使用固定下来的习惯。每一成员都必须遵守这个习惯,交际才能完成。每一种民族语言都是有自己特有的习惯,外语是不同于母语的另一种习惯。既然是习惯,在许多地方就没有多大道理可讲。

(2)社会集体成员,即每个个人为交际而对语言系统或结构所进行的使用(所谓言语活动)和使用能力(言语能力)也是一种习惯,这种习惯是在长期使用中养成的。使用外语的习惯不同于使用母语的习惯,要掌握好外语就得另外再培养一套新的习惯。

以上是从语言学的角度来说。

3.3 从心理学的角度来看,培养新习惯要受到先前已有习惯(以下简称老习惯)的影响和制约。老习惯在新习惯建立的过程中是个必然起作用的因素,这种作用是客观存在的,不管人们是否明确意识到。老习惯在培养新习惯的过程中的作用表现为两个截然不同的相反方向:有一部分起促进作用,其效果是正向的,可作正迁移;另一部分则起干扰作用,其效果是负向的,可作负迁移;老习惯中同所要建立的新习惯中相同的、可直接间接借用的部分,常起正迁移作用。而老习惯中的“心向”或“定势”(set)作用,则常起负迁移作用,导致“惰性错误”。在建立新习惯过程中,旧习惯的正负两种作用互相交织在一起,情况错综复杂。老习惯对新习惯的形成所起的作用如果是自发的,那么往往干扰或负迁移占优势,正迁移反会受到影响和冲击而减弱,但事先能自觉加以利用和预防,则可使正迁移充分发挥作用,负迁移和干扰受到有效限制。

3.4 如果将前述普通语言学和学习心理学原理用之于外语教学,便可以得出相应的如下教学法结论:

(1)幼儿学习母语是建立一套习惯,青少年学生和成人学习外语是建立一套新的习惯,都要受上述学习心理普遍规律的制约。

(2)幼儿学习母语伊始,没有别的语言习惯和语言经验可资利用和“迁移”,因此情况比较简单。

(3)青少年学生,特别是成人学习外语,是在他们已有一套长期形成的母语习惯和丰富的母语经验的条件下进行的。这种已有的母语语言习惯和经验,不能不对外语学习——建立一种新的语言习惯发生正反两个方面的作用,因此情况要比幼儿学母语复杂得多。母语习惯和经验对外语学习所起的巨大作用是外语教学中必须考虑到的重要因素，编写教材和备课时如果能充分考虑到母语因素，会收到事半功倍的效果；如果置母语因素而不顾，任凭它自发起作用，则它的干扰作用便会发挥无遗，给学习带来许多麻烦，学生之所以会造出许多母语式的不地道的（甚至是错误的）外语句子，从教的方面来看，在许多场合都是由于教师没有考虑母语这个因素造成的。因此，现代外语教学法科学把“考虑母语”或“考虑学生母语特点”作为一项重要教学法原则。

（4）从习惯迁移的理论来看，母语中与外语相同的部分可作正迁移。这一部分，教师即使不加指点，学生也会自行迁移，因此课上对此不必作专门讲解。而两种语言中差异部分，则是负迁移的主要对象，如不加疏导、控制，势必自发起作用。教师不能听之任之，必须采取有效措施来消除其干扰。此外，在学习方法上，也有从母语到外语的迁移问题，学生往往把学习（母语）语文以及别的课程的方法“迁移”到外语学习中来。

（5）外语教学由讲和练两大部分组成，其中练习是起决定性作用的环节，因为习惯的养成，全在于反复多练。教师讲解可使学生认识外语的特点，有助于练，但却不能代替练，因为只知道外语的特点并不能养成外语语言习惯，因此，外语课必须“精讲多练”，讲多了，练就要受到损失。贯彻“考虑母语”原则，主要也应在练的环节下功夫，通过有目的、有计划、有针对性的大量实际训练，把因母外两种语言的差异而造成的难点作为训练的重点，来有的放矢地培养学生新的语言习惯，而不应把对比语言学的理论搬到外语实践课上大讲特讲，因为这种理论讲解会削弱用来培养外语习惯的练习。

（6）对母语和外语进行系统全面的对比描写，这是语言学家的工作。外语教材编写者和教师的任务并不是在教材里和课堂上从理论上详尽讲解两种语言的异同，但他们都必须在编写教材和备课时充分利用母语和外语对比语言学的成果，把它们实际贯彻到“练”的环节的各个方面去。

3.5 以上原理和教学法结论的科学性，还可用巴甫洛夫高级神经生理学说来论证。学习外语也就是建立一套新的第二信号系统，而这一工作又是在以母语词语为基本内容的已有的第二信号系统业已牢固形成的条件下进行的。这个原有的第二信号系统，也就是前面所说的母语习惯，是一种动型，动型一经形成，便有强大的保守性，对新的动型（新的第二信号系统，新的习惯——外语习惯）的建立，起着不容忽视的正反两个方面的双重作用。

以上所作的常识性论述，只是分别从现代语言学和心理学理论角度来阐明一个基本观点：母语是外语教学中起着正反两个方面作用具有二重性的不容忽视的重要复杂因素。

而直接法家又是怎样对待这个因素的呢？首先是认识上片面，这表现在把二重性的事物看成只有一重性的事物。从这个意义上来说，直接法家的母语观不妨用“母语无用”论或甚至“母语有害”论几个字来通俗概括，他们只看到母语对学习外语的不利一面，而丝毫没有看到其有利的另一面。因此，在该充分利用的地方也没有自觉地加以利用，只是把母语视为培养外语思维的大敌，而在对待母语不利于外语学习的一面时，也未采取积极有效的对策来同母语的干扰作用作斗争。在态度上是消极的，企图用躲避的办法，以为不让学生同母语接触这种干扰似乎便不再起作用，所采取的办法是简单化的，不予以理会，置母语于不顾，一味排除，似乎这样一来母语的习惯便被排挤到一边去了。

前述这种对待母语认识上的片面、态度上的消极和处理办法上的简单化，在草创时期的直接法表现得尤为明显。成熟时期的直接法虽然对母语采取了较为灵活的态度，但还并没有从根本上克服它早期固有的简单化的弊端。直接法家并没有考虑到如何利用学生母语和母外两种语言对比研究成果来为外语教学服务。最典型的例子是贝力子法外语课本，这种课本有两大特点：(1)用同一的某种外语（如英语）课本供不同民族的人（即操不同母语的人）学习该种外语之用；(2)不同语种的外语课本所用的语言材料、编排次序和方式几乎一模一样，例如英语、德语、法语、俄语等的贝氏课本，内容和编排大同小异，所不同的主要是语言的外形。

众所周知，不同民族的人学习某一种外语，由于其母语之不同，难点和易犯的典型错误也各有所不同，而同一民族的人学习不同语种的外语时，如中国人学俄语、英语和日语，其难点和易犯的错误也是不同的。因此，对不同母语的人学习某一种外语和对同一民族的人学习不同语种的外语，都有其特有的难点和重点盘练项目。无论是前一场合还是后一场合，母语的因素都必须考虑到，学生母语同所学外语的语言学对比研究成果都必须充分利用。

直接法的那种对待母语干扰作用的简单化的做法，首先受到自觉对比法派的批评。这种批评，确也说到了点子上。但该派也并未妥善解决这个问题,因为他们用"依靠母语"原则来代替直接法的"排除母语"原则,用一种新的"间接联系"原则代替直接法的"直接联系"原则,而且该派一直只在"讲"的环节上下功夫,以为只要事先把来自母语的可能发生的干扰向学生讲透了,给他们打了"预防针",他们以后便可不犯或少犯因母语干扰而可能产生的错误和避免犯这样的错误,而他们的"讲"多半又都是用母语来进行的。与老语法翻译法的不同之处,是自觉对比法在讲的环节,除了翻译外,还利用了母外两种语言对比的研究成果,对两种语言常作体系性的和个别事实的对比。由于该派重视语言理论知识在教学中的"指导作用",所以在对比讲解时难免出现"理论化"的倾向,外语这门实践课的言语实践倾向性的特点反而被大量冲淡了。

真正在实践中突破直接法在母语观方面的局限并取得成绩的是20世纪40年代兴起于美国的听说法和50年代末始于苏联的自觉实践法。这两派的代表人物都充分考虑到母语在外语教学中的正反两方面作用,并提出了颇为切中要害的解决办法。例如,听说法的代表人物弗里斯和拉多主持的密执安大学英语研究所编写的各种英语课本,便都充分考虑到学生母语的特点和由此而来的难点。二氏主编的《英语速成教程》(An Intensive Course of English. 1960)是专供以西班牙语为母语的人学习英语而编写的,此书的编订工作建立在英西两种语言的系统对比研究的基础之上。如果把此书同该派为以另一种语言为母语的人编写的英语课本加以比较,我们就会发现所突出的盘练项目及其安排,二者是大不一样的。例如,严绮云编的《英国话》(Isabella Yen:English for Speakers of Mandarin Chinese,W.,1955)就是专为以汉语为母语的学生编写的,也是以英汉两种语言对比研究成果作为编写基本依据的。弗里斯主张,对比两种语言、考虑母语因素是编写教材和进行教学之前的必不可少的准备工作,但却并不要求教师在教学过程中向学生大讲两种语言对比,只是在练的环节上更有针对性,使盘练的难点更加突出。(弗氏主张见他所著《英语作为外语的教和学》一书)。自觉实践法派则除了继承听说法的前述主张外,还明确地把"考虑母语"作为一项主要教学原则提出,并要求把它贯彻于"练"的各个方面。至于在"讲"的环节,则对比不能滥用,并在时间上对整个"讲"的环节作了严格限制,从百分之十至二十,不得超过。该派认为外语教学成败的关键全在于练,而不在于讲。"考虑母语"原则突破了"排除母语"原则的局限,补充了"直接联系"原则的不足,从而把直接法的母语观推进到同当代外语教学法发展水平相适应的新阶段。

最后必须提出的是，考虑母语原则只是当代外语教学诸原则中的一项重要原则，而不是唯一的原则，因此对它不宜孤立地作绝对化强调。这必须同其他教学原则相结合，才能充分发挥其作用。在这些“其他原则”中，特别应当提出的是交际性原则和考虑两种文化背景原则。语言固然是传达信息的符号系统和结构，但它同时又是“人类交际的最重要工具”，它既具有交际功能和思想功能，还具有“历史文化功能”和积累贮存文化历史经验的功能(cumulative function)。教外语不能只教语言的形式系统和结构，不能只就语言来教语言，而且还要教语言以外的交际规则和使用规则，以及非语言的文化背景知识等。因此，在考虑母外两种语言结构系统本身的异同外，教学中还要估计到两个民族交际规则和文化背景方面的异同，但讨论这些已远远超越本文题目的范围，不过无论如何，这一点是应在这里着重指出的。

4 几点小结

第一，直接法的母语观集中反映在“直接联系”和“排除母语”两个相互补充的口号或教学原则上。

第二，这两个原则的提出都是为及早和尽快实现学会用外语思维、建立起一定数量的外语词语同客观表象的直接联系，培养出正常速度的外语直接反应能力等战略目标服务的。这些目标是学生已经掌握外语的主要标志。直接法家的努力，在实践中取得了一定的成效。

第三，直接联系原则的实质首先在于，以“直接联系”为基本教学手段，通过大量的单语言语训练，以达到“直接联系”的教学目的。它的积极意义在于把手段和目的高度统一起来，尽可能有效地结合起来，以缩短“心译”过程，使学生在使用外语作为交际工具时尽快、及早地把母语这个中间环节从心理过程中排除出去。

第四，排除母语原则有一定的局限性，这主要是，它在可作正负两种迁移的母语里，只看到负迁移的因素，而对母语在外语教学中的干扰作用(负迁移)所采取的办法也是简单化的，消极的避开、不理、禁止等。实际上，所有这些措施并不能防止母语的负迁移在教学中自发起作用。

第五，当代外语教学法科学提出的“考虑母语”原则在很大程度上弥补了直接法母语观的不足方面，它的基本要点是充分利用对比语言学研究成果,确定因母外两种语言的差异所造成的难点和典型错误,编写教材和备课时充分考虑这些因素,突出重点,精讲多练,进行大量的单语言语训练,并把这种训练同交际功能原则结合起来,使带有各种不同程度的交际性的单语言语训练成为外语实践课的基本内容,从而保证学生更有效地掌握外语。

对比语言学与外语教学中的对比

——教学法流派的对比观比较研究

一

对比、对比分析和对比语言学是三个不同层次的密切相关的事物，对外语教学来说，它们都十分重要。本文试图从应用语言学的角度来阐述其彼此之间的关系，考察对比在外语教学中的作用及其心理学和心理语言学根据，并对外语教学法几家主要流派在这方面的理论观点作一初步的比较研究。

对比(contrast,сопоставление)这一术语在应用语言学中有特定的含义，它指的是两种语言的共时比较。这两种语言一般是第一语言和第二语言，前者当然是指学生的母语，而后者则主要指外语，这两者既可以是亲属语言，更可以是非亲属语言。不妨说，对比实际上指现代母语和现代外语的共时比较。

把本文前述意义上的对比作为语言研究的方法，语言学上叫对比分析(contrastive analysis)。对比分析这个术语在很多情况下也用来指语言学家运用前述意义上的"对比分析"作为方法所进行的科研活动以及这一活动的成果。"对比分析"这个术语多见诸西方语言学文献，在苏联则习惯于用"对比研究"(сопоставительное изучение)来表达同一内容。

对比分析研究成果的源源问世，导致了对比语言学(contrastive linguistics,сопоставительное языкознание)的诞生。因此，对比语言学是以对比分析为方法，主要以母外两种语言的共时研究为对象的语言学的新分支。

对比语言学又分为理论与应用两大类。应用对比语言学的发展，一直受到外语教学的新需求的直接推动，而对比语言学每一新研究成果的出现又使外语教学法多了一项新的科学依据。

对比语言学的研究范围早年始于语言结构的对比，即语音、语法、词汇“三要素”的对比，其中母外两种语言的对比语法更是注意的中心。但随着人们对语言和语言教学的方方面面的认识逐步扩大和加深，对比研究的范围也日渐拓宽，从低层次到高层次，从静态到动态，从形式方面到语义和功能，从语言本身到语用，从语言本身到语言各种成分中所反映的以及语言使用中所涉及的文化因素，从以音位、词、句为单位到以篇章为单位，如此等等。这样，对比语言学把自己的活动从传统的语音、语法、词汇对比扩展到语义、功能、修辞（包括语体）、表达手段、语用、篇章、语言文化背景等方面的对比。人们还开始把两种语言放在使用的平面上来作对比分析，考虑到语境、上下文对语言使用的影响。对比语言学的路子越来越宽广。

二

对比也是现代外语教学法中的一个十分重要的范畴。这个范畴在外语教学法理论中，除前述语言学意义外，还有更广泛的理解：(1)在外语教学中对母外两种语言对比语言学研究成果的综合开发利用；(2)在教学中同母语“干扰”作斗争的有效武器；(3)设计大纲、编写教材以及备课时确定教学难点和重点及其等级的语言学依据；(4)预测和分析学生学习外语过程中出现的语言错误的理论指南；(5)课堂讲练的一种教学手段。

既然，更准确地来说，在应用语言学中对比只是母外两种语言的共时的现状的对比，那么外语教学法领域内人们对“对比”这个范畴的承认和重视程度就同对“母语在外语教学中有无作用和有哪些作用”，以及由此而来的“外语教学中应怎样处理母语同外语的关系更为妥当”这两个问题的认识直接有关。

由此而来的便是两个不同层次的问题及不同的答案，对比在外语教学中是否应当有自己的地位，对比在外语教学中应占有怎样的地位，同这两个层次的问题相应的，还有另两个问题：第一，外语教学理论是否应以对比语言学及其研究成果为自己的语言学科学依据，外语教学是否应当对对比语言学所提供的研究成果加以开发利用；第二，这种开发利用应当达到何种程度，在哪些方面。

在外语教学法历史上，不同流派对这两个问题持有不同的观点，而且不时发生激烈的学术论战。时至今日,在前一问题上意见已大体统一,但在后一问题上观点仍然有较大分歧。比较各主要流派在前述两个层次的问题上理论主张的异同,得出若干认识,对我们今天更妥善地处理外语教学中母语与外语的关系有现实意义。

对前一问题的不同回答和争论,那是历史上的事,如今早已成为过去,因此本文不拟过多地去追溯,但为了更好地了解外语教学法理论在这方面的现状,似仍有必要作一简略的回顾。

外语教学法流派林立,但其中不乏共性,于是一般就根据几个基本特征把它们划分成两大派,对这两大派有不同的命名。国外最流行的命名是理性派和经验派,前者起源于古典语法翻译法,而后者则起源于古典直接法,古典语法翻译法虽然在实际上以“依靠母语”为自己的最高理论指导准则之一,但由于时代的局限,它对“对比”这个范畴却表现得根本无知,在理论上既未提出过什么主张,在实践上也并未有任何实际应用。这是因为它只看到学习外语初期学生对母语的依赖,而不知母语对外语学习还有严重的干扰作用,因此在教学法对策上就只知利用翻译作为唯一的手段,“依靠母语”被简单地归结为“依靠翻译”。

作为古典语法翻译法的对立面的古典直接法,在这个问题上走得更远。它从根本上反对“依靠母语”而提出“排斥母语”作为自己的最高指导思想。从认识根源上来看,该派也是没有全面看到母语在外语教学中的双重作用。他们只看到母语对学习外语的干扰的一面,因而在教学法对策上也便提出更为简单化的办法来解决外语教学中母语同外语的关系这个重大复杂的问题。他们主张在全部教学过程中和各个教学环节上只使用外语,绝对禁用母语。连翻译都不许用,当然就更谈不上母外两种语言的对比了。

但在语法翻译法内部,事情却朝着相反的方向发展。其中有些教学法家在把翻译当做贯彻“依靠母语”原则的主要手段的同时,也采用一些对比手段作为补充。这种做法在开始时只是个别的、零星的、偶尔使用的。以后,这种把对比作为教学手段来使用的做法逐步经常化、系统化,终于在一些教学法家那里对比成为了基本的教学手段,至少其地位不低于翻译。于是从古典语法翻译法的老树基干上发出了新枝,在前者的基础上产生了对比法,也叫比较法。对比法在其产生和发展过程中在欧美各国又出现了名目繁多的支派,其中的集大成者,当首推苏联的自觉对比法。

自觉对比法对对比语言学的依靠以及对于其成果的利用，比起对比法别的支派来都更为自觉。该派理论奠基者谢尔巴、波利凡诺夫等人，都是苏联杰出的对比语言学家。

直接法这一大派只是到了40年代初，对对比语言学的态度才有了根本性的转变。这个时期，在美国诞生了听说法，以后在这个基础上在法国又出现了视听法，此二法均脱胎于直接法，而且从其基本倾向来看仍属直接法范畴，也被许多人视为是直接法的新发展。该派继承了“用外语讲练外语”和其他一系列直接法衣钵的同时，认识到了母语对外语学习的二重性，因此无论是在理论上还是实践上，对母语并不只采取简单化的解释和做法。他们认为科学的外语教学法应当建立在母外两种语言的对比分析的基础之上。

在第一层次的问题上，既然连作为原先主张完全排斥母语的极端派的直接法都已从根本上改变了立场，那么处于理性派同经验派之间的各折中法或综合法，则对这个问题作出更为肯定的回答也就“不在话下”了。本文将选择最有代表性和典型性的两个综合法——自觉实践法和认知法作为比较分析的对象。就基本倾向来看，前者同经验派更接近，而后者则同理性派更相似。

总之，当今外语教学法各主要流派在第一层次的问题上，回答都是肯定的。这是由于各派对母语在外语教学中的作用的认识都有进步，有的甚至是根本性的转变，因此在对待对比、对比分析和对比语言学的态度上都是积极的。兹将各派现已达到的共同认识作一概括的表述如下。

三

母语在外语教学中有正反两个方面的双重作用：(1)正面作用，即促进作用，学生利用和借助母语可以很快地学会外语；(2)反面作用，即干扰作用，它妨碍学生掌握正确的外语和正确掌握外语。

母语结构、功能、文化背景中与外语完全相同或大体相当而不会引起交际障碍的那一部分，学生在学习外语时可以直接“借用”，不必重新建立，无须“从头学起”。这类母外两种语言中的“共同因素”有助于学生学习外语，起着积极的正面的作用。两种语言的亲属关系越近，共同的成分也越多，学习起来也越容易。

母语结构、功能、语用、文化背景中跟外语相异的部分，特别是那些貌似而实异的部分，造成干扰，学生常用它们来“比附”外语，来直接代替外语中他们自以为相似实则不同的那一部分，起着消极的、反面的作用，妨碍学生学好外语。此时，学生已有的母语知识、熟巧、技能中起干扰作用的部分须作矫正，那些只有为外语所有而为母语所无的，则需重新获得和培养。

母语的这种二重性在外语教学中是同时起作用的，是一种不以人们的意志为转移的客观存在，想要回避也是回避不了的，在这里母语的干扰作用是学好外语的大敌。母语的干扰如果听任其自发起作用，那么，只能为教学带来危害，但如果认识到了它的真正的具体的来源，并自觉地采取相应的对策，那么便可以把这种干扰限制在它能起作用的最小范围之内，而且母语的这种干扰作用在很多情况下是可以预见并且做到一定程度预防的。但要对母语的干扰作出准确的预见，并进行有效的预防，首先就必须准确地找到此种干扰的来源，即前述母语同外语相异的那一部分。那么，又怎样才能判明母语在哪些方面同外语有别呢，这就须将母外两种语言的方方面面加以系统的比较，即对比。这种对比分析工作做得越全面、细致、详尽，对外语教学的帮助也就越大。

因此，外语教学法不同流派在解决“反干扰”问题上，尽管所采取的对策不一，但有一点却是相同的，即都主张要依靠母外两种语言的对比，通过对比分析，弄清这两种语言的异同，把造成干扰的准确根源尽可能全面地找出来。

四

以上所述的是各派在语言学理论上的共同认识。下面再从心理学和心理语言学的角度来考察各派的有关观点，我们将会看到，各流派的心理学背景虽然各异，但却又都“不约而同”地把教育心理学中公认的“迁移律”作为自己在第一、二两个层次问题上立论的主要理论依据。该律的要点是，任何新知识、新熟巧、新技能的获得，都要受已具有的知识、熟巧、技能的影响。影响又分为积极的和消极的两种，即知识、技能、熟巧的正迁移和负迁移。如果我们把下列几种代表性的“心理学依据”加以比较，便不难发现,各流派是从各个不同角度来阐明迁移律普遍性真理在外语教学中的具体表现和由此而来的“对比”对教学的必要性的。但又因这些流派的心理学背景不同,再加对开设外语课的目的的认识和规定不完全一样,其在所采取的教学法对策方面的意见(即对前述第二层次问题的回答)也就大相径庭,但有一点又是共同的,即各派在落实对策时都已考虑到了对比的重要性。

4.1 自觉对比法派的理论

苏联自觉对比法以巴甫洛夫关于第二信号系统的学说为根据,提出以下一套理论。

语言从高级神经生理学、心理学的角度来看便是第二信号系统。母语习得的过程是建立以母语词语为基本内容的第二信号系统的过程,而第二信号系统又是一种动力定型(简称动型),因此建立第二信号系统的过程也就是建立动型的过程,动型一旦建立,便具有强大的保守性。学习外语则是建立另一套新的第二信号系统和新的动型,而新第二信号系统和新动型又是在老第二信号系统和老动型业已牢固建立的条件下进行的,这时,具有强大保守性的老第二信号系统和老动型对于新第二信号系统和新动型的建立不能不发生深刻有力的影响。学生总是带着自己母语的“有色眼镜”来看待外语,在这里,新老第二信号系统和动型中共有的因素,学生便会用来作正迁移;而相异的因素,则由于老动型的强大的保守性而会起干扰作用,即作负迁移。干扰如果听其自发起作用,便会危害无穷,因为学生必然是按母语,即老第二信号系统和老动型的固定模式来感知、吸收和使用外语的。但如果在事前先向学生把所要学的外语现象同母语加以对比,讲清其异同以及相异之所在,学生在有了这些认识以后,便能在学习中自觉地进行正迁移,充分发挥了正迁移的效能;而对负迁移,则好比是打了“预防针”,能自觉地加以抵制,能自觉地按照外语本身的特点去正确对待外语,正确学习和使用外语而不会再把母语的模式不分青红皂白地全部强加到外语上去,从而避免了自发的生搬硬套。因此,对比应成为外语教学的基本手段中的一种,而且更应是课堂教学的基本手段、教师讲解的基本手段(与翻译、语法分析等基本手段并用),这便是教学法结论。

这派教学法又认为,青少年和成人在学校条件下学习外语的最合理、最科学的因此也是最有效的途径便是“从自觉掌握到直觉掌握”。而“自觉”这一术语在30至50年代又被该派解释为“学生对所学外语语言事实的语言学认识”，说白一些，即把道理讲清楚，使学生不但知其然，而且知其所以然。“在理论指导下实践”、“在理解的基础上模仿”是该派的两条重要教学法原则，而对比则是其中的主要内容和主要手段。通过对比，加强了学生对待外语事实和学习外语的“自觉性”。在此前提下，经过大量练习，达到最后自动化的“直觉掌握”外语的目的。该派特别强调，有理论指导下的实践远远优于无理论指导的盲目实践，经过理解的学习远远胜过不经理解的鹦鹉式的学习，而对比则可在很大程度上保证学生获得理论认识，对所学语言现象有正确深刻的“理解”。该派甚至认为，只有翻译而无对比的外语教学仍然是直觉的外语教学，而“从直觉到直觉”的途径是该派所一贯坚决反对的，认为这条途径事倍功半，是少慢差费的学语道路，古典语法翻译法就属这类教学法。只有把对比作为基本手段，自觉掌握才成为可能。

此外，该派教学法家一直主张外语课、外语教学应同时具备“三大目的”，即实用目的、教养目的和教育目的。实用目的指学习外语是为了获得一种新的交际工具和治学工具，教养目的指学习外语为了提高学生文化素质和文化修养，其中包括语文学（филология）修养，而教育目的指为了有助于学生“形成共产主义世界观”，培养他们的新道德品质和思想情操。该派认为学习外语“有助于学生更深刻认识自己的祖国语言（母语）”，“使学生有可能把语言同思维分开”，从而获得正确的语言观和思维观，而这又是“科学的世界观的一个重要的组成部分”。而这些目的也只有通过有意识的系统的对比，才能达到，才能作用于学生的思想。因此，无论是从更有效地实现实用目的，还是教养、教育目的，对比都应当是外语教学的基本手段之一①。

既然课堂教学，特别是讲解环节母外两种语言的对比是主要的教学手段，那么教师本人也应当是有对比语言学理论准备的人，而微观的外语教学法在很大程度上也应当建立在母外两种语言对比研究的基础之上。

---

① 有关这方面的进一步的论述和论据，请参见俞约法：《苏联中小学外语教学目的今昔观》，《中小学英语教学与研究》1986年第2期。

4.2 听说法派的理论

美国听说法则以行为主义心理学来解释和论证前述迁移律，并提出另一套相应的教学法措施。

该派认为语言是一套习惯系统。而习惯又是由于大量反复的“刺激→反应”（S→R）所形成的，一旦形成，便“习惯成自然”。学习外语，则是要建立一套新习惯，而要建立新习惯，同理也须作大量反复的 S→R 训练，不能偷工减料。

该派教学法家同时也是结构语言学家（美国描写语言学派），认为语言是一种结构/系统。而这种结构在许多语言（如英语）中是由一定数量的句型来代表的，因此只要通过这些句型的 S→R 式的反复盘练，使之成为语言习惯，这样便掌握了该种语言。因此外语教学的基本内容便是大量反复的句型操练，以形成外语习惯。

但由于学生是在母语习惯早已根深蒂固的条件下学习外语的，而母语习惯、结构、句型与外语又有许多相异之处，学生在学习过程中就必然会用母语习惯来代替外语习惯，造成许多误解和差错。由于语言习惯的不同，不同母语的人学习同一外语和同一母语的人去学习不同外语（特别是非亲属语），难点往往会不一样，这都是由于母语的“习惯势力”自发的干扰作用使然。要克服这些难点就要对母语的这种干扰作用作有效的斗争，而要进行有效的斗争，就必须找出造成干扰的根源，也只有通过母外两种语言的方方面面的对比，才能确定难点之所在。因此，作为一个合格的外语教师，应是受过一定的对比语言学训练的人，编写外语教材，必须以该种语言与学生母语的对比分析为基础，以此来确定教学的难点，再根据这些难点来确定盘练的重点，使 S→R 式的句型操练更“有的放矢”，使教师能把力量全用在点子上，减少无效劳动，从而更有效地建立起新的语言习惯。

在听说法派看来，建立语言习惯要完全依靠或主要依靠大量反复的句型操练，而不是讲解多少语言学道理，习惯是靠学生自己练出来的，而不是靠教师讲出来的。另外，教师讲解多占一分钟时间，学生操练就要少一分钟时间，这会影响外语习惯的建立。因此课堂上教师对学生一般不讲授或很少讲解语言理论知识，这里也包括对比。也就是说，教师所掌握的那些对比语言学知识，并不是要在课堂上讲给学生听的，而是自己“内部掌握”，做到“心中有数”。另外，该派在课堂上讲练时一般都尽量用外语,而不用和少用母语,一般不用母语去向学生进行所学外语事实同母语的对比,即使在教师认为有对比的必要时,也尽量用外语来进行,而且只在关键处用一两句话点破,以保证把重点放在有针对性的外语句型操练上。总之,听说法的对抗母语负迁移或“反干扰”的基本措施在于多练,而不在于多讲。有针对性的大量反复的句型操练是排除母语习惯干扰和有效建立新语言习惯的不二法门。

另外,从前述心理学立场出发,听说法派教学法家认为学生学习过程中错误的来源全部或大部分均出自母语干扰,因此对母外两种语言进行方方面面的“对比分析”便会得出学生怎样出错和会出哪些错的全部答案。这便是该派有名的“对比分析理论”的出发点。

以上所比较的是在我国有过影响的两个流派。自觉对比法盛行于苏联20世纪30至50年代,50年代在我国得到传播;听说法则于40年代崛起于美国,50至60年代风靡全球,我国从60年代前期起即开始引进。通过以上比较不难发现,前者重理论、重理性认识、重知识的传授、重自觉,而后者则重实践、重经验和实际操作、重熟巧和技能的训练、重直觉。总之,二者的侧重点大相径庭。但它们都十分重视对比,重视教师的对比语言学修养,重视对比语言学的研究和对比语言学研究成果的开发利用。只是前者把对比贯穿在全部教学活动的各个环节,从大纲制订、教材编写到课堂讲解、练习作业乃至测试考核,特别是在课堂讲解上狠下功夫;而后者则只把对比限于教材编写者的知识结构和教师备课时的“背景知识”,到此为止,不再把自己所掌握的对比语言学知识原原本本地转教给学生,对比分析的研究成果只是用来作为教材编写和教师组织句型操练时确定难点和重点的“参数”乃至纠正学生语言错误的依据。

4.3 自觉实践法派的主张和理论

60年代在苏联出现至今更趋成熟的自觉实践法,较好地综合了以上二家之长,“推陈出新”,走出一条比较合理的路子。该派提出了“考虑学生母语特点”原则,该原则对外语教学中如何正确对待母语的问题有较为全面、更加合理的阐述,对我们颇有借鉴价值。如何对待对比问题,是其中所涉及的一个重要方面。在这里,笔者试图结合我国自己的经验,将该原则中与对比有关的要点概括成四个,综述如下,以期洋为中用,然后再介绍其理论依据。

(1)考虑母语的特点,为进行有效的外语教学之必需,而要确定学生的母语有哪些特点以及这些特点又是如何对学习外语造成方方面面的干扰,就必须对母外两种语言进行对比研究。这种对比工作进行得越细致,就越有助于外语教学。但这并不等于说,对比研究的成果全部都可以直接用之于教学,更不等于把这些研究成果全都搬到外语课上去讲。

(2)对比研究的成果,首先用来武装教师、教材编写者和外语教学法研究者,加强他们对因母语干扰而可能产生的问题的预见力。教师有了一定的对比语言学修养,遇到学生因母语干扰而出差错时也能及时准确判明其根源并采取相应的措施来有效地解决。

(3)在编写教材和制订大纲时,充分利用对比研究的成果,以明确难点,突出重点;在其他条件大体相同的情况下,供不同母语学生学习同一种外语和供同一母语学生学习不同外语的教材在难点和重点上往往不同,因此教材应各自单编一套,以便尽可能地体现各自的特点。

(4)教师课上以练为主,要根据对比语言学所提供的成果,对会造成负迁移的地方着重盘练。至于在讲的环节,只选择不讲学生就会"一练就错"的地方,用三言两语点破,贯彻"精讲多练"原则,在讲的环节贯彻"少而精"的原则来对比。总之,要防止因引入"对比"而使实践课理论课化,使技能课知识课化的倾向。

以上四点旨在说明对比研究同外语教学的关系的几个主要方面,旁及对比研究成果在外语教学中应如何利用和应用的问题等。

以上四点主张有其理论根源。现阶段自觉实践法的理论基础是言语活动论(心理语言学苏联学派的别称)。了解此论再来看前述四点主张,会使我们感到这些主张更为有理。下面试述其有关要略:

(1)根据言语活动论,外语教学便是在教师组织下所进行的培养学生掌握一种新的言语活动能力(компетенция)的过程。言语活动的最小单位是言语操作,同言语操作相应的心理结构单位则是言语熟巧,培养言语活动能力,须从构成这种能力的基本单位——言语熟巧入手。作为社会交际工具的语言系统,总是以言语熟巧系统存在并体现在每个社会成员——个体的心理之中的。因此,掌握一种语言,从根本上来说,也便是掌握一套言语熟巧系统和以此为基础的言语技能。

(2)言语熟巧也像其他任何熟巧一样,是通过反复的练习和大量实际使用才能培养得出来,因此这就决定了要培养学生言语活动能力必须以练为主,以实践为主。在这方面的时间不能少,少了练不出熟巧来。没有言语熟巧系统作为基础，言语活动能力也就成为空架，至于言语技能，更须经专门训练才能培养出来，所以应保证把尽可能多的时间用在学生的“练”上，而不是教师的“讲”上。讲一多，就必然侵占本应用于练的时间。但根据“自觉学习优于直觉”的苏联教育心理学普遍原理，让学生知道怎样练和练的要领去练，比起盲目的模仿要好。这就须少而精地讲点道理，以期训练更有效、更经济。

(3)学生是在已经掌握母语的条件下来学习外语的，培养外语言语活动能力是在学生已具有母语言语活动能力的条件下进行。这里，迁移律便会“无处不在，无时不在”地起作用，便发生了言语熟巧的正负迁移。如何正确处理这里的正负迁移，这是外语教学法的一项重要任务。前述(1)至(2)的原理，应作为处理这个问题的前提。以下的一些教学法对策，莫不与此前提有关。

(4)母外两种语言经过对比分析，一般可得出不同的结果。对这几种不同的结果，根据前述(1)至(3)原理，教学法上应分别采取不同的对策。

① 两种语言中完全相同的部分，教师可以根本不讲，学生会自己主动地去进行正迁移，一般正确无误，不必教师去费唇舌，以便把更多时间用之于练。

② 两种语言中大体相同而且可以“借代”而不会引起交际障碍的部分，低标准的可采取同前的对策；高标准的，即要求语言地道规范的，则需作“三言两语”的指点，点出差异之所在，使学生能自觉地去对待那些细小的差别，在有意识参与的条件下去矫正母语的言语熟巧，使之与外语完全一致，经过练习，从自觉到直觉。

③ 两种语言中只为外语所有而为母语所无而且找不到多少相似的“代替物”的那些地方，则由于没有迁移的基础，因此也叫“零迁移”，须从头开始，专门加以培养。这里关键在于多练，但精讲要领也有必要，不能一味模仿。

④ 两种语言中貌似实异的部分，必须通过少而精的讲解指出异点之所在，以免负迁移自发起作用。同时也提供克服办法、使用时的注意事项等，主要的更是靠大量的练习来彻底改造和纠正已有的母语言语熟巧，使学生更有效地形成正确的外语言语熟巧。

总之，自觉实践法把外语教学看做是重建言语活动能力的系统工程，其中的核心是彻底改造原有的言语熟巧系统，关键在于多练；而为了增强练习和训练的效果，又需精讲；精讲多练的具体的科学方案又来自对比分析。可见自觉实践法也是把对比分析作为教师应有的理论准备来看待的，在这一点上同自觉对比法、听说法是一致的，但在课堂教学上却只是把对比当做使用受到严格控制的手段来对待的，在这一点上又有别于把对比作为主要教学手段“无处不用”的自觉对比法和在课堂基本上不向学生进行对比的听说法。

以上我们只是在现代外语教学法主要流派中选择了三家最有代表性的进行比较分析介绍，以见一斑。至于像美国认知法那样的重要的综合法，由于其实际主张介乎自觉实践法和自觉对比法之间，并无突出的新方略，因此介绍从略。但须指出一点，即该法也十分重视迁移律及其在外语教学中的应用，但是所有这一切却是在美国认知心理学的“信息加工”论、“相关活动”论以及“认知结构”假说的理论框架下阐发的。该派也极重视对比分析在外语教学中的作用。

五

综前所述，可见，虽然对比作为教学法的一个基本范畴在外语教学中广泛起作用，因而值得高度重视。但是作为课堂教学的手段，使用它时却应当极端慎重，有所选择。这个手段一旦被强调得过了头，就会走向反面。苏联自觉对比法在这方面为我们提供了“前车之鉴”，它离开“外语是实践课、工具课、技能课”的特点，置精讲多练原则于不顾，使实践课理论课化，技能课知识课化，造成了外语教学质量长期不能过关的后果，以至成为50年代末期苏联教学改革的对象，为后来的自觉实践法所全面取代。

而对比分析作为外语教学中预见学生语言错误的武器也不是万能的。美国听说法把它的作用作了过高的估计，似乎学生学习外语中所犯的语言错误全部是由于母语干扰所引起的，因而只要作好对比分析，那么克服这些错误的办法也就都出来了。事实上，由母语干扰所引起的错误只占所犯语言错误总量的一部分（可能是较大的一部分），还有不少错误并不是因母语干扰所造成。这些错误也出现在正在习得母语的幼儿和儿童之口。另外，操不同母语的学生学习同一外语也有犯同样语言错误的。

这些都不是对比分析和母语干扰论所能解释的。因此，近年来，西方语言教学界又根据“中介语”(interlanguage)假说提出“偏误分析”(error analysis)理论，以弥补对比分析理论之不足。由此可见，对比分析固需重视，但其作用仍然有限。

苏联外语教学心理学概观

外语教学法在苏联历来被视为一门独立的科学，受到各界的重视，成果很多。这门科学建立在语言学、心理学的基础上，因此苏联外语教学法家一贯重视这门学科的语言学、心理学、教育学的理论根据，认为任何一条外语教学法原理，都必须要有这些依据，都必须经过这些科学的论证，并把有无这样的依据和是否经过这样的论证作为判断教学法理论的科学性程度的主要尺码。

统观苏联外语教学法发展的历史，可以看出，在20世纪50年代中期以前，侧重于语言学根据，而在此以后至今，则强调心理学根据。苏联外语教学心理学便是在这个背景上发展起来的。

外语教学心理学在心理科学中是一个小小的新兴分支科学，但对外语教学法来说，却是异常重要的邻近科学。每一门学科都有自己特定的研究对象，外语教学心理学的研究对象便是外语教学中所表现出来的学生学习外语的心理特征和心理规律。它同普通心理学、教学心理学、学习心理学、言语心理学、母语教学心理学等虽有共性，但更多的是特性。

苏联外语教学心理学的发展，大体上经历了三代。每一代都有其代表人物和基本理论观点，成为一家之说。这三家（或三代）便是：（1）以阿尔乔莫夫（В. А. Артемов）为代表的传统派；（2）以别利亚耶夫为代表的改革派；（3）以 А. А. 列昂季耶夫为代表的言语活动论派。现在占优势的是列派。这三家理论各不相同，有些观点表面上似呈针锋相对之势，但在笔者看来，他们各有千秋，如果我们博取各家之长，便可以收到相互补充之效。很难说哪一家绝对正确，而哪一家又完全错了，这三家虽然各代表不同的发展阶段，但却不能说，前两家现在都已过时。实际上，第二代理论在苏联相当一部分教学法家中现仍有影响。第一代门人现在则又从第三代理论中“各取所需”地找到了论证本派鼻祖很早就已确定的那些基本观点的理论根据。

外语教学心理学有宏观和微观两大部门。前者研究决定外语教学法基本原理原则的心理学根据，带有根本性的、方向性的意义，后者则研究具体教学方法方式的心理过程、心理特征和心理规律，更多属技术性问题。本文限于篇幅，只涉及宏观部分同外语教学法基本原理关系至为紧密的一些心理学理论观点。

全文拟以时间顺序为线索，以三派的前述意义的理论见解为主要内容，对苏联宏观外语教学心理学基本论点作述评式的介绍。

1 第一阶段和第一代苏联外语教学心理学（十月革命后至 20 世纪 50 年代中期）

这个阶段长达四十年，是苏联外语教学心理学的草创阶段，它的成功在于完成了正式创建这门学科的准备工作。在这一时期内，从无到有地建立起了一支专业队伍，对这门学科的大小问题，作了不同深度和广度的研究。阿尔乔莫夫在《苏联外语教学心理学 40 年》[①]一文中总结了以下比较有成绩的六个方面：(1)外语教学的主要心理过程分析（包括感觉和感知在外语教学中的作用和特点，外语课上的注意活动、记忆、情绪、模仿、理解，技能、熟巧、习惯以及它们同理解的关系，语感等问题）；(2)发音、词汇、语法教学的心理原理；(3)阅读教学与口语教学的心理原理；(4)翻译教学的心理原理；(5)直观教学的心理分析；(6)编写教科书的心理学问题。

这个时期发表的就个别题目进行研究的论文数量不少，但名副其实的外语教学心理学系统专著却没有写出。这一时期的代表人物除阿尔乔莫夫外，比较活跃的还有卡尔波夫（И. В. Карпов）。第二代代表人物别利亚耶夫在这一阶段已崭露头角。

阿氏是苏联资格最老的外语教学心理学家，其《心理学概论》[②]早在 50 年代即由赵璧如同志译成中文出版，为我国心理学界所熟识。阿氏长期以来从事普通心理学的教学和研究工作，以外语教学心理学为其研究的主攻方向，曾在哈尔科夫大学、莫斯科第一外语师范学院等校任教，长期担任心理学教研室主任，培养出数代苏联外语教学心理学专门人才。他在 60 年代以前的系统著作便带有其职业上的特点，例如，《心理学讲

---

① В. А. Артемов, Психология обучения ин. языкам за 40 лет. ИЯВШ, 1957, №5.

② В. А. Артемов, Очерк психологии. М., 1954.

稿》[①]、《心理学概论》[②]、《心理学教程》[③]等，与其说是外语教学心理学的专著，倒不如说是在普通心理学教程中侧重联系外语教学实际更为恰当，因为这些著作的理论体系与同一时期苏联普通心理学的体系几乎完全一样，并未提出体现矛盾特殊性的外语教学心理学的理论框架，也未专门研究诸如外语思维、母语与外语的关系、自觉掌握与直觉掌握的关系、言语活动四种能力之间的关系等外语教学特殊问题的心理学规律。

传统派的名副其实的外语教学心理学专著是在这门学科发展的第二阶段后期才问世的，即阿氏的《外语教学心理学》[④]。更晚一些，在第三阶段，还出版了一部观点比较接近传统派的系统专著——别涅迪克托夫（Б. А. Бенедиктов）的《外语学习心理学》（或直译为《掌握外语心理学》）[⑤]。不过此是后话，不属本阶段述评的范围。

本阶段因为是外语教学心理学的草创阶段，所以研究的水平总的看来并不高，包括阿氏两次总结性的文章[⑥]本身在内。从教学法与心理学的关系的角度来看，本阶段研究成果能提供制定新的教学法战略性原理或者能给教学法以新启迪的新鲜心理学思想也很少。相反地，它所做的工作只是为当时的外语教学法主流派——自觉对比法既定的原理原则提供心理学论据。心理学并没有走在教学法前面并为后者的发展起开路先锋的作用，而是落在其后面，成为它的附属品。

这一时期的外语教学法著作倒是引用了一些心理学研究成果，用以证明传统派教学法原理之科学性和合理性。这方面做得较多的教学法家有拉赫曼诺夫、萨利斯特拉等人。他们更着重从巴甫洛夫学说（外语教学心理学的生理学基础）中为传统派教学法寻找理论根据。

这一阶段第一代外语教学心理学的研究成果中有价值的观点分散在各家论著之中。笔者根据管见所及，把与外语教学法基本原理有关（传统派教学法用来证明自己的基本主张有心理学根据）的观点，整理综述

---

① В. А. Артемов, Конспект лекций по психологии. Харьков, 1954. 1954，1958 年外语师范学院教材。

② В. А. Артемов, Очерк психологии. М., 1954. 1954 年语文教师和外语教师参考书。

③ В. А. Артемов, Курс лекций по психологии. Харьков, 1958. 1957 年供外语师范学院用。

④ В. А. Артемов, Психология обучения иностранным языкам. М., 1969. 1957 年供外语师范学院用。

⑤ Б. А. Бенедиктов, Психология овладения ин. языком. Минск, 1978.

⑥ В. А. Артемов, Психология обучения ин. языкам за 30 лет. ИЯВШ, 1948, №1. В. А. Артемов, Психология обучения ин. языкам за 40 лет. ИЯВШ, 1957, №5.

为以下几点：

(1)掌握语言可分为直觉的和自觉的两大类。前者指使用语言时，注意力全部集中在话语的内容上，而不考虑其语言形式方面。后者则首先注意话语的形式方面，通过形式去自觉理解话语内容或自觉表达想要表达的思想。幼儿学习母语的途径只能是从直觉到自觉，即先通过模仿，实际掌握母语，这时他对语言形式的掌握是在交际过程中在不自觉的状态下逐步完成的；然后学习识字认读和语言理论规则，这样他就逐步对语言形式方面有了认识，慢慢学会了自觉用所学到的关于语言形式方面的知识来指导更正确地使用母语，开始有了语文修养(культура речи)。

而掌握外语的途径却有多条：① 从直觉到直觉；② 从直觉到自觉；③ 从自觉到直觉；④ 从自觉到自觉。对于成人和青少年学生来说，①没有任何教养意义，也不能保证学到正确地道的外语；而②则是模拟幼儿学习母语的道路，其效果在中小学条件下少慢差费，而且教学过程也缺乏教养意义；③和④均可取，既能有助于更有效地掌握外语，而且保证了教学过程的教养价值，特别是③更宜提倡。

直觉掌握不应作为教学手段，它作为一种最终教学目的也许是合理的。而自觉掌握则既应是教学的主要手段，而且也应是教学的目的，即使不是唯一的目的。

这些原理成为自觉对比法的头条教学原则——自觉性原则的心理学依据。

(2)学生是在已掌握了母语(纯实践掌握或再加上初步的母语语文修养)的条件下开始学习外语的。这时他的智力已比较发达，建立在母语基础上的思维已完全形成，这就使得他不可能再走幼儿学话的老路，因为幼儿学习母语的过程同思维形成的过程是同时进行和同时完成的。学生的这种比较发达的智力和业已形成的思维，不能不对外语学习发生影响。这个影响的基本方面对外语教学是积极的，教学法应自觉加以利用。

(3)“知识→技能→熟巧”这是学习各门学科都应遵循的最合理的普遍心理过程和学习程序。在外语教学中，就应先讲授语言知识(主要指语法知识)，使学生理解所学的语言材料，然后通过练习，获得运用这些知识的技能。只有具备了有关的语言知识，才有可能有意识地自觉地把它加以运用，而知识也只有通过运用，通过向技能的转化才能巩固，才能为学生更深刻地理解，这就是知识和技能在外语教学中的相互关系。技能再经过多次练习,达到自动化程度,就成为熟巧。只有在知识的基础上培养技能和熟巧才算是自觉的练习,否则练习便只能是直觉的、机械的。知识(语言理论、规则)对形成外语的技能、熟巧有着极大的促进作用,知识应当是形成外语技能和熟巧的出发点。掌握语言知识不但是外语教学的主要手段,而且是主要的教学内容和教学目的。而获取外语理论知识,在教学初始阶段,以至更长的时期,都必须依靠母语,这时外语尚不能作为学生的思维工具,而只是(母语)思维的对象。

熟巧是知识运用的最高阶段,即使到了这个阶段,熟巧按当年苏联权威的心理学家的说法仍是"自动化和自觉性的统一体"①。

(4)学习任何东西,理解了的学习比起不理解的学习有效得多。理解就是自觉,而机械重复则是直觉。要理解,就得动用智力,动用智力的学习远胜过不动用智力的学习,反过来,前者又促进学生智力的进一步发展。学习外语的情况也是这样,学习外语就是掌握一整套外语的知识、技能和熟巧。心理学业已证明:在理解的基础上掌握知识、技能、熟巧,比起不理解地(机械地)或一知半解地掌握来要更迅速,更巩固。理解得越是透彻深刻,所获得的知识、技能、熟巧越富有巩固性、灵活性和应变性。而要理解,就得动用智力,而这时(至少是初始阶段)学生的思维是建立在母语基础之上的,因此,为了理解,就必须依靠母语。语言有意义(内容)和形式两个方面,对意义(内容)方面的理解,须经过母语词语相应的翻译(至少是心译)才有可能;对形式的理解的最好办法是借助语言理论知识,首先是语法和母语思维。最后,要做到深刻理解外语,最好的办法是通过外语同母语的对比。以上这些原理,就构成了传统派教学法的主导教学原则——依靠母语原则以及该派提倡采用对比、翻译和语法分析为基本教学手段的心理学根据。

除进行智力活动达到理解目的必须依靠母语作为思维手段和认识手段外,掌握外语知识、技能、熟巧,在很大程度上也要依靠母语中相应的知识、技能和熟巧。

(5)语言同思维不可分割。在教学一开始,学生的思维以母语为外壳,思维同母语不可分割地紧密地直接联系在一起,因此教学初始阶段不可能有什么外语思维。此时外语词语同客观表象之间的联系不可能是直

---

① С. Л. 鲁宾斯坦:《普通心理学原理》,1949 年俄文版,第 462 页。

接的，只能是通过母语中的相应词语作为中间环节才能实现，这种间接联系是不可避免的。因此教学法的结论便是，翻译应成为主要的教学手段，"外语词同概括性表象或概念的联系要通过翻译解义法来达到。此法可使学生积极进行思维活动，是讲解外语词的最有效方法"①。

(6)从巴甫洛夫关于两个信号系统的学说来看，语言是第二信号系统，具体词语则是这个系统中的信号。学习母语的过程就是建立第二信号系统的过程，而学习外语则是建立一套不同于母语的新的第二信号系统，而这个新的第二信号系统的建立，又是在原有的第二信号系统(母语)业已牢固形成的条件下进行的。新的第二信号系统中的每个新信号(外语词语)同现实刺激之间的联系，必须经过老第二信号系统中相应的信号(母语词语)才能实现。换言之，新第二信号系统同第一信号系统之间的联系是通过老第二信号系统才实现的。这种情况至少在学习外语初期是如此。这一原理也就成为"翻译作为教学的基本手段"的教学法主张的心理学理论根据。

(7)第二信号系统是一种动型(динамический стереотип)。动型一旦形成，便有强大的保守性。学习外语，也可以说是建立新的动型。建立新动型是在老动型业已牢固形成的条件下进行的，后者对前者就不能不发生强大的作用。

这作用具有双重性，既有促进的正面作用(从学习心理学的角度来说是知识、技能、熟巧的正迁移)，也有干扰的反面作用(负迁移)。学生常用母语的音去比附外语的音、造出母语式的外语句子等现象，便是这种负迁移作用的内在心理过程的外显表现。

对于老动型，如果人们事先有意识地充分利用其正面作用而预防其反面作用，则前者会起主要作用，后者会被限制在最小的范围之内。反之，如果任凭其自发起作用，则负作用会是主要的。

预防和限制母语的干扰作用的最有效措施便是母外两种语言的对比和在对比基础上进行有针对性的讲解，这便是传统派教学法把对比作为基本教学手段的又一心理学根据。

(8)把对比作为教学基本手段的心理学根据还在于，"外语词所表达

① В. А. Артемов, Психология обучения ин. языкам за 40 лет. ИЯВШ, 1957, №5, стр. 41.

的概念，往往同相应的母语词所表达的概念并不一致，所以讲解外语词义最合理的方法不是翻译，因为翻译只有在两种语言所有概念完全一致的情况下才可采用；同时也不是直观释义法，因为一个词首先不应当跟一个具体的表象，而应当同概括的概念联系起来；最合理的方法是用比较详细的解释来揭示相应的概念的内容和范围”①，对比母外两种语言的异同。

(9)要学好外语，在很大程度上取决于记忆。外语教学中有两个因素极大地影响着记忆的效果和质量：

① 是否理解和理解的程度——“语言记忆的基础不是重复，而是理解，特别是自觉对比所学外语现象和与此相当的母语现象为基础的理解。”②

② 同时参加学语的感觉器官的数量越多，记忆就越巩固。因此学习外语一开始便应做到“四到”，即眼到、口到、耳到、手到。既听又看，既读又写，充分动用视觉、听觉、言语动觉。

(10)第(9)条②同时也是苏联传统派教学法用以证明其“四会齐头并进”优于直接法的“听说领先”在心理学上的理论根据。

(11)掌握语言又有领会式(рецептивное)和复用式(репродуктивное)之分，后者是活用式(продуктивное)掌握的初级阶段。“领会”在心理学上指理解而言，而“复用”则指表达，前者表现为听和读，而后者则表现为说和写(特别是说)。在现实生活中，人们(特别是有一定文化的人)理解(听和读)的能力往往远超过表达(说和写)的能力。在母语中情况如此，在外语教学中，这种能力差别表现得更为突出，两种能力的差别是不以人们意志为转移的客观存在。因此在教学法对策上，在语言材料的选择和教学方法的采用上，我们都要体现这种差别，这是因为领会式掌握和复用式掌握的心理过程各有各的特点。从心理学角度来看，“领会式/复用式掌握语言”这一术语既指一种言语能力，也指言语过程，有时也表示学习活动。领会式是认识所学语言材料的问题，而复用式则是再生并初步活用所学材料的问题，认识总是要比再生容易。

认识是从话语的形式到内容，从词到概念，在初学阶段从外语到母

① В. А. Артемов, Психология обучения ин. языкам за 40 лет. ИЯВШ, 1957, №5, стр. 40.

② В. А. Артемов, Психология обучения ин. языкам за 40 лет. ИЯВШ, 1957, №5, стр. 34.

语,在提高阶段从外语的形式到内部言语所表达的概念。而再生则采取与此相反的逆向顺序:从所要表达的思想内容到话语的语言形式,从概念到词,初学阶段从母语到外语。识记和认识话语同再生话语二者的心理过程的差异,还有神经心理/生理学的基础,因为在大脑中,话语的认识和生成,分别由两个不同的区域来司管。

领会式掌握和复用式掌握既具有不同的心理过程,同时教学中也可作为不同的目的。目的不同,决定了取材和教法的不同,例如在选材上应把语言材料分为要求消极掌握和积极掌握的两大类,前者在数量上远大于后者,而且一般包括后者。又如,在教法上,对要求领会式掌握的语言材料,在教学前期主要用“外语译成母语”的翻译方法讲练,采用认识性、识别性、理解性、分析性的练习,对构词法练习尤需注意;而对要求复用式掌握的语言材料来说,则应主要采用“母语译成外语”的翻译方法讲练,此外还要多做用外语进行的问答、造句、转述、叙述、作文等练习形式。

综上所述,可见第一代外语教学心理学(宏观部分)的根本特点是缺乏自己的独立性,几乎全是为教学法服务。这主要表现为以下两点:

(1)为证明传统派教学法的基本原理的正确性和科学性提供心理学根据。自觉对比法的灵魂是自觉性原则,而实现自觉性原则的主要途径又是依靠母语原则,而贯彻这两大原则的基本手段便是翻译、对比、语言理论讲授和语法分析。心理学的任务便是论证这些原则和手段在教学中的必要性和合理性。

(2)为证明直接法的基本原理的“谬误”和“反科学”提供心理学根据。苏联自觉对比法是在以直接法为对立面的学术争论中产生和发展起来的,批判直接法和正面阐述自己的教学法主张是该派活动的不可分割的两个方面。在该派看来,直接法的“错误实质”在于它的“直觉学语论”以及由此而来的轻视智力和理论的作用,提倡机械操练、模仿和重复,以及坚决排除母语。心理学的任务便是论证这些原理为“唯心主义”、“形而上学”、“伪科学”等。

无怪乎第二代代表人物别利亚耶夫用“从教学法到心理学”这句话来概括第一代的特点。别氏则反其道而行之,提倡“从心理学到教学法”,他主张,首先从对外语教学过程的心理特点和规律的研究出发,然后得出相应的教学法结论,而不是事先主观地确定好一套教学法设想,然后挖空心思到心理学中去寻求“证明”。

2 第二阶段和第二代苏联外语教学心理学(从50年代后期至60年代末)

第二阶段以苏联50年代后期的外语教学改革为起点,与这一阶段相应,便是第二代外语教学心理学的兴起。第二代为教改提供了理论武器,第二代的代表人物别利亚耶夫也被当时的改革派教学法家和实行家奉为精神上的领袖。他的代表作《外语教学心理学纲要》被公认为教学改革的指南和旗帜。

别氏长期在莫斯科外语师范学院讲授心理学课程,早在50年代初期,即发表了一系列不同于传统派的有创见性的论文,是他最先提出了对拉赫曼诺夫院士关于领会式和复用式掌握外语的理论的原则性批评。

《外语教学心理学纲要》一书是别氏在多年讲授心理学课程的基础上写成的,初版出于1959年,轰动整个苏联外语教学界,以后又作了不少修改和补充,于1965年出了修订二版。这部专著也是别氏的博士论文,教育行政当局法定为外语师范院系教材,使用多年。初版在很大程度上为论战而作,锋芒毕露,矛头直指当时的教学改革对象——传统派教学法,对其进行了全面的理论上的批判,不遗余力,从而从根本上动摇了自觉对比法的理论基础。修订二版则更多地从正面系统阐述别氏的外语教学心理学说。

此书的出版,标志着苏联外语教学心理学作为一门独立科学的最后形成。它是苏联第一部名副其实的外语教学心理学系统专著。在此以前出版的阿尔乔莫夫的几部系统著作和教材都是普通心理学性质的,已如前述。别氏在此书中建立了一整套这门分支心理学科的科学系统,全书分十五章,构成了一个严谨的理论框架。这十五章所讨论的诸问题,实际上也是外语教学心理学的纲目:(1)外语教学过程的心理学根据;(2)外语教学中语言知识(理论)和言语活动(实践)的关系;(3)外语思维的心理特征;(4)从心理学角度来考察直觉和语感问题;(5)和(6)外语教学中贯彻自觉性原则和直观性原则的心理学基础;(7)和(8)外语教学中掌握口笔语的心理特征;(9)和(10)外语词汇、语音、语法教学的心理基础;(11)外语教学过程中翻译手段的使用问题;(12)对外语教学中几种新手段的评价(声像技术手段、程序教学和教学机器、利用睡眠状态教外语);(13)掌握外语的神经生理学基础;(14)掌握外语和外语言语能力的各种类型学特征;(15)外语教学的基本方法和各具体语种(英语、德语、法语)的教学法。

别氏的这部著作不但为苏联外语教学心理学的建立完成了奠基的工作,而且引起了巨大的国际反响,使得国外同行为之瞩目,连以保守著称的英国牛津大学 Pergamon 英语研究所也早在 1963 年(即该书初版后四年)就将它英译出版(书名为 Psychology of Teaching Languages),列为该所“教学法丛书”。不久别氏又撰写了一部外语心理学专著《掌握外语词汇的心理学原理》[①],通过词汇教学这个侧面,更深入地探讨了外语教学法的一个重要部门的心理学问题。

第二阶段别氏所发表的许多论文中,有两篇值得专门提出:(1)《学习外语心理学近著》(收入 1969 年出版的文集《习得和掌握新语言的心理学和心理语言学问题》),探讨了别氏心理学的核心——外语思维问题以及其他一些外语教学心理学问题;(2)《论外语教学的基本方法和各种教学法》[②],这是发表在《中小学外语教学》(1965 年第 3 期)上的长篇专论,该文第八部分提出十五条掌握外语的心理规律,并根据这些规律在第九部分得出相应的十五条教学法结论,充分体现出别氏关于“从心理学到教学法”的一贯主张。这两个“十五条”实际上是《纲要》一书精义之所在,也是第二代外语教学心理学的理论纲领,现分别转述如下。

(1)掌握外语的过程,就是学习用外语来思维,即掌握用外语作为形成和表达思想的手段的能力的过程。因此,外语也就像母语一样,同思维发生直接的联系。

(2)进行外语言语活动,作为对外语的实际掌握,要求一个人在进行交际时,把注意力自觉地集中在外语话语所表达的思想内容上,而运用外语语言手段(语调手段、词汇手段、语法手段)来形成和表达这些内容的过程,则是在没有意识活动参加的情况下直觉地完成的,这一点同使用母语的情况是相同的。

(3)在思维同外语直接联结在一起的条件下,为了理解外语话语,一个人并不需要任何翻译(无论是从外语译成母语,还是从母语译成外语),因为在他的大脑皮层中已形了一个特殊的独立的动型。

---

① Б. В. Беляев, Психологические основы усвоения лексики ин. языков. М., 1964.

② 这篇论文后来经过修改收入别利亚耶夫:《外语教学心理学纲要》修订版(1965),作为该书的第 15 章。

(4)一个人在掌握外语时,可以不经过翻译便理解外语话语。这并不等于说,他以后就不会有翻译的能力。他在掌握外语以后,无论是把外语译成母语,还是把母语译成外语,他都能做得到,但他做这种翻译工作,并不是为了他自己,并不是他为了自己需要理解和表达,而是为了别人,为了只懂一种语言的人,为了帮助他们交流思想。

(5)掌握外语的人,可以做到用外语来思考,即能在其内部言语中使用各种外语语言手段,而内部言语又恰巧是同思维直接联系着的。另外,如果没有内部言语,就不可能对外部言语有任何的理解。

(6)这一内部外语言语,在某些场合先于外部言语(表达过程,说和写);而在另一些场合,则又后于外部言语——他人的口语或书面语(理解过程,听和读)。内部外语言语在外部外语言语之先还是之后,取决于一个人此时此刻是活用式(积极地)使用外语,还是领会式(消极地)使用外语。

(7)用外语思维同用母语思维在内容上不尽相同,因为外语词语所表达的概念同母语词语所表达的概念常不完全相符合。

(8)对于实际掌握外语来说,对于学会外语言语能力来说,具有决定意义的不是语言理论知识,而是自动化的言语熟巧。这种熟巧的形成,并非由于学生获得有关语言的知识所致,而是大量实际的外语言语训练的结果。

(9)一般来说,掌握外语可分为两种类型,逻辑推理型和直觉型。逻辑推理式掌握外语具有自觉技能的性质,这种技能是初级的,完全以自觉运用所记得的语言规则为基础。这种掌握,并非真正的实际掌握外语,因为这里完全没有外语思维的存在,有的只是语言理论知识。

(10)只有直觉掌握外语才是真正的掌握。在直觉掌握的情况下,各种言语技能得到进一步运用。这些言语技能是在自动化的言语熟巧和语感的基础上完成的,是高级技能。一个人用外语思维时,根本不去认识和分析用词语形成的思想在语言形式上的种种特征。

(11)外语言语活动可以是消极的(领会式的),也可以是积极的(复用式和活用式的)。但不论是哪一种言语活动,都必须有相同的、同一的、共通的心理结构,相同的、同一的、共通的神经机制。

(12)外语言语活动(听说读写)具有创造性,换言之,它是活用式的而不是简单地只是复用式的。言语活动的特点是经常创新,无论是言语的内容方面还是其语言形式方面。因此,正在学习语言和已经掌握了语言的人,都总是时刻在进行言语创造。

(13)在掌握外语的人当中,可以发现他们在掌握外语上有两种不同的心理类型:理性逻辑型(或只是理性型),直接感知型(直觉型)。这也许是人的个性类型学特征的一种外显表现,但不妨更正确地认为,这两种不同的掌握语言的类型的形成是采用两种不同教学法(语法翻译法和直接法)的不同结果。

(14)要顺利进行外语言语活动,必须以培养学生外语言语能力为前提。这种能力可分为:语言能力和言语能力,但最主要的和最根本的能力是外语思维的能力和外语语感。

(15)个人的天资条件固然有助于实际掌握外语,但掌握语言的决定性因素还是外语言语能力,而不是天资的好坏,而外语言语的能力是要靠用外语进行的言语训练才能培养出来的。

从对以上掌握外语的心理规律的认识出发,就可得出以下十五条重要教学法结论:

(1)外语教学中起决定作用的因素是学生用外语进行的听说读写的言语活动的实际训练。

(2)教师的主要努力目标应是培养学生的外语思维能力和语感,而外语思维能力和外语语感又只有在外语言语实践的条件下才能获得,而且这种言语实践又必须是大量的。这一条教学法结论引出了60年代苏联外语教学法的主导原则——言语实践倾向性原则。

(3)为了尽快教会学生用外语思维,首先要在他们的意识中建立外语词语表达的概念。由于用母语词语表达的概念和用外语词语表达的概念常常不完全相符合,因此最合理的办法是先用母语尽可能简要地“点破”外语词语所表达的(不同于母语词语所表达的)概念。

(4)只有在言语熟巧达到自动化的程度时才能说是“实际掌握语言”。因此必须培养用外语听说读写的熟巧。然而培养这些熟巧的过程又不应完全是刻板的、机械的,而应具有一定的活用和创新的性质。

(5)培养熟巧的心理规律表明,任何熟巧在培养时如果能使所要训练的动作同相应的实践活动相结合的话,那么熟巧也就形成得更容易,形成后保留得也更长久。因此,外语言语熟巧的培养也不宜脱离活的语流和实实在在的言语活动而孤立地进行,而应把同一的语言手段,用之于学生的活的(实际的)外语言语活动之中。

(6)培养熟巧的心理规律又表明,任何熟巧,在培养时,如果一个人意识到并理解到为什么他要做这个或那个动作以及怎样去做的话,那么熟巧的形成也就更快、更容易,一旦形成,保留得也更持久。因此,在对学生进行外语言语活动的训练之先,就有必要向他们讲解一些语言理论知识,即各种语言规则。在学生认清外语话语的语言特点后,再去培养相应的熟巧,效果往往会更好。

(7)向学生讲解语言理论常识(各种规则)在时间上要受到严格控制,把它压缩到最低限度(总量不得超过15%),在课上一般宜分散进行。

(8)向学生讲授语言知识(规则)可以借助母语,适当利用翻译,特别是教学初期。然而翻译不应作为讲解外语单词的基本手段,更不是为了使学生理解外语话语才去使用翻译,翻译只是为了有助于揭示外语思维的特征才去利用的。

(9)向学生讲授语言规则时,不应引导他们去死记硬背,更不要求复述规则本身。把知道这些规则的多少和记忆得是否牢靠来作为评定学生成绩的标准是不合理的。学生是否牢靠掌握语言知识(规则),不应看理论,而应看实践,只有通过在外语言语中实际应用语言手段和准则来牢靠地掌握语言知识,才能得到教师的承认和肯定。

(10)用于语言练习(其对立面为言语训练)的时间应压缩到最低限度。这类练习还包括用来使学生更好地理解某些语言规则的翻译练习。总之,语言练习一般说来都属理论学习的范畴,在这上面要尽量少花时间。

(11)必须把学生放在真正的即积极的具有创造性的外语言语中来进行训练,时间应主要花在这个方面,不应把大量时间都用在练习在实际的言语交际中不这么做的事情上。因此,那种只是把同一思想和同一表达方式一再机械再生和重复的"言语操练"也不宜用得过多。

(12)用于对学生进行听说读写的外语言语活动的训练必须是单语性的(即用外语练外语),而非翻译性的,而且在时间上不得少于85%。为此,在训练时所用的句子和课文(口头的和书面的)中,不应出现学生没有学过的而其特点不经讲解学生又易出错的生词和新语法现象。

(13)对学生进行训练,不仅要把他们放在无翻译的外语言语中去练,而且还要使他们在创造性的(活性的)外语言语中去练。因此,应让学生不断接触到新的外语“言语作品”(没有新的外语语言材料的外语新言语材料),不宜简单重复在内容和形式上都相同的同一外语言语材料,即使重复一次,也不提倡。换言之,机械操练不应作过头的强调。

(14)要努力去建立学生掌握外语的共同心理结构和特殊的独立的动型。在这个过程中,为了这一目的,掌握语言材料时一般应遵循一定的先后次序,应从口头到书面,从消极掌握到积极掌握,即从听到说,从读到写。在一般的情况下,这样的程序最为合理。

(15)应使学生建立起“直接感知型”或“直觉型”的掌握外语的习惯。直觉掌握外语的特点是,参加语言交际的人所意识到的总是话语的意义或内容方面,而不是其形式方面,至于如何用语言材料来形成思想,则意识这个因素无论在理解还是表达时,都并不参与其中。也就是说,理解和表达,感知(接受)和生成话语都是直觉的,都是在语感的基础上进行的。

综前所述,别氏“双十五条”的精神实质不妨归结为以下三点:(1)培养外语思维能力和外语语感是教学的根本性的也是终极的战略目标;(2)大量的外语言语实践活动(听说读写)是达到这一目标的基本途径,同时,培养实际外语言语能力也是教学的主要目的;(3)大量的有创造性的外语单语(非翻译)的言语训练,是达到教学目的的基本教学手段。

在别利亚耶夫和60年代的自觉实践法派看来,“以上十五条教学法结论都是经过科学严格论证并有充分的心理学理论根据的。这十五条教学法结论也就是十五条教学法基本原理。也正是这十五条教学法原则,再加上前述十五条心理规律,构成了一种新的最合理的外语教学法(自觉实践法)的基础”①。

应当补充说明三点:

(1)在“双十五条”中都强调了言语实践在外语教学中的决定作用,似乎别氏是极端轻视语言知识(理论)对实践的指导意义的心理学家,实则不然。他在《纲要》一书中充分肯定了这种意义:“不学习语言理论就不能掌握书面言语(读和写),就不能自觉对待语言的种种事实,就不能努力更完善地掌握外语,就不能消除自己言语中的错误和不足。”“在学

---

① Б. В. Беляев, Об основном методе и методиках обучения ин. языкам. ИЯВШ, 1965, №3, стр. 12.

校条件下实际掌握外语言语（能力）必须在所获得的语言知识的基础上来实现。”为此，“在进行紧张的外语言语实践之前需向学生讲授相应的理论知识”。别氏认为“语言理论知识不能保证，但却能促进实际掌握外语”。外语教学中，语言理论知识在很大程度上是为言语实践服务的，这是别氏一再强调的思想，他反对为理论而理论和为知识而知识。而第一代外语教学心理学和自觉对比法却在实际上常把言语实践作为加深理解、巩固和掌握语言知识服务的手段。

（2）同理论与实践有关，在知识、技能、熟巧问题上，别氏在区分语言和言语的前提下，把知识定性为“语言知识”，把技能和熟巧则定性为“言语技能”、“言语熟巧”，而对“技能”这个术语又细分为初级技能和高级技能两种。初级技能是对所学语言知识自觉地有意识地初步运用的能力，仍属语言性质。高级技能则是建立在语言知识、初级技能和熟巧基础之上的创造性运用语言进行交际的能力，即用外语进行实际听说读写的真本领。别氏心理学所用的“技能”这个术语，在极大多数场合，都是指这种高级技能，即言语技能。

高级技能只有通过大量的言语实践才能逐步获得，获得高级技能又是实际掌握外语的主要标志。运用语言知识的语言练习，只能形成初级技能。只具有语言知识和初级技能（语言技能），不能算已掌握外语。即使有了言语熟巧也还算不上真正掌握，因为熟巧是在多次重复的基础上形成的，只能认识和再生已听过、见过的那些语言事实，而没有任何创造性，而言语的特点是有高度的创造性。

（3）在外语思维问题上，别氏提出以下几点不同于前人的观点：

① 外语思维是外语教学心理学的核心，是外语教学法的关键。抓住这个关键，其他教学法问题也便迎刃而解。他鼓吹，建立外语思维应当是外语教学（包括普通中学外语教学）的战略目标，是衡量教学成败的主要尺度。

② 在教学初始阶段教授新的语言材料，便应同时教学生在这个材料的基础上进行哪怕是十分有限的外语思维。而第一代则认为初始阶段学生只能用母语思维，任何外语思维此时都是不可能的。别氏从“语言和思维统一”论中得出了积极的教学法结论，既然语言与思维是统一的、不可分割的，那么，教授学生外语语言材料时也要同时教他们用所学的外语材料来直接思维。别氏外语教学心理学论证了直接用外语思维在外语教

学初级阶段的可能性和必要性，提倡“把所学外语手段同思维直接结合起来”，在教学伊始就要尽量少用和基本不用翻译练习。

③ 别氏提出有名的“外语思维特殊”论，断言外语思维同母语思维有许多不同之处，是两种不同的心理机制。人们在使用这两种不同的机制去反映现实时，方式也就不尽相同。他通过大量的实验，从思维形式的动力特征和思维内容的特征两个方面，来证明这个论断的正确性，并从这个论断中推导出另一个关于外语教学过程的心理特点，即外语教学过程便是形成新的心理/生理机制的过程。而在教授其他任何课程时，学生都用母语思维，因此思维的机制始终不变；而教授外语则要使思维改变，即建立一种新的思维机制，即外语思维机制。

“外语思维特殊”论后来遭到第三代外语教学心理学的非议。第三代对“特殊论”的批评，主要是用语言事实和心理实验材料证明以下传统观点之正确性，即思维有全人类性；有民族特点的是语言，而不是思维；思维无论是作为心理过程，还是逻辑过程，其形成都反映人类实践活动和认识活动，对各个民族都有普遍性。准确的提法应当是，培养自动化的用外语手段形成思维的能力。

3 第三阶段和第三代苏联外语教学心理学(70 年代至今)

70 年代初，苏联外语教学心理学第三代崛起，从而这门科学便进入了自己发展的第三阶段。

第三阶段的特点，是以“言语活动论”作为自己的理论基础。所谓言语活动论(теория речевой деятельности)，实际上是苏联型的心理语言学①。

第三代苏联外语教学心理学具有一定的国际影响。前述牛津 Pergamon 英语研究所曾把列昂季耶夫的分散发表在苏联期刊和文集的论文，汇编成一部系统专著，译成英文出版，列为该所的“语言教学法丛书”。全书共十五章(原来的十五篇论文)，分两大部分：(1)外语教学的心理学基础(第 1—10 章)；(2)外语教学的若干心理学问题(第 11—15 章)。各章分别考察了同外语教学有关的心理学各主要问题，例如个性、言语活动和交际、言语知觉和知觉心理；外语学习的记忆、控制、情绪和意志过程、外语思维问题、强化教学法、视听法的心理学基础等问题。这部著作的英

① 有关言语活动论的概况以及与外语教学心理有关的部分，请参见本书所收的俞约法：《苏联心理语言学概观》和《言语活动论与外语教学》。此处从略，以免重复。

文书名是:Psychology and the Language Learning Process(1981)。此书所选篇目曾得到作者同意,并亲自作了修改,不妨认为它是苏联第三代外语教学心理学的理论纲领。

以言语活动论为基本内容和理论特征的第三代外语教学心理学已成为当今苏联外语教学法——自觉实践法的主要科学依据。

4 三代理论的比较

最后,我们把三代学说加以比较,以观其异同。

三代的基本共同点在于都主张在普通中小学条件下,掌握外语最合理、最科学,因而也最有效的途径是"从自觉掌握开始"、"从自觉到不自觉"。三代都遵奉苏联教学论的自觉性原则,尽管各家对这一原则的理解和解释以及为贯彻这一原则所采取的基本手段都各不相同。三代都高举"自觉"这面旗帜,实际上是受到整个苏联心理学的理论观点的制约。苏联心理学一贯提倡以辩证唯物主义(特别是反映论)为指导,以西方的各种心理学流派的学说为对立面,把后者看做是唯心论和形而上学在心理学领域的表现而不断加以批判,其主要斗争对象是统治西方心理学界长达半世纪之久的行为主义。在外语教学心理学领域内,这一批判表现为反直觉主义、反机械主义的斗争。而这两种心理学流派在外语教学法方面的代表,在苏联人看来便是直接法和后来的美国的听说法。"自觉"是既同"直觉"又同"机械"相对立的概念。必须同这些"左道旁门"划清界限,以保证意识形态上的纯洁性。

自觉性原则的最根本之点是人的活动(包括言语活动和学习活动)有"意识"(сознание)参与,受意识监控。意识在人的全部言语活动乃至整个活动中是个经常起作用的因素,而"潜意识"、"无意识"等心理现象对人来说是非本质的、极其次要的。"有意识"、"自觉"是从俄语中осознанный和сознательный两词译过来的,这两词的共同词根是сознание(意识),而"意识"在苏联外语教学心理学(特别是第一代)中又往往同抽象逻辑思维及智力有着不同程度的联系。因此,提倡"自觉"就必然要反对直觉主义和机械主义,因为直觉主义否认或轻视逻辑思维的作用,而行为主义则干脆否认人的意识作用,把一切行为(包括语言行为和学习行为)归结为"刺激→反应"的简单的生物本能的反射活动。

三代之间的主要差别在于:

第一代提倡的学语途径和程序是语言→言语→语言，即从学习语言理论知识开始，依靠语言知识的指导，逐步学会运用语言的能力，最后掌握言语能力，而这一运用语言知识的过程，同时又是巩固所学知识的过程；在实际掌握外语的基础上，再次学习语言理论，以求得对语言体系和结构有更高一级的系统、全面的理性认识。这条学语途径，同苏联当年强调外语课的教养作用的教育学思想倾向以及社会对外语实用需求不大的历史背景有着密切联系。第一代前期，外语教学法家在规定外语教学内容时甚至只提语言知识，而把熟巧和技能排除在外。掌握语言理论知识是外语教学的主要目的和外语教学的最终归宿。

第三代则反其道而行之，其路线为“言语→语言→言语”，即从言语活动开始，从用外语进行的听说读写开始，在实际掌握外语的过程中不断学习外语语言知识，再以此来进一步指导今后的言语活动，提高言语活动的质量和效果。学习语言理论知识也可采取阶段总结归纳的办法。总之，学习语言知识，主要是为了更好地更有效地进行言语活动，而不是为语言而语言。外语教学的主要目的是培养言语能力，传授语言理论知识则是次要的目的，同时也是次要的手段，因为主要的手段仍是带有交际性的言语实践。只有通过言语实践，才能培养出言语能力来。而语言理论知识则只能是一种辅助性的手段。

第二代表面上界于第一、三代之间，然而从实质上看，仍同第三代属一个范畴，强调言语是外语教学的基础，语言应为言语服务。这同当时教学改革强调“外语教学实用目的第一”这样一种思潮有关。

同样都宣称赞成自觉性原则的三代之间的分歧，还表现在“知识、熟巧、技能”观上。

第一、二两代都持“先后论”。第一代的公式是语言知识→语言技能→语言熟巧。第二代的公式是语言知识→初级（语言）技能→言语熟巧→高级言语技能。从这种“先后论”出发，第一代坚决主张“理论先行”，提出“在理论指导下的实践原则”。第二代对理论先行虽没有作绝对化的强调，而且在实际教学中采取比较灵活的态度，但却没有完全摆脱这一公式化的概念，似乎彻底否定先后论就有背离自觉性原则之嫌。

第三代则持“并行论”，即认为无论是语言知识，还是言语熟巧和技能，都应在言语活动过程中齐头并进地获得。这就彻底破除了“先后论”，把自觉性原则的内容作了扩大。

苏俄语言学习理论研究评介

1 引言

感谢三刊编辑部召开这次有学术意义的座谈会，并邀请我参加。由于临时出现的工作上的原因，我只能作书面发言，向与会诸位先生请教。对外汉语教学界召开这次座谈会的宗旨，据我的理解，是为即将大力开展的"语言学习理论"研究工作作学术上的准备，是学科建设计划中的一个重大工程付诸实施的开端。语言学习理论是对外汉语教学学科建设中的基础理论研究的一个重要方面。对外汉语教学界乃至我国整个外语教学学科，过去由于种种原因，还没有来得及在这个领域目的明确地有计划地投入力量开拓，所以一直是个薄弱环节，现在是应当加强的时候了。我想，在这次座谈会后，将会有语言学习理论方面的研究成果不断问世，形成一个有自己特色的研究方向。

根据会前的选题，我报名要谈的主要是第七题中的一个方面——苏、俄语言学习理论进展的情况，而重点又想谈苏、俄对外俄语教学界"语言学习理论"研究进展的情况。这方面的情况对我们会更有借鉴意义。我的发言首先是介绍性的，其次也带有一些评价性，即在介绍时也谈点我个人的理解和认识。

由于各个选题之间内部都有紧密的联系，所以在谈第七题时也必然会程度不同地涉及其他几个问题，因此我想把发言作这样的组织：在介绍过一般的情况后，再围绕座谈会组织者会前拟定的几个选题来进一步介绍和评价苏、俄"语言学习理论"研究的情况。另外，我也想把苏、俄的"语言学习理论"放在整个心理学和心理语言学的国际平面上考察，也许会把问题说得清楚一些。

2 国外语言学习理论研究概况

语言学习理论是对外汉语教学、应用语言学、外语教学法科学、心理语言学、教育心理学所共同研究的课题。国外(包括苏、俄)在这些学科中,语言学习理论的研究都有程度不同的进展,但在学术观点上分歧很大,形成各种不同的学说,争论不休。

语言学习理论对于对外汉语教学来说是基础理论之一,对于应用语言学以及任何语种的外语教学法来说情况也是如此,但对于心理语言学和教育心理学来说,只是其中的一个重要问题,而在整个心理科学中,这就更是“第二个等级”甚至“第三个等级”的问题了,比它高的层次便是“学习理论”或“普通学习理论”。在心理学看来,语言学习理论只是普通学习理论的进一步深化和应用,任何一种“语言学习理论”都不同程度地受到这一派或那一派普通学习理论的指导和制约。苏、俄的语言学习理论也不能例外。

在心理学中,在普通学习理论上有过而且至今还存在许多不同的学说和流派,其中名气大、影响广的就有以下几种:经典的条件反射说、操作条件作用说、学习联结说、符号学习说、学习格式塔说、顿悟说和学习场论、认知结构论、造型论或社会学习论、学习过程的学习模式论、信息加工论等。这些都是流行于(或曾经流行过)西方的大流派,至于小流派则更是五花八门,这里没有必要再去列举。据国内外心理学界比较一致的看法,这些五花八门的学习理论,大体上都可以把它们分别归属于联结论和认知论两大派,新老行为主义学习理论即为前者之代表。西方的各种语言学习理论在很大程度上都受到联结论和认知论这两种普通学习理论的制约,不妨说是在这两大派心理观和方法论指导下产生的语言学习理论模式。例如,语言教学界早已熟知的以“句型操练”著称的“听说法”,便是典型的“S→R”形成新语言习惯的行为主义公式和“公设”;又如,当今流行的“中介语”假说,许多同行都把它看成是认知心理学和乔姆斯基生成语法的语言观影响下的产物,如此等等。

因此,西方学界一般都把形形色色的“语言学习理论”粗分为“行为主义模式”和“认知主义模式”两大类。

至于苏、俄也有自己的不同于西方诸派理论的普通学习理论。在当代最有影响的,首先是“学习的活动理论”(теория деятельности учения)，其次是“智力动作分阶段形成论”（теория поэтапного формирования умственных действий）、“学习过程控制论”（теория управления усвоением）、“教学的控制论”（кибернетическая теория об учении）等。前面所首先提到的西方流行过的“经典的条件反射说”实际上是苏联早期的一种学习理论，其创始人为巴甫洛夫，苏联人自称为“巴甫洛夫高级神经学说”，一直把它作为自己的学习理论的主要科学依据，直到今天俄国心理学界仍推崇巴氏之说。“经典的条件反射说”是美国和西方对巴氏学习理论的一种命名，以区别于斯金纳新行为主义的“操作条件作用说”，苏、俄学界并不承认这个命名。苏、俄各种“语言学习理论”一直倚重巴氏学说，只不过在不同时期侧重取巴氏学说的不同部分或对同一部分作不同的发挥和推导。按西方的观点，巴氏学说与斯金纳之说同属联结论范畴，有人甚至认为同属行为主义范畴。可见二者之间有许多共同之处。尽管苏俄人自己并不承认这个巴氏学习理论同行为主义之间有任何关系，而且一贯把自己作为行为主义的对立面而出现于心理学阵地，并常对行为主义的“反应的消极被动论”进行严厉的批判，以示划清界限，自以为并公然声称巴氏学说与行为主义并不“同宗”。依我看来，这两种学习理论虽并非完全同一，但其中有几点确是共同的：第一，都强调后天教学的重要性；第二，都强调新的行为（以及技能、能力）的获得和熟练要依靠后天的训练和培养，而这种训练必须是有计划地、大量地、反复多次进行的，而且需要一定的时间，才能使学习所得巩固下来；第三，都强调“强化”对获得新习惯、新熟巧、新技能的作用。巴氏关于两个信号系统的学说，关于第二信号系统和动力定型的关系以及动型的性质和形成过程、规律等理论，对苏联不同时期的语言学习理论的形成，都有极大的影响，甚至起到过某种规定作用。

近三十年来苏、俄盛行的普通学习理论是前面已经提到过的几种，而其中“学习的活动理论”更是当前最受重视的一种。与此相应，苏、俄近年来的“语言学习理论”便是“言语活动论”（теория речевой деятельности）。苏、俄对外俄语教学界这二十余年来一直把“言语活动论”作为自己的教学法理论基础，其宏观指导思想的制定均以这一理论为科学依据。因此，我在以后的发言中将要对它作侧重介绍。但在介绍言语活动论之前，还尚须对苏、俄学界对“学习理论”、“语言学习理论”的看法等“背景材料”稍作点说明。

3 苏、俄语言学习理论评介(一)

“学习理论”、“语言学习理论”是西方心理学界和应用语言学界的提法。我国解放以前的心理学系统著作和教材(以及近年来个别心理学教材,特别是教育心理学教材)中都设专门章节讨论“学习理论”问题。港台的同类著作和教材大多也都是这项“传统节目”。但在苏联的普通心理学和教育心理学教材中,却一般都没有这样的提法,也未见有以此为标题的专门章节。在外语教学理论著作和教材中,一般也都并没有“语言学习理论”这样的提法和专门章节。在苏、俄心理学和外语教学理论著作和教材中,大体上相当于西方(和我国近年某些著作中)“学习理论”和“语言学习理论”的内容,一般都冠之以“教学心理学(психология обучения)基本原理”、“外语教学心理学(психология обучения иностранным языкам)基本原理”。因此,我发言中所说的苏、俄“学习理论”和“语言学习理论”,指的就是这两方面的情况,而都并不是苏、俄学界的自称。苏、俄学界的这种不同于众的做法,我认为是有一定道理和根据的。

学习有两大类,第一类是一般的、动物型的“学习”,第二类是人类型的学习。二者虽有很多共性,但人类的学习却有许多自己的特点。其中最为主要之点是人能通过社会交往(communication, общение)逐步习得语言,并以语言为精神工具掌握人类积累的历史经验,不但依靠遗传本能学习到消极适应环境的各种本领(这是动物型学习的特点),而且能通过前述途径的学习去认识环境和积极主动地去改造环境。西方联结派诸学习理论强调了前述两种学习的共性,往往以动物为试验对象。苏、俄学界的研究,自巴甫洛夫以后,把研究的重点从动物型的学习转移到人类型的学习上来,并把这种研究归入“教学心理学”的范畴。我国“教育心理学”的内容,苏、俄分别在“教学心理学”(психология обучения)和“德育心理学”(психология воспитания)加以讨论。

另外,在苏、俄学派看来,人类型的学习又有两种不同的情况,第一种是在自然的无组织、无计划、无明确目标的环境下(当然是社会环境)个体所进行的学习;第二种是在学校环境里或教师指导下有明确教学目的、完整教学计划和科学的教学内容的学习。苏、俄学派认为有现实和理论意义的学习,显然是后一种学习。因此,心理学和教学心理学所应当侧重研究的人类型学习,也就是这第二种学习。在教师指导下所进行的学习活动，这里面既有学，也有教，是一种教和学的双边活动，因此苏、俄学派一般都把学生在教师指导下所进行的学习活动归入“教学心理学”（而不是教育心理学）的范畴，而不单独设立门户。这就是苏、俄学派的做法。在他们的“教学心理学”著作或教材中，有相当一部分内容讨论的就是学生的学习心理规律，而且主要的又是在教师指导下在学校环境里学生的学习心理规律，以及由对此类规律的认识所得出的教的对策，即教的规律。而研究教师在教的过程中的心理规律，反倒没有成为苏、俄学派“教学心理学”的主要任务和内容。

西方教育学界早就有人提出过“以学生为中心”、“以学为中心”之类不同于传统教育学和教学论的口号，得到一部分人的赞同，其背景和原因是多方面的，但有一条认识论根源是这样的：教学由教（teaching）和学（learning）两个方面组成，教好是为了学好，欲教好就须掌握教的规律，而合理、科学的教的规律又来自对学的规律的认识。“知道学生是怎么学的，教师才能规定自己是怎么教的。”这个逻辑看来似乎“顺理成章”，但我个人认为，如果仔细推敲起来却也不无问题。窃以为，“教”与“学”二词在中、英文中在字面上虽然都可以分开，但在实际的有组织的教学过程中却又是很难截然分开的，很难完全排除教师的作用和一系列同“教”有关的因素而从中得出纯而又纯的“学习规律”的，因为这样的“纯学习”在学校环境下并不存在；而在“非学校的”、“自然的”社会环境里的“学习”，在许多地方又有不同之处，用研究后一种“学习”所发现的“规律”未必能在多大程度上有效地改进在学校条件下所进行的“教”。

这一点在进一步具体化到“语言学习理论”时表现得就更为明显。语言学习也有两种情况：第一种情况是幼儿习得自己的母语或与此同时习得另一种语言，即“双语习得”（bilingual）；第二种是学生学习外语。前一种是在自然的语言环境中自发地完成的，对我们当前要解决的问题意义并不太大，而第二种则是我们要着重研究的。我们要找出学生学习外语的心理过程、心理特征和心理规律。但在这种情况下要完全撇开教师和“教”的各种因素而单就学生的“学”进行研究，试图从中找出学习外语的规律，是不现实的。这是因为学生的学语过程无时无刻不受教师的影响，更不能不经过教师而受到一定的教学法理论模式的极大影响，因为教师总是在一定教学法思想指导下自觉地、半自觉地或不自觉地进行自己的教学工作的。对于这一点，苏、俄外语教学界至今一直都是这样认定的，早在60年代，苏联外语教学心理学家别利亚耶夫就曾明确指出过。他在大量调查研究的基础上，发现“学生掌握外语有两大类不同的心理类型：理性逻辑型和直接感知型”。对此他的结论是：“这两种心理类型上的差异，与其说是学生个人个性类型学特征的外显表露，不妨更正确地认为这两种不同心理类型的形成是采取两种不同教学法（语法翻译法和直接法）的不同结果。”从这样一种认识出发，苏、俄外语界，其中也包括对外俄语教学界，一般都不单独提出“语言学习理论”的命题，而把国外这样的命题所包括的大部分内容都放在外语教学心理学以及心理语言学的有关部分来考虑。我在这里之所以把它也叫做“语言学习理论”，是站在中国外语教学理论研究者的立场，而且为了同座谈会保持提法上的一致而这样做的。对我们把他们的外语教学心理学称之为“语言学习理论”，苏、俄同行恐怕未必接受。

下面就谈一谈苏、俄语言学习理论，实际上也是苏、俄外语教学心理学的一般情况。

4 苏、俄语言学习理论评介（二）：第一、二代苏、俄语言学习理论

苏、俄外语教学心理学经历了三代兴衰，形成了三家各不相同但却可以相互补充的理论。

第一代始于20世纪30年代，盛行于40至50年代，在苏联“管领风骚二十年”；第二代则是整个60年代外语教学法的灵魂；第三代从70年代至今，一直为苏、俄外语界和对外俄语教学界奉为理论圭臬，作为制定教学法最高宏观指导思想的科学依据。

第一代以阿尔乔莫夫、萨利斯特拉等人为代表，其最重要的贡献是把巴甫洛夫普通学习理论转化为语言学习理论，即用两个信号系统学说来说明母语在外语教学中的正反两个方面的作用，揭示母语对外语学习的干扰作用及其心理学实质和根源，提出反干扰的科学对策——母外两种语言的对比分析。此外，第一代语言学习理论还提出“自觉掌握”和“直觉掌握”两个极为重要的“语言学习理论”范畴，论证了二者的关系，结论是，在学校条件下学习外语采取自觉途径优于直觉途径，而对比、翻译和语法分析应当成为基本教学手段。这些都是当年苏联外语教学法主流派——自觉对比法的理论基础。

第二代的代表人物是别利亚耶夫博士，他的代表作《外语教学心理学纲要》初版四年以后就被英国牛津大学 Pergamon 英语研究所翻译出版，列为该研究所的“教学法丛书”之一，这说明苏联第二代语言学习理论在国外同行中的影响。这一代理论上的创新之点是提出了培养学生外语思维能力的战略思想。别氏以大量的实际材料，论证了外语思维不同于母语思维，揭示了外语思维的心理结构特征。他又从“语言与思维统一论”的辩证唯物主义命题出发，提出“在所学外语语言材料的范围内用外语语言手段进行思维的可能性和必要性”的著名论断，并把培养这种能力作为外语教学的终极目的。另外，第二代语言学习理论还批判地继承了第一代关于“自觉”和“直觉”的理论，认为在学校的条件下学习外语的途径“自觉→直觉”优于“直觉→直觉”，更优于“自觉→自觉”，明确提出是否达到直觉掌握是衡量外语教学最终成败的主导标准，也是体现外语思维能力是否已培养成的主要标志。而要使“自觉掌握”达到“直觉掌握”，需采取的基本手段便是大量的用外语进行的听说读写的实际训练。这些训练既要充分利用学生已学过的外语语言材料来进行，同时还需要有新意，即无论在语言形式和思想内容上都有不同程度的创新。别利亚耶夫的语言学习理论为苏联现行外语教学法——自觉实践法奠定了早期的理论基础。

第一、二代的语言学习理论在苏、俄如今已衰落，其合理内核，相当一部分正为第三代所继承。因此对第一、二代的介绍和评价这里就从略。如果需更进一步了解这方面的情况，请参见拙作《苏联外语教学心理学概观》[1]。下面着重介绍苏、俄第三代语言学习理论。

5 苏、俄语言学习理论评介(三)：第三代语言学习理论及其在外语教学中的应用

第三代的理论奠基人是 A. A. 列昂季耶夫（苏联老一辈心理学家 A. H. 列昂季耶夫之子）。他在莫斯科大学先后取得语言学和心理学两个博士学位，是一位在语言学和心理学两个方面都有良好理论准备的学者。他是心理语言学苏联学派的创建人。这个学派标新立异地自我命名为“言语活动论”（теория речевой деятельности）。可以说，“言语活动论”

① 俞约法：《苏联外语教学心理学概观》，黑龙江大学俄语系《俄语教学与研究论丛》第3辑，1985。

就是苏联学派心理语言学的同义术语。“言语活动论”所研究的是世界各国心理语言学所共同研究的全部问题(但更侧重言语活动本身的研究,因此得名),“语言学习理论”只不过是其中的一小部分。不妨说,这一小部分就是“言语活动论”基本原理在语言教学中的第一层次的应用。

自从“言语活动论”诞生以来,苏、俄对外俄语教学界乃至整个外语学界都是把它的有关理论作为自己教学法理论的最高层次的科学依据,即制定教学法宏观战略指导思想的理论基础,而且把这一部分也称之为“言语活动论”。因此,我们也就按照苏、俄自己的说法,暂且把第三代,即现行的“语言学习理论”称之为“言语活动论”(实际上是狭义的言语活动)。言语活动论的产生是经过长期充分准备的,也是苏联心理学和语言学发展到现阶段的一个自然结果。

前面已经提到,当今苏、俄在普通学习理论上有“学习的活动论”、“智力动作分阶段形成论”、“学习过程控制论”、“教学的控制理论”等,其中占主导地位的便是“学习的活动论”,而“语言学习理论”中的“言语活动论”主要便是作为普通学习理论的“学习的活动论”的深化和在外语教学中的第一层次的应用。为此,追根溯源,对这个普通学习理论的来历作简要的回顾看来是有必要的。在苏、俄心理学各派中,“社会文化历史学派”是最有影响的一个。其学术领袖和奠基人是维果茨基(Л. С. Выготский),他不幸英年早逝,其心理学思想后经其同事和门生 А. Н. 列昂季耶夫院士(А. А. 列昂季耶夫之父)、卢里亚院士的发展,形成了一个体系完备的学说(这个学派西方称之为“维-卢-列学派”),以“活动心理学”自称,提出“活动与意识相统一原则”作为“活动心理学”的一条基本原则,又提出“活动法”(деятельностный подход)作为活动心理学的基本大法和方法论。“学习的活动论”便是普通心理学——活动心理学在普通学习理论,即苏联的教学心理学的第一层次的应用,而“狭义”“言语活动论”则是“活动心理学”在外语教学中(在语言学习理论中)的第二个层次的应用。不过这里还要说明的是,“言语活动论”所依靠的不仅是活动心理学的“学习的活动理论”,而且也充分吸收了前述苏、俄“智力动作分阶段形成论”、“学习过程控制论”等普通学习理论中用得上的部分,并继承了巴甫洛夫学说中的有关思想。在这个广泛的普通心理学、教学心理学的基础上,经过大量的实验、推导、概括,形成了语言教学中的(狭义)“言语活动论”,即苏、俄第三代“语言学习理论”或外语教学心理学。

在建立“言语活动论”过程中,苏、俄学者发表过多篇研究性的、介绍性的、评论性的、指导性的论文和著作。其中相当一部分出自 A. A. 列昂季耶夫之笔。前述牛津大学 Pergamon 英语研究所曾把列氏的有关论文选编成册,译成英文,以《心理学和语言学习过程》为书名,作为该研究所的“教学法丛书”第二辑中的一部出版(1981 年)。此书实际上是苏联第三代“语言学习理论”——“言语活动论”的理论纲领。

在苏、俄对外俄语教学界最系统全面阐述作为“语言学习理论”的言语活动论的专著,当推齐姆尼亚娅的《非母语教学心理学》(1989)。这里所说的“非母语”主要指外语以及对外俄语教学中的俄语。用精练的语言,对作为外语教学法的心理语言学科学依据的“言语活动论”的基本原理作高度概括的阐述的,有 A. A. 列昂季耶夫本人为近十几年来先后出版的苏、俄对外俄语教学法教材所写的专章(这些教材中,至少有三部是由列氏主编的)。列氏本人还曾长期担任或兼任苏、俄的对外俄语教学与研究中心——普希金俄语学院(大体上相当于我国的北京语言学院)的外语教学法教研室主任。可见“言语活动论”(苏、俄第三代“语言学习理论”)同对外俄语教学关系的密切程度了。

要全面介绍(狭义)言语活动论及其在外语教学中的第一层次的运用(哪怕是简要的介绍),不是在一个书面发言里所能完成的任务。因此这里只能挑选最为主要之点作极粗略的介绍。如需作进一步的了解,不妨参看拙作《言语活动论与外语教学》[①]对于言语活动论基本原理中同外语教学有关的要点,A. A. 列昂季耶夫在一篇论文中概括成为五项公设,并由此推导出苏、俄对外俄语教学的各项主要教学法原则。我认为这个概括比较说明问题,特转述如下:

(1)言语活动首先是一个过程,它的第一个特点便是有动机性和有目的指向性。进行言语活动的动机和目的,一般都是为了解决一定的交际课题。这种交际课题(任务)可能是独立的,也可能是从属于更高层次的交际任务。总之,言语活动便是一个解决交际课题和完成交际任务的过程。因此这就推导出苏联新教学法的第一条原则,也是主导原则——交际性原则[②]。

---

① 俞约法:《言语活动论与外语教学》,《外语论丛》,1990。

② 俞约法:《交际性原则再探》,《外语学刊》1986 年校庆专号。

(2)言语活动又是一个动态结构。这个结构由以下三个层次依次组构而成:言语活动—言语动作—言语操作。第一层次(言语活动)同一定的动机和总目的相应,由一系列言语动作组构而成;而言语动作又与分目的(промежуточная цель)相应,有几个分目的,就有几个言语动作;而言语动作又由一系列言语操作组合而成。言语操作一般都是自动化进行的,它本身并没有独立的目的,更谈不上有什么动机。言语活动和言语动作两个结构层次因为受一定的动机和目的支配,所以都是自觉的,即有意识参与并听命于意识。而言语操作则往往是不自觉的,就其自身的局部而言,它摆脱了意识的监控(但就活动的总体而言,仍有意识参与其中)。由于言语操作是言语活动的最小组构单位,要学习外语,更准确地来说是学习用外语语言手段来进行言语活动的本领,也就必须从这些基本单位开始,这是言语活动的基础和根本。但学习言语操作在一开始时却不能达到自动化的、不自觉的、无意识的程度。欲有效掌握言语操作,在教学中就须把无自身目的、自动化的言语操作作为一种有目的的、受意识自觉监控的学习活动来对待,经过反复地练习和使用,逐步自动化,由自觉向不自觉过渡,使学习言语操作的教学活动变为真正的言语操作。在自觉学习阶段,要使学生知道如何进行这些言语操作,这样才能更有效地变自觉为自动化。这便引出苏联外语教学法的另一项重要原则——自觉性原则。

(3)在言语活动论看来,学习外语的过程就是改造原有言语操作系统,并建立一个以母语言语操作系统为基础,但却不同于这个老系统,而又与这个老系统同时并存的新言语操作系统的过程。在母语言语操作系统中,有一部分言语操作可以直接迁移到外语中来(母外两种语言中完全相同的部分);有些言语操作则须作不同程度的加工改造才能在外语中起到有效的交际作用(母外两种语言中相似但却实异的部分)。至于只有外语言语操作系统中才有而为母语所无的某些言语操作,则须从头开始专门加以培养。所有这一切都须通过两种语言的系统对比才能确定,而学生外语言语操作系统也只有在这个认识的基础上通过有针对性的大量训练才能有效培养出来。这便是苏联外语教学法的第三条重要原则——考虑学生母语原则的心理语言学根据。还须指出的是,言语活动论所提倡的对比,不只是母外两种语言自身结构上的静态语言学对比,更主要的是言语操作系统的动态心理学对比。

（4）言语活动具有高度的创造性和创新性。言语活动既然是为解决一定的交际课题而进行的，那么这本身就要因“事、时、地、人”等不同的交际条件以及所要完成的交际任务的不同而千变万化。外语教学也就必须培养这种应对能力或解决各种实际交际课题的能力。这种能力实际上是“灵活的随机应变的交际技能的系统”。这便引出第四条教学法原则——应对性原则（принцип проблемности），这条原则认为外语教学的任务不仅在于培养学生进行千篇一律的言语操作（或按固定的次序进行刻板的言语操作）的习惯，而更在于“培养学生在不同交际场合下选择最佳的言语方案的能力”。

（5）“言语活动不是独立的内在的过程，而是交际和概括的统一，同时它又是人的总的活动系统中的一个组成部分。”言语活动同交际活动、智力活动有着不可分割的联系。因此，外语教学的目的及其包括的内容首先是培养学生用外语手段进行交际的能力和思维能力，而“这种能力的培养，需要靠在各种不同的实际活动和智力活动中对外语的不断使用，才能奏效”。总之，外语教学的内容，根据教学目的，不只是包括传统教学法所说的“语言教学”、“言语教学”、“外语思维能力培养”等，而更应包括外语言语交际的教学，由此引导出第五条教学法原则——总体目的原则（принцип глобальноти цели）①。

6 苏、俄有关学界在我们要研讨的几个问题上的观点和实际做法析评

然后，我想再把话题转到同座谈会直接有关的问题上来，谈谈苏、俄有关学界在我们这次座谈会提出的几个问题上的一些观点和实际做法。其中有一些是苏、俄同行学者有明确意见表示的，有的只属我个人的判断，但也都有一定根据。

6.1 在“语言学习理论研究范围”问题上，言语活动论作为苏、俄学派的心理语言学，在理论上把“语言的习得和言语的掌握”作为自己研究的四大方面中的一个方面。这里面又包括以下几个“子领域”：（1）幼儿学习母语（2—5 岁学龄前儿童）；（2）幼儿“双语习得”；（3）5 岁以后的人在自然语言环境中（即非学校条件下）学习各种各类的第二语言；（4）在学

---

① 俞约法：《言语活动论概观》，《外语学刊》1991 年第 4 期。

校条件下学生学习外国语；(5)对外俄语教学中外国人在苏、俄以及在自己国内学习俄语；(6)苏联国内在学校条件下各非俄罗斯民族学习作为“族际语言”的俄语。心理语言学理应研究以上诸领域学习语言的心理过程、心理结构和心理规律。

但从实践上来考察，苏联心理语言学和应用语言学界所着力研究的是(4)至(6)三个领域。对幼儿学习母语问题，“言语活动论”者在实际上至今并未见有什么令人瞩目的成果，他们也并没有投入力量去研究。这一领域已有的一些研究成果，绝大多数属苏、俄儿童心理学界，他们从“发展心理学”的立场出发，研究幼儿言语的习得，并将幼儿言语发展同思维发展以及整个智力发展联结起来研究。这对加强和改善学龄前儿童的教育很有用处（其中包括幼儿的“言语教育”）。但这些成果对于苏、俄的外语教学和对外俄语教学却并无多少启迪作用，这两个领域的教学法著作也很少到此类研究成果中去找理论根据。苏、俄外语教学界一直以反对直接法著称。直接法的根本特点便是仿照幼儿学习母语的基本方法和途径来设计外语教学。由此可见，苏、俄语言教学界在相当于我们座谈会上要讨论的“语言学习理论研究的范围”问题上，在实际做法上只研究（或重点研究）学校条件下学习一种第二语言的心理过程及其规律。前面提到过的齐姆尼亚娅、别利亚耶夫、阿尔乔莫夫等人的外语教学心理学系统著作的出版足以说明这一点。这些著作或同时兼做外语师范院系的正式国家统编教材，或被列入研究生的必读书目。

6.2 在“语言学习理论研究在语言教学中的意义和作用”问题上，苏、俄外语教学界和对外俄语教学界都一致认为这是学科建设的基础理论，同时也是教学法科学的理论基础之一。“语言学习理论”并不等于外语教学法，也不能直接转化为具体的教学方案和方式，但却是制定外语教学法宏观战略指导思想的科学依据。因此，在苏、俄外语教学界和对外俄语教学界一直都十分重视此项研究，投入相当的力量，产生了一批有学术价值的成果。近二十年来，苏、俄语言教学界“交际性原则”和“语言国情教学”的提出，引起了教学的重大变化和进步，都莫不与言语活动论有关。至于联系到外语教学法历史上行为主义语言学习理论模式对听说法的产生所起的推动，更可说明语言学习理论对外语教学的重要性。

6.3 在“习得”和“学习”的联系和区别问题上，苏、俄学界一般很少采用此类术语。他们所用的大体相当于此的提法是“直觉掌握”和“自觉掌握”。据我所知,在西方文献中“习得”(或译为“获得”)与“学习”二词的使用情况相当混乱。在有些著作中更混而不分,简直到了同义词的程度。有的试图严格区分,把“习得”用于第一语言的掌握,而把“学习”用于包括外语在内的第二语言的掌握。在这种情况下,幼儿在自然语言环境里似乎是无目的无计划地、“自然而然”地不知不觉学会了母语,也就是说“习得”了母语;而“学习”一种第二语言,则一般绝大多数都是已经掌握了(至少是实际上初步掌握)第一语言以后才开始的。这种学习至少是有目的的(尽管有时目的不一定十分明确);学习者往往会有意识地努力去学习,有的甚至还是多少有些计划的。更高级的形式是在学校的(而不是在自然语言环境中的)条件下在有教师指导的情况下进行的。如果我们同意这种区分的话,那么,显然对我们有直接现实意义的是“学习”,而不是“习得”。苏、俄同行一般不用“习得/学习”这样一种“二分法”。俄语中的 владение, овладение(均为“掌握”、“学习”之意)以及 изучение(带有自觉学习的成分)等词,都不同西方的“学习”、“习得”完全对等。而即以 владение 和 овладение(均为“掌握”)二词而言,此二词本是同一个动词的两个不同的体(完成体与未完成体)构成的表动作名词:一个表示过程(正在学习之中),另一个则表示结果(已在某种程度上掌握了)。但在不同的教学法著作中,同一词在甲著作中表示过程,在乙著作中却又表示结果;而另一词的意义刚巧与此相对应而相反。面对此种状况,苏联学界一度曾试图对二词的使用加以“规范”,但这种努力并没有成功。

苏、俄语言学习理论中常用“自觉掌握”和“直觉掌握”这样一种正式的提法。所谓“直觉掌握”,指的是在使用语言时,无论是在生成自己的话语时还是在理解他人的话语时,所考虑到的(更准确地说是意识所控制的)是话语的思想内容(что/what)而不是它的语言形式。而“自觉掌握”则指在使用语言时,所考虑到的(意识所监控的)是话语的语言形式,而不是它的思想内容(как/how)。“直觉学习”语言,指的是单纯的模仿,“只知其然而不知其所以然”,“鹦鹉学舌”,“囫囵吞枣”;而“自觉学习”语言则指在理解的基础上模仿,不但知其然,而且知其所以然。

学习语言一般有以下几种途径:

(1)从直觉到直觉　这是幼儿学习母语的途径;成年人如果一辈子不上学而成一个文盲,他学习母语也属这一类;在自然语言环境中学习第

二、三种语言者亦同此。

（2）从直觉到自觉　学生入学后再把母语作为一门语文课来学习，入学前已口头实际掌握了初级水平的母语，然后在学校里学习识字、语文学常识、提高言语质量；先只是实际掌握外语以后再学点语言理论知识者亦属此类。

（3）从自觉到直觉　在学校条件下学习外语大多数情况属此类。

（4）从自觉到自觉　这是学校条件下不成功的外语教学，经学习后只能用母语来谈论外语，而一点也没有实际掌握外语；仅以认知为目的满足于了解一种语言而学习语言者亦属此。

苏、俄学界认为，在学校条件下，在一般情况下“自觉→直觉”是最合理、最科学的途径。

直觉掌握语言是外语教学必须达到的终极目标，是衡量教学效果的主要尺度。学习外语不能永远停留在“自觉”的水平和程度上，但要更有效地达到直觉掌握的境地，却又应从“自觉掌握”开始和入手，经过大量的外语言语实践，逐步增加直觉成分，由量变引起质变，这样才能完成语言教学的任务，保证学生获得有一定质量的言语能力。

6.4 在“学习第一语言和学习第二语言异同”的问题上，苏、俄有关学界一般不使用“第一语言”、“第二语言”、“目的语”等术语，而一直传统地采用“祖国语言”（一般译为“母语”）和“外国语言”（一般译为“外语”）、“非本族语言”等，而且着重研究其相异的部分，以制定其教学法宏观指导性对策。苏、俄学界对“异”的部分着重研究，罗列出多条，有近烦琐，其目的还在于从反面来驳倒直接法，因为直接法只看到学习母语和学习外语之间的共性，而完全无视其个性。这里限于时间，不拟列举，只讲其中最为主要的一条。

幼儿学习母语之前，言语机制和思维机制都没有形成，因此学习母语的过程同形成言语机制和思维机制的过程几乎是同步的，这三者之间还有着相互促进的关系。另外，这种学习又是在自然的语言环境里进行的，一般都是无固定的教学目的，是在无计划无组织的情况下自然而然地完成的，用苏、俄引为骄傲的巴甫洛夫学说来解释，幼儿学习母语的过程便是建立第二信号系统的过程。以后入学学习母语则是进一步完善这个第二信号系统的过程，此时除了业已形成的口头言语机制需进一步完善和提高以外，还有形成和发展书面言语机制的任务。

而五岁以后的人以及在学校条件下的青少年和成人学习外语，则情况又是两样。最为主要的特点是此时他们的母语言语机制（至少是口头的言语机制）和思维机制都已形成，而且已有不同程度的成熟。此时以母语词语为基本内容的第二信号系统已经牢固地建立起来。他们的思维机制和能力都已经相当发达，他们都已经有了母语的"语言经验"，而这些情况都是幼儿学习母语时所没有的。这些新情况对于学习外语有有利的一面，也有不利的一面。如何全面正确地认识它们并制定出一个恰当的相应的教学对策是语言学习理论要解决的一个重要课题。近二十年来，苏、俄对外俄语教学界提出的以对比分析为其部分内容的"考虑学生母语特点的原则"，便是试图从几个重要侧面去解决这个课题的。

既然，此时学生的思维机制已经形成或成熟，那么对他们适当地精讲一点语言学知识，更有助于外语的实际掌握，就不应当让他们再重复"直觉→直觉"的道路。此外，中小学生一般在学习外语之前，先上过初级的母语语文课，已经形成初级的母语书面言语机制。在这样的条件下，就不一定有必要让学生再遵循"听→说→读→写"这样的顺序来学习外语了。

以上讲的只是学习第一语言和学习第二语言之间的最重要的差异之点。对于这些差异点，言语活动论者加以肯定，并作了更为现代化的、更为科学的解释。由于牵涉到需要动用一套该理论自身"约定"而尚未"俗成"的术语系统来解释，用简单几句话说不清楚，限于时间，所以我认为比较"精彩"的部分只好略去不讲。

6.5 在"口头语言和书面语言的关系"问题上，苏、俄有关学界近年来普遍重视口语教学，越来越意识到其重要性。除了在理论上更深入地去研究口语的心理过程和特点外，而且在教学法对策上明确提出"以口语为基础"的口号，对外俄语教学界部分人甚至提出"口语领先"的口号，并把这两个口号上升为教学法原则，但在对"口语领先"这条原则进行解释时，苏、俄同行却又相当灵活，不讲绝对化的话。另外，对外俄语教学界认为听说读写是四种言语活动，在教学中它们之间有着相互促进的作用。因此提出了"听说读写相互联系地进行教学"（взаимосвязанное обучение видам речевой деятельности）的口号，并从言语活动论中找到其科学根据。总之，苏、俄学界现在比较普遍的认识是，口语（听和说，特别是说）不但可以成为一个教学目的，而且还应成为一种重要的教学手段，即使以培养阅读能力为主要目的的外语教学，也要把口语作为重要的教学手段。

同重视口语教学相适应，苏、俄对外俄语教学界对口语的理论问题和实践问题作了更深入的研究，把口语再进一步分为对话言语（диалогическая речь）和独白（монологическая речь）。对二者的心理过程和特点作了详细的分析，并提出教学法上的不同办法。在理论深广度上代表第三代“语言学习理论”的系统专著，当推齐姆尼亚娅的《说外国话的心理方面》（1985），里面有许多新观点、新提法，限于时间，只好从略。

6.6 在“语言学习理论研究基本方法”问题上，苏、俄“言语活动论”提倡和采用的是心理学的实验方法以及概括、推理的思辨方法，二者结合使用。而前者在世界各地心理语言学研究中又以一种叫做“联想实验法”（俄文 ассоциативный эксперимент，相应的英文术语应为 associative experiment）和“语义差异法”（semantic differencial）为主。这一点是苏联1990 年出版的《语言学百科词典》中“心理语言学”词条（由 A. A. 列昂季耶夫执笔）中所特别提起的。

心理语言学以及其中的语言学习理论的基本研究方法本应是实验方法，但由于语言学习，特别是在教师指导下的学习中有大量不易控制的可变因素的存在，情况复杂，设计成功的实验难，要通过这样的实验取得高度可信的结论更难。所以在现阶段的发展水平上单靠实验仍感不够。把实验法的作用估计过高，对实验的结果轻信，都是会出毛病的。这一点苏联心理语言学界是意识到了的，而且较早就有比较清醒的估计，没有主张“实验万能”论。他们十分重视实验法，但却并不迷信它。

7 “建立我国自己的语言学习理论”之我见

最后，不揣浅薄，想就第 10 题，即“建立我国自己的语言学习理论”，略陈管见。

为了从根本上改变“语言学习理论研究”的现状，对外汉语教学界开始调兵遣将来大力加强这块重要的但过去却一直是薄弱的阵地，把这作为目前阶段学科建设中的重点工程来抓。我想，经过自上而下的有目的、有计划的大力经营开拓，以前的那种局面必将迅速改观。

从长远的战略目标看，我国应当建立自己的“语言学习理论”（对外汉语教学的语言学习理论当然至少有自己的民族特色）。但要真正建立起一种新学派却实非易事，更非一两个人的力量所能及，要经过多方面的通力合作，长期努力，才能实现。

在此之前，我们还须面对现实。国外现在已有三大派语言学习理论，我认为他们都有各自的优势，至少在目前阶段尚不能互相取代。我认为，像“语言学习理论”这样的科学是不分国家界限，没有阶级性的，完全可以采取“拿来主义”，引进、消化，结合我国实际，为我所用。这样做，在我国前述的理想中的有突破性进展的创新的“语言学习理论”尚未建立以前，也许是比较现实和切实可行的办法。这个工作也是为今后中国学派“语言学习理论”的产生作必不可少的理论准备。

我认为，在这方面我们是有基础的，我们已有一批对语言学习理论很有研究的专家学者（在座的诸位就是其中的重要的一部分），他们已经做了许多开拓性的工作。窃以为，在进一步系统引进、深入消化和结合我国实际方面还有许多事情可做。在这个相当长的“过渡时期”，还应充分调动对国外语言学习理论有研究的各方面专家的积极性，从各种不同角度来研究语言学习理论，以期达到“洋为中用”的目的，使这些“洋理论”逐步中国化，再在这个基础上建立我国自己的学派。

言语活动论和外语教学*

1 言语活动论是苏联外语教学法的心理语言学基础

心理语言学(психолингвистика)是语言学中近数十年出现的新分支学科。顾名思义,它是语言学和心理学相结合的产物。用心理学和语言学的方法综合研究语言学中的种种心理现象以及同心理学有关的理论问题,便是心理语言学要旨之所在。“心理语言学”这个术语是从语言学这个角度提出来的。其实,这是语言学和心理学两门学科交叉和相互渗透所形成的边缘科学,因此,从心理学角度来看,也出现了用语言学和原先心理学的方法来综合研究心理学中的言语现象以及同语言学有关的问题的新部门,这便是言语心理学(психология речи),近人也叫语言心理学(лингвопсихология),也是心理学中正在形成并越来越趋于独立的新分支学科。但言语心理学的成熟和独立程度远不如心理语言学。其实,心理语言学和言语心理学在实际研究内容上有许多交叉重叠的地方,只是研究的角度和着重点不同罢了。

心理语言学虽然产生的时间极短,但内部学派林立,众说纷纭。这符合一门科学草创时期的发展规律。苏联学派把自己的心理语言学标新立异地称做“言语活动论”(теория речевой деятельности),以别于他国(特别是西方)心理语言学各种流派。顾名思义,它所侧重研究的是心理语言学中言语活动这一部分。这虽是各派心理语言学所共同研究的问题,但苏联学派在观点和方法上却有自己鲜明的特点,他们采用“活动观”和“活动法”(деятельностный подход)来研究言语活动乃至整个心理语言

---

* 定稿前有机会读到 И. А. Зимняя 的新著«Психология обучения неродному языку»(М., 1989),根据此书的新研究成果对本文作了一些订正和少量补充,但遇到齐氏新著中与列氏提法上有相异之处,仍按列氏观点转述。

学。苏联普通心理学中“活动”是一个基本范畴。近三十年来苏联心理学家对这个范畴的研究越来越深入。“活动”这一心理学范畴,在很多地方相当于辩证唯物论哲学中“实践”这一基本范畴。长期以来苏联心理学界一直试图以马克思主义哲学为指导,致力于建立有别于西方心理学的理论体系的新学派。“活动”这一基本范畴的提出以及它在普通心理学中地位的确立就是苏联心理学前述努力的重大成果的一个部分。有一些苏联心理学家甚至以“活动心理学”自称苏联学派的普通心理学。苏联心理语言学家把“活动”这个普通心理学范畴引入自己的研究领域,并作为一条红线,贯穿于各个研究方面。言语活动论就是“活动”这一范畴在言语行为和言语心理领域的理论深化和发展。

言语活动论的突出代表人物是 A. A 列昂季耶夫。他先后在莫斯科大学获得语言学(语文学)和心理学两门学科的博士学位。(应当指出,在苏联一流大学获得双博士的学者,全国至今屈指可数。)他是本门学科的理论奠基人,至今一直是该门学科建设的主将。他先后在国内外发表的百余种论著中,有关言语活动论的占大多数。由他主编和以他为主要作者的《言语活动论原理》[①]这部系统专著,为本门学科奠定了理论基础。他的博士论文(实际上是一部更为专门的系统学术著作)《言语交际心理学》(1975)可说是他在言语活动论方面的代表作,构建了该门学科的理论框架和基本模式。这两部著作被公认为言语活动论的经典。

提出“活动”这一概念并对此作过不同程度阐发的老一辈苏联心理学家维果茨基、鲁宾斯坦、A. H. 列昂季耶夫(A. A. 列昂季耶夫的父亲)等,都是言语活动论的先驱。特别是 A. H. 列昂季耶夫的《活动、意识、个性》(1975)更被认为是言语活动论的心理学理论基础。列氏所倡导的苏联心理学基本原则之一“意识与活动相统一原则”在言语活动论的各个方面得到了贯彻。此外,卢里亚、任金、加利佩林等,也从不同的方面对言语活动论的建立有过贡献。

外语教学法在苏联被公认为是一门独立的科学,受到语言教学界的重视。这是一门建立在语言学、心理学、教育学基础上的边缘交叉学科。既然是一门独立的科学,就要研究其科学性。苏联学界认为外语教学法的科学性除了表现在其基本原理原则须经过科学实验和接受教学实践检

① A. A. Леонтьев, Основы теории речевой деятельности. М., 1974.

验而不断总结、修正和提高外，还要有充足的相邻科学的理论根据，也就是说，它的原理原则必须要得到语言学、心理学和教育学几个方面的充分论证。自从心理语言学产生以后，苏联外语教学界又把言语活动论作为其一项新的重要根据来支持教学法理论本身的科学性。不妨说，言语活动论是苏联现阶段外语教学法的重要理论支柱之一。

现阶段的苏联外语教学法——自觉实践法自觉地充分利用了言语活动论的研究成果，从而把本门学科的科学水平提到了一个新的高度。这个利用基本上分两方面同时进行，一方面利用言语活动论的新理论论证原来就有的经实践证明行之有效而且要进一步坚持下去的教学法原理原则，使其建立在更为坚实的科学理论基础之上；另一方面是将言语活动论中的一般原理在外语教学中加以实际应用，推出新的教学法原理原则。属前者的，如对语言知识、言语熟巧和言语技能的新解释，对自觉性原则和考虑母语原则的心理语言学新说明等；属后者的，如推出交际性原则，并以此为核心派生出一系列为其服务的子原则①，如此等等。这推动了苏联外语教学法理论的大进步，把其科学水平提高到了新的发展阶段。

与此相适应，新阶段（第三代）苏联外语教学心理学，即以言语活动论为核心的外语教学心理学正在形成。言语活动论的奠基人 A. A. 列昂季耶夫长期在苏联的对外俄语教学研究中心——普希金俄语教学研究所任职，主持教学法教研室的工作，先后发表过有关言语活动论在外语教学中的应用的论文多篇。

但应指出的是，在苏联，言语活动论与外语教学法是两门独立的科学。后者虽然力图利用前者的研究成果来为自己的立论取得更为可靠的科学依据和理论支柱，并力图从中寻找启迪，为外语教学法开辟新的出路，但前者的创建却并不以为后者服务作为主要的目的和发展动力，它考虑研究的范围比外语教学心理学宽广得多。因此，任何一部以言语活动论为系统的著作中，语言教学问题只占不显著的一个小部分，而且语焉不详。直到笔者撰写本文时为止，还未见苏联有以言语活动论为统帅和主要内容的外语教学心理学系统专著或教材出版。苏联外语教学法界对言语活动论的利用和应用，散见于近年出版的各种外语（包括 PKИ）教学法教材、专著的各个章节以及一些论文中，要窥得作为外语教学法的心理语

---

① 俞约法：《交际性原则再探》，《外语学刊》1986 年校庆专号。

言学基础的那一部分(而不是全部)的言语活动论全豹,还得做一番去芜存精的整理、加工、消化、提炼的工作,把分散在各处的零星理论集中起来,组织成一个知识系统,并用国人易于接受的语言加以表述,因为苏联的言语活动论著作以及外语教学法论著中有关言语活动论部分的语言过于专门化和行业化,一般读者不易读懂。本文试图在这个方面做点抛砖引玉的工作。

我国心理学界对苏联学派心理学的“活动”范畴已有一定的研究,但尚限于普通心理学的范围之内,而未来得及深入到诸如言语活动、教学活动等具体领域,国内也未见有系统的论著问世。至于外语教学界,虽然也有一些同志专门研究苏联的外语教学,特别是对外俄语教学(РКИ)的理论,但也未见有言语活动论的系统的研究成果发表。笔者虽曾分别在自己的论著中作过一些介绍①,但现在看来,已嫌粗略和肤浅。今拟作进一步述要,以借他山之玉,作为我国外语教学法理论研究的攻错之具。

正因为言语活动论是一门新兴的分支学科,它本身处于迅速发展之中,所以苏联学派心理语言学内部的不同学者在大原则相同的条件下,对许多问题的见解和提法却颇有差异,即使是同一作者,在不同时期的不同论著中,对同一问题的说法也不尽相同。限于篇幅和本文的任务,碰到这种情况,笔者只选择个人认为较合理者来介绍,对各种不同观点和提法不一一列举和评论。

言语活动论的许多原理以及由此得出的教学法结论在苏联文献中是从各个角度不计其繁地来加以阐述的。本文试图简化,但对一些重要的同一原理,仍拟从不同侧面反反复复加以深透论述。

“述要”将按“普通心理学(活动心理学)→言语活动论→外语教学法”的序次展开。

2 言语活动论述要

科学的论述,建立在概念和术语的基础上。欲获得有关“言语活动”的基本信息,需要理解“言语”和“活动”这两个概念在本门学科中使用时的基本含意。

---

① 俞约法:《苏联外语教学心理学概观》,《俄语教学与研究论丛》第 3 辑,1985;俞约法:《自觉实践法》,章兼中主编:《国外外语教学主要流派》,华东师大出版社 1983 年版;俞约法:《言语活动论初探》,《外语与外语教学》1987 年第 1 期。

“言语”既是同“语言”相对而言的语言学的两个基本范畴之一,同时又是心理学的重要范畴之一。在这两门科学中,“语言”一般指语言系统本身,说得更明白一些,也就是语言三要素(语音、词汇、语法);而“言语”则是有两重含义:(1)使用语言进行交际(或思想)的过程和行动;(2)这一过程和行动的结果和产物。言语活动论中的“言语活动”,指的就是上述第一层意思,第二层意思在语言学中叫做“言语作品”。

对言语的研究既可以是动态的,也可以是静态的。对言语活动的研究属动态研究,对言语作品的研究属静态研究。本文主要论述言语活动,只是在个别极有必要的地方才涉及言语作品问题。

“活动”是苏联心理学的基本范畴,正像“行为”是美国行为主义心理学的基本范畴一样。一部苏联普通心理学,在很大程度上就是研究活动及其规律之学[①]。

在苏联心理学中,活动被认为是人同周围环境发生关系的基本形式,是联系主观和客观的纽带。以主体(人)为一方,以客体(人周围的客观世界)为另一方,二者之间的相互作用便是活动。在活动的过程中,作为主体的人受到意识的监控和调节,处于积极主动的地位,对客体施加影响。活动都是有目的的,目的产生于动机和需要[②]。

以上所作的是对“活动”这一心理学术语基本含义的介绍。下面我们将分别从活动的特征、种类、结构等几个方面来进一步揭示这一术语的内容,并由此过渡到对“言语活动”这一概念和诸相关问题的说明,最后联系外语教学做出一些相应的教学法结论。

如果我们把“活动”这一苏联心理学基本范畴同美国行为主义(更准确地说是经典行为主义)心理学的基本范畴“行为”加以比较,便可反衬出“活动”的特点。

后者认为行为是主体(人)对外界的刺激物所作出的消极被动的反应过程;行为可以由以下公式表示:S→R(S 代表刺激物,R 代表反应),S 和 R 就是行为结构单位。行为主义主张心理学只研究可观察的行为,而不研究“不可捉摸的玄虚的”意识,而同时又把一切“行为化”为可控制的 S→R,甚至认为思维就是“无声的语言行为”(而语言行为是可以

---

① А. А. Леонтьев, Психологические основы обучения РКИ. // Методика зарубежному преподавателю РКИ. М., 1982, стр. 4.

② В. В. Давыдов и др., Психологический словарь. М., 1983, стр. 91, 92.

观察的)。

由此可见,行为主义的"行为"的特点是它的消极性、被动性、无目的性、无动机性、机械性,意识对行为没有什么作用和意义。

将这些同前所述的苏联心理学的"活动"相对照,就不难看出活动的如下特征:积极性、主动性、有目的性、有意识性,活动受意识支配和调节。

从外语教学法的角度来看,"有意识性"是活动(当然其中也包括言语活动和教学活动)诸特征中最为根本的特征。这也是作为苏联外语教学法的基本原则之一的自觉性原则的重要心理学根据。"有意识"的同义说法就是"自觉"。这在中文中是两个词,但在俄文中则实为一个词,都是сознательностсть,由сознание(意识)一词派生,只是在翻译时把它译成两个不同的词,但指的都是"受意识控制"。俄文心理学术语сознательность有两组对应的反义术语:

(1)сознательность — бессознательность(自觉—不自觉)

(2)сознательность — интуитивность(自觉—直觉)

实际上这两个反义术语在许多情况下所说明的都是同一事情,即没有意识的参与。

"活动"的最主要特点是有意识的参与。活动与意识不可分割,因此苏联心理学把"活动和意识相统一"作为一条心理学基本原则。活动的其他特征,如有目的性、有动机性也都由此派生而来;活动之有积极性、主动性之类特点,用哲学的语言来表达,即人有主观能动性,是由于人的活动是在意识的支配下进行的。

活动和意识一直是相互依存、相互渗透的。首先,意识产生于活动;其次,活动又是意识的能动的表现。这就是活动具有自觉性特征的总根源。

此外,行为主义只看到和强调行为的生物性的一面,而苏联心理学则除了活动的生物性这一面以外,还看重活动的另一面——社会性,因为人是社会的动物,意识也首先是社会的意识。社会性是活动的又一个重要特征。

人的活动种类多样,如劳动活动、认识活动、教学活动、游戏活动等,它们都具有一般活动的前述共同特征。言语活动只是人类诸活动中的一种,除了具备前述活动的全部一般共性外,还有某些自身的特点。言语活动首先是一种智力活动,又同交际活动紧密地不可分割地联系在一起,

"言语活动是人与人之间相互影响的交际过程……由语言手段间接表现出来,受一定情境的制约"①。比起别的种类的活动来,言语活动更富有主动性、目的性、自觉性以及高度的情境性。

言语活动论同时还以巴甫洛夫学说作为自己的神经心理学和神经生理学基础。在这个学说看来,人的高级神经活动(说话和思考)是神经系统内部有机结构的一个专门系统的特殊功能。这个系统只有人才具有,而且相当发达,有了这个系统,大脑就不但能对外部刺激物(即通过感觉器官直接觉察出来的信号)作出反应,而且能对内部刺激物(词,"信号的信号")作出反应。这就是巴氏称之为"第二信号系统"的东西,也是言语活动的基础。因而,人类活动的主要形式之一便是言语活动(广义的言语活动),即对各种不同的交际情境作出言语反应的活动。

但在这一点上言语活动论同行为主义有着原则上的差别,前者认为这种言语反应活动是活动主体的一种积极主动的有目的的活动,而不只是对外界刺激物所作出的消极被动的言语反应。

言语活动往往是为了达到这种或那种非言语的目的,解决说话人所面临的需加解决的课题。例如,一个人只身初到外国某城市,他需要并使用外语,首先是为了对该市的情况作些了解、上商店购物、进餐馆点菜等,这便是为了达到实用功利目的;而理工科学生学习外语则是为了以后能阅读本门专业的外文文献,这时言语活动便是为了达到求知目的②。言语活动的积极性、主动性,首先表现在其目的性上,关于这一点以及言语活动的自觉性特征,将在以后有关章节作进一步阐述。

外语教学活动也是言语活动的一种,但却是一种特殊的言语活动。

在心理学上分清苏联学派和美国行为主义,有助于区别苏美两国外语教学法的理论差异,更深刻地理解造成差异的根源。关于活动的理论和言语活动论是苏联现行教学法——自觉实践法的普通心理学和心理语言学基础,而行为主义则是曾一度风靡全球的美国听说法和欧洲视听法的心理学论据。

活动既是内省的,又是外显的。准确地说,内省和外显是活动的两个

---

① И. А. Зимняя, Психологические аспекты обучения говорению на иностранном языке. М., 1978, стр. 40.

② 以上二例引自 А. А. Леонтьев, Психологические основы обучения РКИ. //Методика — заочный курс повышения квалификации филологов-русистов. М., 1988.

相辅相成的方面。

活动分外部的(生理的、物质的、实际的、劳动的)和内部的(心理的、精神的、理论的、思维的)两大类,这两类活动在一定条件下可以相互转化。

外部活动是内部活动的基础。在实践中,通过人的能动反映,使外部活动转化为内部活动,这在心理学上叫做“内化”。在这个过程中,人在其心理中,通过意识对外部世界及其规律性进行加工(反映、认识)。这样,内部活动便具有各种不同程度的“理论”性质。这种内部活动在需要时又随时可以转化为外部活动,心理学中叫做“外化”。

外语教学中,作为教学对象的外语,在学生尚未掌握它以前,对于他们来说,只是存在于操该种语言的社会集体中的“外部”的东西。学生自己头脑里原先没有这样的东西。为此,外语教学的第一个任务便是把外语这个外国人的交际工具从外部形式转变为学生内部的心理形式。在这一点上,苏联言语活动论坚决反对以乔姆斯基为代表的生成语言学派的语言观。后者主张人脑中有一种与生俱来的先验的语言系统的复制品,该派把它称之为“语言能力”的东西,有时也叫“普遍语法”、“语言习得机制”等;前者则认为并不存在这种先验的“语言能力”,语言能力是经后天学习由外部形式转化而来的内部的心理形式,人的一切智力活动,均起源于外部活动。

把外语从外部形式转变为内部的心理形式或“潜在的生理心理的言语能力”,还远远不够,还必须使这种能力变为交际的实际。因此,外语教学的另一个更为重要的任务便是把语言从能力的形式转变为活动的形式,即实际使用外语交际的活动。

综上所述,可见苏联言语活动论在根本原则上既反对行为主义的经验论和机械论,又坚决不同意生成语言学派的先验论和唯理论,后两个流派都是国外(特别是美国)盛行的有影响之说。

既然“有动机”(更确切地说“有动机系统”)是一切活动的共同属性,那么外语教学活动也就应当是有动机系统的活动。

动机(мотив)或动机系统(система мотивов)规定活动的目的(цель),动机又来源于需要(потребность),受后者的制约,这是活动的原动力、“内驱力”。正是动机和需要,驱使人去进行这种或那种活动。当然,引起动机的因素不仅止于需要,此外还有利益(интересы)、爱好

（влечения）、好恶（эмоции）、理想（идеалы）、既定方针（установки）等，但需要是其中最为主要的，因此，动机系统的有无以及需要对学习外语的刺激程度的强弱，是影响外语教学活动结果的一个重要因素。

学生学习外语，例如俄语，动机五花八门，至少可粗分为三大类：（1）功利性动机（为了在外贸公司供职，以得到优厚的物质待遇）；（2）社会文化性动机（由于对俄国文学、苏联历史等发生兴趣）；（3）认知性动机（为了阅读所从事专业的俄文文献）。

学生越感到学习外语对自己的现在或将来有用，越有紧迫感（需要），要求学习的欲望就越强烈；再加上如果动机越纯正、越高尚、越高级，那么学习的动力也会越充足，学习的进步必会越大。有强大的动机系统，也就是说学生有足够的思想准备，有旺盛的不达目的决不罢休的志向和企求，就会在学习过程中产生排除万难的毅力。这样的学习外语的活动，往往可以弥补其他方面教学条件的不足（例如教学法、教学设备等）。妥善解决动机问题十分重要，但以往的外语教学法对此注意不够，缺乏研究，尚未能提出成套的有效的办法来。

言语活动既然是一种有目的的自觉活动，那么它的目的又何在呢？在现实生活中（而不是言语教学中），人进行言语活动当然不是"为活动而活动"，人们说话显然也不是"为说话而说话"，其目的主要在于"解决一定的交际课题。这种交际课题可能是独立的，也可能是从属于更为广泛、更为普遍的交际课题"①。在许多情况下，言语活动的目的是为了达到某一非言语的结果。由此可见，言语活动的过程，同时又是交际过程，言语活动也就是人对各种不同交际情境作出不同言语反应的活动。从这一心理语言学原理出发，便可得出一条极为重要的教学法结论："外语应当作为能帮助人们在各种真实的交际情境中彼此交流的能力来掌握。"②换言之，外语教学必须紧密结合交际，尽量做到不仅以交际作为基本教学目的，同时又以交际作为主要教学手段。这便引出苏联第三代外语教学心理学的一条最为根本的主导教学法原则——交际性原则，这是第一、二代所没有明确提出过的，而在实际上，与第一、二代外语教学心理学相适应的外语教学法，确也都在不同程度上存在着"教学同交际相脱离"的

① А. А. Леонтьев, Теория речевой деятельности на современном этапе и ее значение для РКИ. РЯЗР, 1977, №3, стр. 97.

② Г. В. Рогова, Методика обучения английскому языку. М., 1983, стр. 8－9.

弊病。

交际性原则要求课堂教学最大程度的交际化，采取多种形式来调动学生潜在的心理交际积极性，通过言语交际来学习言语交际，以培养学生外语交际的能力。

言语活动的过程既然同时又是交际活动的过程，而人的交际活动又总是为“解决一定的交际课题”而进行的，因此，每次言语活动的结果，即言语作品，无论从其内容还是从其所使用的语言形式来看，都是富有创造性的，有某些创新的成分，而不是千篇一律的。因此，外语教学中不应把美国听说法所提倡的机械的句型操练作为唯一的训练法，而应提倡创新，即用已学过的语言手段，结合交际实际加以应用，在话语的思想内容和语言形式上都不时有所创新。

“言语活动不是一种独立的、内在的过程，而是思维概括活动和交际活动的统一体。”①因此，以往教学法关于“语言教学”和“言语教学”的提法都不够准确。把二者截然分开，更不合理。只提这两种教学还不够，还应提外语“语言活动教学”。更准确的提法应把前述三种教学的综合总称为“外语交际教学”，应把外语教学的基本任务定为“培养外语交际本领”。

作为交际工具的语言既然只有把它作为交际工具在交际过程中掌握最为有效，而交际活动通常又都是在一定交际情境中进行的，所以外语教学中必须充分估计到情境性原则。所谓情境，在外语教学心理学中指的是“为按照预定计划实现言语动作所必要的足量的言语条件和非言语条件的总和”。要使外语教学交际化，就必须在教学内容的选材和排列上、课堂教学的教学方法上考虑情境性原则，应在教科书里、在课上课下创造各种交际情境。创造交际情境，既可利用各种形象直观（视觉、听觉）手段，也可通过上下文和语境。

自然的言语情境既然都是言语交际的重要组成部分，那么外语教学中也需人工创造情境（或教学交际情境），而且也应力求做到接近自然的交际情境，具有真实性。

言语交际过程中，参加交际者都是以一定身份出现在交际场合中的，

---

① А. А. Леонтьев, Теория речевой деятельности на современном этапе и ее значение для РКИ. РЯЗР, 1977, №3, стр. 98.

因此在模拟交际过程的外语教学过程中，也应尽量让学生扮演一定的交际角色，这样设计的教学过程有利于“刺激”学生的学习积极性，培养今后在真实外语交际中的应变能力。让学生扮演交际角色，是外语教学交际化的一项重要措施和方式。

任何一种活动的形成都有共同的规律，而形成活动的规律之所以有这些共性，又是由于各种活动都有其共同的心理结构。欲有效培养学生进行活动的能力（这也是“教学”这一教育学重要范畴的心理学本质之所在），须先知道形成活动的这些共同规律，而欲知形成活动的共同规律，又必先知道各种活动的心理结构。为此我们就有必要对这个共同的心理功能结构作一概要的考察。

言语活动本身以及在这个基础上进行的外语教学活动也都受这些共同心理规律的制约，纳入这种心理结构模式。从心理学的平面来看，言语活动、外语教学活动，同别的各种活动没有什么原则性的差别。

要考察一般活动的心理结构，即任何一种活动的普遍的心理结构，还需对“活动”这一心理学术语的意义作一分析。在苏联心理学文献中，这个术语用于三个不同的层次①：第一层次，指最抽象的心理学范畴，其地位同“意识”、“个体”等范畴相仿，同“实践”一类范畴在文献中使用的情况相类似；第二层次，指不同种类的活动，如劳动活动、智力活动、认识活动、教学活动、游戏活动、交际活动、言语活动等；第三层次，指某一个或某一次具体的活动。这里所说的“活动的心理结构”指的既是用于前述三个层次意义上的活动的心理结构，但更多的是用于第三层次意义上的活动的心理结构。为了避免这三个层次上的混淆，A. A 列昂季耶夫在新近的几部 PKИ 教学法论著中又提出了“行动”（акт деятельности）这一新术语来替代第三层次意义上的“活动”②。因此，本文所说的“活动的心理结构”在更多的场合下实际上也就是“行动的心理结构”。

活动（行动）是一种系统，一种结构。对于作为系统和结构的活动（行动），可以从心理学的不同角度对它进行考察，作不同结构的成分分

---

① 除这三层心理学意义外，在苏联心理学文献中“活动”一词还用于普通的非心理学的一般意义。此时“活动”已经不是心理学专用术语，而是一般的普通名词，本文亦不例外。

② A. A. Леонтьев, Психологические основы обучения PKИ. // Методика — заочный курс повышения квалификации филологов-русистов. М., 1988; Методика теория обучения PKИ и ее связь с другими науками. // Пособие по методике преподавания PKИ для студентов-нефилологов. М., 1984.

析。对活动(行动)的心理结构的考察可以是纵向的,也可以是横向的。这里且先对活动的纵横结构作一总的概观,以悉其轮廓全貌,然后分别从纵横两个方向对活动的心理结构作进一步剖析,特别要考察对外语教学法更有理论意义的纵向结构。

活动(行动)的纵向结构可以从两个角度来考察:(1)从一个角度来看,它是一个由动机方面、目的方面和实行方面组成的三维结构;(2)从另一个角度来看,它又是一个级层系统,每个活动(行动),由若干或一系列动作(действие)组构而成,而每个动作又是由一系列操作(операция)组成。从横向结构来看,活动(行动)一般由四个阶段组成:① 了解情况并确定行动目标;② 制订计划;③ 付诸实现;④ 进行检查。

在对活动的共同心理结构作以上初步的总体了解以后,我们将进一步考察其纵向结构,最后巡视横向结构。

从纵向的一个角度来看,活动是个三维结构,这个结构有三个方面的心理学内容:动机方面、目的方面和实行方面,也就是说,任何活动(行动)的心理结构成分都有动机、目的、实行三大要素,缺一不可。

再从纵向的另一角度对活动(行动)的内部组成作一考察,每一项活动(行动)都是一个级层性的动态结构和线性序列,对它进行静态解剖,每一项活动(行动)都是由若干个甚至一连串动作构成①。这些动作在时间上一个接着一个发生,一个环节扣着一个环节,实际上是一个线性序列。不妨说,活动(行动)是动作系统,而动作则是活动(行动)的结构单位或组成环节,而每个环节又是由若干个甚至一连串分动作或操作构成的线性序列。因此也可以说,动作对操作来说是操作系统,而对活动(行动)来说,又是活动(行动)的子系统。操作也是动作的结构单位,有时操作也被视为实现动作的方式方法。换言之,操作既是组成动作的结构成分,构成动作链条的一个环节,又是实现动作的方式方法。

操作同动作之间的前述关系,也很像动作和活动(行动)之间的关系,即动作既是活动(行动)链条中的一个组成环节,同时又是对活动(行动)的实现。

以下再考察活动(行动)的前述三维结构同级层结构的关系。

---

① 这是就一般情况而言的,但有时一项活动(行动)也只由一个单独的动作所构成,这是结构最简单的"单动作活动",这对活动来说并不典型。

每一项活动（行动）都是独立的，这首先因为它有自己的动机（或动机系统）和目的，这是独立性的标志。而动机（动机系统）又来自需要（потребность），这个从需要到动机的心理系统，构成了该项活动（行动）的总目的，“行动开始于人出现目的以及欲达此目的之意向（愿望）之时，一旦愿望得以满足，即目的一经达到，那么行动也就此完成”。人在达到总目的过程中，往往又提出分目的或过渡目的（промежуточная цель）。在一项行动中有几个分目的，也就有几个动作。既然每个单独的动作都具有自己的分目的，因此它们每个也都各自相对独立，虽然最终为实现总目的服务。既然活动（行动）和动作这两个层次都有自己的目的和分目的，那么这两者就都是自觉的、有意识的，即受意识监控。

而第三层次——构成和实现动作的操作在实际上虽然也有自己的小目的，即在动作链条中为达到该动作的分目的服务，但这个操作层次的目的实在太小了，以至于人在完成一个动作的过程中意识不到，因此操作具有相对无意识（即不受意识监控）、直觉性和自动化等特点。

总之，每一项单独的活动（行动）“都从动机和计划开始，而以达到开始的预期的目的而告结束。在起点和终点之间是由连贯的动作系统所组成的动态系统，而这些动作又由一连串操作所组成，一个接着一个，指向预定要达到的目的”①。

前述活动的功能结构（级层结构）与相应的心理学内容（三维结构）以及彼此间的关系，可归结为以下示意图：

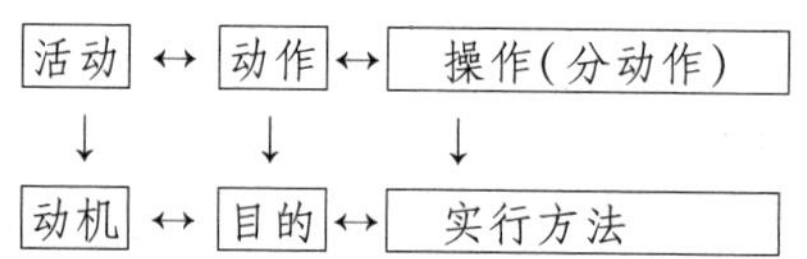

言语活动也具有前述一般活动所普遍具有的全部共同结构特点。上图所示的“活动”的一般结构模式具体化为“言语活动”，可见下图：

① А. А. Леонтьев, Язык, речь и речевая деятельность. М., 1966, стр. 26.

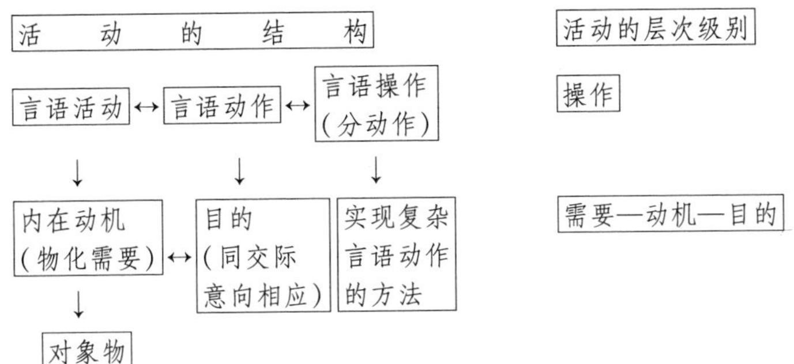

以上抽象心理学道理可通过以下三个日常生活中的实例加以说明①。

例一，设一次某学生去食堂就餐为一项活动（行动）。引起就餐的动机是饥饿感，这种动机又是生活生理需要所引起的，于是他便提出满足这一动机的活动（行动）目的：去食堂饱餐一顿。吃完了饭，目的达到了，动机和需要都得到了满足，这项行动也就此结束。但要完成上述总目的，这位大学生还须完成一系列动作（以苏联俄式就餐方式）：走进食堂，取一个托盘，选好想食用的份菜和主食，把这些东西放在托盘上，向收款窗口付钱，把饭菜端到桌子上，坐下来，用餐，吃完后离开食堂，如此等等。以上这些动作，每一个都有自己的分目的，但都为达到总目的服务，而同一动作却可以用不同的操作来实现。例如，付钱可以付纸币，也可以付硬币；可以让收款处找钱，也可以不找不补如数付款；端托盘可以把装糖水水果的杯子同装面包的碟子并放在托盘上，也可以把后者置于前者之上来端，如此等等。

例二，从想当一名外语教师（总目的）到获得外语教师资格（总目的达到，愿望得以满足）是一项活动（行动）的全部过程。这项活动（行动）由以下动作所组成：考取高校外语系，经过四年本科学习，通过大考、小考、实习，撰写毕业论文，论文经答辩通过，取得学士学位，如此等等。所有这些动作又都有各自的分目的，但都为实现一个总目的服务。这个例

① 均选自 А. А. Леонтьев, Психологические основы обучения РКИ. // Методика — заочный курс повышения квалификации филологов-русистов. М., 1988; Методика — теория обучения РКИ и ее связь с другими науками. // Пособие по методике преподавания РКИ для студентов-нефилологов. М., 1984.

子是从更宏观的角度来看待一项活动(行动)的。

例三,设某司机搬家为一项活动(行动),那么从他产生搬家的动机(以及在这个动机基础上形成的总目的)到搬完家,一切安顿就绪(动机得以满足,总目的已经实现)为止,就算是这项行动的全程。这项活动(行动)的全过程由一系列动作构成,这些动作自身又各有自己的分目的,这里仅解剖其中之一,以见一斑。例如该司机亲自驾驶载货汽车把家具从故居搬到新宅,就是其中的一个动作。它的分目的是搬家具,这是实现搬家这项行动的最主要的运输动作,这个动作的本身以及它的分目的又都是为实现搬家这个总目的服务的。因此,搬家这项活动(行动)以及构成这项活动的各个动作由于都是有目的(总目的和分目的)的,所以也都是自觉的、有意识的。而司机开车运家具这个动作又由一系列操作所构成,例如踩油门、启动汽车、刹车、变换车速、挂挡、转动方向盘等。这些操作当然也都是为实现动作服务的,但司机在完成每个操作的前前后后却并不去考虑这些操作自身有什么目的,他的意识所指向的只是把车开到目的地,而不去监控一个个构成"开车搬家"这个动作的各个具体操作。他所想到的只是又快又安全地到达目的地,他更不考虑这些操作每一个应当怎样去完成,这些操作往往都是达到了自动化的水平。

但当一个人起步学习开汽车时,他的一举一动都是受意识控制的。例如学习把握方向盘,就可以说是一项有意识的活动(行动)或是有目的的动作,而不是一个无意识无目的的操作——至少在学习的初级阶段是如此。但经过反复的练习和训练渐渐熟练,达到自动化的程度,可以无意识地去完成,于是操纵方向盘的学习活动又转化成为驾驶汽车这个动作中的一项操作。

由此可见,活动(行动)、动作和操作三者之间并不存在不可逾越的鸿沟,它们在一定条件下是可以相互转化的。

再结合言语活动看,情况也是如此。试以俄语[P]的发音为例,对于以俄语为母语的人或已初步掌握俄语的外国人,发出[P]音只不过是一项简单的言语操作。他们在实际使用俄语时常常要同这个音打交道,他们在发出这个音时,是连同包括该音的词以及这些词所处的句子(以至成段的话语)一起说(读)出来的,根本不去考虑这个音是怎样发的,也没有想到发这个音本身有什么目的,脑子里根本没有闪现过想要有意识地特地专门去发出这个单音的念头,这时[P]的发音是处于操作这一层次的水平之上。但对于刚起步学习俄语的外国人来说，他们在开始学习[Р]的发音时却又是有目的有意识的。他们每次发这个音时，心里总有要发出这个音的明确目的，甚至想到怎样发出这个单音才算正确等。这时，就把原先属于操作档次的发音变换到独立的活动（行动）或动作的档次。经过多次反复练习和训练，学生能发出任何一个带[Р]的词，能读出或说出含有这些词的句子乃至话语，这时他们所考虑的已经不是怎样发出[Р]这个单音，也不是“怎样读”和“怎样说”的问题，而是“所读的是什么”、“说什么”的问题。

从神经生理学的角度来看，如果说动作一级是受神经中枢有意识监控的行为的话，那么操作一级则是主要受神经末梢直接支配的行为，不一定直接听命于意识。

以上关于活动的纵向结构的普通心理学原理用之于教育心理学，关于言语活动的纵向结构的原理用之于外语教学心理学，可以得出以下一些重要结论。

（1）教育学中“教学”（обучение）这一重要范畴，就其心理学内容来说，实质上是“活动教学”（обучение деятельности）。“任何教学都是这种或那种活动的教学”①，即教会学生进行这种或那种活动的本领的教学，例如，外语教学便是使学生获得用外语语言手段来进行言语交际活动（或完成言语动作）的能力的教学。

因此，不妨说，在教学中所教所学的内容是这种或那种活动，而教学本身也是一种学生学会这种或那种活动的特殊活动。

既然教学所教所学的是这种或那种活动，而任何活动又是都有一定的共同的纵向结构的，那么教会学会这种或那种活动的本领，也就需要从构成该种活动的基本结构单位——操作入手，必须获得正确进行操作的能力。

但在学生尚未掌握这种或那种活动的实际本领之前，现实生活中的操作不可能一下子就成为教学中的相对应的操作。为了使学生获得真正的操作能力，在教学中第一步还须把这操作暂且当活动（行动）来对待，即把现实生活中的操作转换成活动，专门为学生创造某种去完成该种操

---

① А. А. Леонтьев, Психологические основы обучения РКИ. // Методика — заочный курс повышения квалификации филологов-русистов. М., 1988, стр. 15.

作的动机或需要,来对它进行专门的学习和训练,其特点是有意识和有目的,实际上这也是教和学操作的教学活动。只有经过反复练习,学生才能逐步把这种活动(行动)提高到操作的档次(中间经过动作的阶段),即达到自动化程度,教学才算完成了一半任务,也就是说,学生已获得进行个别的操作的能力。

由此可见,在教学中为了培养学生的实际操作能力,首先必须把现实生活中的操作转换成为活动,然后经过反复训练,逐步使活动转化为动作,又进一步使动作转化为操作。

培养实际的操作能力应当成为教学的基本任务和基础工作。

但培养出进行个别的操作的能力,还只是完成了教学任务的一半。这当然是不够的,还有一半任务是教会学生把这些独立的个别操作熟练地组装成一个系统,使之成为动作,并进一步把动作组装成为一个系统,使之成为活动(行动),到此教学任务才算完成。

在外语教学中,道理也相同,因此教学法结论便是应当高度重视言语操作的教学,教学伊始须把自然的(外语)言语活动中的个别单个操作转换成相应的有目的有意识的言语动作或有动机/需要的言语活动(行动),经过反复学习和训练,从有意识到无意识、从自觉到直觉、从有目的到自动化,逐步把此种学习活动提高到不受意识直接监控的言语操作的水平。

由此可见,“外语教学的基本任务应当是培养各种所需的言语操作以及把这些操作组合成为言语动作的能力”①。外语言语活动教学的内容也就是“教会学生完成一定的言语操作和言语动作”②。

(2)既然活动可以“分解”为动作,而动作又可以分解为操作,而且这种分解还可以按时间顺序来进行,那么,我们在认识这一规律后,便可以把它用之于实践:按一定顺序把一系列操作“合成”为动作,把一系列动作合成为活动,剔除多余的成分,使动作和活动组织得更为合理、更为经济、更为科学。工程心理学曾对此作实际应用,从而极大地提高了作业的功效。这在动作一级的合成上已取得成绩,至于活动一级,则尚有许多问

① А. А. Леонтьев, Психологические основы обучения РКИ. // Методика — заочный курс повышения квалификации филологов-русистов. М., 1988, стр. 15.

② А. А. Леонтьев, Психологические основы обучения РКИ. // Методика — заочный курс повышения квалификации филологов-русистов. М., 1988, стр. 12.

题有待解决。

外语教学也应从这里面受到启发，因为合理的基本功训练，应当建立在单项言语操作的科学研究基础之上。要制定一套科学的外语教学的练习体系，上述心理学原理是必须考虑到的因素。

以上所述的是活动的纵向结构以及从中得出的对外语教学的启示。下面再进一步考察活动的横向结构，并从纵横两个方面的结构分析引出应有的教学法结论。

对活动作横向结构分析并取得成功的当首推加利佩林学派，他们的"智力活动阶段形成"论（也叫"学习过程控制"论）[①]就是在对活动作横向结构分析后提出的教育心理学理论，已被应用到苏联中学的一些学科（如数学、本国语文）教学的某些方面，初见成效。经整个苏联心理学界的共同努力，又提出了普遍适用于各种活动的横向心理结构的共同模式，这个模式把活动的形成分成四个阶段。

这里所说的"形成"有两层意思，用于两种情况：其一，用于教学意义，指掌握某一活动（包括动作、操作）的学习过程：从不会到会、从不熟练到熟练；其二，用于一般意义，指在已掌握某一种活动（动作、操作）的情况下完成某一次同类活动的全过程。

形成活动（动作）的过程，从发生和发展的时间顺序来看，一般都要经历以下几个阶段：① 预先了解情况并确定目标阶段，对所要进行的活动（行动）的各种有关情况有所了解，这种了解可能是十分初步的，甚至是极不全面的，也可能是比较详细的，这个阶段获取各种可能取得的信息，与此同时，确定活动（行动）的目标和总目的；② 制订计划阶段，根据此项行动的目的和所知的有关信息确定怎样去达到这个目的；③ 付诸实现阶段，这是一项活动（行动）的主体部分，即将所制订的计划逐一付诸实施；④ 检查阶段，对所进行的活动（行动）的效果加以检查，把实行的结果同出发的目的相对照，看目的是否达到以及实施的办法是否有效，以便采取相应措施，这个阶段的内容从信息论的角度来看，实际上是信息反馈。

---

① 俄文原文分别为：теория поэтапного формирования умственных действий 和 теория управления усвоением，前者准确的译法应为"智力动作分阶段形成论"，这里仍采用我国心理学界的的通行译法，以保持一致；后者我国心理学界多译为"掌握知识的控制论"，实际上这里不仅是知识，而且还包括技能和熟巧，因此改译为"学习过程控制论"。

活动(行动)的横向心理结构可用下图示意:

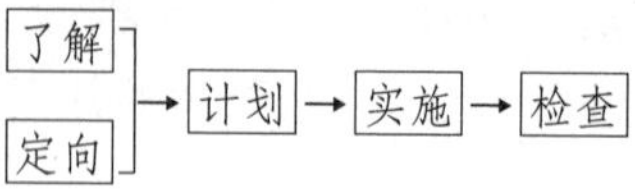

了解 / 定向 → 计划 → 实施 → 检查

或

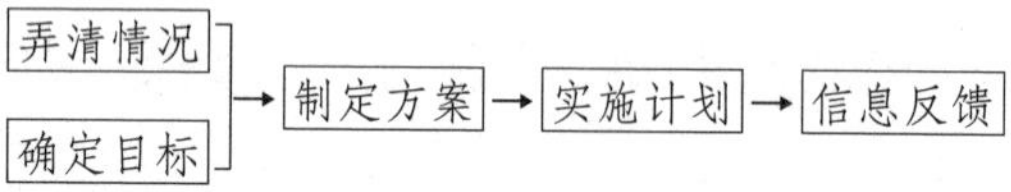

弄清情况 / 确定目标 → 制定方案 → 实施计划 → 信息反馈

应当指出,以上公式只是典型的、标准的理想化程序,但在实际生活中,在许多情况下这四个阶段并非刻板地按顺序交替,而是错综复杂、交叉进行的,往往是“你中有我,我中有你”。例如,在对情况知之甚少的条件下,也可制订初步的行动计划并做出试探性的动作,边行动边了解情况,边及时分析反馈来的信息边修正原先的计划,如此等等。

这里所说的目的,除整个活动的总目的和终极目标外,还有构成该活动的每一动作的分目的。人在进行活动的过程中,随时检查实行的结果(动作的结果、操作的结果),视其是否与预期的目的相符而不断调整。

在整个活动的过程中,人对自己所进行的活动(动作、操作)由哪几部分组成,整体上和每个局部上怎样进行才最有效,这些也都是“心中有数”并及时调整的。

由此可见,活动(动作、操作)分阶段形成;活动(动作)是自觉的、有意识的,即受到意识的指挥和节制。

这是活动的客观规律。作为掌握活动(包括言语活动)的教学方法,也必须充分和正确反映和体现这一客观规律,才能发挥其对实践的指导作用,这便引出了外语教学的自觉性原则来。这一原则的基本内容可表述如下。

在培养学生外语言语活动能力时,应使他们明确知道:每次进行言语活动时应达到什么目的,而为了达到这一目的,又须分哪几个步骤(言语动作),每个步骤(言语动作)又要达到什么样更具体的目标,而要完成每个步骤(言语动作)又要采取哪些更细的步骤(言语操作),每个分步骤(言语操作)又要达到什么样的预期目的,怎样进行。总之,从言语活动到言语动作,直至每一个具体的言语操作,都应当是目的、步骤分明的。所有这一切,都应在事先做到心中有数。只有这样,才能引导学生有目的、有步骤地去达到最终目标,实现总的目的。这样的有目的、有意识、有控制的活动,效果远比目的不明、步骤不清、要领不得的活动要好。因此,自觉性原则应当成为苏联教学法的一条十分重要的原则。

从上述理解的自觉性原则和言语活动分阶段形成论出发,外语教学过程应当尽量做到“程序化”,设计成一个有目的、受意识监控的言语活动,动作(操作)一个接着一个,以期花费最经济的时间和精力取得最佳效果,所有这一切,都应使学生在事先做到心中有数。

但教学过程的程序化,必然伴随着教学过程的“算法化”和刻板化,而这又是同前述“言语活动是一个创造过程”这一基本原理相矛盾的,因此必须正确处理。在外语教学中,“程序化”有其一定的适用范围,不能因要贯彻自觉性原则就无限地推广“程序化”,它主要适用于语言三要素(语音、语法、词汇)的教学,而且在培养熟巧阶段。

前述自觉性原则还可以从信息论中的反馈原理得到进一步说明。人们在进行任何一项活动,特别是言语活动时,随时都要了解该项活动在进行中反馈回来的信息,即必须知道有关自己行动的状况和效果,才能进行下一步更有效的活动,这便是前述的“人在活动过程中不断自觉调整自己的所作所为”的信息论表述。人们获得反馈信息,可能是直接的,即由活动的主体亲自获得;也可能是间接的,即由他人提供。心理学业已证明:直接反馈信息在指导活动所收的成效上往往大于优于间接反馈信息。活动的主体,总是相信自己亲自获得的反馈信息。具体到言语活动,人们每说一句话,总要看交际对方反应如何,才再决定下一步该说些什么和怎样说才好。在外语教学中,也就应该使学生经常亲自了解自己在学习过程中实际使用语言时反馈回来的信息,以便自觉调整自身的学习活动和言语活动,使其取得预期的效果。但学生学习外语过程中,特别是初级阶段,由于母语的影响以及其他种种原因,对自己在学习活动中所迈出的每一步的自我评价(即及时判明是否正确)的能力极差,因此间接信息反馈,即教师的评价和及时的指导和纠正,有着很大的作用。否则,学生对直接反馈信息作出错误的评价,把错误的操作和动作当做正确的,照这样的路数走下去,势必形成错误,而错误的熟巧一经形成,纠正起来就相当困难。

由此可见,对学生学语活动中出现的差错及时向他们提供间接反馈信息并作出评价是极有必要的工作。

前文所述,是就活动形成的一般情况而言。在掌握活动(动作、操作）的学习初期，这种情况更为明显。

经过不断学习、练习，尤其是经过长期实践，进行活动的能力不断完善，活动的熟练程度不断提高。在这一进程中，意识对活动的控制的重点也随之逐步转移。如果说在开始掌握时期活动的每个组成部分和细节都要受到意识的监控的话（每个动作和每个操作的进行、感觉控制和中枢调节都是紧张的意识客体），那么，熟练时期活动（或动作）就不是在其个别组成部分和细节上，而是在整体上受意识的控制。意识所管辖的往往是活动（或动作）所指向的终极目标以及要达到的目标所须注意到的种种问题（例如及时排除和避开奔向目标的障碍），而不是该项活动（动作）本身的内部组织（主要指操作这一层次）。这种内部组织工作，倒是在不受意识监控的条件下完成的。以言语活动的四大主要形式之一“写”为例，起步学写字的人，每个动作和操作的小节都受意识的紧张控制，例如提笔、运笔、每个笔画及顺序等，全都受意识控制；一笔一划地写、一个字母一个字母地联成词、一个词一个词地组成句，每个行动细节——怎样写，全都听命于意识。以后慢慢熟练了，写起字来就不假思索，一挥而就，所考虑的是要写的内容，即交际的内容，而不是书写动作和操作本身。

由此可见，即使到了高度熟练阶段，许多操作的进行都已自动化、无意识、不自觉，但作为一个整体，言语活动和言语动作仍是有意识的、自觉的。不过此时的意识已解脱了对操作和细节的监控而集中力量解决更高一级的任务：对言语活动（和动作）的整体监控和调节。因此，言语活动中自觉（有意识）是绝对的，而直觉（不自觉、无意识）则是相对的。

据此，对外语教学中的自觉性原则可作更广泛的理解和新的解释。第一，所谓“自觉”，不仅指教学过程中要求学生用意识控制自己的言语活动的每个环节和全部组成部分（动作、操作），实际上这只是形成外语言语活动能力的初期的情况；熟练以后，意识所监控的只是言语活动的终极目的，已转化为自动化的部分不再由意识去控制它们，这也符合自觉性原则。第二，自觉性还表现为，言语活动中，始终受意识监控的主要是话语的内容，至于选用何种语言手段，用什么样的语言规则来构成话语的形式以及形式本身是否正确，在言语活动发展到熟练时期在大多情况下已无须意识参与，简言之，在言语交际过程中，此时学生所注意的只是“说什么”的问题，而不是“怎么说”的问题，做到前一点，也算符合自觉性原则。

尽管直觉(不自觉、无意识)在言语活动中是相对的,但这并不意味着它在教学中不重要。现实的交际活动要求人们掌握外语,达到直觉的水平,即在进行言语活动时,所考虑到的主要是交际的内容,而不是表达它的语言手段及话语的组织规则,只有这样才能赶得上实际交际的速度。因此,以往苏联外语教学法所提的“在学校条件下掌握外语的合理途径应从自觉到直觉”的口号,从言语活动论的观点来看,仍然是正确的。因此,外语教师的重要任务是做“转化”的工作:把言语活动(主要是言语操作一级)中的自觉(有意识)成分转化为不自觉(无意识)成分。要完成这一转化,须经持之以恒的大量的日常练习,只有这样,才有自动化/直觉掌握外语之可能。

掌握语言的途径基本有二:(1)“从下而上”,即由直觉到自觉,从无意识到有意识;(2)“从上到下”,即从自觉到直觉,从有意识到无意识。

第一条途径是幼儿掌握母语的过程。幼儿吸收和积累语言材料的过程,同时也是形成言语机制的过程。这是从无到有、由基本到完全、由简陋到完善的过程,同时也是智力早期发展的过程。(例如,先形成音节发音的机制,然后逐步向更高一级的水平发展,直到能运用自如,最后通过学校的语文教育对语言的形式方面作理性的认识,即语言学的理论认识。)

而第二条途径则是已掌握母语的人再去掌握外语的合理过程。此时已有一个完备的成熟的言语机制,不过这是以母语为其外壳的;在学习外语时,在吸收外语语言材料时,这个已经成熟的言语机制就要起作用。他掌握外语是从自觉地选择语言手段来表达思想(或自觉分析所碰到的话语的语言形式以求理解)开始的,经过大量的实践,逐步达到自动化的程度。

这里还须指出两点,因为上述途径不是绝对的。

首先,学习母语在很多情况下也可以而且都是采取“从上到下”的途径。这指的是言语机制已经成熟的人(从学龄儿童至成人),他们的言语活动也是从自觉到不自觉的。这是加强母语言语修养阶段的情况:通过自觉学习,提高语文水平。

其次,某些速成的“大运动量”强化训练型的外语专门短训班也有“从下而上”即采取从直觉掌握到自觉掌握的途径的。

既然一般人(幼儿学语除外)的言语活动的形成都有“从上到下”即

由自觉到直觉的特点,那么外语教学中,言语动作的形成也应顺乎这一正常的心理过程而分为三个步骤才是比较合理的:(1)先让学生理解所要学习的言语动作;(2)在理解的基础上进行大量的训练,这种训练性的言语仍摆脱不了意识的控制(对其各个组成部分的控制);(3)经过大量的训练达到自动化的程度。

以上是从一般学语途径的角度对外语教学的“自觉性原则”所作的补充心理语言学理论说明。

教学中“自觉→直觉”的模式之优于“直觉→自觉”,基本原因有二:第一,前一模式可缩短学语时间,学得更扎实可靠,见效更快,效果更佳;第二,从“自觉→直觉”学语,经过自觉学习而达到掌握外语的人,即使到了直觉掌握阶段,在实际使用外语进行交际时,在必要的情况下,随时都可利用自觉学语阶段所得的知识来有意识控制自己的话语,检查自己话语的正误;根据交际目的和场合的变化和需要选用最适当的语言手段,从而提高表达的质量;同时也可以利用已得知识来分析他人的语言形式复杂的话语以求得正确的理解。而“直觉→自觉”掌握外语,在“直觉”阶段则往往只知其然而不知其所以然,自己错了,不知错在哪里,也不善于理解以前没有碰到过的形式复杂的话语,尤其是阅读。“自觉→直觉”途径对培养外语教师尤为重要。

因此,“只有在学习过程中自觉掌握语言材料,才能保证学生在言语交际过程(言语)中具有潜在的自觉的可能性”。

进行一项活动,必须以已掌握或正在学习的动作为基础,而完成一个动作,又是以已掌握或正在学习的操作为基础。动作以及构成该动作的操作在尚未被人熟练掌握以前往往是分别独立进行的,也就是说,活动的各个组成部分(动作),乃至动作的各个组成部分(操作),都是独立进行的,常出现顾此失彼的现象。活动达到了熟练的程度时,主体在进行活动时,能按操作顺序自动地把一系列的操作联成一个完整的动作,一个操作完了,下一个操作立即自动接上,连续不断,无须意识监控。与此相应,活动主体也能自动地把一系列个别的动作联成一个完整的活动(行动),一个动作完了,下一个动作自动接上。总之,以往是独立地完成的各个组成部分(操作)的运动,现在结合为统一的行动和复杂的运动(活动或动作),一气呵成,配合协调。

欲使活动熟练,必先使动作熟练;而动作的熟练,又是以操作的自动化为基础。因此，外语教学中要把言语操作自动化的训练作为培养言语活动能力的基本工作。

只有当言语操作达到自动化的水平，学生对外语的掌握才完成了由自觉到直觉的转化。这里如果更准确地用教育心理学的语言来表述，我们不妨重新回到前文所阐明的原理：在教学起步阶段须把自然的活动中的自然操作先转换成活动，然后通过不断练习把活动转变为动作，最后通过练习使动作还原为真正的操作。同理，外语教学中相应的也应当是：

言语活动 —练习→ 言语动作 —练习→ 言语操作

关于这个原理，我们还将在以后考察言语现象同三种活动之间的关系时作进一步的讨论。

言语现象在人类社会中大量存在，普见于人类生活的各个方面。在苏联心理学文献，甚至是大部分言语活动论文献中，一般都笼统地把它称之为“言语活动”。但对言语现象还可以作进一步的区分，我们可以发现：言语现象既可能是独立的言语活动，也可能是非独立的言语动作，作为别的非言语活动的一个组成部分，又可能是独立的信递（传递信息）活动（деятельность общения）的手段。区别这三种不同情况不仅只是为了求得理论上的准确，而且更是为了有利于指导外语教学宏观战略的制定。下面对言语现象的这三种不同情况作进一步的阐述。

（1）独立的纯粹的言语活动——这种活动有着自身的纯言语动机（或动机系统）和专门的目的：“为言语而言语”，言语本身既是目的，又是手段。典型的例子便是语言教学，其中包括母语教学和外语教学，特别是后者。外语教学的全过程可视为一项大的言语活动，因为它有自身专门动机（动机系统）和专门目的，因此是独立的。其总目的是为了实际掌握外语，用外语来作为母语以外的另一种新的交际工具，即学会用外语来听说读写的本领。学习是为了能说出和写出在语言形式上是正确的、在语用上是得体的外语话语句子，能准确地理解他人用外语所说出和写出的东西，如此等等。外语教学中所进行的各种外语言语活动和言语动作都是直接或间接为达到这些目的服务的，言语本身既是目的又是达到这个目的的主要手段。学习外语的动机，至少是动机系统中的主导动机，只有通过外语言语活动本身才能得以满足。

以上是将外语教学的全程看成一项大的言语活动，如果把范围一步一步缩小，那么每一个阶段、每一个单元、每一个语言项目或功能项目，甚至每上一次外语课，也都可认为是中等的言语活动和小规模的言语活动，理由同上。

正如前文所阐述的，言语活动是由言语动作所组成的，为了实现一项言语活动的总目的，还须完成一系列（至少是若干）言语动作。这些言语动作，也都是为言语而言语的。教师教这个或那个言语动作，为的是使学生掌握住这些言语动作，是为了使他们获得进行和完成这些言语动作的能力；学生学习言语动作，也是为了要把进行和完成言语动作的本领学到手，更直接的还是要向教师表明自己所进行的言语动作的正确性。

在上述纯言语活动中，无论是言语活动，还是言语动作，都是为言语而言语的，而不是为真实的交际而言语，也不是为了要达到这种或那种非言语的目的而言语。

应当指出的是，现实生活中这种独立的纯言语活动并不多，最常见的倒是下面要介绍的非言语活动中的言语动作。

（2）非言语活动中的言语动作——在这种情况下，言语现象不是作为一项独立的言语活动（行动）出现，而是作为一个不独立的言语动作参加到一项非言语活动中，作为后者的一个组成部分，达到非言语的目的。它本身并无专门的“言语目的”，即不是“为言语而言语”。所谓“非言语目的”，在苏联心理学文献中指的是“旨在解决说话人所面临的各种具体的实际功利任务和思想任务而规定的目的”①。言语动作就是为实现这种或那种非言语目的服务的，在这种情况下，言语动作也没有自身的专有的动机。它的动机与它所从属的那个非言语活动（行动）的总动机是共同的，它的目的也与该项非言语活动的总目的是一致的。这类非言语活动中的言语动作的典型形式是对话言语（диалогическая речь）。

与上述现实生活中的这种非言语活动中的言语动作相对的言语产物便是话语或话语句。但在语言教学中却又是另一种情况，在这里同言语动作相对应的往往不是整个话语或话语句，而是构成话语的个别动作（相当于现实生活言语动作中的或自然话语中的操作）。例如，学生必须“考虑”应选用哪些词和句型，动用哪些规则，如何把它们结合起来组构成话语，用哪种调型形成语句，在初学时还要考虑到每个发音动作，如此

① А. А. Леонтьев，Речь и общение. ИЯВШ，1974，№6，стр. 80.

等等。

不过,在一些苏联心理语言学文献中也仍有把此类言语动作看成是言语活动的,但都紧接着加以补充,说此类“言语活动参加到更大更广泛的活动中,为达到后者的总目的服务”。实际上,这两种不同的提法在实质上是一回事。

(3)言语信递活动——这是信递活动的一种。信递活动有用语言作为工具来进行的,也有借助非语言手段(如手势、表情、各种非语言符号系统等)来实现的(据说后一种占人类全部信递活动的40%,可见其重要性①)。以语言为手段的信递活动既不是为了要达到言语目的(即不是“为言语而言语”),也不是为了直接达到这种或那种具体的实用目的,其目的是为了与他人建立联系,达到互相理解,协调与社会别的成员之间的行动,向他人施加影响(如传授知识、培养技能、宣传信仰),引起他人喜怒哀乐等感情,如此等等。例如,课上教师的讲解和学生的回答、报告和演说、布道、广播、电视节目上的旁白等,都是言语信递活动。典型的言语信递活动的形式是独白言语(монологическая речь)。

言语信递活动既然属于活动这个层次上的现象,因此它本身是独立的。这一点,以及在实现方法上,言语信递活动都与前述纯言语活动相同,但在主导动机上这两种活动却迥然相异。后者“为言语本身而言语”,为了“说(写)教师所要求说(写)的话语”,而前者则“为了对他人施加影响”而说(写)。

还须补充指出,言语信递活动还有一个与纯言语活动相同的地方,即前者也有自己的专门的动机(或动机系统),而这个动机(至少是动机系统中的主导动机)只有通过言语这个手段才能得到满足。

在许多言语活动论论者中,常常把前述三种情况的言语现象都称之为“言语活动”。本文根据 A. A. 列昂季耶夫的意见②,把上述三种情况加以区别。列氏这样做的意图是使外语教学法的指导思想建立在更为科学可靠的基础之上。为了论述的方便,我们暂且把前述第一种言语现象称之为“狭义言语活动”,把这三种现象统称为“广义言语活动”。以下再结合外语教学,对上述原理作进一步的阐述。

---

① А. А. Леонтьев, Речь и общение. ИЯВШ, 1974, №6, стр. 82.

② А. А. Леонтьев, Речь и общение. ИЯВШ, 1974, №6.

首先，把教外语学外语作为“为言语而言语”的狭义言语活动来对待，以培养学生在语言形式上是正确的、在语用上是得体的言语能力为根本任务，简言之，以培养遣字造句“出口成语”的能力为己任，这是外语教学的立足点和基础。这种狭义言语活动和能力都是自觉的，即学生是在意识监控的条件下进行的。此时学生的注意力集中在语言形式的正确上，但仅仅做到这一点还远远不够，在学生获得这个能力以后，甚至是在培养这种能力的同时或过程中，还要做到以下两点。

其次，培养学生把狭义言语活动转化为言语动作的能力（即使用语言手段来达到非言语目的的能力），使学生能把狭义言语活动转化为现实生活中的非言语活动中的一个组成部分，从心理语言学的角度来说，也就是培养学生“把言语活动压缩成言语动作”①的能力。要使学生获得此种能力，就必须做到使言语过程自动化，使外语言语过程在没有意识参与的情况下（或意识基本上不参与的条件下）完成，更确切地说，要使学生做到他使用外语听说读写时，其注意力全部（至少是主要）集中在话语的内容上，而不是语言形式上，而采用对话的练习形式能最有效地达到前述教学目的，因此在整个教学过程中，应保证有足够数量的对话练习。

既然服务于非言语目的的言语动作是现实生活中最为普见的言语现象，那么它的实际社会使用价值也就很大，在外语教学中的教学价值也就很高，学习外语也必须以是否获得和获得多少此种能力为成功的重要标准之一，教师必须高度重视此种能力的培养。而培养此种能力的最好办法除了前述多采用对话的练习形式外，还要设计各种接近于现实交际场合的情境，使学生有广泛的可能用外语言语动作去达到多种非言语的目的（至少是各种日常生活中最为常见常用的目的），这也是前述交际性原则的心理语言学理论依据之一。这一教学法构想，同西方功能交际教学法所提出的“用语言做事”的口号在精神上是一致的。

最后，通过作文、演说、报告等练习手段，以培养学生外语独白和连贯言语的能力——掌握言语信递活动的基本形式。这从心理语言学有关言语活动结构的角度来看，可说是“把已获得的压缩了的言语动作作新的较充分的展开”，一句话，要使学生“能缩能伸”。在这里更必须使外语言语过程摆脱意识的监控，对自动化的程度提出更高的要求。

---

① А. А. Леоньев, Речь и общение. ИЯВШ, 1974, №6, стр. 82.

在外语教学中，上文所述的三方面的能力彼此互为基础，相互促进，在教学实践中应齐头并进。

综前所述，从言语活动论的立场来考虑，外语教学的合理的宏观顺序应分别按以下两条线索来安排。

线索一：获得形成个别的言语操作的能力→获得把这些言语操作组合成话语（语句）的能力→获得“根据不同的交际课题和语境组织相应的言语动作的能力”，即随机应变的言语交际能力。应当指出，其中获得形成个别的言语操作的能力是关键和基础。为了获得自然的言语交际活动中的言语操作，在外语教学过程中还须完成前述“言语活动→言语动作→言语操作”和“自觉→自动化”的转变工作。

线索二分为四个阶段：① 学习外语话语的建筑材料和组构规则（指语言三要素中的最常用部分）。这是进行外语言语活动的物质基础，否则言语活动就无从说起。这一阶段是自觉的，有意识参与其中。② 在学习这些语言材料的同时，培养学生用这些材料进行个别言语动作的能力。这些言语动作在学习期间在相当长的时间内都是前述狭义言语活动的组成部分或单位，以后经过不断练习，才“压缩”成个别的操作，但在其尚未成为操作之前，也是自觉的，接受意识的监控。③ 把狭义言语活动转化成为言语动作，即把学到的进行外语言语活动的本领用到非言语的活动中，作为后者达到自己的非言语目的的手段之一，同时也作为后者的一个组成部分，这时言语动作已摆脱（或基本上摆脱）意识的控制。④ 培养用外语进行系统连贯的表达能力（说和写）和理解能力（听和读）以及信递能力。这时自动化的程度更高。

知识、熟巧、技能是苏联普通教学论的重要范畴，从前述言语活动论和智力活动分阶段形成论的角度来看这些范畴及其间的关系，用之于外语教学，可作如下的阐述。

总的来说，外语教学活动的基础由两大部分组成：其一，使学生获得语言知识和交际知识；其二，培养言语熟巧和言语技能。其中前者既是外语教学的出发点，又是教学的终极目的之一，而后者则是教学的基本内容和主要目的。这是因为“任何一种活动（其中包括外语教学活动）之所以得以实现,都是由于人掌握了相应的熟巧和技能”[①]。

(1)知识。“由于知识逐渐参与到动作中去,就不断地提高动作的自觉性水平,增加人正确地完成活动的把握。没有知识就不可能有活动。”[②]由此可见,知识与活动的自觉性水平呈正比例关系,自觉性水平又同活动的质量(是否能有效达到预期目的)成正比。具体化到言语活动和外语教学活动,知识既指完成各项言语动作的要领和具体办法,也指传统所理解的关于语言三要素的知识,即有关语言系统方面的知识;既指语言规则,也指各种语用规则以及各种非语言和非言语的“交际规则”方面的知识,有关使用该语言的社会集体的“行为准则”、“文化背景”等方面的知识。

没有任何知识就不可能进行任何相应的活动。在从“自觉”开始的外语教学中,知识的传授是有组织、有计划地进行的。这种知识的增长和积累使学生不断进步,促进言语活动的水平和质量不断提高。就是在“从直觉到直觉”的学语(例如,从幼儿到学龄前儿童习得母语)过程中,习得者也须逐步地一点一滴地习得一些起码的实际应用的知识,否则就根本谈不上任何意义上的“掌握语言”。不过,这些知识他们也是在直觉习语过程中不自觉地无计划地零星分散“拾得”的,是十分低级的。

(2)言语熟巧。达到自动化程度的言语操作叫做言语熟巧,换言之,“言语熟巧就是学生能正确地完成这个或那个(外语)言语操作”[③],这时完成言语操作的水平已进入完善阶段。

掌握外语,不但是认知外语的语言系统,而且更为重要的是掌握它的言语熟巧系统。作为体系的语言,在人(个体)的心理中就是首先以这种随时能动用的言语熟巧的形式而存在的:发音熟巧、词汇熟巧和语法熟巧。因此,有时也有人把它们叫做语言熟巧或语言三要素熟巧的。外语言语熟巧也是整个外语言语机制的基础,因此,“外语教学的基本内容首

① С. Ф. Шатилов, Методика обучения немецкому языку в средней школе. М., 1986, стр. 31.

② А. В. Петровский, Обшая психология. М., 1976, гл. 7.

③ А. А. Леонтьев, Психологические основы обучения РКИ. // Методика — заочный курс повышения квалификации филологов-русистов. М., 1988. стр. 12; Теория речевой деятельности на современном этапе и ее значение для обучения иностранцев русскому языку. РЯЗР, 1977, №3, стр. 9.

先就是培养外语熟巧系统”[①]。

言语操作达到言语熟巧的水平有以下标志:① 学生的言语操作已自动化,在完成操作时意识只控制话语的内容,而不顾及如何进行操作本身;② 所完成的言语操作必须正确,不出差错;③ 完成言语操作所耗时间和精力必须是最经济有效的;④ 在进行言语活动和完成言语动作的千变万化的真实言语交际中,言语操作的质量和完成的时间常数都不得有变;⑤ 言语操作学生不只是个别地孤立地完成,而且能把各个单独的言语操作一个接着一个自动不停顿地进行。除了以上五个基本标志以外,言语熟巧还须符合苏联心理学所规定的以下一些一般熟巧的共同“参数”(параметры):① 速度正常;② 动作(更确切地说是所完成的言语操作)完成得完整;③ 从容而无紧张感;④ 随时处于能动用状态,“招之即来,来则能用”;⑤ 稳定性;⑥ 灵活性;⑦ 多种适应性;⑧ 可迁移性;⑨ 能概括性;⑩ 可意识性。

在外语教学中,不仅要培养个别言语操作的言语熟巧(包括各个音的发音熟巧、词汇熟巧和语法熟巧),而且还要培养更高一级的言语熟巧,即把这些个别言语熟巧组合成言语动作链条,使个别的单独的言语熟巧联成为一个言语熟巧系统(言语动作)的熟巧,在外语教学中表现为遣词造句的熟巧。只有当学生达到这一水平时,我们才可说他的外语熟巧已全面形成。

有了言语熟巧机制(механизмы),就使得一个人在说话时不加思索地按一定顺序动用言语熟巧,这就规定了言语熟巧的基本特征是它的机械性(механический характер)[②]。

因此,培养以机械性为基本特征的各种言语熟巧就不能完全离开机械性的基本训练。须知机械性的言语熟巧需通过各种机械性的训练和练习才能获得,而且这种训练和练习要长期反复进行才能奏效。因此,完全否认机械性训练和练习在言语熟巧培养中的作用,不能不被认为是一种偏颇,尽管这种机械性训练和练习近年来一再受到来自教育学家和新派外语教学法家的非议,但要真正培养言语熟巧,还不能把它们从根本上废除。为了建立巩固的外语言语熟巧,进行大量的带有各种不同程度的机

---

① А. А. Леонтьев, Психологические основы обучения РКИ. // Методика — заочный курс повышения квалификации филологов-русистов. М., 1988, стр. 16.

② 中文中“机制”和“机械”二词在俄文中为同一词:механизм。

械性的训练和练习，是教学中不可缺少而且必须予以足够重视的工作。关于机械性练习，我们在下面还将提到，当然，对其作用也不能夸大。

熟巧的心理生理学基础是动力定型（动型），言语熟巧的心理生理学基础则是言语动型。动型（言语动型）以及以此为基础的熟巧（言语熟巧）都不是与生俱来的，是经过后天学习而获得的，而是同一动作长期重复的结果。

从巴甫洛夫学说来看，熟巧就是条件反射。而每一项条件反射，又是自动化地完成一个特定的刺激物的反应动作。这个自动化的反应又是该动作经过多次的经常不断的重复所形成的。条件反射联系的形成和巩固是一切熟巧的基础，而要建立条件反射又离不开大量的经常性练习。

从以上有关言语动型和条件反射形成的原理可以得出以下两方面教学法结论。

一方面，学生所学的语言材料只有经常反复使用，才能转化为运用熟巧。

另一方面，熟巧是同一动作多次重复的结果。但形成熟巧的同一动作的多次重复，既可在人为的、简单的、基本相同（甚至完全相同）的条件下进行，也可以在自然的、比较复杂的、不尽相同（甚至完全不同）的条件下进行。与此相适应，培养言语熟巧的练习也可以有两大类：第一类是机械性练习，第二类是有不同程度的创造性的交际性练习，两者各有各的用途。因此合理的外语教学法策略是二者各得其所，以收到相互补充之功效，对其中的任何一种都不应有所偏废。下面对这两种练习分别略作评价。

（1）机械性练习。这类练习一般都是单项练习，目的性十分明确和有限。其特点除前述的机械性和简单化以外，还都是“为练而练”，完全或基本上脱离人们真实的言语交际的实际，连人为的教学交际的色彩也很淡薄（甚至没有）。这些练习由于符合了言语熟巧形成的客观规律的基本方面，所以在不同程度上收到了成效，为历来各不同教学法流派的外语教师培养熟巧时普遍采用。在这方面，美国听说法所提倡的“句型操练”最有代表性。这种练习的优点还在于把每个要培养成为言语熟巧的动作都单独抽出来专门加以训练，由于目标单一而又有限，再加分工明确，所以全部所需的言语熟巧的培养都能得到可靠的保证，而无一能遗漏和成为“夹生饭”的。但此类练习由于其高度的机械性和缺乏实际意义性，千篇一律，所以引不起学生的兴趣，时间一长易使人厌倦。

(2)交际性练习。既然形成言语熟巧的同一动作也可以在不同条件下多次重复而形成一种熟巧（例如，幼儿学习母语的情况就是这样），那么，人们就可以根据这一原理对培养外语言语熟巧的练习作另一番设计：使同一动作（例如发音动作）在不同的接近自然交际的话语中不断重复出现，次数多了，自觉的言语动作就会转化为不自觉的自动化言语操作，达到了言语熟巧的水平。这便是近年来包括苏联自觉实践法在内的世界各国新派外语教学法所提倡的交际性练习的心理语言学理论根据。与前一类机械练习相比较，这类练习更富有创造性，更易调动学生学习外语的积极性，能更有效地培养学生的言语交际应变能力。这类练习完全可以精心设计出来，既有明确的针对性和目的性，又遵循由易到难、由简到繁、由已知到未知、由不熟不巧到又熟又巧，把每个个别的熟巧的培训工作巧妙地安排在有意义的、多样的、“变化万千”的语境中，在大量已知的语言知识和已获得的言语熟巧之中培养新的言语熟巧。设计这样的练习是完全有可能的，只要教师和教材编写者是善于动脑筋和肯于下工夫的话，这一点已为各国的实践所充分证明了，当然这对外语教师提出了更高的要求。总之，根据言语活动论的以上原理，培养熟巧的练习应另辟蹊径，大力发展创造性的交际性的言语练习。

言语熟巧实际上具体化为语言三要素（三方面）的熟巧：发音熟巧、词汇熟巧和语法熟巧，已如前述。在形成的过程中，这三方面的熟巧之间紧密联系、相互支持、相互促进。普通心理学关于熟巧形成的一般规律是：新熟巧以老熟巧为基础建立。这具体化到外语教学中便是：建立新的语法熟巧应以学生已有的词汇熟巧（以及已获得的语法熟巧）为依据，以学生已掌握的词汇为材料；而培养新学常用词的使用熟巧，又应有学生已有的语法熟巧（以及已有的词汇熟巧）为依据，在学生已学过的语法形式和结构（以及已掌握的词汇）的范围内来练习这些词的用法。

从一般活动的理论和普通教学论的角度来看，任何一种活动都以相应的熟巧和技能作为其基础，而熟巧又是技能的基础。因此培养任何一种活动的能力，都必须从打好基础着手。据此理，言语活动论也认定言语熟巧和言语技能是言语活动的基础，而言语熟巧又是基础的基础。由此得出的教学法结论应当是：外语教学中，培养外语言语熟巧和言语技能的工作始终应放在中心的地位来紧抓不放，特别是在初级阶段，外语言语熟巧的培养更是头等重要大事，对此教师须有一贯的明确的认识。历来外语教学法诸流派中取得成效的，都莫不与其重视言语熟巧的培养以及有一套有效的培养熟巧的办法直接有关。

言语活动具有双重心理机制。完成言语行动的心理机制一方面既由"赋形动作系列"(действия оформления)组成，另一方面又由"运用操作系列"(действия оперирования)组成。

赋形动作又有外部赋形动作和内部赋形动作之分。前者赋予话语声音外形，其中包括发音动作、操纵语调的动作等，后者则赋予话语以结构外形，即遣词造句的心理动作。话语生成过程中语法赋形和词汇赋形又分别由两个不同的心理机制司管，前者具有组建构筑性能，后者则具有概率统计性质。赋形动作对于操不同民族语言的人的言语来说，具有民族特色，它是言语性质的。

运用动作则无民族性，而具普遍性、全人类性、非言语性。这是一种逻辑思维动作，包括诸如以下的智力活动的动作：对照、比较、选择、组装、拼凑、联合、替换、作出决定、根据类推进行变化和构造等。与赋形动作比较，运用动作虽然只是前者的组成部分，然而仍不失为一种特殊的相对独立的现象范畴。

这两类动作达到高度自动化程度并能灵活巧妙地配合，是一个人掌握语言的主要标志。

外语教学便是以培养这两类动作的熟巧为基础的。要熟练掌握外语，只有赋形动作的熟巧，只学习语言手段，只做这方面的机械操练，是远远不够的，同时还必须辅之以运用动作的训练，发展学生的智能，但后一种训练又必须是在实际言语活动之中同前一种操练统一进行，而不是分离出来单独另搞一套的。这便是近二十年来苏联外语教学法关于"外语教学实用目的和教养目的统一"论的心理学根据。

(3)言语技能。普通心理学里对一般的技能所下的定义通常如下："活动的主体(人)用他所已经掌握了的知识和熟巧来有目的地调节为进行活动所必须具备的各种动作(内部动作和外部动作)的复杂系统。"①这个一般定义用之于言语活动论和外语教学中，对言语技能便应作如下的理解：动用已获得的全部言语熟巧和语言知识以及其他的知识和熟巧来

① А. В. Петровский, Обшая психология. М., 1976, стр. 188.

解决各种具体言语交际课题的能力和表达实际思想的能力以及理解他人用外语表达出来的思想的能力，叫做言语技能。

言语技能以语言知识和言语熟巧为基础，“这里包括关于言语操作程序和言语动作程序的实用知识、关于诸种语言手段的知识、关于形成思想并使之条理化的知识；使用诸种语言手段的熟巧和在言语交际过程中根据需要随时把这些语言手段自由结合搭配起来的熟巧等”①。

简言之，言语技能可说是“学生正确完成言语动作的能力”②。而这里所说的“正确完成言语动作”指的又是“正确选择话语的形式和语体，使话语（语句）形式服从于交际任务，使用最有效的语言手段”③。

高一级的言语技能是一种真正的交际本领：在表达和理解上不但要求正确，而且能做到贴切得体，例如在口头交际中，同不同的人在不同的语境中交谈，能灵活地选用相应的语体等。

正因为言语技能总是和完成一定的交际任务和交际课题紧密地联系在一起，所以言语技能在苏联外语教学法文献中常常又叫“交际技能”、“言语-交际技能”或“交际-言语技能”等。

言语技能已经形成有以下两个主要标志或“参数”：

① 能依靠熟巧来独立表达自己的思想、感情、感受，而根本不去考虑所说（写）话语的语言形式问题；

② 能随机应变地使用各种言语熟巧，即能根据交际场合、目的、交际对方和说（写）话人自身的身份来熟练地选择合适的语言手段和相应的言语操作（言语熟巧），并把它们组装起来以达到良好的交际效果④。

此外，А. А. 列昂季耶夫还补充了以下几项有关言语技能业已形成的“参数”：① 能产性；② 集成性（或整体可构性）；③ 层次性⑤。

言语技能的各种特点，在同言语熟巧相比较中表现得更为明显。

---

① И. А. Зимняя, Психологические аспекты обучения говорению на иностранном языке. М., 1978, стр. 143.

② А. А. Леонтьев, Теория речевой деятельности на современном этапе и ее значение для обучения иностранцев русскому языку. РЯЗР, 1977, №3, стр. 13.

③ А. А. Леонтьев, Теория речевой деятельности на современном этапе и ее значение для обучения иностранцев русскому языку. РЯЗР, 1977, №3, стр. 10.

④ А. А. Леонтьев, Психологические основы обучения РКИ. // Методика заочный курс повышения квалификации филологов-русистов. М., 1988, стр. 17.

⑤ А. А. Леонтьев, Управление усвоением иностранного языка. ИЯВШ, 1975, №2, стр. 83.

① 言语熟巧的基本特征是机械性；而言语技能的基本特征则是它的创造性。

② 言语熟巧自动化，不受意识监控；而言语技能之中虽也包括无意识、自动化和不自觉的成分，但从整体上以及某些局部上都是受到意识的监控，因此也是自觉的。言语技能之所以具有创造性，主要是由于它受意识的支配。

③ 与言语熟巧相对应的是言语操作；而与言语技能相对应的则是言语动作，乃至是言语活动（言语行动）①。

④ 言语熟巧反映言语机制的静态；而言语技能则反映言语机制的动态②。

技能按其完善程度，可分为三级：其一，初级技能，即初步会用，是不够娴熟的活动能力；其二，已经形成了的、比较纯熟的技能；其三，高超精湛的技能。这种分级法，也适用于言语技能。

外语教学法文献中一般都把言语交际技能分为四种：听的技能、说的技能、读的技能、写的技能，分别与四种言语活动（听、说、读、写）相对应。这四种言语技能，每一种又都可以进一步再分，例如说的技能又分为对话技能和独白技能；读的技能又分为朗读技能和默读技能、精读技能和泛读技能（包括略读技能、快速阅读技能），如此等等。

一个学生掌握这些技能在完善程度上每一种都会有所不同，而且也不可能是相同的。这在掌握母语言语技能时情况如此，在掌握外语言语技能时更为如此。因此在教学要求上，每种技能的目标应该有所区别。各种言语技能的训练都应分别按其掌握难易程度根据教学的总目的、学习期限和学时等条件，规定出师生双方经过共同努力而确能达到的切实可行的指标。

言语技能虽然是建立在言语熟巧和语言知识的基础之上，但却并不是简单地附加上去的“上层建筑”。此种能力有极大的相对独立性，须要长期专门培养才能为学生所习得。那种认为“只要言语熟巧培养工作功夫到家，言语技能即使不去专门着力也会自然而然地培养出来了”的观

---

① А. А. Леонтьев, Психологические основы обучения РКИ. // Методика — заочный курс повышения квалификации филологов-русистов. М., 1988, стр. 17.

② А. А. Леонтьев, Управление усвоением иностранного языка. ИЯВШ, 1975, №2, стр. 84.

点是缺乏根据的。培养言语技能应有自己的专门的练习体系和训练系统。根据言语技能的创造性这个基本特点，培养言语技能应以有创造性的交际性练习为主。

总之，具有外语技能是实际掌握外语的一个根本标志。但遗憾的是过去人们对此并未认识和意识到，至少没有足够深刻地认识和不够强烈地意识到。

培养熟巧，过去和现在一直都是心理学和教学法的注意中心，已经有许多行之有效的办法，相对来说研究得比较透彻。与此相比，培养技能的问题却至今仍是个薄弱的研究环节。外语教学法科学中，对培养外语言语技能一直没有作过专门深入的研究，更缺少有效的系统办法。要建立这方面的确能指导实践的理论，还有赖于交往心理学的深入研究（以及与此有关的教学交往的正确的组织），因为言语交际技能实在太富有创造性、太复杂、太多变了，研究它、控制它难度实在太大了，以致至今收效甚微，这有待于今后外语教学法家和心理语言学家的努力。

知识、技能、熟巧三者在外语教学中的关系，应按以下所述来正确处理。

（1）熟巧是第一性的，而技能则是第二性的，二者处于一个统一体之中，构成外语言语活动的两个方面。言语熟巧是一个人言语动作的技能水平的体现，其在形成的过程中逐步转化为言语技能的一个组成部分。例如，说的技能建立在发音熟巧、语法熟巧和词汇熟巧的基础之上，如此等等。

（2）语言知识、言语熟巧和言语技能常常是在言语活动过程中（而不是离开言语活动）齐头并进地（而不一定是有先后顺序地）获得的。第一语言的习得情况如此，这也适用于第二语言的学习。因此，那种把“知识→技能→熟巧”或“知识→初级技能→熟巧→高级技能”的时间顺序划一化、绝对化、固定化、公式化的做法，无助于学生有效地获得巩固的、富有应变力的语言知识、言语熟巧和言语技能。总之，要通过言语活动获得言语技能，在言语活动中逐步获得语言知识并加深对所学语言和语言材料以及言语作品的理解，在言语活动中逐渐形成言语熟巧。

简言之，要通过言语学言语，通过言语学语言，但并不排除在必要的情况下在具体教学法安排上先讲授一些语言知识再培养熟巧和技能，也不排除单独做些无实际意义、无创造性的训练熟巧的机械性练习。

外语教学中,熟巧有三种不同的情况:① 可从母语中直接正迁移的熟巧,即母语言语机制中同外语完全相同或可以相互替换而不会引起交际混乱的熟巧;② 教学中须加矫正或加工改造的熟巧,即母语中同外语"貌似"却实异的熟巧;③ 须重新培养的熟巧,即只是外语特有而为母语所无的言语熟巧。教师的工作重点首先应放在熟巧的矫正或加工改造上,其次才是熟巧的重新培养。"培养外语言语活动能力的基本问题,恰巧正是在于寻求最佳的方法来矫正业已形成的老熟巧。"①

外语教学中,母语所特有的形成话语的心理过程,必须转移或过渡到外语所特有的形成话语的心理过程。在这里,熟巧的正迁移、矫正和从头培养都起着决定性的作用。

以往苏联外语教学大力提倡对比,但其着眼点是母外两种语言语言学的对比,即语言类型学的对比。这种对比在教学中主要为扩大学生知识面(познавательный аспект)服务,首先是为了教养目的,其次才兼顾一点实用目的。这种对比也可以说是共时的语言体系的静态的对比。这种对比的研究成果对实际掌握外语虽有相当的用处,但其作用不宜夸大。

言语活动论提倡的对比,首先是心理学的对比,主要是使用母外两种不同语言的生成言语方法的类型学对比,这是一种动态的对比。这种对比在教学中为更有效地形成学生新的外语能力(首先是各种言语熟巧)服务。此外,这种对比还要对母语言语熟巧干扰的种种现象作出心理学的分析,从而找出培养外语言语熟巧的更有效的办法。

所谓对比,无非是弄清异同。为此必须对言语动作的一般心理结构有一个准确的认识,特别要研究在组成言语动作的链条中哪些环节可以允许有变异以及允许变异的范围有多大。

上文所述的这些原理,是近十年来苏联外语教学法提倡的"考虑学生母语特点原则"的主要心理学理论根据。

外语教学也是一种活动,一种特殊的复杂的活动,具有三重性质:① 教学活动;② 言语活动;③ 智力活动。同时它也具有一般活动的全部共性。外语教学这一特殊的活动要完成的任务有二:① 使学生把外语言语交际的各种语言手段学到手;② 使学生掌握外语言语活动的能力,即

---

① А. А. Леонтьев, Психологические основы обучения РКИ. // Методика зарубежному преподавателю РКИ. М., 1982, стр. 9.

交际本领。第一项任务通过传授语言知识的办法,通过做练习来培养学生语音、语法、词汇熟巧的办法来完成,第二项任务则是通过培养外语言语交际场合必备的言语技能的办法来完成。

言语活动具体表现为并存在于听、说、读、写四种形式之中,以上所阐述的都只是言语活动论的一般原理及其在外语教学中的宏观应用。

具体到听、说、读、写,它们每一种又都有各自的心理语言学规律和特点以及由此得出的相应的教学法结论。

此外,要阐明听、说、读、写的心理语言学问题,势必涉及另一些有关的问题,例如言语的生成和理解、口头言语活动和书面言语活动、内部言语和外部言语等。限于篇幅,这里就不再赘述了。

3 言语活动论简评

言语活动是极其复杂的重大心理学和语言学问题,研究历史久长,但离正确全面解决尚远。这里有两个基本原因:其一,限于现阶段的综合发展水平,因为人脑活动是个“黑箱装置”,黑箱里面情况究竟如何,是至今尚未解开而且也暂时无法解开的谜;其二,缺乏正确的科学的哲学方法论基础。正如前述,欧美等国的心理语言学大多以行为主义、乔姆斯基主义、格式塔心理学为其基本指导思想,这些学说均不无合理内核,但从哲学方法论来看却都属唯心论和形而上学,这就极大地限制了心理语言学家的成就。言语活动论突破了这个局限,它在主观上试图以辩证唯物主义和历史唯物主义为指南来研究这一课题,一方面在这种方法论指导下进行了大量的实验和实际研究工作,另一方面又及时吸取同时代相邻科学的新成果,从而把言语活动问题的理论研究,把整个心理语言学大大地向前进了一步。

“活动”这一心理学概念很接近我们熟识的“实践”这个哲学范畴,但又不完全相等。

“外部言语活动是内部言语活动的基础”的命题体现了唯物论思想,有力地批判了乔姆斯基学派的语言能力先验论的某些论据。“内化”和“外化”以及两种活动之间的相互转化的思想,体现了一定的辩证法因素。对活动进行结构成分分析,这是受当代系统论科学启迪的结果。

言语活动论对言语活动和意识之间的关系作了比较深入系统的研究,这为苏联普通教学论和外语教学法“自觉性原则”找到了新的心理学科学依据，同时又扩大了“自觉”这一概念的内容，并在这个基础上比较辩证地解决了外语教学中自觉掌握和直觉掌握之间的关系。用言语活动论所解释的自觉性原则来考察一些外语教学法流派，这些流派的合理内核和行之有效的种种实际做法大体上都能得到较科学的说明和论证。这也可能是苏联近二十年来外语教学法能较灵活地吸取国外各主要流派之长的理论基础方面和认识论方面的原因（试与 20 世纪 50 年代中期以前相比较，便可发现那个时期苏联外语教学心理学把自觉性原则理解得过狭过死）。近年来苏联外语教学法的进步，在一定意义上应归功于言语活动论。

言语活动论把外语教学理论中的“知识、技能、熟巧”的范畴提高到新的水平，赋予新的内容。

当然，言语活动论还是一门发展中的新的分支科学，本身既欠成熟，而且还有不少有待进一步商讨的问题。例如，外部言语活动和内部言语活动之间的关系本来是个极其复杂的问题，里面充满了辩证法，任何哪怕是丝毫的简单化和绝对化，也都会有损理论的解释力。言语活动论坚持外部言语第一性和内部言语第二性的观点，这在原则上是正确的、唯物的，但仅有这一点仍然不足，二者的关系还极其错综复杂。言语活动论对此尚缺乏全面细致的分析和研究，因此还未能彻底驳倒乔姆斯基学派先验论的全部论据。因限于篇幅，其他有待商讨的问题就恕不一一枚举了。

吕叔湘外语教学法思想述评*

1 吕叔湘外语教学法思想述要

这里的“外语教学法思想”一说借用自国外外语教学法文献，意指某一学者对外语教学中一些重大问题的系统主张、意见乃至理论观点。这些见解，也可能是该学者首先提出的，也可能是在此以前或与此同时已有人提出过，属“英雄所见略同”者，这里主要的是系统性，因此本文中所说的“吕叔湘外语教学法思想”也就是吕先生对外语教学中重大理论问题的系统见解。

先生作为我国现代卓越的语言学家，既有普通语言学和应用语言学、汉英两种语言学和对比语言学的高度理论修养，又有英语教学的丰富实践经验，在外语教学方面自有其一整套系统的主张。这些主张既是他语言学理论在外语教学中的实际运用，也是他外语教学实践的理论总结，这是不言而喻的，先生历年来发表的有关外语教学的各种精辟见解就是明证。

但由于种种复杂原因，先生的外语教学法思想一直分散在他的许多论著之中，他本人至今尚未来得及把自己的系统见解形成系统的文字以专著的形式集中发表。因此这个系统化的整理工作便落在后辈教学法研究工作者肩上。

先生有关外语教学法的论断，一般都言简意赅，所见极其深刻，内容极其丰富，需我们认真学习，悉心揣摩。为了使人们全面准确理解这些言简意赅的论断，尚须对它们作出理论上的解释和发挥。

---

* 本文是系列论文《吕叔湘外语教学法思想研究》的第三篇。前二篇是《吕叔湘与外语教学》、《吕叔湘外语教学法思想初探》分别发表于《外语学刊》、《课程、教材、教法》。这三篇论文的初稿均呈吕先生指教，得到他的肯定，并惠示意见。作者根据这些意见，作了相应的修改与增补。

先生有关外语教学的言论大多都是在讨论别的问题时涉及的，所以一般都不作语言学、心理学和教育学的科学论证。为了说明先生外语教学法思想之科学性，我们有必要从现代语言学、心理学和教育学的理论上作出论证。

先生教学法思想中的一些正确的基本观点，例如“语言的运用是一种习惯”之说，受到当代流行的学术思潮的冲击。对此我们必须从现代语言学、心理学和教育学理论的高度给予一定的回答，正面阐明先生的观点今天并未过时。

本文的任务便是对先生的外语教学法思想作系统化、理论化的整理、解释、论证工作，有的地方还遵循着先生的思想逻辑大胆地加以引申。

先生有关中国语文教学方面的文章不少。由于母语教学与外语教学有许多共性，互相发挥，互相补充，所以这些共性也应该看做先生外语教学法思想的组成部分。

本文为了文风上的统一和行文上的方便，一般采用转述的写法，而极少直接引证吕先生的原话。笔者力求在全面、准确把握先生外语教学法思想的精神实质的基础上，用自己的语言来系统表述先生的思想。但为了说明本文所转述的确是先生的思想或符合先生本意，写作每一小节，一般都列出写作该节所根据的主要文献，一并附于文后。

本文对先生思想的转述是否已全面准确，尚需读者和同行作进一步的鉴定。如有不当之处，希望得到指教。错误由笔者个人负责，并祈请吕先生对我这个不成熟的研究者谅解。

《述要》拟写成一部《外语教学法理论基础》教程的主体部分的详细提纲形式，再加扩展便可成初具规模的系统著作。笔者早年讲授外语教学法课，曾同贺善镛同志合作编写教材，其中许多地方就采用了吕先生的观点①，这次重新整理，实以上次工作为基础。

本文准备阐述以下 12 个基本观点和问题：(1)外语课是技能课、工具课；(2)运用语言是一种习惯，学习外语便是养成一套新习惯；(3)习惯的养成主要靠正确的模仿和反复的实践；(4)模仿和重复是活用的基础，“经验”是“理性”发挥作用的前提；(5)自觉掌握和不自觉(直觉)掌握；(6)习惯的正负迁移和外语教学中的对比问题；(7)外语教学中有限度地

---

① 参见贺善镛、俞约法：《外语教学法讲义》铅印本，黑龙江大学，1962 年。

使用母语；(8)作为教学手段的翻译只能十分有条件地使用；(9)要学点所学外语国家文化背景方面的知识；(10)外语教学要以口语为本；(11)语法是有用的辅助手段；两种各有用途的语法和学点功能语法；(12)有关阅读教学的若干问题。

其中，"语言的运用是一种习惯"是吕先生外语教学法思想的核心。因此笔者将从各个不同角度和侧面，来反反复复地阐明它的道理。

1.1 外语课是技能课，工具课

中学外语课主要不是知识课，而是工具课、技能课、实践课。因此，教外语、学外语在许多地方从根本上不同于教和学理、化、史、地之类知识课。如果用教知识课的方法去教外语就会不得要领，教不好外语课。凡完全采用学习知识课的方法学外语的人，没有一个是不失败的。

外语课同语文(母语)之类工具课，同音、体、美之类技能课倒有更多类似之点，但却又有不少自己的独特之处。

1.1.1 技能和学习技能的基本方法

"技能"这个教育心理学术语，通俗的说法就是"会"，在外语教学中便是"四会"(准确些说，就是会用外语作为交际工具来进行听说读写的言语活动)。技能即实际使用的能力。外语教学中的技能，指的是实际使用外语的交际能力。

技能不是天赋的，须经过后天的长期刻苦努力地学习才能获得。这种学习的主要内容是实际操作训练，不经过这种训练，技能是学不到手的。

要学会实际使用工具的本领，最根本的办法是拿起这个工具，不断学习实际操作，在不断操作的过程中渐渐学会。当然这种操作学习活动也可能是分节、分步骤、由简到繁、由易到难地进行的。离开实际操作不可能获得技能。

1.1.2 学习外语技能要处理好的几对关系

为了更有效地掌握一种工具，懂得这个工具的性能、构造、操作程序、使用须知等知识无疑是必要的，但却远远不够。这些知识本身只是有助于但却不能保证技能的获得。外语这个工具也要在实际使用中才能学会，外语语言理论知识不能代替外语言语技能。要学会游泳，必须到水里去游，去多游。游泳术只能帮助你更快学会，却不能使你实际获得游泳的真本领。外语教学中，要通过阅读来学会阅读，要通过说话来学会说话，要通过言语实践来学得言语交际的本领,如此等等。

由此可见,在外语教学中,言语技能训练和语言知识的传授之间的关系、实践和理论之间的关系,前者是主要的、根本的,后者是从属的、辅助的。不能本末倒置,更不能“为知识而知识”。

外语课既然是以技能为主的实践课,那么它的主要内容应当是让学生自己动口、动耳、动眼、动手、动脑,来进行大运动量的言语训练活动。这种训练是掌握外语的根本保证。教师的讲解应少而精,不宜用过多的时间,否则就会影响到这种训练。因此,在讲和练的关系上,应当是精讲多练。中学外语课,包括大学公共外语课,学时有限,其他课程又多,学生所能接触外语的机会主要是在课堂上。因此要使每节课上学生有尽可能多练的机会,不要有一分一秒钟的浪费。所谓“大运动量”,指一定时间内尽可能多地让学生自己来练。当然,这种练是在教师的设计、控制、指导下进行的。

1.2 语言运用是一种习惯

运用语言是一种技能,技能的基础则是熟巧。“熟巧”是苏联心理学术语 навыки 的汉译,这个术语在英文中相应的译名则是 habits①,而这个英文术语在我国却一般译为“习惯”。其翻译对应关系,如下图所示:

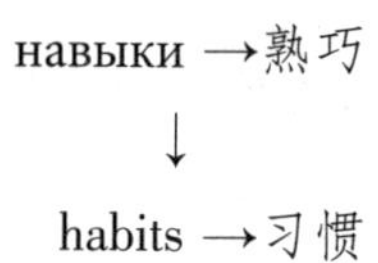

由此可见,在一定条件下,“习惯”和“熟巧”是同义词②。因此,从一定意义上也可以说,“使用语言是一种习惯(熟巧)”,学习外语则是建立一种新的熟巧/习惯系统。

熟巧/习惯的特点。心理学中普遍承认的公理认为:熟巧/习惯是一种自动化的动作系列,一个动作完成后马上自动地转向下一个动作,动作本身要求正确。由此可见,任何熟巧/习惯都必须具备以下三个基本特点:准确性、自动化和一定的速度要求,三者缺一不可。作为一种习惯/熟

---

① 参见 «Русско-английский школьно-педагогический словарь», М., 1959, стр. 176; «Психологический словарь». М., 1983, стр. 205, 273;《中国大百科全书·教育》有关条目。

② 如果严格区别起来,“习惯”和“熟巧”在心理学文献中是有一些差异的。但二者之间共性仍是主要的:都是经过多次重复而形成的自动化了的动作。

巧的语言运用过程和运用能力自然也要具备这三个基本特点,否则语言的交际工具的功能就会丧失或降低,学习外语也就会失去意义。

熟巧/习惯的形成主要靠正确的模仿和大量的重复。

熟巧/习惯必须通过长期学习、正确模仿、大量重复和不断练习才能形成。达到自动化程度时,也就是“习惯成自然”。外语教学也应把获得言语熟巧/习惯作为主要目标:争取做到“脱口而出,基本无错误”的境地。

从巴甫洛夫学说的观点来看,熟巧/习惯就是条件反射,而每一项条件反射则是自动化地完成一个特定的刺激物的反应动作。每一项条件反射,即每一个自动化的反应动作,都是经过该动作多次地、长期地重复所形成的。同类的刺激→反应的次数越多,条件反射也就越巩固,这样建立的熟巧/习惯也就越是牢靠。由此可见,模仿和重复是培养任何一种熟巧/习惯的主要办法。外语教学中模仿和重复应当是十分重要的手段。

现代理论语言学区分语言(体系)和言语(言语活动和言语作品)。学习外语,主要是掌握外语言语能力,即实际使用外语进行交际的能力。从心理学的观点来看,言语熟巧/习惯又是言语机制的基础。掌握外语,不只是认知外语的语言体系,更重要的是掌握外语的言语熟巧系统(system of speech habits)。作为体系的语言,在作为个体的人的心理中,首先是以这种随时都能动用的“言语熟巧/习惯系统”的形式而存在的,属于这个系统的有发音熟巧、语法熟巧、词汇熟巧等,学习外语主要也就是培养一套新的言语熟巧/习惯系统。

培养言语熟巧,是免不了要多做和常做机械性训练工作的,从这个意义上来说,外语教学中的“句型操练”有可取的一面。有人把这种工作讥之为“鹦鹉学舌”,这是由于对外语教学的特殊性缺乏足够的认识。

1.3“语言的使用又是一种富有创造性的交际活动”

语言又不仅仅是一套习惯,习惯(言语熟巧)只是使用语言的基础,语言同时还是交际工具。人们使用语言进行交际,这种言语交际是一种富有创造性的活动。这种言语活动的结果——言语作品往往有创新的因素。人们在每次言语交际中往往会听到或看到,说出或写出以前未闻未见的语句,这些都不是简单的重复和纯粹的模仿。人们每进行一次言语交际活动,由于要解决的具体交际课题、参加者及其在交际中所处的身份等条件千差万异,每次言语活动以及这个活动的结果(言语作品)无论从内容到形式都不会完全相同。只能重复已听到(见过)的现成语句是不可能完成言语交际任务的,掌握外语同时也必须掌握这种具有高度应变性和创造性的交际能力。

1.3.1 外语教学中模仿和创新、机械训练和灵活运用之间的关系

这样,在外语教学中就产生了一个怎样处理模仿和创新之间、机械训练和灵活运用之间、固定的熟巧(习惯)和机动的应变之间的关系的问题。有人把两者看做是水火不相容的东西,而且以后者否定前者,这样的主张未免有失偏颇。实际上,在一般情况下,前者仍是根本的,没有经过模仿阶段很难设想会有创新,完全不做机械训练不能指望获得活用的言语交际能力,没有熟巧也不可能会有应变的能力。且先用几个我们熟悉的实例来说明这个道理,然后再论及心理学根据。

例一,最典型的是中国传统武术。一开始时,总是只教为数十分有限的几个固定套路,要求反复盘练,直至娴熟。就是在这个模仿、重复、机械训练的过程中,学员掌握了要领,“熟能生巧”,逐渐培养起应变能力,到最后能运用自如。

例二,艺术大师达·芬奇拜师学画,老师一开始只要求他不断画鸡蛋、圆圈的故事。

其他音、体、美以及某些表演艺术的教学,都有类似的教法。小提琴、钢琴、芭蕾舞、艺术体操、我国书法等,都是从无创造性的基本功训练开始,并以此为基础。这类基本功训练的特点就是模仿性、机械性和重复性。这样的基本功训练,当然枯燥无味,但又须不断勤练多练,所以一般都说基本功要苦练。表演艺术中的优美熟练的动作,就是以苦练基本功为基础的,外语教学的情况亦相类似。下面试从心理学原理来解释前述现象。

原来,动作在熟练以前,即没有形成熟巧/习惯以前,在学习阶段,人们的注意力往往主要集中在动作本身上,即怎样去进行这个动作,而对动作要达到的目的以及怎样去有效达到等问题则无暇多加考虑。此时,一个由一系列分节动作构成的动作,因为尚未达到熟练的程度,学员还不能把各个分节动作联合起来使其自动相互配合,成为一项完整的动作;这时学员在完成一项动作时往往精神高度紧张,顾此失彼,深感力不从心。例如初学骑自行车、走钢丝绳,要同时掌握平衡、方向、踩蹬前进等各个方面的分节动作,而达到熟练以后,即习惯养成以后,他对动作的整体性控制

加强了，已能按操作程序熟练地把各个分节动作联结起来，分节动作自动化地一个接一个，“一气呵成”，此时学员的注意力已经由个别的分节动作转移到动作的整体上去。对动作的主体来说，熟巧/习惯的获得是精神上的一个解放。“熟能生巧”，也唯有“熟”才能“巧”，反过来说，不熟就不可能有多少应变能力，而熟练却又是经过多次模仿、重复练习而养成的连锁反射性动作。所以，从心理学，特别是从巴甫洛夫学说的原理来看，模仿是创造的基础，机械训练是灵活运用的前提，至少在学习技能的范围内是如此。二者本来是应当统一的，不能把它们人为地对立起来。

联系到外语教学，学生在未获得外语言语熟巧/习惯以前，意识对动作的监控情况分别表现在以下两个方面：(1)从动作的整体和分节动作的关系角度来考察，意识对动作的监控分散在各个分节动作上。以学写字为例，起步学写外文字母的人，他的每个动作的每个小节都受到意识的紧张的控制，如握笔、运笔、每个笔划及顺序等，都是他考虑的对象。(2)从语言的形式和内容的关系的角度来考察，意识的监控主要放在形式上。仍以写外文为例，学生此时所考虑的主要是怎样把一个个字母拼写成词，又把一个个词组成句子，使用标点符号等。总之，在前述两种情况下，学生进行外语言语活动时心理高度紧张，顾此失彼，速度缓慢，远远赶不上交际的需要。一旦获得言语熟巧，养成外语习惯，情况就大不一样。此时意识的监控已从语言的分节动作转移到言语动作的整体，已从言语的形式转移到内容，而不大考虑使用何种语言形式以及如何表达等枝节问题。仍以前述的“写”为例，此时学生写起外文来，不假思索（对握笔、运笔、拼写等而言），一挥而就，所考虑到的主要是要写的内容，即交际的内容，而不是书写动作本身和所要写出的话语的语言形式以及如何表达等枝节技术问题。

学生用外语进行交际时，意识对言语行为的监控的主要集中点由言语（听说读写）或话语的语言形式转移到思想内容，是以娴熟掌握语言的形式方面，即获得言语熟巧系统为前提的。只有学生对外语的语言形式的使用养成了习惯，有了各种基本的言语熟巧，进行言语活动时才能从语言的形式中解放出来，主要考虑话语的内容。而要培养外语的基本言语熟巧，模仿和机械训练的功夫又是少不得的。

“模仿和重复是创造的基础”这一思想的正确性也为我国传统语文教学的实践所一再证明。背诵是一种最有典型意义的机械训练，是最有代表性的“重复”作业。传统语文的教学历来提倡背诵。作文、作诗、填词都是有高度创造性的创作活动。我国历来把背诵一定数量的范文、范诗作为这一活动的基础,“熟读唐诗三百首”这一古训在写作教学实践中一直被奉为座右铭,多年来行之有效。不先背诵几首范诗并模仿着作而生来就会作诗的“天赋”诗人,天下恐怕是没有的。可见,作诗这种高级的创造活动以及作诗能力这种高级的运用语言的能力的培养离不开背诵和模仿,对早已在口头上实际掌握了母语的人来说尚且如此,更何况对初学外语的人,对并未实际掌握外语的人来说,对于比前述用母语作诗低好几级的“语言创造活动”——实际掌握基础外语来说,更不能不以模仿和重复作为根本。

据此,外语教学中通过背诵以及其他种种重复性作业(例如反复的“句型操作”),熟记住一定数量的其结构有代表性的现成句子(或体现句型的具体语句)、一定篇数的语言地道标准的课文等,都是不可缺少的工作。这是以后“举一反三”的基础,无一也就难于反三。

1.3.2 外语习惯还要通过反复地实际运用新的言语材料和在新的语境中来培养

但“习惯”只是语言属性的一个重要方面。在外语教学中,语言的其他属性也必须同时考虑到。语言的本质属性自然是它的交际功能,而在运用语言的交际过程中所产生的言语作品又都具有各种不同程度的创新性,那么外语教学中,在强调模仿、重复等机械训练的同时,更要重视在新的交际条件下,在新的语境或上下文中以新的话语形式复现已学过的语言材料,以培养学生的交际能力和实际使用能力。换言之,一方面,中学所学的有限的常用语言材料要通过不断重复,练得娴熟;另一方面,所重复的不应只是现成的已学的话语材料(“言语作品”),而且还应是用已学过的常用语言材料“创造”的新的言语作品。所谓“新”,指的是无论在话语的语言形式还是思想的内容上,都不同于原先所学过的现成的言语作品,当然所用的素材原料仍是早先所学过的那些有限的词汇材料和语法规则。这样,学生反反复复接触和使用的虽然是那些已学过的有限的语言材料和规则,但这种接触和使用却是在新的语境里出现,无论在语言形式和内容上都有不同程度新意的话语材料中进行的。

由此可见,在外语教学中所要提倡的“重复”这个基本手段,应包括两层意思:(1)重复已学过的现成的话语材料,其常用的形式是背诵、句型操练等;(2)把所学过的有限的词汇材料和各种规则在新的语境中反反复复实际运用,也就是我们所提倡的“反复地实践”。第二点的中心思想是,工具要在不断实际操作中掌握,作为交际工具的语言也要反反复复地在交际活动的实际运用中才能有效掌握。

对于培养外语习惯来说,以上两点都很重要,在教学工作中不可偏废。事实上,在机械训练和灵活运用之间,也并不存在一道不可逾越的鸿沟。从时间顺序来看,二者也难截然分成两个不同的发展阶段。

1.4 自觉掌握和直觉掌握

根据前述使用者在使用语言时所考虑到的主要是语言的形式方面还是内容方面这一标准,外语教学法一般把掌握语言分为自觉掌握和不自觉掌握两大类,后者通称“直觉掌握”。这两种掌握,不但在程度上不同,而且在质量上也有别。

所谓自觉掌握,就是说,一个人在把语言作为交际工具来使用时,他所考虑到的主要是甚至只是话语的形式方面,而尚无暇顾及内容方面,或把内容方面放在第二位来考虑。

直觉掌握指的是他交际时所考虑的只是或主要是话语的内容方面,而根本不去考虑或很少去管话语的形式方面。只有达到直觉掌握的境界,语言才能充分完成其交际工具的使用。因为交际是双方的事,如果交际的双方所考虑的主要都是怎样(how, как)去表达或理解,而不是要表达或理解的是什么(what, что)的话,那么交际的速度就会十分缓慢;而如果一方是直觉掌握语言的话,那么他对另一方尚停留在自觉掌握阶段,表达和理解迟缓这样一种状态必会感到不耐烦甚至不能容忍。

母语都是被人所直觉掌握了的,所以操母语的人之间进行交际,母语就能胜任得了交际工具的任务。因此,学习外语也应当达到直觉掌握的程度才能算是真正掌握,也只有这样掌握了的外语才是真正管用的外语。

学习语言的途径,主要有两条:(1)从直觉到直觉;(2)从自觉到直觉。

学习母语的过程就是从直觉到直觉的过程,通过大量模仿和重复,通过反复实践来完成。部分人学习第二种语言(包括外语)也经历这样的途径,这需要有一定的使用该种语言的环境作为条件。从直觉到直觉途径所掌握的语言往往是初步的低级的。

但经过这种途径学会语言的人,无论母语还是第二语言,如果要进一步提高语文修养，还要对语言文字作点自觉的学习，但这个自觉的学习却又是以直觉掌握（或实际掌握）作为基础的。在这样一个基础上，再自觉地学点语言理论知识，可以使一个人在直觉使用，即实际使用语言时质量更高。这是从直觉到自觉的学语途径。

学习外语的过程，在一般的情况下，都是从自觉开始的，应当是从自觉到直觉。自觉是难于完全摆脱和超越的学习阶段。先是自觉，经过不断训练，养成一系列相应的熟巧/习惯，就逐渐由自觉掌握转化为直觉掌握。这是从自觉到直觉的学语途径。

学习外语也有从自觉到自觉的。这就是说，这个学习者始终没有真正掌握外语。用学习知识课的方法来学习外语，用学习语言理论来代替熟习外语工具的操作，其结果只能从自觉到自觉。这样的外语学习，不能认为是成功的。

1.5 语言习惯主要是后天获得，经学习养成的

近年来有一派语言学家提出一种新的语言习得观，他们认为语言，准确地说应为言语能力，是一种天赋的具有高度创造性的能力，而不是由多次的“刺激→反应”所形成的条件反射式的习惯。应用语言学界也就有人根据这样的语言习得观得出新的教学法结论。他们提倡“先验”的理性在外语教学中的作用。强调“规则”对学习的重要性，反对单纯的“句型操练”一类教学法主张，认为这不是“人类型的学习”，而是“动物型的学习”，如此等等。这实际上是外语教学法思想史上时起时伏的理性论和经验论之争在当今新历史条件下的继续。

前述新语言习得观和相应的新教学理论都有合理内核，可以补充原先某些语言学家把语言只看成是单纯的习惯，把外语教学简单归结为经“刺激→反应”建立习惯的强化过程而不考虑习惯以外的因素等方面的不足。但却不能因此而认为原先的语言习得观和外语教学理论完全错了。其实，后者的基本方面仍然是可以肯定的，因此也是我们在教学中应当坚持的，理由如下。

从心理学和生理学的角度来看，人的语言习得能力和言语能力固然有先天的遗传因素，这是别的动物所没有的，这也是别的动物没有语言和学不会语言的根本原因。但人的上述能力主要是后天养成的，是在不断的大量的交际和学习过程中获得的，即使是最早提出先验论的语言学家本人也不得不承认社会条件的重要性。狼孩没有语言能力，就是因为后

天没有学习语言的社会环境所致。正如前面所说的,客观存在于某一社会语言集体的语言系统,都是以相应的言语熟巧/习惯系统的形式存在于每个人(个体)的心理之中的。后者是个体的言语机制的基础,客观地存在于个体之外而且不以个体的意志为转移的语言体系是社会的产物,只有经过个体后天的实践,大量经常不断的言语活动和学习活动,大量的模仿、重复和实际使用,才能"内化"为他心理中的言语熟巧/习惯系统。也只有在这个熟巧/习惯系统的基础上,"言语创造"才有可能。由此可见,在语言习得和语言学习中,习惯仍是第一性的,根本的;而"创造"则是第二性的,派生的。据此,外语教学中完全忽视创造能力的培养当然是不对的,但创造能力,主要是言语交际的应变能力的培养要建立在习惯培养的基础之上,二者本来是统一的,不能人为地把它们对立起来,而且本末始终不应倒置。

1.6 再谈"语言是习惯"

对"语言是一套习惯"这个命题,还可以从前述"语言/言语"的二分法观点,分别从语言学和心理学两个角度,作进一步的考察。

1.6.1 从语言学的角度来看,语言作为一种交流信息的音义相结合的符号系统和结构,是经一定社会集体约定俗成、长期使用固定下来的习惯。每个社会成员都必须共同遵守这一套习惯。只有这样,交际和交流才有可能进行。每一种民族语言都是一套有自己特点的习惯。母语是一套习惯,外语则是另一套习惯。

1.6.2 从心理学的角度来看,社会集体成员,即每个个体为交际而对语言系统或结构所进行的使用(言语活动)和使用的能力(言语能力)也是一种习惯,这种习惯是个体在长期的学习和实际使用的过程中养成的。使用外语的习惯,在许多地方不同于使用母语的习惯。要掌握外语,就得培养一套新习惯。

1.7 习惯迁移的规律和外语教学中的对比问题

心理学告诉我们:新习惯的培养要受到老习惯的影响。老习惯在新习惯建立的过程中是个必然要起作用的因素,不管人们是否明确意识到。老习惯在培养新习惯的过程中的作用表现为两个截然不同的相反方向:有一部分起促进作用,其效果是正向的,可作正迁移;另一部分则起干扰作用,效果是负向的,可作负迁移。老习惯同所要建立的新习惯中相同的、可直接间接借用的部分,常起正迁移作用。而老习惯中的"心向"或

“定势”(set)作用,则往往表现为负迁移作用,导致“惰性错误”。在建立新习惯的过程中,老习惯的正负两种作用相互交织在一起,情况错综复杂。老习惯对新习惯的形成所起的作用如果是自发的,那么往往干扰或负迁移便会占优势,正迁移倒反会受到影响和冲击而减弱;但如果事先能自觉加以利用和预防,则可使正迁移充分发挥作用,负迁移和干扰受到有效限制。这就是心理学上的习惯迁移规律。如果把这些心理学普遍原理应用于外语教学,便可得出以下教学法结论。

1.7.1 学习外语既然是建立一套新的习惯,那么就要受前述习惯迁移这些普遍心理学规律的制约。

1.7.2 幼儿学习母语伊始,没有别的语言习惯和语言经验可资利用,没有“迁移”的问题,因此情况比较简单。

1.7.3 青少年学生,特别是成年人学习外语,是在他已有了一套长期形成的母语习惯和丰富的母语经验的条件下进行的。这些老习惯和老经验不能不对外语学习,即建立一种新的语言习惯,发生正反两个方面的作用,情况要比幼儿学习母语复杂得多。母语习惯和经验对外语学习所起的巨大作用,是外语教学中必须认真考虑的重要因素。人们在编写教材和备课时如果能充分考虑到母语因素,就会收到事半功倍之效;如果置母语的因素而不顾,任凭它自发起作用,则它的干扰作用便会发挥无余,给教学造成许多麻烦。

1.7.4 母外两种语言习惯[①]之间的异同关系,大体上有三种情况:(1)相同部分;(2)外语特有母语所无的部分;(3)面貌多少有点相似但实际上却并不相同的部分。

从习惯迁移的理论来看,(1)是教学中正迁移的对象,对这一部分,教师即使不加指点,学生学习时也会自行迁移,因此课上不必多讲,甚至可以根本不讲,更无须专门训练;(2)和(3)则是教学中要专门培养的新习惯,是工作的重点;遇到(2)、(3)两种情况,特别是(3),学生往往不加审辨地不自觉地把母语中多少近似的语言单位、表达法套到外语上去,给教学造成许多障碍,例如用母语的音去“比附”外语的音、造出各式各样母语式的不地道的,甚至是错误的外语句子等等;(2)、(3)是外语教学

① 这里所说的“语言习惯”,具有前面曾提到过的两层意思:(1)作为社会约定俗成的交流信息的符号系统——语言系统和结构;(2)作为这种系统在个体心理中的基本存在形式的言语熟巧系统。

中负迁移的主要对象，如不加疏导、预防，则势必自发起干扰作用。对此教师不能听之任之，必须采取有效的防干扰措施，加以限制和消除。防干扰的有效措施是母外两种语言的对比，对比有母外两种语言结构系统以及各个层次系统的对比和语言个别事实的对比。

1.7.5 对比要从讲和练两个方面来进行。外语教学由讲和练两大部分组成，其中练又是起决定作用的环节，因为习惯的养成主要靠反复多练。教师的讲解可使学生认识外语的特点，有助于练，但却不能代替练，因为这样只能知道外语的特点，并不能养成外语的语言习惯。因此，正如前面已经说过的那样，外语课必须"精讲多练"，讲多了，练就要受到损失，以消除和预防母语干扰为目的的对比主要也应贯彻在练这个环节上。教师要在这上面下一番功夫，通过有目的、有计划、有针对性的大量实际训练，把因母外两种语言差异所造成的难点作为训练的重点，来有的放矢地培养学生新的语言习惯，而不应把对比语言学的理论搬到实践课上大讲特讲，因为过多的理论讲解会削弱用来培养外语习惯的练习。但在讲的环节进行少而精的对比，对于母语的干扰却可起到某种预防的作用。

1.7.6 对母语和外语进行系统全面的对比描写，这是语言学家的工作，外语教材编写者和教师的任务并不是在教材里和课堂上从理论上详尽讲解两种语言的异同，但他们却都必须在编写教材和备课时充分利用母语和外语对比语言学的成果，把它们实际贯彻到"练"的环节的各个方面。

以上原理和教学法结论，还可用巴甫洛夫高级神经生理学说来论证。学习外语也就是建立一套新的第二信号系统，而这个工作又是在以母语词语为基本内容的已有的第二信号系统业已牢固形成的条件下进行的。这个原有的第二信号系统，也就是前面所说的母语习惯，是一种动型。动型一经形成便有强大的保守性，对新的动型，即新的第二信号系统——外语习惯的建立，起着正负迁移——促进和干扰的双重作用。

1.8 妥善处理母语和外语的关系

怎样处理母语与外语的关系，这是外语教学法的一个重大理论问题，长期以来对此一直有争议。这里不拟介绍和评论各派的不同观点和主张，只是提出我们认为比较妥善的方案。前述的对比问题，就是处理母语与外语的关系这个大问题的内容的一个重要方面。此外，其内容主要还有以下一些：(1) 外语课上母语的使用应否受到限制；(2)怎样对待翻译。

1.8.1 要尽量多地同外语打交道

既然学习外语是养成一种新的习惯，而习惯，作为一种条件反射，又须经过不断接触、重复、模仿，才能建立起刺激物和反应能力之间的巩固联系。既然学习外语是培养使用一种新的交际工具的技能，而这种技能又是要在实际反复使用中才能有效培养，那么教学中便应创造各种条件，使学生尽可能多地同外语接触，同外语打交道；有尽可能多的机会去听到外语，看到外文；有尽可能多的机会说外语，写外文，一言以蔽之，有尽可能多的机会实际使用外语。

用来进行外语教学的课时本来就极有限，再加中学课程门数多，大学公共外语课情况类似，学生能接触外语的机会本来就很有限，主要靠课堂上课的那点时间，而时间又是个常数，用母语多了，用外语就要少，可以说每分钟都是宝贵的。因此，在外语课上，除了在前述处理讲和练、知识和技能的关系时侧重后者之外，在处理母语和外语的关系上，也要尽量多用外语，母语要十分有限地控制地使用。

外语教学法历史上直接法曾大力提倡用外语讲练外语。这个主张有合理的内核。前述的第一个"外语"，指的是学生已学过的语言材料。这个主张的精义在于学生有尽可能多的机会来接触和使用已学过的外语语言材料（词语和规则）。这从消极的意义上来说，是不断复习和巩固，不断强化；从积极的意义上来说，则更是作为交际工具和获取新信息的工具来使用，使学生在反复的实际使用中实际掌握工具。

教师讲练时间所用的外语语言材料，作为教学手段，基本上都应是学生已学过的，但也不妨适当夹带极小量的个别的新语言事实，以培养学生通过语境或上下文用外语获取新信息的能力。这样的新的语言材料的界限，要根据学生是否能接受为度，不得超过，否则会走向主观愿望的反面。

直接法中有一派人提出"外语课上只准用外语"的口号，绝对禁止使用母语。这种主张只能是一种理想和努力方向，实践中很难完全行得通，即使勉强去做了，也往往会引出许多新问题。因此在使用母语的问题上不宜走极端，主张完全禁止，而应采取灵活的态度，原则上提倡尽可能多地用已学过的外语来讲练。绝对化的结果，常常会得不偿失。

1.8.2 翻译手段要尽量少用

翻译作为教学手段要有限制、有控制、有选择地慎重使用。

外语教学由讲和练两大部分组成。在练的环节上，最好全用至少是基本上采用非翻译的"单语练习"，即用外语练外语，特别是在初学阶段，这样有利于外语思维和外语快速反应能力的培养。练是教学中起决定性作用的环节，在这个环节中全用外语有利于建立外语习惯和培养外语交际技能。

采用单语练习来培养口语能力，英国教学法家帕默（H. E. Palmer）制订了一整套行之有效的练习体系。采用以外语为手段来培养阅读能力方面，英国韦斯特（M. West）也提供了一套成功的系统办法。这些都值得我们参考，可"择其适用者而用之"。

翻译练习虽然用起来似乎方便，但却有一个致命的弱点。翻译练习要通过母语这个中介来转换，在时间上比起用外语来增加一倍，也就是说使学生接触外语的本来就已够少的时间又减少了一半。这种练习在教学初始阶段尤其不利于培养学生外语思维能力，而助长"心译"的不良习惯，延长心译在学习进程中的存在的时间，使他们长期难于迅速摆脱掉母语这条拐棍而独立走路。过去中学外语教学收效甚微的原因之一，是把翻译作为一种基本练习手段。总之，从长远的战略眼光来看，翻译练习弊多利少。

1.8.3 翻译手段不能完全不用

但到了高年级，在学生已初步实际掌握外语的条件下，在保证学生以单语练习为主的情况下，适当地做些翻译练习，特别是所谓的"还原翻译练习"，通过有意识的对比加深学生对母语和外语特点的认识，而这反过来又有助于学生实际掌握语言和提高语文修养。翻译有时也可作为检查学生是否真正理解所学的语言材料和话语的辅助教学手段，作为外语单语练习的一个补充。

至于在"讲"的环节，是采用翻译手段还是非翻译手段，是采用母语还是外语，应根据怎样讲解更经济、更节约时间和更准确而定，以便做到"精讲"，从而为具有决定性意义的环节的"练"留出更多时间来。历史上直接法中曾有一派人在这个问题上规定得过于死板机械，坚决在讲的环节也完全排除母语和翻译手段。这样做既浪费时间，也不一定讲清楚，从而在不同程度上影响了练这个具有决定性意义的环节。

在讨论外语教学中处理母语和外语的关系时，最后还应当着重指出，不能把外语课上成"用母语来议论外语"的课。这已不是在上作为工具的一般外语课，而是在上语言学课。

1.9 学习外语还要学点所学外语国家的文化背景常识

语言的功能是多方面的，除了交际功能外，还有积累和贮存民族文化和历史经验的功能，外国文献中叫 cumulative function / кумулятивная функция。民族文化和民族语言有着千丝万缕的联系，学习一种语言，如果根本不了解使用该语言国家的社会文化背景知识，其中也包括风俗习惯、生活方式等，是不可能通晓这种语言的。教外语也就不能只满足于教语言的形式系统和结构，不能“就语言教语言”，还要教些与语言有关的“超语言知识”——所学外语国家的文化背景常识、风俗民情、社交习惯、言语礼节，以及该国的历史、地理、经济、文学、艺术等国情学常识。但在中学的条件下，这种社会文化背景知识的教学不宜孤立地另搞一套，而是寓于外语教学之中。特别是编写教材时，更应充分考虑这个问题，作出统筹安排。

外语教师不但应有母外两种语言的对比知识，而且还应有这两种不同的民族文化的对比知识。

1.10 以口语[①]为基础、听说读写全面发展

在口语和书面语（更确切地说是口头掌握和书面掌握）、听说和读写、声动掌握和“目治”之间的关系上，前者应当是根本。这个理由现代外语教学法理论已一再有所论证，语言学也分别从群体发生学和个体发生学两个方面为此提供了理论根据。“外语教学应以口语为基础”这一原理当今已为大部分外语教师所接受，对此已无必要在这里赘述，所要注意的是处理好各种关系的问题。

在“以口语为基础”的前提下，在一般情况下，听说读写四会能力要全面发展，不能偏废，当然这不妨碍有阶段性侧重；但在特殊的情况下，也可根据教学目的的不同，在整个教学过程中突出其中某一会或两会的训练，即使如此也不能因此而完全忽视其他。总之，从教学的全程来看，四

---

① “口语”这个术语，在外语教学法文献中有多种意义：(1)指诸种语体（例如政论体、科学体、公文体、文艺体等）中的一种，更准确地说，是一种言语变体，与别种变体相比较，它有自己独有的语体特点（或修辞特点）；(2)指在口头交际中使用前述口语语体的活动和能力；(3)指一切话语的口头形式，包括分属各种语体的“书面作品”的口头形式（说出或读出），如作报告、演讲、朗读文艺作品、诵读课文等；(4)指言语活动的口头形式和口头能力，听和说以及出声读现成的书面文字材料的活动的听懂、说出、读出的能力。本文中的“口语”一词，虽也兼有上述四种意义，但侧重于(3)、(4)两义。

会都应适当兼顾。

外语教学中,听说读写既可以是教学目的,即培养言语活动的四种能力,也可以是相互促进的教学手段。作为教学手段的听说读写当中的任何一种在教学中的使用都会促进其他三种能力的发展,反之,其中的任何一种如果长期得不到使用,也会使其他三种能力的发展受到不利的影响。

中学外语以及大学公共外语教学中,口语作为教学目的其要求应定得相当有限,这一点不同于大学专业外语教学,特别是以口译人员为培养目标的专业外语教学。但作为教学手段,口语的重要性在各类外语教学中都是共同的,当然在程度上仍会有所区别。

中学外语教学中,阅读应当作为最主要的教学目的,而且作为教学手段的“读”的作用随着教学阶段的推移会逐步提高。但即使是在这种情况下,口语作为一种教学手段仍有一定地位。

即使是以单一的阅读为目的的外语教学,仍应以声动掌握为基础,用纯“目治”的方法是学不好阅读的,一定的即使是十分有限的听、说和写的技能都会有助于阅读能力的提高,“单打一”并非好办法。

1.10.1“听说领先”和“四会并举”

外语教学法历史上长期存在“听说领先,读写跟上”和“听说读写齐头并进”两个口号之争。争论的双方各有各的理由。例如,“听说领先”论者认为他们的主张合乎人类学习语言的一般自然程序。从心理学上来说,这样做可使难点分散,先让学生只跟说话打交道,而暂且把文字的认别识记和书写都放在以后的阶段再进行,如此等等。而“四会并进”论者则强调听说读写四种技能之间相互促进的一面,而不承认读写在一定学习阶段同听说有任何矛盾。他们的心理学根据是,参加学习活动的感觉器官的数量越多,所学材料便能记忆得越快越牢。“四会并进”就是让学生同时动耳、动口、动眼、动手,即同时使用听觉、视觉、言语动觉诸器官。这样一来,参加学习活动的感觉器官在数量上就要比“听说领先”法听说阶段所动用的器官多,如此等等。

这两种主张所持的理由都有相当根据,因此都能成立,实践中在一定条件下都能行得通,而且都可以收到较好效果。

“听说领先”论重视口语,显而易见。在“并举论”者中间,也有相当一部分人是赞成“外语教学应以口语为基础”的。因此,这两个口号之争便不一定都是原则之争。分歧往往只是在技术性问题上,即安排上的时间顺序的分歧，是听说读写有先有后，还是同时进行。在技术性的安排问题上，即使就“听说领先”论者内部而言，意见也不尽一致，有的主张“听说领先”只是教学全程的初始阶段，对这个阶段需用多长时间，意见也各不相同，过了这个阶段则仍然是“四会齐头并进”；有的则主张每课书的教学都应“听说领先”，先口头掌握所学课文，然后才转而同文字材料打交道，至少是在整个学程前期如此。

由此可见，在承认“外语教学以口语为基础”的前提下，不能把两个口号中的任何一个绝对化，认为它是唯一正确的。究竟是听说领先还是四会并进，应视教学目的、阶段、学生年龄、教学总学时数以及其他具体条件的不同而作不同的处理。

听说会了，再学读写，事半功倍。就一般情况而论，确实如此，因此我们要强调口语在外语教学中的重要性。但听说只是有助于读写能力的培养，却并不能代替这两种技能的培养。听说读写四种技能都需分别培养，要采用不同的方法，不同的练习体系，专门下工夫。“听说领先”以后，“读写跟上”是否能实现，还要靠一系列具体得当的措施来加以保证。如果没有措施或措施不当，读写是不会自动“跟上”的，而不管你听说技能已训练得如何到家。

中学生学习外语和幼儿学习母语在获得听说读写能力问题上有不同的特点。幼儿学习母语伊始，言语机制尚未形成，因此学习母语的过程也就是形成言语机制的过程。先是形成口头的言语机制，也就是获得听和说的技能的基础，实际掌握了口头运用母语的技能。在口头言语机制已经完全形成的条件下上学，以识字教育开始，接受母语语文教育，逐步形成另一种言语机制——书面的言语机制，即习得读和写的技能。口头言语机制同书面言语机制是在两个不同阶段先后形成的。后者虽以前者为基础，但它在形成的过程中以及一旦形成以后对前者的进一步发展和完善起着促进作用。

而学生在开始学习外语时，他的母语言语机制已全面形成，既有口头的，也有书面的。母外两种语言的言语机制中有许多共同之处，可作正迁移。学生已经获得的母语的言语机制，包括书面言语机制，以及学生习得这两种能力的方法，都使得他们有可能在学习外语伊始就同时开展听说读写四种言语活动，进行这四种技能的学习，并使得这四种技能的学习活动能起到相互促进的彼此支援的作用，而不一定非遵循单一的“口语领先”的程序模式不可。

总之,外语教学中,“听说领先”和“四会并举”的选用是灵活的。

1.11 语法结构和语法理论

“语法”这个术语在语言学和外语教学法中主要有两层意义:(1)作为一种语言的语法结构,这是一种社会存在,不管人们是否从理性上全面准确认识它,以及用什么方法和从什么角度去认识它,客观的语法结构只有一个;(2)作为人们对前述语法结构的系统的理性认识和表述(描写),是人们主观对客观的一种反映,这种认识的成果,往往用系统的、规则的形式或其他形式(如句型等)表示出来,这个意义上的“语法”我们一般把它叫做语法理论,以别于前述语法结构。由于人们研究语法结构的方法、角度等的不同和认识上的差异,就产生了不同学派的语法学说,对同一语法结构会有不同的描写结果,这样就有不同的语法著作。

作为母语语法结构的语法,是使用母语的人必须时刻同它打交道的,而这个使用者却不一定学过语法理论,因为即使说一句最简单的话也不能离开它。每个最小的言语交际单位——句子里就包括着各种各样的语法规则。人们必须娴熟地实际掌握语法结构,交际才能顺利进行。

学习外语的人,只要是在同外语打交道,必然同时也要同外语语法结构打道。实际掌握外语的过程须臾也离不开外语语法结构,培养外语语法熟巧是实际掌握外语结构的技能的基础。但以下准备讨论的,主要的却不是作为语法结构的语法,而是作为语法理论的语法,尽管前者在教学中远较后者重要。

1.11.1 语法理论是外语教学的辅助手段

本文所说的“语法教学”,主要的也是指语法理论的教学。关于语法教学的问题,在前面讨论理论和实践、知识和技能的关系时,在原则上都已谈到了。传统教学法十分强调和重视语法理论,把它当做外语教学的目的和基本手段,认为学习外语就是背诵语法条文、表格和记忆单词,而且这种观点在我国中学外语教学中一直颇有影响,至今未消。为此这里不得不再作些补充说明。

中学外语教学中,语法理论只能作为一种辅助手段,不能过分夸大它的作用。语法理论本身不能作为教学的主要目的,教学目的应当是培养听说读写的技能。语法理论更不能作为基本教学手段,基本教学手段仍是大量的外语听说读写的实际训练。

但作为次要的辅助手段,语法理论还是不能完全不学的。学生应当学的只是少而精的为实际掌握语法结构所必不可缺的那些最管用的语法规则。从教学的观点来看,一般系统语法理论著作中的许多烦琐的“定义”、条文和例外不一定教,更不应让学生去死记硬背条文表格,语法知识不宜孤立地按语法学的系统和排列顺序去教。

古老的传统教学法把语法教学同阅读教学分家,各讲各的一套,并把语法按传统语法的理论体系编写成书,让学生按着这个体系的顺序脱离实际言语训练来孤立地当做一种知识去学。这种教法既浪费时间,学了也未必能有助于指导实践。

与其让学生多读语法书,不如让他们多读外文文章。与其让他们去背诵语法定义和表格,不如多做实际的“句型操练”。与其生吞活剥地学习语法条文,不如多积累实际语法事实和经验。语法知识主要应随时随地从读物中获得,从交际活动中各式各样的“言语作品”中获得。当然,所看到或听到的“言语作品”在语言上应是标准的、地道的。要获得的是语法事实,不必斤斤计较语法术语和名称,特别是在句法方面,语法教学应同阅读教学紧密相结合。

教授语法应采取演绎途径还是归纳途径,这个问题在教学法历史上长期存在争论。实际上,无论是对哪一种途径都不宜绝对化。但联系中学外语教学的实际,宜以归纳为主,演绎为辅,二者结合,灵活交叉使用。演绎途径教语法,在我国中学外语教学中历来很有影响。建国以来,人们更强调语法理论对实际掌握外语的“指导作用”,认为教学要“理论先行”,才能体现教学论普遍原则——自觉性原则的要求,否则便是“直觉主义”、“机械主义”、“鹦鹉学舌”等。实际上这是夸大了语法条文在外语教学中的作用。

正如前述,学习外语是培养一套新的习惯,而习惯的建立主要靠多练习、多使用、多模仿、多重复,而不能主要靠理性认识和分析,但我们也并不完全否定后者的一定作用。因此,这一积极因素在外语教学中固应充分调动,但对它的作用却应恰如其分地估计,不能迷信。

学习系统的语法课本,应在基础外语教学告一段落,学生已初步实际掌握外语之时才进行。“那是‘九转丹丸’的最后一转。”此时学一本内容少而精的系统语法课本,“仿佛作一鸟瞰,或是清点一次仓库,倒是能收融会贯通之效,有左右逢源之乐”。

1.11.2 消极语法和积极语法

语言(包括语法)有形式和意义两个方面。言语交际活动有理解和表达两个方面,前者表现为听和读两种形式,后者则表现为说和写两种形式。学习理解活动(听和读)技能的人学习语法和使用语法一般都是从形式到意义,而学习表达活动(说和写)技能的人学习和使用语法则反之,从意义到形式。

与此相应,供教学用的语法书也可以有两种写法:(1)以语法形式即词形、结构、语序、虚词等为纲目,列举每个语法形式表示哪些语法意义,有什么用法等;(2)以语法意义即各种范畴、各种意念、各种关系等为纲目,列举每种语法意义有哪些主要表达方法和表达手段。

前一种"由表及里"的语法称为消极语法①,或词句语法、形式语法等,一般学校教学语法都是这种语法,无论是母语的还是外语的。本节以前提到的语法主要也指这种语法,传统语法著作一般均属此种语法。

后一种"由里及表"的语法叫做积极语法②,或表达语法、意念范畴语法等。近年来也有人把这类语法称之为功能语法或交际语法。

这两种语法各有各的用途。语言是交际工具,知道这个工具的构造和每个部件是必要的,这是第一种语法的任务。但只知道这些还远远不够,还要知道怎样使用这个工具,这便是第二种语法的任务。不仅应知道仓库里有哪些工具和这些工具分别可用来干哪些活,而且还应知道干什么活完成哪一种任务可以用哪些工具以及选用何种工具最为适合。

过去人们往往只学第一种语法,而不大注意第二种语法。这样的语法学习是不完全的。学习外语第一种语法固然是基础,然而第二种语法对于培养实际使用外语这个交际工具的人来说,在一定意义上似乎更为重要。可惜这方面的教学参考书尚不多,有待外语教学界的努力。

但无论是哪一种语法(理论)的学习,都不能代替习惯(语法熟巧)的培养的工作。道理已如前述。

1.12 阅读教学杂谈

在阅读教学方面,在打基础阶段应精泛结合,以精读教学为基础;朗读和默读训练相结合,以前者为基础培养后者的技能。应强调背诵的

---

① 吕先生有时译为"被动语法"。

② 吕先生有时译为"主动语法"。

作用。

成功的阅读教学,须有科学合理的课本和课外读物作为保证。这种供基础外语教学用的教材最好不选用现成的范文,而由专人专门编写。编写应当遵循以下原则和要求:

(1)程度上要循序渐进,由易到难、由简到繁;难度上要逐步递增,不能跳跃式前进;

(2)每次生词和新语法现象的出现,在数量上要受到严格控制,新旧语言材料的搭配以10:1或10:2为适度;辅助读物除紧密配合正课本外,每300个已学过的词里有5—7个生词就可以了,超过此限,读起来就会感到费劲,过于费劲就会影响阅读的兴趣和积极性;在遵循这样的熟词生词搭配比例的前提下,除了紧密配合正课本的辅助读物,还可编写各式各样在内容和题材上与正课本无关的辅助读物;

(3)日常用词和常用语法现象学过后,要有计划地不断复现,特别是才学不久的更应注意其复现率;要及时巩固,有助记忆;复现最好是在新的语境、新上下文、新的搭配关系中的复现;

(4)在语言上要用当代有文化教养的人所使用的语言,高年级才适当节选点语言古雅的古典作品;

(5)在思想内容上力求有意义,以便引起学生的学习兴趣。

2 吕叔湘外语教学法思想简评

吕叔湘外语教学法思想形成于20世纪40年代,集中反映在《中国人学英文》一书中,以后又有了发展。这思想主要来源于外语教学实践,首先是先生本人多年的中学英语教学实际经验,经过理论思维加工并借助语言学理论概括总结而成。对同时代的各种教学法理论,先生一直持"扬弃"态度,只吸取其合理内核,结合我国实际,推陈出新,有自己的特色。如果我们把先生的教学法思想放在当时的历史环境中加以考察,更能看出其难能可贵的进步意义来。

当年中国中学外语教学界占绝对优势的是语法翻译法。此法从"语言就是语法加单词"的语言观出发,以古典教育的注入式教学理论为教育学基础,认为学习语言就是学习文字,确切地说是书面语言,例如把学习英语理解为并说成是学习"英文",因此该派主张学习外语就是背诵语法(当年叫"文法")条文,死记单词;翻译和语法分析被当做基本教学手段，语法教学和阅读教学分家，崇尚“目治”，不重口语，不重语音教学。此法之落后性和缺乏成效虽早已在国内外受到抨击，但由于种种原因一直牢固地统治着旧中国中学外语教学。

部分教学法家则全盘搬用西欧的直接法，试图以此来取代古典语法翻译法，但因种种原因在我国始终未能深深扎根。

直接法以幼儿学习母语的途径为基本原理，设计整个教学过程；提倡用外语以及其他直观手段讲练外语；听说领先，重视口语和语音教学；词汇教学和语法教学溶于句教学之中，“整句进，整句出”；通过归纳途径教授语法规则。重模仿、重复和实际训练是此法的一大特点。从总体上来看，直接法比起古典语法翻译法来，有更多符合外语教学客观规律之处，然而它也有自身的弱点。首先，在处理母语问题上犯了绝对化和简单化的毛病。它坚决反对外语课上使用母语，既绝对禁止翻译，更没有认识到对比的必要。它以为只要不用母语，母语便不再起作用。殊不知母语是个根深蒂固的老习惯，学生在学习外语建立新习惯时必然要自发地用它来“比附”外语的。习惯迁移规律是个不以人们主观意志为转移的必然起作用的因素，必须采取有效措施来加以防范。其次，把“听说领先”绝对化，认为是唯一正确的模式和顺序。总之，幼儿习得母语的过程和已经掌握了母语的人再学外语的过程，虽有共同规律可循，但却有各自的特点，必须认真考虑到。直接法完全无视后者的“个性”，一切以“共性”来代替，所以也不能妥善解决外语教学中的一些关键性问题。最后，直接法是小班上课条件下的产物，在大班上课的中国现实中，如全部搬用，效果不免要打很大折扣，有的地方甚至未必行得通。

吕先生的外语教学法思想便是在前述历史背景下产生的。针对古典语法翻译法的重理性轻经验、重语言轻言语、语言分方面（语法方面和词汇方面）孤立学习，先生提出了“语言的使用是一种习惯，而习惯的养成主要靠模仿和重复”以及结合言语活动和在言语作品中学习语言的主张；针对直接法的排斥母语原则，提出了“重视母外两种语言对比在外语教学中的作用”的思想。当时这在我国，吕先生是第一人。他认为直接法不能脱离中国的实际照搬照抄。这些见解，现在看来已成为常识性的真理，为外语教学界大多数人所接受，其正确性也已为历史的实践所反复证明，但最先提出这样的见解却确实不易，特别是关于对比的问题。

从外语教学法的历史来看，在世界范围内提出对比的思想并对后世发生深远影响的，当首推弗里斯和拉多 。但二氏的代表作[①]却是在20世纪40年代中期以后提出的，当时的影响并不大，即使在美国国内外语教学界，情况也是如此。对此，我国当时几乎无人所知。此二著作发生世界性影响是在50年代以后的事。吕先生的《中国人学英文》则与弗、拉二氏著作几乎在同一时期发表。该书单行本出版于1947年，在此两三年前即已在《中学生》和《英文月刊》上连载，可见“英雄所见略同”了。至于苏联的自觉对比法虽也提倡对比，但当时并没有多少国际影响，我国40年代根本无人知晓。因此，吕先生的有关对比的思想同自觉对比法之间并没有什么继承和借鉴关系，只是在这个学术问题上“殊途同归”罢了。

先生不仅是早在40年代中期就提出对比这个教学法中十分重要的范畴，而且还为把这一教学法构想付诸实现做了系统的实际工作——同一时期撰写《中国人学英文》。总之，从世界外语教学法史的角度来看，吕先生也不失为对比教学法和对比语言学的先驱之一。

50年代初期，苏联的自觉对比法被当做“最先进最科学的”教学法引进我国。此法虽在对比问题上同吕先生有局部“不谋而合”的一面，但从教学法思想的整体来看，则是根本相异的两种体系。此法实际上是一种新语法翻译法。它重理性认识，把取得语言学知识作为教学的主要内容和目的之一，同时又把语言理论作为指导言语实践的手段；它虽也强调对比，但对比的目的除了有助于实际掌握外语外，更重要的还是“扩大学生的语文学眼界”，因为对比这个教学手段具有“巨大的教养意义”（或称“普通教育意义”）。此法提出“依靠母语原则”作为外语教学的主导原则，把对比翻译作为贯彻这一原则的两大基本手段。这样，外语课就成为用母语来讨论外语理论知识的变相语言学课，而不是技能课了。此法拒绝“语言是一种习惯”一类提法，坚决反对没有理论指导的模仿和机械的重复，并给主张这样做的人扣上“直觉主义”、“机械主义”之类的帽子。在该派看来，只有依靠理论、依靠母语来学习外语才算“自觉”，才“符合教学论原则”。在当时的条件下，吕先生仍一再坚持“使用语言是一种习惯”的学术观点，并从正面积极坚定地宣传这个观点[②]，为真理不怕遭受打击和误会。

---

① C. C. Fries, *Teaching and learning English as a foreign language*. 1945; R. Lado, *Language teaching*. 1964.

② 吕叔湘：《语言与语言学》，《文字改革》1958年第3期，第6页。

实践证明，采用自觉对比法的结果，教学收效甚微，以至此法在自己的故乡苏联终于成为教改的对象，这也反过来证明吕先生教学法思想的正确性和他的远见卓识。

在苏联取代自觉对比法的是自觉实践法。此法在苏联已盛行二十年，至今不衰，而且越来越有改进，效果良好，国际影响日益扩大。其指导思想，据笔者个人的认识，同吕先生大体一致。此法的一条重要教学原则——考虑母语原则，从其基本内容上来看，同吕先生 40 年代就已提出来的主张十分接近，当然也有新的发展。

50 至 70 年代，起源于美国的听说法在世界各地盛行。它的基本出发点也是“语言是一套习惯”。从字面上来看，同吕先生的观点似乎并没有什么不同，但如果稍加分析，即可发现有别。原来听说法是布龙菲尔德语言观和行为主义心理学基本观点在外语教学中的实际应用。这种理论把人的言语行为看做单纯的“刺激→反应”的消极被动的过程，把掌握语言只是看做获得 S→R 的习惯的结果。以布氏为鼻祖的美国结构主义语言学派部分人把语言归结为可以由一定数量的句型来代表的结构。从这些语言学和心理学原理出发，听说法把“句型操练”作为外语教学的基本内容，重模仿、重机械训练，以培养 S→R 的能力。可见，听说法的“语言即习惯”之说及其一套教学法措施是从结构主义语言学和行为主义心理学的基本观点推导出来的，其过程是从理论到应用。而吕先生所提出的字面上几乎是相同的主张，却是从自己的实际教学经验中总结出来的，其过程是从实践到理论。先生从来没有认为这一教学法结论同行为为主义有什么关系，即使在旧中国行为主义风行一时的年代，他也从未援引这种时髦的心理学说来为自己的教学法主张增加学术分量。由此可见，吕先生的“使用语言是一种习惯”的教学法主张同行为主义的“语言是一套习惯”之间只是一种历史的偶合和巧合。

我们暂且撇开“语言即习惯”之说同行为主义之间有无关系和有何种关系等问题，仅就字面上来理解这句话，那么这句话对外语教学来说仍有一定的真理性。它准确深刻地反映了外语教学的本质的一个重要方面（不是唯一的方面，更不是全部真理），因此凡是遵循这一原理行事的就都会取得一定成效，这也就是为什么听说法能在世界各地盛行数十年的道理。行为主义心理学作为一个理论体系，其基本原理在原则上当然是我们所不能接受的，但这并不排除这一学说有个别的合理内核，例如其部分观点同巴甫洛夫学说就有一致的地方。这不是本文所要探讨的,且不去说它。在具体的科学领域里,评定一种理论观点是否正确和正确的程度,唯一的标准是实践及其成效,而不是其哲学根据。评定“语言是一种习惯”之说在外语教学里的正确性,也应坚持这个标准。

另外更重要的是,吕先生的教学法思想在别的许多方面还不同于听说法。后者在一些问题上确有严重的片面性,例如只就语言本身教语言,而忽视非语言的社会因素,如文化背景、交际能力等;只重视语言的形式(结构)方面,而不大注意其意义(功能)方面等。吕先生在这些地方都有既比较全面又主次分明的处理意见。因限于篇幅,恕不一一列举。

正因为听说法是以行为主义为其哲学和心理学基础的,所以当行为主义语言观受到以乔姆斯基为代表的生成语法派的抨击时,以经验论为指导思想的听说法的“语言即习惯,此习惯由 S→R 反复而成”的观点也面临严重的挑战。这个本来只是针对行为主义和听说法的挑战,后来在外语教学界竟扩大化了,变成了历史上经验派和理性派之争的传统节目在现代教学法舞台上的重演,时钟的钟摆又回到了原先的问题上来,只要跟“语言是一种习惯”之说多少有些表面相似的观点都受到了怀疑。外语教学界近年来掀起了一股“开发智力热”,“培养外语语言习惯”的提法已被一些人修改成为“培养智能”。

实际上,正如笔者在前一题目中所正面阐述的,在吕先生的教学法思想中并没有行为主义式的对理性作用的完全否认,吕先生只是把理性和经验放在“各得其所”的位置上并给予恰如其分的评价罢了。他的基本观点是:外语教学中经验同理性的关系是本和末的关系;经验是主要的、基本的、第一性的;理性只有在经验的基础上才能充分发挥作用;离开具体的语言经验,离开实际的言语训练,抽象的所谓“理性”并不能保证学生掌握外语;人们能理解和生成从未听(见)到过的语句是以他们所“经验”过的现成句子作为基础的,这种经验越是丰富,所“经验”的句子数量越多和频率越高,再加上模仿的次数越多,那么这种理解和生成新语句的能力也就越强,反之亦然。笔者个人认为,吕先生的这种观点是中肯的。统观“理性论”的论据,找不出可以从根本上驳倒先生观点的有力的论据来。相反地,夸大理性作用的结果,倒会导致语法翻译法中被摈弃已久的某些原理的复活,会使外语课再度沦为“用母语谈论外语”的知识课的危险。

以上所作的似乎是离题的话，无非是为了证明吕先生的“语言的使用是一种习惯”和“习惯的养成主要靠模仿和重复”这两条教学法原理是能受得起批评、经得起时间和实践的考验的。来自理性论的抨击，丝毫无损于它的科学价值。

交际/功能法是当代外语教学法的一大有影响的学派，交际性原则已为各国外语教学界许多人所接受。以交际功能/意念项目为纲来选择、描述和传授语言材料，以情境题材为纲来组织教材，已成为目下外语教学的一大趋势。实际上这都只是吕先生 40 年代语言学思想的扩大和发展。《中国人学英文》所大力推荐的《开明英文法》便是我国第一部供本国人学英语用的交际功能语法，而且该书还有某些英汉两种语言表达法异同的对比的成分。吕先生一贯提倡这种语法，他本人所著的《中国文法要略》便是他的“从外到内的语法和从内到外的语法相结合”的语法学构想的一个实行，该书下篇《表达篇》实际上是一部汉语交际功能语法的奠基之作。四十年前吕先生的外语教学法思想中就已经有了当今交际/功能法、交际性原则之类教学法理论的雏型，这样说并不过分。

吕先生有关外语教学法方面的论述，正式发表者都见诸 40 年代中期至 60 年代前期，此后由于忙于别的学术活动和著述，未能把新见写出。而这近二十年又是外语教学法科学发展迅速、成果丰硕的二十年。例如，交际功能法、视听法、认知法、苏联的自觉实践法等有重大国际影响的流派先后兴起，影响虽不及前述大派，但其中某些构想对我们却有启迪的小派，如暗示法、无声法、咨询法、自然法、整体反应法、总体法、沉浸法、理解训练法、文化移入法等，也如雨后春笋，破土而出。对此吕先生必会有所比较，有所研究，从而有所发现，必会有更精辟中肯的见解，对自己的教学法思想必会有所发展，只是因为我们没有见到有关的文字材料，所以未敢大胆代为过多发挥。

统观吕先生发表的有关外语教学法的论述，我们不难发现先生是站在同时代同时期外语教学法科学发展的最前列。至于他在发表那些论著和主张时没有包括当今外语教学法科学的最近成就，那是我们不能苛求于前辈的。

写作本文主要参考书目

1. 吕叔湘:《吕叔湘语文论集》，商务印书馆 1983 年版。

2. 吕叔湘:《中国人学英文》,开明书店 1947 年版。

3. 吕叔湘:《回忆张士一先生》,《中小学英语教学与研究》1986 年第 3 期。

4. 吕叔湘:《语文教师的心里话》,刘国正主编:《我和语文教学》,人民教育出版社 1984 年版。

5. 吕叔湘:《复郭绍虞先生论语法修辞信》,《名家论学》,复旦大学出版社 1988 年版。

6. 吕叔湘等编辑:《英文月刊》,开明书店 1946—1949 年各期。

7. 吕必松:《吕叔湘先生传略》,《中国语文》1985 年第 2 期。

8. 北京师大外语系教学法教研室:《访问吕叔湘先生》,《中小学外语教学》1982 年第 5 期。

写作本文标题 1 各节所根据主要文献页码

1.1 参见 1,第 170,309,310,312,315,319,323,331,332,335,343—346 各页;并参照 4,第 8—14 页。

1.1.1 参见 1,第 50,107,315,331,332,各页;2,第 6 页;并参照 4,第 13—19 页。

1.1.2 参见 1,第 50,170,331,332 各页;2,第 6 页;并参照 4,第 28—30 页。

参见 1,第 50,312—314,332,333,346 各页;并参照 4,第 26—28 页。

1.2 参见 1,第 50,170,331,332 各页;2,第 6 页;并参照 4,第 13—14 页。

1.2.1 参见 1,第 331 页;并参照 4,第 14—15 页。

参见 1,第 50,315,330,331,332,334 各页;2,第 6 页;并参照 4,第 15—18 页。

1.3 参见 1,第 35,331—335 页。

1.4 参见 1,第 331—332 各页。

1.6—1.7 参见 1,第 10,50,137—152,331—332 页;2,第 4,5,6 页;8,第 10 页。

1.9 参见 1,第 112—114 页;6 各期。

1.10 参见 1,第 31,34—43,50,323—327 各页;2,《自序》,第 10—12 页;8,第 10 页。

1.11 参见 1,121—180 页,315—319;2,第 14—15 页。

1.12 参见 2,第 5—7 页。

参考文献

[1]阿特金森等:《心理学导论》(上下),北京大学出版社 1987 年版。

[2]巴班斯基 Ю. К. 主编:《教育学》,人民教育出版社 1986 年版。

[3]常宝儒:《汉语语言心理学》,知识出版社 1990 年版。

[4]达尼洛夫　叶希波夫:《教学论》,人民教育出版社 1961 年版。

[5]戴昭铭:《文化语言学导论》,知识出版社 1996 年版。

[6]邓炎昌　刘润清:《语言与文化——英汉语言文化对比》,外语教学与研究出版社 1989 年版。

[7]顾家祖等主编:《语言与文化》,上海外语教育出版社 1990 年版。

[8]顾亦瑾　吴国华:《语言与文化——俄语语言国情学概论》,河南人民出版社 1991 年版。

[9]桂诗春:《应用语言学》,湖南教育出版社 1988 年版。

[10]桂诗春:《心理语言学》,上海外语教育出版社 1985 年版。

[11]桂诗春:《实验心理语言学纲要》,湖南教育出版社 1991 年版。

[12]桂诗春主编:《中国学生英语学习心理》,湖南教育出版社 1992 年版。

[13]胡明扬主编:《西方语言学名著选读》,中国人民大学出版社 1988 年版。

[14]胡文仲主编:《文化与交际》,外语教学与研究出版社 1994 年版。

[15]霍凯特:《现代语言学教程》(上下),北京大学出版社 1986 年版。

[16]贾玉新:《跨文化交际学》,上海外语教育出版社 1997 年版。

[17]凯洛夫:《教育学》,人民教育出版社 1950 年版。

[18]黎天睦:《现代外语教学法——理论与实践》,北京语言学院出版社 1987 年版。

[19]李庭芗主编:《英语教学法》,高等教育出版社 1983 年版。

[20]《朗文语言教育及应用语言学词典》,外语教学与研究出版

社2002 年版。
[21]吕必松:《华语教学讲习》,北京语言学院出版社 1992 年版。
[22]吕必松:《对外汉语教学概论》,连载于《世界汉语教学》1992—1997 年。
[23]吕必松:《对外汉语教学研究》,北京语言学院出版社 1993 年版。
[24]吕必松:《吕叔湘先生传略》,《中国语文》1985 年第 2 期。
[25]吕叔湘:《吕叔湘语文论集》,商务印书馆 1983 年版。
[26]吕叔湘:《开明新编中等英文法》(上下),开明书店 1947 年版。
[27]吕叔湘:《中国人学英文》,开明书店 1947 年版。
[28]吕叔湘:《回忆张一先生》,《中小学英语教学与研究》,1996 年第 3 期。
[29]吕叔湘:《语文教师的心里话》,刘国振主编:《我和语文教学》,人民教育出版社 1984 年版。
[30]吕叔湘:《复郭绍虞先生论语法修辞信》,《名家论学》,复旦大学出版社 1988 年版。
[31]北京师大外语系教学法教研室:《吕叔湘先生访问记》,《中小学外语教学》1982 年第 5 期。
[32]罗勃特 · W. 布莱尔:《外语教学新方法》,北京语言学院出版社 1987 年版。
[33]麦基 W. F. :《语言教学分析》,北京语言学院出版社 1990 年版。
[34]彭聃龄:《语言心理学》,北京师范大学出版社 1991 年版。
[35]彭聃龄:《普通心理学》,北京师范大学出版社 1988 年版。
[36]帕默尔:《语言学概论》,商务印书馆 1983 年版。
[37]皮连生:《学与教的心理学》,华东师范大学出版社 1997 年版。
[38]戚雨村等:《语言学百科词典》,上海辞书出版社 1993 年版。
[39]邵瑞珍主编:《学与教的心理学》,华东师范大学出版社 1990 年版。
[40]盛　炎:《语言教学原理》,重庆出版社 1990 年版。
[41]索绪尔:《普通语言学教程》,商务印书馆 1980 年版。
[42]索里 J. M.　特尔福德 C. W. :《教育心理学》,人民教育出版社 1982 年版。
[43]谭　林:《俄语语言国情学》,吉林大学出版社 1992 年版。
[44]王福祥编:《对比语言学论文集》,外语教学与研究出版社 1992

年版。
[45]王福祥　吴汉樱主编:《文化与语言》,外语教学与研究出版社 1994 年版。
[46]王铭玉　贾梁豫主编:《外语教学论》,安徽人民出版社 1999 年版。
[47]王　甦　王安圣:《认知心理学》,北京大学出版社 1992 年版。
[48]王宗炎主编:《英汉应用语言学词典》湖南教育出版社 1988 年版。
[49]维果茨基:《教育心理学》,浙江教育出版社 2003 年版。
[50]吴国华　杨仕章主编:《语言国情学》,上海教育出版社 2005 年版。
[51]伍铁平主编:《普通语言学概要》,高等教育出版社 1992 年版。
[52]游正伦:《教学论》,教育科学出版社 1982 年版。
[53]于永年主编:《俄语教学法》,上海外语教育出版社 1985 年版。
[54]《语言要略》(D. Bolinger),外语教学与研究出版社 1993 年版。
[55]赵贤州　陆有仪主编:《对外汉语教学通论》,上海外语教育出版社 1996 年版。
[56]章兼中主编:《国外主要外语教学法流派》,华东师范大学出版社 1983 年版。
[57]章兼中:《外语教育学》,浙江教育出版社 1993 年版。
[58]章兼中:《外语教学心理学》,安徽教育出版社 1986 年版。
[59]张春兴:《现代心理学》上海人民出版社 1994 年版。
[60]张春兴:《教育心理学》,浙江教育出版社 1998 年版。
[61]张占一:《试议交际文化与知识文化》,载《语言教学与研究》1990 年第 3 期。
[62]张正东:《外语教育学》,科学出版社 1999 年版。
[63]张正东:《俄语教学法》,时代出版社 1956 年版。
[64]朱曼殊　缪小春:《心理语言学》,华东师范大学出版社 1990 年版。
[65] Алхазишвили А. А. Основы овладения устной иностранной речью. М., 1988.
[66] Андреевская-Левенстерн Л. С., Михайлова О. Э. Методика преподавания французского языка. М., 1958.
[67] Андреевская-Левенстерн Л. С. Методика преподавания французского языка в средней школе. М., 1983.
[68] Артемов В. А. Конспект лекций по психологии. Харьков, 1954.

[69] Артемов В. А. Очерк психологии. М., 1954.
[70] Артемов В. А. Курс лекций по психологии. Харьков, 1958.
[71] Артемов В. А. Психология обучения иностранным языкам. М., 1969.
[72] Ахманова О. С. Словарь лингвистических терминов. М.,1969.
[73] Беляев Б. В. Об основном методе и методиках обучения иностранному языку. // Иностранные языки в школе. 1965, № 3.
[74] Беляев Б. В. О вазимоотношениях мышления, языка и речи. // Вопросы психологии, 1958, № 3.
[75] Беляев Б. В. Психологические основы усвоения лексики иностранного языка. М., 1964.
[76] Беляев Б. В. Очерки по психологии обучения иностранным языкам. М., 1965.
[77] Бенедиктов Б. А. Психология овладения иностранным языком. Минск, 1974.
[78] Березин Ф. М. История советского языкознания. Некоторые аспекты общей теории языка. Хрестоматия. М., 1981.
[79] Березин Ф. М., Головин Б. Н. Общее языкознание. М., 1979.
[80] Берман И. М. Методика обучения английскому языку в неязыковых вузах. М., 1970.
[81] Бим И. Л. Теория и практика обучения немецкому языку в средней школе. М., 1988.
[82] Богословский В. В. и др. Обшая психология. М., 1973.
[83] Большая советская энциклопедия. М.,1970—1978.
[84] Бородулина М. К., Карлин А. Л., Лурье А. С., Минина Н. И. Обучение иностранному языку как специальности. М., 1975.
[85] Брагина А. А. Лексика языка и культура страны: изучение лексики в лингвострановедческом аспекте. М., 1981.
[86] Булыгина Т. Пражская лингвистическая школа. //Основные направления структурализма. М., 1964.
[87] Вахек И. Лингвистический словарь Пражской школы. (Русск. пер.) М., 1964.

[88] Верещагин Е. М. и Костомаров В. Г. Язык и культура. Лингвострановедение в преподавании РКИ. М., 1978. 1—4 изд., 1973, 1978, 1983, 1990.

[89] Верещагин Е. М. и Костомаров В. Г. Лингвострановедческая теория слова. М., 1980.

[90] Верещагин Е. М. и Костомаров В. Г. О предмете, объеме и функциях лингвострановедения. М., 1980.

[91] Вопросы теории языка в современной зарубежной лингвистике. М., 1968.

[92] Воробьев В. В. Лингвокультурологическая парадигма личности. М., 1996.

[93] Гак В. Г. Некоторые идеи современной лингвистики и преподавание языка. //Иностранные языки в высшей школе, 1972. вып. 7.

[94] Гальперин П. Я. Психология мышления и учение о поэтапном формировании умственных действий. //Исследования мышления в советской психологии. М., 1966.

[95] Гальперин П. Я. Введение в психологию. М., 1976.

[96] Ганелин Ш. И. Дидактический принцип сознательности. М., 1961.

[97] Гез Н. И. и др. Методика обучения иностранным языкам в средней школе. М., 1979.

[98] Гинзбург Р. С., Хидекель С. С. Некоторые вопросы методики преподавания иностранных языков в США. Иностранные языки в школе, 1959, № 2.

[99] Глисон Г. Введение в дескриптивную лингвистику. (Русск. пер.) М., 1959.

[100] Грузинская И. А. Методика преподавания английского языка. Изд. 3-е. М., Учпедгиз, 1958.

[101] Городилова Г. Г. Учет психолингвистических факторов при обучении речи. Русский язык за рубежом, 1973, № 1.

[102] Гринева Е. Ф. О новых методах обучения иностранным языкам во Франции. // Иностранные языки в высшей школе, вып. I, 1965.

[103] Дегтерева Т. А. Пути развития современной лингвистики. Кн. 3. М., 1964.

[104] Демьяненко М. Я., Лазаренко К. А., Мельник С. В. Основы общей методики обучения иностранным языкам. М., 1984.

[105] Есаяжанян Б. М. Научные основы метод. подготовки преподавателей РКИ. М., 1984.

[106] Есперсен О. Философия грамматики. (Русск. пер.) М., 1958.

[107] Зимняя И. А Психологические аспекты обучения говорению на иностранном языке. М., 1984.

[108] Зимняя И. А. Психология обучения неродному языку. М.,1990.

[109] Зимняя И. А. Психология обучения иностранным языкам в школе. М., 1991.

[110] Звегинцев В. А. История языкознания XIX—XX веков в очерках и извлечениях. М., 1964, ч. 1.; 1965, ч. 2.

[111] Звегинцев В. А. Очерки по общему языкознанию. М., 1962.

[112] Карпов И. В., Миролюбов А. А. Сорок лет советской методике преподавания иностранных языков. Иностранные языки в школе. 1957. № 5.

[113] Карпов И. В. Психологические особенности усвоения иностранных языков. Вопросы психологии и методики обучения иностранным языкам. М., 1947.

[114] Капитонова Т. И., Шукин А. Н. Современные методы обучения русскому языку иностранцев. М., 1979.

[115] Касевич В. Б. Элементы общей лингвистики. М., 1977.

[116] Китайгородская Г. А. Методика интенсивного обучения иностранным языкам. М., 1982.

[117] Кодухов В. И. Общее языкознание. М., 1974.

[118] Колшанский Г. В. Коммуникативная функция и структура языка. М., 1984.

[119] Кондрашов Н. А. История лингвистических учений. М., 1979.

[120] Костомаров В. Г. Митрофанова О. Д. Методическое руководство для преподавателей русского языка иностранцам. М., 1978.

[121] Лайонз Дж. Введение в теоретическую лингвистику. М., 1978.
[122] Леонтьев А. А. Основы психолингвистики. М., 1997.
[123] Леонтьев А. А. и др. Основы речевой деятельности. М., 1974.
[124] Леонтьев А. А. Слово в речевой деятельности. М., 1965.
[125] Леонтьев А. А. Психолингвистика. Л., 1967.
[126] Леонтьев А. А. Психолингвистические единицы и порождение речевого высказывания. М., 1969.
[127] Леонтьев А. А. Психология общения. Изд. 2. М., 1997.
[128] Леонтьев А. А. Язык, речь и речевая деятельность. М., 1969.
[129] Леонтьев А. А. Внутренняя речь и процессы грамматического порождения высказывания. // Вопросы порождения речи и обучения языку. М., 1967.
[130] Леонтьев А. А. Психолингвистика и проблема функциональных единиц речи. // Вопросы теории языка в современной зарубежной лингвистике. М., 1961.
[131] Леонтьев А. А. Принцип коммуникативности сегодня. Иностранные языки в школе, 1986. № 2.
[132] Леонтьев А. А. Память в усвоении иностранного языка. Иностранные языки в школе, 1975, № 3.
[133] Леонтьев А. А. Использование тестов при обучении русскому языку иностранцев (психологические основы и некоторые выводы). Психолингвистика и обучение русскому языку нерусских. М., 1977.
[134] Леонтьев А. А. Речь и обучение иностранным языкам. Иностранные языки в школе, 1974, № 6.
[135] Леонтьев А. А., Зимняя И. А. Психологические особенности владения иностранным языком. Международная конференция преподавателей русского языка и литературы «Актуальные вопросы преподавания русского языка и литературы». Тезисы докладов и выступлений. М., 1969.
[136] Леонтьев А. А. Рецензия на статью: Б. В. Беляев. Очерки по психологии обучения иностранным языкам. Иностранные языки

в школе, 1967,№ 1.
[137] Леонтьев А. А. Некоторые проблемы обучения русскому языку как иностранному (психолингвистические очерки). М.,1970.
[138] Леонтьев А. А. Мышление на иностранном языке как психологическая и методическая проблема. Иностранные языки в школе, 1972,№1.
[139] Леонтьев А. Н. Общее понятие деятельности. //Основы теории речевой деятельности. М., 1974.
[140] Леонтьев А. Н. Проблема деятельности в психологии. Вопросы философии. 1972, №9.
[141] Леонтьев А. Н. Проблемы развития психики. М., 1981.
[142] Леонтьев А. Н. Некоторые вопросы психологии обучения речи на иностравнном языке.// Психолингвистика и обучение русскому языку нерусских. М., 1977.
[143] Леонтьева А. А. Методика. М., 1989.
[144] Ляховицкий М. В. Методика преподавания иностранных языков. М., 1981.
[145] Маркова А. К. Психология усвоения языка как средства общения. М., 1974.
[146] Васильева М. М., Синявская Е. В. Мотодика преподавания иностранных языков за рубежом. М., 1967.
[147] Миролюбов А. А. История развития методики обучения иностранным языкам в СССР. М., 1973.
[148] Миролюбов А. А. и др. Методика обучения иностранным языкам в средней школе. М., 1982.
[149] Миролюбов А. А. 40 лет советской методики. Иностранные языки в школе, 1957, №5.
[150] Миролюбов А. А., Рахманов И. В. О некоторых принципиальных вопросах методики обучения иностранным языкам в средней школе. Советская педагогика, 1963, №2.
[151] Миньяр-Белоручев Р. К. Методика преподавания французского языка. М., 1984.

[152] Михайлова О. Э. Общая методика обучения иностранным языкам на специальных факультетах педагогических институтов. М., 1970.

[153] Миролюбова А. А., Рахманова И. В., Цетлин В. С. Общая методика обучения иностранным языкам в средней школе. М.,1967.

[154] Миролюбова А. А. Теоретические основы методики обучения иностранным языкам в средней школе. М., 1981.

[155] Общее языкознание: Формы существования, функции, история языка. М., 1970.

[156] Общее языкознание: Внутренняя структура языка. М., 1972.

[157] Общее языкознание: Методы лингвистических исследований. М., 1973.

[158] Косовский Б. И., Супруна А. Е. Общее языкознание: Хрестоматия. Минск, 1976.

[159] Рахманова И. В. Основные направления в методике преподавания иностранных языков в XIX—XX вв. М., 1972.

[160] Палмер Г. Устный метод обучения иностранным языкам. М., Учпедгиз, 1960.

[161] Пассов Е. И. Коммуникативный метод обучения иноязычному говорению. М., 1985.

[162] Пассов Е. И. Основы методики обучения иностранным языкам. М., 1977.

[163] Пассов Е. И. Теоретические основы обучения иноязычному говорению. Воронеж, 1983.

[164] Пассов Е. И. Основы коммуникативной методики обучения иноязычному общению. М., 1989.

[165] Пассов Е. И. Основные вопросы обучения иноязычной речи. Воронеж, 1974.

[166] Петровский А. В. Обшая психология. М., 1976.

[167] Поливанов Е. Д. Статьи по общему языкознанию. М., 1968.

[168] Пражский лингвистический кружок. М., 1967.

[169] Прохоров Ю. Е. Национальные социокультурные стереотипы ре-

чевого общения и их роль в обучении русскому языку иностранцев. М., 1997.

[170] Психология и методика обучения иностранным языкам в вузе. Часть I. М., 1976.

[171] Рахманов И. В. Очерк по истории методики преподавания новых западноевропейских иностранных языков. М., 1947.

[172] Ревзин И. И. Современная структурная лингвистика. М., 1977.

[173] Рогова Г. В. Методика обучения английскому языку. М., 1983.

[174] Рожкова Г. И. Вопросы лингвистического обоснования методики преподавания русского языка иностранцам. МГУ, 1965.

[175] Русский язык. Энциклопедия. М., 1979.

[176] Рыт Е. М. Основы методики преподавания иностранных языков в свете науки о языке. М., 1930.

[177] Салистра И. Д. Очерки методов обучения иностранным языкам. М., 1966.

[178] Салистра И. Д. О некоторых методических терминах. Иностранные языки в школе, 1959. № 2.

[179] Сахарный Л. В. Введение в психолингвистику. ЛГУ., 1989.

[180] Соссюр Ф. Курс общей лингвистики. // Труды по языкознанию. (Русск. пер.) М., 1977.

[181] Степанов Ю. С. Основы общего языкознания. М., 1975.

[182] Тарасов Е. Ф. Тенденции развития психолингвистики. М., 1987.

[183] Трубецкой Н. С. Основы фонологии. М., 1960.

[184] Турчинская Э. И. Аудио-визуальный метод обучения иностранным языкам. Иностранные языки в высшей школе, вып. III. 1964.

[185] Фролкина А. В. и др. Методика преподавания РКИ на начальном этапе обучения. М., 1983.

[186] Шатилов С. Ф. Методика обучения немецкому языку в средней школе. М., 1986.

[187] Шубин Э. П. Основные принципы методики обучения иностранным языкам. М., 1963.

[188] Щерба Л. В. Преподавание иностранных языков в средней школе. Общие вопросы методики. М., 1947.

[189] Щерба Л. В. Общеобразовательное значение иностранных языков и место их в системе школьных предметов. Советская педагогика, 1942, № 5—6.

[190] Щерба Л. В. Как надо изучать иностранные языки. Л., 1929.

[191] Щерба Л. В. О трояком аспекте языковых явлений и об эксперименте в языкознании. // Хрестоматия по истории языкознания XIX—XX веков. М., 1956.

[192] Щерба Л. В. Языковая система и речевая деятельность. Л., 1974.

[193] Щукин А. Н. Методика краткосрочного обучения РКИ. М., 1984.

[194] Allen, J. et al *The Edingburgh Course in Applied Linguistics*. (4 volumes), London: OUP, 1975.

[195] Anthony, E. M. *Approach, Method and Technique*. //English Language Teaching. Vol/ XVII. 1963, No. 2.

[196] Bolinger, D. *Aspects of Language*. (2nd edition), New York: Harcourt, Brace, Jovanovich, 1975.

[197] Brown, H. *Principles of language learning and Teaching*. New York: Englewood, Cliff, 1980.

[198] Brumfit, C. J. & Johnson, K. *The Communicative Approach to Language Teaching*. Oxford, 1979.

[199] Darian, S. *Backgrounds of Modern Language Teaching: Sweet*. Jespersen and Palmer, MLJ, 1969 vol. LIII, No. 8.

[200] Darian, S. *English as a Foreign Language: History, Development, and Methods of Teaching*. Norman: University of Oklahoma Press, 1972.

[201] Fries, Ch. *Teaching and Learning English as a Foreign Language*. Ann Arbor, 4th ed., 1948.

[202] Handschin, Ch. *Methods of Teaching Modern Languages*. N. Y., 1923.

[203] Handschin, Ch. *Modern Language Teaching*. N. Y., 1940.

[204] Kelly, L. G. 25 *Centuries of Language Teaching*. *Rowley*. Mass.:

Newbury House. 1969.

[205] Krashen, S. *Second Language Acquisition and Second Language Learning*. Oxford, 1981.

[206] Krashen, S. *Input Hypothesis — Issues and Implications*. London & New York: Longman, 1985.

[207] Jespersen, O. *How to Teach a Foreign Language*. London, 1956.

[208] Lado, R. Language Teaching. A scientific Approach. N. Y., 1964.

[209] Lado, R. *Linguistics across Cultures* (*Applied Lingusitics for Language Teacher*). Ann Arbor, 1957.

[210] Leontiev, A. A. *Psychology and the Language Learning Process*. Oxford, 1981.

[211] Mackey, W. E. *Language Teaching Analisis*. London: Longman, 1965.

[212] Newmark, M. *Twentieth Century Modern Language Teaching*. N. Y., 1948.

[213] Palmer, H. E. *The Principles of Language Study*. London, 1926.

[214] Palmer, H. E. *The Scientific Stydy and Teaching of Languages*. 3d ed., London, 1922.

[215] Palmer, H. E. *The Oral Method of Teaching Languages*. Cambridge, 4th ed., 1943.

[216] Fried, V. *Praque School of Linguistics and Language Teaching*. London: OUP, 1986.

[217] Richards, J. and Rogers, T. *Approaches and Methods in Language Teaching*. Cambridge, 1986.

[218] Robins, R. H. *A Short History of Lingustics*. London, 1984.

[219] Sampson, G. *Shools of Linguistics*. U. S., 1987.

[220] Smith, P. D. Jr. *A Comparison of the Cognitive and Audiolingual Approaches to Foreign Language Instruction*. Philadelphia: Center for Curriculum Development. 1970.

[221] Stern, H. H. *Fundamental Concepts of Language Teaching*. Oxford, 1983.

[222] Titone, R. *Teaching Foreign Languages: An Historical Sketch*. Wash-

ington, 1968.

[223] Wilkins, D. A. *Linguistics in Language Teaching.* MIT Press, 1972.

[224] Widdowson, H. G. *Teaching Language as Communication.* Oxford, 1979.

《俞约法集》收录论著索引

《国外外语教学法主要流派评述》

………………………… 原载王铭玉、贾梁豫主编:《外语教学论》,
安徽人民出版社 1999 年版

《苏联语言学概观》

……………………… 原载《俄语教学与研究论丛》第 2 辑,1984 年

《关于心理语言学:由来、现状与展望》

……………………………… 原载《语言教学与研究》1994 年第 3 期

《言语活动论概观》 …………………… 原载《外语学刊》1991 年第 3 期

《布拉格学派鸟瞰》 ……………… 原载商务印书馆《日语学习》,
1989 年第 3,4 期合刊,
《结构语言学研究》系列论文第三篇

《交际性原则再探》………………… 原载《俄语教学与研究论丛》第 2 辑
及《外语学刊》1986 年第 4 期

《"语言国情"初议》……… 原载《俄语教学与研究论丛》第 5 辑,1986 年

《"语言国情"再议》 …… 原载《解放军外国语学院学报》1991 年第 5 期

《语言国情学及其背景》 ……………… 原载《外语研究》1993 年第 4 期

《有关文化因素教学和相应学科建设的几点思考》

……………………………………… 原载《外语教学》1996 年第 4 期

《从依靠母语到考虑母语》 … 原载《四川外语学院学报》1987 年第 1 期

《重评直接法的母语观》 …………… 原载《外语论丛第 4 辑》,1984 年,
《重评直接法》系列论文之一

《对比语言学与外语教学中的对比》

……………………………………… 原载《外语学刊》,1991 年第 5 期

《苏联外语教学心理学概观》

……………………… 原载《俄语教学与研究论丛》第 3 辑,1985 年

《苏俄语言学理论研究评介》

……………………………… 原载《语言教学与研究》1993 年第 3 期

《言语活动论和外语教学》…………… 原载《外语论丛》第 8 辑,1988 年

《吕叔湘外语教学法思想述评》……… 原载《外语论丛》第 6 辑,1986 年

作 者 传 略

俞约法，男，汉族，1931 年 11 月出生，祖籍浙江黄岩（现台州）。1950 年 8 月入哈尔滨外国语专门学校学习俄文，1952 年 8 月选拔进研究生室深造，1954 年毕业，留校工作至今。

俞约法系黑龙江大学俄语学院教授，博士生导师，曾长期兼任现代语言学研究所常务副所长。主要社会兼职：任中国跨文化交际学研究会首届秘书长，20 世纪 80 年代以来一直任黑龙江省外国语学会副理事长兼秘书长、黑龙江省翻译工作者协会常务理事、《中国俄语教学》和《外语学刊》编委，曾长期任广州外国语学院语言学与应用语言学研究所客座研究员等。

俞约法教授毕业至今从事教学工作，其间因工作需要三年做学报责任编辑，有五年从事为完成国家下达任务而专门组建的翻译组的集体翻译工作，参译经典著作和文史著作。讲授过的课程有俄语语法、俄语教学法、普通外语教学法、语言教学论、应用语言学、外语教学法流派、外语教学心理学、心理语言学、文化语言学、语言学概论、普通语言学基础等。20 世纪 80 年代中期转入研究生教育，研究方向是语言学与应用语言学（语言教学论）以及与此密切相关的心理语言学和文化语言学。指导硕士生、博士生多人，他们毕业后大多数事业有成，很快成为所在单位的骨干力量，有的学生毕业不久即被委任为系和学院级的教学领导。20 世纪 80 年代以来，俞约法教授一直兼任俄语学院资料室顾问并积极参加资料室的许多具体学术建设工作。经过多年的努力，该资料室已成为面向全国同行开放的能满足俄语语言文学专业各个办学层次需要的教学和科研后勤基地。该资料室获首届全国高校优秀教学成果特等奖，其中蕴涵着俞约法教授的辛苦劳动。他曾先后三次参加国家统编教材的具体实际编写工作。科研方面著作主要有《俞约法论文选》、《外语教学法流派》（合著）等。俞约法教授从事教学科研工作以来发表论文 180 篇以上，1990

年已发表的主要论文部分收入黑龙江人民出版社出版的《俞约法文选》。在译作方面，曾参译《列宁文稿》（人民出版社）、新版《钢铁是怎样炼成的》（人民文学出版社、漓江出版社）、《在乌苏里的莽林中》（商务印书馆）、《十七世纪俄中关系》（古俄语档案史料，商务印书馆）、《梵蒂冈史》（两部，黑龙江人民出版社）等10种，被中国译协评定为中国资深翻译家。

俞约法教授的感悟："我天资平平，坚信学术上多少有点成就全靠'勤奋'二字，从学生时代起我就照此信条行事，至老未改。学海无涯，要经常虚心学习，不断吸收新的学术营养，特别要向同行学习。"

БИОГРАФИЧЕСКИЕ СВЕДЕНИЯ

Юй Юефа, профессор, научный руководитель докторантов, родился в ноябре 1931 г. в городе Тайчжоу провинции Чжэцзян.

В августе 1950 г. поступил в Харбинский институт иностранных языков. В 62 группе пятого набора был ответственным за учебу по русскому языку. В августе 1952 г. был рекомендован в аспирантуру.

В 1954 г. по окончании аспирантуры был оставлен в качестве преподавателя в Институте иностранных языков. Общий стаж работы профессора Юй Юефа свыше 50 лет.

Долгое время работал заместителем директора НИИ современной лингвистики. Занимал общественные должности: ответственный секретарь Совета межкультурной коммуникации Китая (первым занимал этот пост); с 80-х гг. по настоящее время вице-председатель и ответственный секретарь Ассоциации специалистов иностранных языков провинции Хэйлунцзян; член президиума правления Ассоциации переводчиков провинции Хэйлунцзян; член редколлегии журналов «Русскии язык в Китае» и «Иностранные языки».

Длительный период был приглашенным научным сотрудником высшей категории НИИ языкознания и прикладной лингвистики Гуанчжоуского ИИЯ.

В связи с возникшей необходимостью 3 года работал ответственным редактором научного журнала вуза. 5 лет работал в группе переводчиков, выполнявших государственную программу по переводу классических литературных и исторических трудов.

Говоря о переводческой деятельности, можно отметить, что Профессор Юй Юефа принимал участие в переводе 10 видов произведений различной тематики, в том числе таких, как произведения В. И. Ленина («Народное издательство»), роман Н. Островского «Как закалялась сталь»(новое переводное издание; издательства «Народная литература» и «Лицзян»), произведение заленой литературы В. Арсеньева «В дебрях Уссурийского края» (Издательство «Шану»), «Русско-китайские отношения в XVII веке»(Издательство «Шанъу»), «История Ватикана (2 книги)»(издательство «Народное издательство провинции Хэйлунцзян»).

Юй Юефа в качестве преподавателя вел следующие учебные дисциплины: грамматика русского языка, методика преподавания русского языка, теоретические основы методики обучения иностранным языкам, прикладная лингвистика, история методики преподавания иностранных языков, психолингвистика, язык и культура, основы общего языкознания.

С середины 80-х гг. прошлого века Юй Юефа полностью переходит на преподавательскую работу в аспирантуре. Основное направление научных интересов и поисков — теоретическое языкознание, прикладная лингвистика/лингводидактика и тесно связанные с ними психолингвистика и лингво-культурология. За годы работы был научным руководителем многих аспирантов и докторантов, некоторые из которых стали руководителями факультетов и институтов. И в настоящее время профессор является руководителем докторантов.

В 80-х гг. прошлого века по совместительству работал советником кабинета пособий факультета русского языка, активно участвуя в конкретной работе научного строительства. Благодаря многолетнему усердному труду кабинет стал учебной и научно-исследовательской базой, открытой для русистов всей страны. На Первом конкурсе лучших достижений вузов Китая кабинет пособий был удостоен высшей премии. Также Юй Юефа 3 раза принимал личное участие в составлении общекитайских вузовских учебников Министерства просвещения.

О научных изысканиях и достижениях Юй Юефа можно судить по следующим трудам: «Сборник трудов Юй Юефа», «Основные направления в методике преподавания иностранных языков»(соавторство). За время научной и преподавательской деятельности издано свыше 180 статей, в которых отражены взгляды и результаты научных поисков автора.

По словам Юй Юефа, он обычный человек и если чего и достиг в жизни, то только благодаря трудолюбию, упорной работе. Со школьной скамьии до сих пор он придерживается принципа полной самоотдачи любимому делу. “Океан науки безбрежен, и надо без излишнего тщеславия продолжать свой путь, непрерывно впитывая все новое и передовое в лингвистике, продолжая учиться прежде всего у своих коллег.”

后　记

大学毕业留校任教，至今已是四十三个春秋。在这个时间，结合不同时期的本职工作，读书思考，研究一些问题，写成文章，得到师友和读者的鼓励，读书写作更勤。现在查点起来，所写拙作竟过180篇。

遵照黑龙江大学出版社《当代中国俄语名家学术文库》编委会的意见，从近25年发表的论文中选出部分同我的研究方向和学科建设有关的30篇文章。多年来，我从事的是语言学与应用语言学（语言教学论以及与其密切有关的心理语言学和文化语言学）这门学科的教学和研究，而其中的外语教学理论又是我的主攻方向。因此，本文集所选的几乎都是这方面的文章。

选入文集的论文全部都属宏观研究性质的，具体问题“微观研究”性质的未收一篇。“大道理管小道理。”

需要特别说明的是文集中的绝大部分论文都写于20世纪80至90年代，因此不免带有时代的局限和历史痕迹，现在要大修改为时间所不允许，因此只作了个别的文字改动，以保留其历史的本来面目。

俞约法

2007年9月